i**H**uman

成
为
更
好
的
人

珞珈筑记

刘文祥 著

一座近代国立大学新校园的诞生

GUANGXI NORMAL UNIVERSITY PRESS
广西师范大学出版社
·桂林·

珞珈筑记
LUOJIA ZHU JI

出 品 人：刘春荣
责任编辑：王辰旭
助理编辑：安　静
特约编辑：张哲萌
装帧设计：赵　瑾
责任技编：郭　鹏

图书在版编目（CIP）数据

珞珈筑记：一座近代国立大学新校园的诞生 / 刘文祥
著 . —桂林：广西师范大学出版社，2019.6
ISBN 978-7-5598-1715-0

Ⅰ．①珞… Ⅱ．①刘… Ⅲ．①武汉大学－校史－
近代 Ⅳ．①G649.286.31

中国版本图书馆 CIP 数据核字（2019）第 062041 号

广西师范大学出版社出版发行

（广西桂林市五里店路 9 号　　邮政编码：541004）
（网址：http://www.bbtpress.com）
出版人：张艺兵
全国新华书店经销
北京盛通印刷股份有限公司印刷
（北京经济技术开发区经海三路 18 号　邮政编码：100176）
开本：880 mm×1 240 mm　1/32
印张：17.75　　字数：410 千字
2019 年 6 月第 1 版　　2019 年 6 月第 1 次印刷
定价：108.00 元

如发现印装质量问题，影响阅读，请与出版社发行部门联系调换。

目　录

引 子

1915年秋天，一位名叫Frederick Gardner Clapp的美国人，带着几位随从，在扬子江畔古老的武昌城墙上走动顾盼。四年前的这个季节，正是在这座古城里，爆发了震惊世界的辛亥革命，终结了中华帝国的漫长历史。

与那个年代许多来华的外国人一样，这位美国人也取了一个更接地气的中文名字——马栋臣。这个听上去沾着些西北风沙味道的中文名，或许与此前他的经历有关：作为美孚石油公司的勘探技师和地质工程师，他和他的伙伴们稍早前刚刚完成在中国北方长城沿线的地质考察。这次历时半年的石油勘探活动，没有获得任何具有商业开发价值的发现，进而形成了后来著名的"中国贫油论"——这当然是后话。与此前在大漠孤烟之地的艰辛勘探相比，此时的马栋臣，正在享受一次轻松愉悦的南中国之旅。100多年后的今天，我们依然可以从这一套没有颜色但明暗对比鲜明的老照片里，感受到当日骄媚的秋阳（图1）。

图1　马栋臣所摄民国初年的武昌古城，照片中的城门为忠孝门（小东门）

来源：Frederick G. Clapp Collection, 1913-1915, cl000628, American Geographical Society Library Digital Photo Archive, WI.

　　早在19世纪60年代，伴随着汉口开埠，就已经陆续不断有来自西洋各国的商人、传教士和旅行者，携带照相设备来到武汉三镇，为这座华中名城留下火棉胶或鸡蛋清上的影像。民国初年出现在武昌的这位马栋臣，似乎已是姗姗来迟了。不过，他为这座城市留下的影像，多少还是显得有些与众不同：对于城市街区的繁华嚣攘，他似乎有些意兴阑珊——至少这些景致没有激发他按下快门的冲动。从马栋臣在武昌拍下的全部照片里，我们几乎可以完整还原出这天这一武昌一日游线路：他爬上武昌明城墙转了转，随后便由宾阳门（大东门）出城向东，坐上一辆黄包车，直奔稍远处的洪山而去了。在这个阳光和煦的秋日午后，爬上武昌东郊洪山山顶的马栋臣，将他的照相机镜头对准了东面延绵的丘陵，和更远处一片模糊的水域（图2）。

图2　马栋臣所摄民国初年武昌洪山以东景象

来源：Frederick G. Clapp Collection, 1913-1915, cl000620, American Geographical Society Library Digital Photo Archive, WI.

通过这帧历史镜头，我们不难感受到作为地质学家的马栋臣，对武昌郊外丘陵大泽的好奇与兴趣。当时他绝对不会想到，后来立志要推翻"中国贫油论"的另一位中国地质学家李四光，在这张照片拍摄后十数年，也同样把关注的目光锁定在了照片里的山山水水之间。而这片童山濯濯、几无人烟的荒郊野岭将要发生的巨大改变，在民国初年刚刚经历兵燹而残破衰败的武昌，也同样无人能够预知。

在过去的百年时间里，"改变"一词对不同代际的中国人而言，有着相差过于悬殊的不同尺度。1908年，当一座40米高的红色水塔，在一马平川的汉口市区拔地而起时，那刺破天穹般的视觉冲击力，曾代表了20世纪初这座中国内陆城市在"改变"一词的直观意义上能够演绎的极限。而如今，在这座以"每天不一样"为口号的城市里，生活在其中的人们，不仅对于日日刷新的城区面积和建筑高度已然无感，即使是面对山川地貌的沧海桑田，也似乎已然不以为奇了。当年马栋臣所见城墙之外的那个山岚起伏、大泽渺渺的武昌郊野，早已被连片的摩天大楼和纵横交错的城市快速路覆盖其上了。以今天的记忆和经验为基础，想要确切体悟"改变"的历史意涵，似乎显得难以令人信服（图3）。

图3　城市高楼群包围中的今日武大校园，稍远处的洪山（照片左上角）已被高楼遮挡而几乎全然隐没。作者摄于2018年5月

如果可以回到90年前的时空之中，我们或许能更加真切地感受到那时将要在这片荒山野泽之间发生的"改变"所具有的真正意义。1926年起被陆续拆除的武昌明城墙，在此后相当长时间里依然无形地存在，并框定着这座城市的范围和边界。在1928年秋天，当李四光等一众要人来到这片远离城区的荒野之地时，胸中所怀却已然不再是十几年前美国人马栋臣的好奇与赏玩之心，而是要改变中国的壮志

雄图。多年之后，曾参与其事的王世杰在台北的家中回忆起当年的想法，仍壮心不已："在我心目中，认为武汉市处九省之中央，等于是中国的芝加哥大都市，应当办一所……规模宏大的大学，希望十年以后，学生数目可达万人。"①

图4　任职国立武汉大学校长时的王世杰
来源：《国立武汉大学民二五级毕业纪念刊》，1936。

　　于是，"落驾山"变成了"珞珈山"，一座日后被誉为近代中国"最美大学"的校园，开始了它的营建之路。

　　然而，平心而论，这片将要承载如此雄心壮志的土地，在当时看

---

① 殷正慈：《谒王校长雪艇先生谈珞珈建校》，《珞珈》(台北)第54期，1977年12月。

来，并没有多么山灵水秀、耀眼夺目。正如王世杰1938年10月离开武汉前夕在日记中写到的那样："余首至此地，辟建此校之时，珞珈湖山，原为荒凉冷僻之境，不意今日又复旧态。所不同者，今尚有伟丽之建筑，以慰湖山之寂寥耳。"①

显然，"伟丽之建筑"才是使得这里从"荒凉冷僻之境"变成学府黉宫，乃至如画风景的关键。而这些建筑——或者说这座大学——所将要改变的，也不仅是其所在的一山一水，更是这座城市的历史进程。

在有关近代中国大学史研究的学术成果日益丰硕，题如"民国大学那些事儿"的书籍亦已有些泛滥，关于建筑文化或老房子导览一类的图文读本更是不乏其数的今天，相信本书仍有其自身的价值。这一方面是因为武汉大学的特殊性：作为近代中国历史上仅有的两座从零开始选址、规划、设计并基本建成的国立大学新校园之一，其在中国近代教育史和建筑史上不言而喻的重要意义，与既往的研究成果之间仍有着不小的落差。而另一方面，不同于传统"建筑史"范式下的建筑分析，本书在建筑本身之外，更意在关注"建筑"作为一种活动的过程。在这里，珞珈山不是一件待评价的建筑作品，而是一个从无到有，从荒野湖山到黉宫胜地的动态进程。它并不只是一个由砖瓦水泥组成的冰冷躯壳，而是一个由建筑、风景、人三者共同融合而成的有机体。在国民政府时期的武昌城郊，耸立于乡野之中的这个有机体，带给世人的观感，以及对城市和国家所产生的深远影响，绝不只是如

---

① 《王世杰日记（手稿本）》第1册，台北："中央研究院"近代史研究所，1990年，第395页。

同今日俗论中的"最美校园"而已。

在本书的讲述中，我们或将发现，这个诞生于20世纪30年代的宏伟校园，更同数百年来中国与世界的历史进程，有着深度的连结和纠葛。

绪　论

一

多维视角下的近代中国大学史研究

　　大学是近代中国的新生事物，其虽为近代西方文化与教育制度的舶来品，但与西方大学的早期发展路径有根本不同。在近代中国民族危机日深、文化碰撞愈烈的时代背景下，大学从来皆非超然于外的象牙塔，而是始终与国家和社会保持着密切复杂的联系。因此，研究近代中国大学的意义，显然远超"校史"或"高等教育史"的范阈。改革开放以来，尽管我国高校校史编研取得了许多成果，但这种作为"内史"的"校史"，普遍存在结构简单趋同、内容取舍偏颇、研究视野局限、学术规范缺乏等问题。正如桑兵所言，大学在新的大学史研究中是"切入的角度和提纲挈领的线索，而不是分界和限制"[1]，蒋宝麟也认为大学史研究"是对以往大学校史研究的一种反思和超越，其根本性的理论关怀在于透过大学重新审视现代中国的国家与社会"[2]。在此语境下，大学更多地已成为深入观察理解近代中国社会的一个独特而深邃的视角，这也正是新大学史研究的根本出发点。

---

[1]　桑兵:《大学与近代中国》,《中山大学学报（社会科学版）》,2010年第1期。
[2]　蒋宝麟:《中国大学史的研究取向与方法》,王建主编:《中国史理论前沿》,上海:上海社会科学院出版社,2016年。

台湾"中央研究院"近代史研究所的部分学者，是华语学术界较早在大学史领域以新视角、新方法开展相关研究的先行者。他们从20世纪七八十年代起陆续开展的民国时期大陆高校个案研究，取得了一系列至今看来仍具有某些前瞻性和启发性的优秀成果。如苏云峰的《从清华学堂到清华大学（1911—1929）：近代中国高等教育研究》，从社会史的角度切入大学生活，关注学校师生群体之间的互动关系，以及衣食住行、医疗卫生、体育教学、课外活动等课堂以外大学校园生活的多个侧面，展现出一幅动态立体的大学校园生活画卷。[①] 黄福庆的《近代中国高等教育研究：国立中山大学（1924—1937）》，也在科研与教学之外，重点关注这一时期中山大学的校园建设、校长更迭背后的权力斗争、师生生活指导、学生社团活动、大学校园文化等方面。[②]

世纪之交以来，在海内外众多不同学科领域学者的共同努力下，中国大学史研究日益开辟出新的学术路径和广阔的学术视野。历史学、教育学、社会学、政治学乃至文学、建筑学等不同学科均参与其中，使得大学史成为中国近代史研究的一个活跃的跨学科命题。《中山大学学报（社会科学版）》自2010年起专门辟有"大学与近代中国"专栏，而南京大学、华中师范大学、上海财经大学等校已先后举办过相关主题学术研讨会，这其中的大量学术论文，涉及近代中国大学史的诸多不同侧面，反映了当前中国大学史研究的前沿动态。南京大学

---

① 苏云峰：《从清华学堂到清华大学（1911—1929）：近代中国高等教育研究》，北京：生活·读书·新知三联书店，2001年。
② 黄福庆：《近代中国高等教育研究：国立中山大学（1924—1937）》，台北："中央研究院"近代史研究所，1988年。

朱庆葆教授则主编了"大学与现代中国"丛书，收录有多本当前国内大学史研究的最新著作。

大学与政治，是最近中国大学史研究取得成果较为丰硕的方向之一。"近代中国的大学之于全社会，影响远比世界其他国家显得更为重要……中国的大学所具有的这种特别重要性，当与社会政治的组织结构密切相关。"① 透过大学与政治的互动关系，往往还可以更加深入地观察到大学与近代社会转型、思想文化发展、民族主义思潮等更加深层次的命题。大学及教育机关内部的政治关系，以及大学与国家、地方政治权力间的互动，都是近年来学界在此方向上所重点关注的具体问题。如关于国民政府初期所推行的大学区制改革，学界便已有了较为深入的探讨和研究。关于大学区制改革失败的原因，江苏（中央）、浙江、北平三个大学区试行改革的始末，大学区制改革中的教育权力斗争等方面，均已有不少优秀的研究成果。② 又如有关民国时期大学国立化问题，近年来也取得了丰富而高质量的成果。如王东杰的《国家与学术的地方互动：四川大学国立化进程（1925—1939）》一书，针对四川大学开展个案研究，跳脱既往的"校史"藩篱，将其放在更加广泛的文化、社会和政治背景下，关注中国现代的国家统一运动在大学这一场域中的具体体现，探讨了四川大学在中央与地方的关

---

① 桑兵：《大学与近代中国》，《中山大学学报（社会科学版）》，2010 年第 1 期。
② 参见许小青：《南京国民政府初期中央大学区试验及其困境》，《近代史研究》，2007 年第 2 期；严海建：《南京国民政府初期北平大学区风潮论析》，《南京大学学报（哲学·人文科学·社会科学版）》，2009 年第 1 期；蒋宝麟：《财政格局与大学"再国立化"——以抗战前中央大学经费问题为例》，《历史研究》，2012 年第 2 期；黄启兵：《北平大学区时期北京大学的合并与分离》，《高等教育研究》，2013 年第 7 期；金灿灿：《浙江大学与大学区制的试行》，《浙江大学学报（人文社会科学版）》，2013 年第 6 期；田子俊：《南京国民政府初期大学院改制失败原因又解》，《史学月刊》，2015 年第 3 期；等等。

系中所扮演的角色，以及这一关系的变化如何影响四川大学的发展。[①]
许小青的《政局与学府：从东南大学到中央大学（1919—1937）》一书，
则以东南大学——中央大学为研究对象，通过这所民国时期江苏省的
最高学府在不同历史时期的校政变迁，关注五四以来至全面抗战前东
南大学一步步走向"国立中央大学"的历史进程，并探讨这一大学国
立化进程中所折射出的民国时期中央与地方权力关系、党派政治与大
学自治和学术自由、校长人选背后的派系斗争、民国时期民族主义思
潮与大学学术文化等深层次历史脉络。[②]蒋宝麟的《民国时期中央大
学的学术与政治（1927—1949）》一书，同样关注中央大学这一个案，
以国民政府时期的中央大学完整校史为考论基础，呈现作为民国时期
知识精英的大学师生群体是如何有意无意地卷入中国政治的纵横分合
的，并通过分析大学与近代中国民族主义运动、国家建构、革命运动
及党派纷争的历史关联，梳理了民国时期中央大学与国家社会之间胶
着而又复杂的关系网络。

　　值得注意的是，以王东杰的研究为代表，近年来学界关于大学国
立化的研究，在关注大学与国家的互动关系之余，也愈加注意到大学
与地方之间的深层联系。如王东杰的研究，便将四川大学置于民国时
期国家统一与国家建构进程之中，立体揭示了大学在其中的多元参
与和重要角色，以及地方人际关系和社会心态在这一进程中的复杂
纠葛。

---

① 　王东杰：《国家与学术的地方互动：四川大学国立化进程（1925—1939）》，北京：生
活·读书·新知三联书店，2005年。
② 　许小青：《政局与学府：从东南大学到中央大学（1919—1937）》，北京：中国社会科
学出版社，2009年。

事实上，大学与地方，是一个意涵广阔而尚待拓展的大学史研究新路径。除了地方在大学"国立化"进程中的深刻影响外，大学与其所在城市也有着深层多维的联系。与西方早期大学及中国古代书院常远离尘嚣，隐于山野不同，近代中国大学都诞生、成长于政治中心或工商都会，城市之于大学而言，不仅是空间之所在，更有着复杂的，过去未被充分注意到的联系。在这些近代城市发展和转型的历史进程中，大学扮演了何种角色，城市与大学之间发生了何种互动，都是尚待深入探讨的重要命题。于此框架下深入探究大学与城市和区域社会发展的互动关系，无疑具有重要的历史和现实意义。在此领域，近年来海内外也已取得了一些新成果。如美籍学者叶文心所著《民国时期大学校园文化（1919—1937）》，重点关注了民国时期上海的圣约翰大学、交通大学、复旦大学、中国公学等校的办学情况、校园生活与文化，分析了这些大学与上海城市社会经济和国家政治权力之间的互动关系，是近年来海外学界关于近代中国大学与城市互动关系研究的重要作品。[①]

在近代中国高等教育史上，教会大学是十分重要的一个分支。这些由外国基督教会在华创办的高等学校，不仅是中国土地上最早的现代高等教育实践成果，对于中国官办和民办大学的诞生与发展亦产生了极为深刻的影响，更与近代中国社会发展和文化思潮演进有着颇为复杂的纠葛碰撞。在20世纪80年代以前，中国大陆关于近代教会大学的研究基本处于停滞状态，相关研究主要由港台地区及海外学

---

① 〔美〕叶文心著，冯夏根等译：《民国时期大学校园文化（1919—1937）》，北京：中国人民大学出版社，2012年。

者所开展。康奈尔大学出版社 1971 年出版的美国学者鲁珍晞（Jessie G. Lutz）的《中国教会大学史（1850—1950）》(*China and the Christian Colleges, 1850-1950*），是海外最早对近代中国教会大学发展历程进行完整全面梳理研究的著作。该书对 100 年间中国教会大学的历史，传教与大学教育的关系，教会大学的教学、科研、社会服务、学生运动及其与中国社会环境的互动关系等方面做了全面细致的考察。该书于 1987 年出版中译本。[①] 此外，海外也有一些针对近代中国教会大学的个案研究著作，如总部位于美国的"亚洲基督教高等教育联合董事会"（即原"中国基督教大学联合董事会"）在 20 世纪 50 年代陆续编写了有关民国时期燕京大学、金陵大学、金陵女子大学、福建协和大学、华南女子文理学院、齐鲁大学、之江大学、东吴大学、华中大学、华西协合大学等十所中国教会大学校史的系列丛书，该系列丛书在 20 世纪 90 年代末由华中师范大学"中国教会大学史研究中心"组织学者翻译了中译本，列入"中国教会大学史研究"丛书予以出版。天主教大学方面，美国学者杰罗姆·欧特金（Jerome Oetgen）的《美国圣文森总修会传教史》(*Mission to America: A History of Saint Vincent Archabbey, the First Benedictine Monastery in the United States*）中第六、七章内容为关于民国时期北京辅仁大学的历史研究，该部分内容由台湾辅仁大学张琰受权翻译为《北京辅仁大学创办史：美国本笃会在中国（1923—1933）》予以出版。[②]

---

① 〔美〕杰西·格·卢茨著，曾钜生译：《中国教会大学史（1850—1950）》，杭州：浙江教育出版社，1987 年。

② 〔美〕杰若米·欧特金著，张琰译：《北京辅仁大学创办史：美国本笃会在中国（1923—1933）》，台北：辅仁大学出版社，2001 年。

80年代末以来，有关教会大学的研究在中国大陆逐步开展起来，而华中师范大学成为中国大陆学术界开展这一研究的先驱和前沿阵地。1989年在该校召开的首届中国教会大学史国际学术研讨会，标志着中国大陆学术界关于教会大学的研究开始走向深入。1994年，华中师范大学又创建了"中国教会大学史研究中心"，并积极与海外开展合作，推进相关研究的深化发展。该中心在章开沅教授的带领下，多年来在教会大学研究领域取得了一系列丰富成果，如组织编写了"教会大学史研究丛书"、"教会大学在中国"、"基督教与中国文化"等系列丛书。与此同时，国内其他一些高校和科研机构的学者，自20世纪90年代以来也在教会大学研究方面取得了一系列成果。如高时良的《中国教会大学史》①、谭双泉的《教会大学在近现代中国》②、陈远的《燕京大学 1919—1952》③ 等。

此外，近代中国还有一些并非由外国教会直接开办，但仍与教会有着密切关联的大学，有关它们的研究，近年来也有一些优秀的成果。如马秋莎的《改变中国：洛克菲勒基金会在华百年》一书，用相当篇幅关注了北京协和医院和协和医学院的历史。作者深入探讨西方现代医学、洛克菲勒基金会、美国基督教传教士、中国知识分子和中国政府等各方在历史进程的互动过程中，如何利用自身和对方的资源在"改变中国"的道路上艰难探索。④ 赵厚勰的《雅礼与中国：雅礼

---

① 高时良：《中国教会大学史》，长沙：湖南教育出版社，1994年。
② 谭双泉：《教会大学在近现代中国》，长沙：湖南教育出版社，1995年。
③ 陈远：《燕京大学 1919—1952》，杭州：浙江人民出版社，2013年。
④ 马秋莎：《改变中国：洛克菲勒基金会在华百年》，桂林：广西师范大学出版社，2013年。

会在华教育事业研究（1906—1951）》则对雅礼会在中国创办雅礼大学和湘雅医学院的历史进行了较为深入的探讨。[1]

随着近代中国大学史研究的不断深入，相关研究的广度和层面也不断扩展丰富，大学史的众多细节和侧面，也得到越来越多的关注与挖掘。在近年来的大学史研究中，诸如近代大学校长和教授群体、近代大学校园生活史、民国大学校歌校训校徽与校园文化、近代大学的体育教学与户外活动、近代大学音乐教育与校园音乐活动等命题，也都有许多研究成果问世。[2] 可以说，大学史研究已日益成为中国近代史研究中一个十分活跃的跨学科、多视角的学术命题和研究路径。

---

[1] 赵厚勰：《雅礼与中国：雅礼会在华教育事业研究（1906—1951）》，济南：山东教育出版社，2008年。

[2] 参见周川：《中国近代大学校长与自由主义教育》，《高等教育研究》，2001年第3期；张正锋：《权力的表达：中国近代大学教授权力制度研究》，南京师范大学2006年博士学位论文；杨禾丰：《圣约翰大学的校园生活及其变迁（1920—1937）》，复旦大学2008年博士学位论文；程斯辉：《中国近代大学校长研究》，北京：人民教育出版社，2010年；陈功江：《精神符号与个性彰显——民国时期知名大学校训研究》，武汉：华中科技大学出版社，2011年；江文君：《专家的诞生：近代上海的大学教授》，《史林》，2014年第3期；关心：《民国音乐会与社会生活变迁：1912—1945——以学校音乐会活动为中心》，南开大学2014年博士学位论文；钱宗梅：《民国时期国立中央大学对江苏体育发展的影响》，《南通大学学报（社会科学版）》，2014年第4期；等等。

二

近代中国大学校园建筑史研究

在传统的教育史或大学校史研究中，关于中国近代大学校园建筑史的部分，在相当长时期内并没有被独立作为一项专门史的命题开展研究。20世纪90年代以前，在校史和教育史范畴内有关大学校园建筑史的研究，主要集中在各校校史的编纂，以及教育史学界以各校作为个案而开展的研究中附带进行。但凡晚清民国时期在校园建设方面较有成就的院校，在其校史编纂的过程中，往往都会专门列出章节，论述其早期校园建设的相关历史。最近20年来的高等教育史研究中，以某一大学开展的校史编写或个案研究的著作，也同样有一些涉及各自学校在近代史上校园建设的章节内容，如张连红主编的《金陵女子大学校史》中的《陶谷新校址的规划与落成》一节[①]、张丽萍的《中西合冶：华西协合大学》中的《"中西合式"的建筑群》一节[②]，等等。不过总体来看，上述在校史或教育史范畴内所进行的这类作为整体校史附带内容的校园建筑史研究，一般多停留在建筑概况、建造年代、

---

① 张连红主编：《金陵女子大学校史》，南京：江苏人民出版社，2005年。
② 张丽萍：《中西合冶：华西协合大学》，成都：巴蜀书社，2013年。

工程耗资数目等基本史实的简单交代叙述层面，对校园规划建设的详细过程及建筑背后更多的历史文化意涵，则少有深入的分析探讨。

近年来，国内一些历史悠久、校园建筑文化遗产丰厚的高校，其档案和校史研究工作者陆续编著出版了一些有关本校校园历史建筑的专著。如周桂发、朱大章、章明华主编的《上海高校建筑文化》，是由上海市档案学会高校档案专业委员会组织相关高校档案人员编写的，该书选取了上海14所高校的40幢老建筑，梳理其历史变迁，挖掘建筑背后的人和事。[①] 陈宁宁编著的《黉宫圣殿——河南大学近代建筑群》，是河南大学档案和校史工作者的一本研究著作，该书系统梳理了河南大学从清代河南贡院直至民国河南大学的校园变迁与校园建筑历史和文化，具有较高史料价值。[②] 陈国坚等编著的《华南理工大学人文建筑之旅》，也是华南理工大学档案馆的档案和校史工作人员的编研成果。华南理工大学北校区，原为国立中山大学石牌校区的一部分。该书第一部分通过挖掘整理原国立中山大学时期的出版品和档案资料，梳理了1952年前中山大学石牌校区的校园发展历程和建筑概况。不过，由于原国立中山大学石牌校园在20世纪50年代院系调整后，被新成立的华南农学院（今华南农业大学）和华南工学院（今华南理工大学）划为南北两半分别使用，所以原国立中山大学校舍部分建筑因位于今华南农业大学校园内，而未被该书收录述及，这对于民国时期国立中山大学校园建筑的历史全貌，不免也造成了一种

---

① 周桂发、朱大章、章华明主编：《上海高校建筑文化》，上海：复旦大学出版社，2014年。
② 陈宁宁编著：《黉宫圣殿——河南大学近代建筑群》，开封：河南大学出版社，2006年。

割裂。^① 此外，关于中山大学石牌校区，另有易汉文主编的《钟灵毓秀：国立中山大学石牌校园》，收录有民国时期中大石牌校区的大量老照片和校园平面图，具有较高史料价值。^②《厦门大学嘉庚建筑》的作者庄景辉并非厦门大学专职的档案和校史工作者，而是该校历史系教授，他在长期关注校史和陈嘉庚研究的过程中，逐渐对厦门大学民国校园规划建设历史及其校园建筑独特的"嘉庚建筑"风格有了较为深入的研究。该书也详细挖掘整理了厦门大学档案馆馆藏的历史档案资料，完整剖析了不同历史时期厦门大学校园的规划和建筑设计演变，特别是对其"嘉庚建筑"风格进行了较为深入的分析和探讨。^③ 该书作者还与贺春旎合著有《集美学校嘉庚建筑》一书，梳理和探讨了同样由陈嘉庚创建的集美学村历史建筑。^④

另一方面，从 20 世纪 80 年代开始，中国近代建筑史研究在建筑史学界逐渐开展起来，而在这其中，关于近代高校建筑的研究，无疑是中国近代建筑史研究的一个重要的子领域。建筑史学界对中国近代大学校园建筑所开展的研究，相对于教育史领域而言，更加翔实深入，目前已经取得的研究成果，亦较为丰富。

在有关中国近代建筑史的综合性研究中，近代高等教育建筑作为其重要组成部分，从一开始便得到了建筑史学界的关注。从 1986年起每两年举办一次的"中国近代建筑史研究讨论会"（2008 年起亦

---

① 陈国坚、袁晓凤、欧阳慧芳、朱丽梅、顾美玲编著：《华南理工大学人文建筑之旅》，广州：华南理工大学出版社，2015 年。
② 易汉文主编：《钟灵毓秀：国立中山大学石牌校园》，广州：中山大学出版社，2004 年。
③ 庄景辉：《厦门大学嘉庚建筑》，厦门：厦门大学出版社，2011 年。
④ 庄景辉、贺春旎：《集美学校嘉庚建筑》，北京：文物出版社，2013 年。

称"中国近代建筑史学术年会")的历届参会论文中，不乏关注近代中国大学建筑的研究。如1986年第一次会议上徐卫国的《中国近代大学校园建设》[①]，1988年第二次会议上徐卫国的《近代教会校舍论》、谢少明的《岭南大学马丁堂研究》、郭伟杰（Jeffrey W. Cody）的《一个美国建筑师在中国的复兴：亨利·K. 墨菲的第一个十年（1914—1923)》[②]，1990年第三次会议上张复合的《北京协和医学院校园建筑》、何勍的《厦门大学与集美学村的近代建筑》[③]，等等。在1992年中日学者合作完成的《中国近代建筑总览》的各城市分册中，也对各城市近代建筑中的大学建筑进行了初步的信息整理，如武汉分册中，便收录有该市境内的武汉大学、文华大学等近代大学建筑。[④]台湾地区学者傅朝卿的《中国古典式样新建筑：二十世纪中国新建筑官制化的历史研究》一书，从"官制化"的建筑民族形式发展演变为切入点，细致梳理了20世纪海峡两岸建筑发展中的民族形式问题，是华语学术界内最早对近代中国建筑民族形式问题进行深入研究的优秀成果。其中对于民族形式的近代大学建筑，亦有较为细致的研究。[⑤]杨秉德的《中国近代中西建筑文化交融史》一书的第六章，重点关注了教会大学校舍建筑与西方建筑师探索中国建筑民族形式的早期尝试，以及清末官办大学初创期的校舍建筑西化趋势，同时在探讨国民政府时期中

---

① 《中国近代建筑史研究讨论会论文专辑》，《华中建筑》，1987年第2期。
② 《第二次中国近代建筑史研究讨论会论文专辑》，《华中建筑》，1988年第3期。
③ 汪坦主编：《第三次中国近代建筑史研究讨论会论文集》，北京：中国建筑工业出版社，1991年。
④ 李传义、张复合、〔日〕村松伸、〔日〕寺原让治主编：《中国近代建筑总览·武汉篇》，北京：中国建筑工业出版社，1992年。
⑤ 傅朝卿：《中国古典式样新建筑：二十世纪中国新建筑官制化的历史研究》，台北：南天书局有限公司，1993年。

国建筑民族形式运动高潮的过程中，也关注了这一时期大学建筑的发展历程与建筑特点。[①] 邓庆坦的《中国近、现代建筑历史整合研究论纲》、《图解中国近代建筑史》两部著作中，也对清末北洋时代和国民政府时代两次民族形式复古建筑运动中的大学建筑进行了探讨。[②]

董黎的《中国近代教会大学建筑史研究》是近年来国内建筑学界在近代大学建筑史研究领域的一部重要著作。该书从建筑文化的角度出发，结合中国近代社会历史发展背景，较为系统地研究了近代教会大学的校园规划和建筑形态。在综合分析中国近代教会大学建筑发展历程之外，作者还选取了金陵大学、华西协合大学和岭南大学三个案例展开深入的个案分析。与传统建筑学界的建筑史写作不同，作者运用了历史学和社会学的研究方法，追溯了教会大学所开创的中西合璧大学建筑式样的发展演变过程，分析了中西建筑文化融合中的文化脉络及其历史价值。[③] 陈晓恬、任磊的《中国大学校园形态发展简史》是近年来建筑学界关于中国近现代大学校园规划发展历程进行较为完整系统总结的一部著作。该书上篇《中国近代大学校园形态发展》，梳理了从传统书院、清末学堂到教会学校、民国时期各大学的校园规划建设发展历程，并分析了各时期大学校园形态发展的特征。[④] 冯刚、吕博的《中西文化交融下的中国近代大学校园》则主要从建筑学和规划学的角度，通过分析中国近代大学校园选址规划及校园建筑的

① 杨秉德：《中国近代中西建筑文化交融史》，武汉：湖北教育出版社，2003年。
② 邓庆坦：《中国近、现代建筑历史整合研究论纲》，北京：中国建筑工业出版社，2008年；邓庆坦：《图解中国近代建筑史》，武汉：华中科技大学出版社，2009年。
③ 董黎：《中国近代教会大学建筑史研究》，北京：科学出版社，2010年。
④ 陈晓恬、任磊：《中国大学校园形态发展简史》，南京：东南大学出版社，2011年。

特征，探讨了近代中国大学校园"兼容并蓄"、"多元共存"的历史特点。①

在中国近代大学校园建筑的既往研究中，成果最为丰富、挖掘最为深入的案例，无疑当属私立燕京大学的校园"燕园"。围绕燕园的研究，一直以来都有来自历史学、建筑学、教育学和档案校史编研界诸多专家学者的不断参与，他们从不同的角度和路径，对燕园校园及其历史建筑进行了全方位的深入研究。早在1988年，北京大学侯仁之先生的《燕园史话》一书，便已将燕园自明清以来各园林的沿革演变进行了详细考证和梳理。②方拥主编的《藏山蕴海——北大建筑与园林》和周其凤主编的《燕园建筑》，也都是以燕园内的各单体建筑或景观为单元，逐一介绍燕园的建筑概况、历史和文化意涵。在近年来有关燕京大学校园建筑的研究中，唐克扬的《从废园到燕园》一书，是值得关注的一部重要著作。该书作者为北京大学比较文学硕士、哈佛大学设计学博士，具有良好的跨学科背景，而跨学科的视野和方法，也充分体现在了该书的写作中。有别于以往建筑史研究单纯针对既有建筑进行静态的介绍与分析，《从废园到燕园》回归了历史学的叙事传统，将主要的篇幅放在了"讲好一个故事"这一任务上。在中外各方人士的复杂互动中，历史上的"废园"一步步演变成作为现代大学校园的"燕园"的过程，以及这一过程中所揭示出的中国与西方、传统与现代之间的文化碰撞，正是该书所主要关注的问题。此外，该书除了关注建筑本身的建设过程和文化意涵外，更用相当多的篇幅来

---

① 冯刚、吕博：《中西文化交融下的中国近代大学校园》，北京：清华大学出版社，2016年。
② 侯仁之：《燕园史话》，北京：北京大学出版社，2008年。

探讨作为大学"校园"的燕园中的人的活动,这也是其超越传统建筑史研究之处。[1]

包括燕京大学在内的近代中国若干教会大学,其校园规划和建筑设计,不少是出自美国建筑师茂飞(Henry Killam Murphy)[2]之手。海外学者中有关建筑师茂飞的研究,近年来亦取得一些引人注目的成果。长期专注茂飞研究的海外学者郭伟杰所著《筑在中国:茂飞的"适应性建筑"(1914—1935)》(*Building in China: Henry K. Murphy's "Adaptive Architecture" 1914-1935*)一书,细致地重构了建筑师茂飞的个人生平和职业生涯,是海外学术界第一部关于美国建筑师在近代中国建筑实践研究的专著。作者广泛研读了大量英文档案资料,亦对认识茂飞的中美两国相关人士进行了大量的口述采访,通过梳理茂飞在华主持设计的长沙雅礼大学、福州福建协和大学、清华大学、南京金陵女子大学、北京燕京大学等大学校园建筑的规划设计案例,在深入挖掘分析这些校园建筑的中国复古建筑风格,以及建筑设计过程中茂飞和中国客户间的互动关系的基础上,总结出了茂飞在华建筑实践所具有的高度"适应性"的特点,对于深入研究近代中国建筑中的"中西合璧"风格发展演变脉络以及近代外国建筑师在华建筑实践和参与近代中国建筑复古运动的过程,具有很高的参考价值。[3]

----

[1]　唐克扬:《从废园到燕园》,北京:生活·读书·新知三联书店,2009年,第105—106页。

[2]　按:英语中的 Murphy 一名,今一般译作"墨菲"。关于美国建筑师 Henry Killam Murphy 的中文译名,前人论著中亦有使用"墨菲"之译法者。但该建筑师近代来华从业时公开使用的中文名为"茂飞",该名见诸民国时期包括《首都计划》在内的各种文献。他与 Dana 合伙在华开设的建筑事务所,中文名亦取"茂飞"之"茂"字而名为"茂旦洋行"。因此,本书概以"茂飞"为该建筑师中文译名。

[3]　Jeffrey W. Cody: *Building in China: Henry K. Murphy's "Adaptive Architecture" 1914-1935*, Hong Kong: Chinese University Press, 2001.

2016年6月出版的由赖德霖、伍江、徐苏斌主编的《中国近代建筑史》，是当前建筑学界有关中国近代建筑史研究最新成果的一部汇集之作。该书根据不同时期中国城市和建筑发展的特点分为五卷，其中许多章节对于近代史上不同时期中国大学建筑的发展进行了深入剖析，具有十分前沿的学术价值。[①]

除了以上专著以外，近年来也有许多论文以中国近代大学校园为对象开展相关研究。这些研究虽各有不同的侧重方向，研究深度和广度也各不相同，但从范围上看，基本涵盖了近代中国教育史上的多数重要大学校园，对于继续深入开展相关研究具有参考价值。[②]

---

① 赖德霖、伍江、徐苏斌主编：《中国近代建筑史》，北京：中国建筑工业出版社，2016年。

② 参见覃莹、刘塨：《中国近代大学校园中心区沿革概要》，《华中建筑》，2002年第2期；汪晓茜：《移植和本土化的二重奏——东吴大学近代建筑文化遗产对我们的启示》，《新建筑》，2006年第1期；陆敏、阳建强：《金陵女子大学的空间形态与设计思想评析》，《城市规划》，2007年第5期；陈才俊：《教会大学与中国近代建筑形态的转型》，《暨南学报（哲学社会科学版）》，2007年第6期；缪峰、李春平：《原金陵大学校园规划与设计思想评析》，《山西建筑》，2010年第4期；杨思声、肖大威：《人格意象——近代嘉庚校园风景营造思想探析》，《古建园林技术》，2010年第3期；孙鹏飞：《近代长沙大学建筑的发展》，《中外建筑》，2011年第6期；张进师、马晓：《人性化视角下的南京近代大学校园规划——以南京三所大学老校区为例》，《华中建筑》，2011年第12期；李晶晶：《华西协合大学校园近代建筑初探》，《古建园林技术》，2012年第2期；毛祎月、李雄：《近代广府广雅书院、岭南大学与国立中山大学校园规划比较研究——兼论西学东渐背景下的近代校园规划沿革》，《2012国际风景园林师联合会（IFLA）亚太区会议暨中国风景园林学会2012年会论文集》上册，内部发行，2012年；代静：《武汉近代教育建筑研究》，华中科技大学2006年硕士学位论文；杨禾丰：《圣约翰大学的校园生活及其变迁（1920—1937）》，复旦大学2008年博士学位论文；常俊丽：《中西方大学校园景观研究》，南京林业大学2012年博士学位论文；刘虹：《岭南建筑师林克明实践历程与创作特色研究》，华南理工大学2013年博士学位论文；贺旭博：《华南理工大学和华南农业大学五山校区景观风貌及构架的变迁》，华南理工大学2013年硕士学位论文；等等。

三

武汉大学校史与珞珈山校园相关研究

在民国时期著名的国立大学中，武汉大学可谓是后起之秀。由于大学创建历史不长，加之战乱频繁等因素，民国时期的武汉大学并无系统、专门的校史研究，有关校史仅有一些简短的编年体大事记或沿革概要，散见于当时的各类统计材料、校方出版物和毕业同学录中。曾任国立武汉大学首任校长的王世杰，在参加武汉大学旅台校友会 1967 年校庆年会时，曾提出由台湾地区校友组织编写一本系统的武汉大学校史的建议。出于种种主、客观原因，台湾地区武大校友最终未能编写出一本严谨正式的"武汉大学校史"，但仍收集整理了大量校史资料和回忆文章，并编出了一个较为详细的编年体大事记。这些材料经过汇整，最终于 1981 年由台北南京出版有限公司出版了《学府纪闻·国立武汉大学》一书。全书共分五大部分，各为《简史与沿革》《我们的师友》《东厂口及珞珈山》《乐山弦歌》与《轶闻拾掇》，含《前言》在内共收入 56 篇文章，分别由 27 位校友撰稿。这些文章中的绝大多数，都是此前十数年间先后在旅台校友会会刊《珞珈》

杂志上发表过的，收入该书时进行了一些删节和修订。①《学府纪闻·国立武汉大学》，连同未被收入其中的、曾在《珞珈》杂志刊登发表的各类校史资料和回忆文章，都是20世纪60至80年代武汉大学旅台校友为保存和整理母校校史所做努力的见证。这批材料对于日后武汉大学校史的研究，具有十分重要的史料价值。

中国大陆方面，关于武汉大学校史的口述、回忆、史料整理和研究工作，常常是与校庆相伴随的。1963年武大举行新中国成立后首次大规模校庆（建校50周年）时，便有一些老校友、老教职工撰写了若干有关校史的回忆文章发表。1972年，武大校方组织编写了《武汉大学校史大事记》，以1949年为界，分上下两本概述了1913年至1966年间武汉大学及其前身的校史大事。但该书仅油印了送审稿，没有公开出版发行。②1983年武大举办改革开放后首次校庆（建校70周年）活动时，又组织编写了《武汉大学校史简编（1913—1949）》，该书是正式印刷的首本武汉大学校史。③1993年和2013年校庆期间，学校又组织编写了《武汉大学校史（1893—1993）》和《武汉大学校史新编（1893—2013）》两本校史。④

在1993年校庆前夕，武汉大学出版社还出版了由刘双平编著的《漫话武大》。该书是改革开放后中国大陆首本关于武汉大学校史的内容较为丰富全面的综合性图书，主要收录了民国以来一些著名学

① 于极荣等：《学府纪闻·国立武汉大学》，台北：南京出版有限公司，1981年。
② 武汉大学校史编写小组：《武汉大学校史大事记》，未刊送审稿，1972年。
③ 武汉大学校史编辑研究室：《武汉大学校史简编（1913—1949）》，内部发行，1983年。
④ 吴贻谷主编：《武汉大学校史（1893—1993）》，武汉：武汉大学出版社，1993年；谢红星主编：《武汉大学校史新编（1893—2013）》，武汉：武汉大学出版社，2013年。

者、学校领导和教授在武汉大学的各种讲话稿，师生校友的回忆文章，以及编者本人关于武大校史的一些研究文章等。在原始校史资料尚未整理出版，校史研究刚刚起步不久的20世纪90年代初，此书的编辑出版代表了当时有关武汉大学校史研究的初步成果，特别是对校史上名人讲话文稿的整理，对于日后相关研究的进一步开展也具有一定的史料参考价值。但此书在收录历史文献的过程中，对原始文字进行了不少未加说明的删改，一些改动体现出编者对史实的曲解误读。而其所收录有关校史研究的文章中，也存在一些认知谬误。这其中的部分错误流传甚广，影响至今，给后来的武汉大学校史研究制造了一些障碍。①

步入21世纪以来，武汉大学校方和校内档案校史工作者在校史编研方面，又陆续取得了一系列成果。2003年校庆期间，由徐正榜、陈协强主编的《名人名师武汉大学演讲录》，在1993年《漫话武大》的基础上，进一步扩展收录了历史上校内外著名学者和历任校长在武汉大学的重要演讲。2008年武大为纪念西迁乐山70周年而编辑出版了《乐山的回响：武汉大学西迁乐山七十周年纪念文集》和《烽火西迁路：武汉大学西迁乐山七十周年纪念图集》，对抗战时期武汉大学西迁四川乐山办学的八年历史进行了回顾总结，并发掘整理和公开了这一历史时期的若干校史资料。②武汉大学档案馆馆长涂上飙近年来亦撰写、主编了一系列有关武汉大学校史研究的专题著作，在武大校

---

① 刘双平编著：《漫话武大》，武汉：武汉大学出版社，1993年。

② 骆郁廷主编：《乐山的回响：武汉大学西迁乐山七十周年纪念文集》，武汉：武汉大学出版社，2008年；骆郁廷主编：《烽火西迁路：武汉大学西迁乐山七十周年纪念图集》，武汉：武汉大学出版社，2008年。

史的不同方面取得了一定的编研成果。① 此外，关于民国时期曾在武大任职任教的重要历史人物的传记，近年来也陆续问世。其中关于他们在武大任职任教期间的历史，也有不同程度的挖掘和探讨。如薛毅的《王世杰传》，吴骁、程斯辉的《功盖珞嘉"一代完人"——武汉大学校长王星拱》便是其中的代表。②

　　总的来看，对比国内其他历史悠久的著名高校的大学史个案研究现况，关于武汉大学校史的学术研究虽然近年陆续有较多成果问世，但大多仍停留在初步的校史编研和文史读物层面，研究深度和广度相比其他一些院校显得较为缺乏。武汉大学原始校史资料的整理出版工作相对滞后，或许是该状况出现的一大重要原因。

　　改革开放以前，国内较少有关于武汉大学校园建筑的学术研究。关于这一问题的论述，多停留在介绍、回忆和简单的评论层面。在民国时期，曾主持1929年杭州西湖博览会园区规划和部分展馆建筑设计的建筑师刘既漂，在参观珞珈山校园后曾撰写了一篇《武汉大学建筑之研究》，该文是笔者所见整个民国时期中国建筑学界人士针对武汉大学珞珈山校园建筑的唯一一篇较为详细和专业的评论文章。该文作者从建筑师的角度，对武汉大学珞珈山校园建设提出了许多批评，这是观察民国时期中国建筑界对珞珈山校园建设的反应与评价的重要

---

① 涂上飙主编：《乐山时期的武汉大学（1938—1946）》，武汉：长江文艺出版社，2008年；涂上飙编著：《国立武汉大学初创十年：1928—1938》，武汉：长江出版社，2015年；涂上飙、刘昕：《抗战烽火中的武汉大学》，开封：河南大学出版社，2015年；涂上飙主编：《武汉大学图史》，武汉：湖北美术出版社，2015年；涂上飙：《武汉大学史话》，北京：社会科学文献出版社，2016年；涂上飙主编：《珞珈风云——武汉大学校园史迹探微》，武汉：武汉大学出版社，2017年。

② 薛毅：《王世杰传》，武汉：武汉大学出版社，2010年；吴骁、程斯辉：《功盖珞嘉"一代完人"——武汉大学校长王星拱》，济南：山东教育出版社，2012年。

材料，具有较高史料价值。[1]

1949年以后，武汉大学校方和海峡两岸的武大校友，均在编纂校史或撰写回忆文章的过程中有涉及珞珈山校园的内容。分别在1972年、1983年、1993年和2013年由武汉大学组织编写的四本校史中，均有段落章节涉及珞珈山校园建设的内容。前文提到的台湾地区校友会组织编写的《学府纪闻·国立武汉大学》，书中也有许多涉及珞珈山校园的建筑、风景、校园生活等方面的回忆文章，如《记王雪艇先生谈珞珈建校》、《怀珞珈》、《珞珈忆旧》、《忆珞珈》等。1993年的《漫话武大》中同样收录有《珞珈山新校舍的奠基人王世杰》、《李四光与武汉大学》、《"物外桃源"》、《珞珈山新校址是如何选定和规划的》等与珞珈山校园历史相关的文章。该书中的其他一些文章，也涉及民国时期珞珈山校园生活的方方面面。虽然上述这些文字并非严谨的学术研究论文，但对于往后的学者开展相关研究，仍具有重要的史料参考价值。

李晓虹、陈协强编著的《武汉大学早期建筑》一书，是第一本专门以武汉大学校园历史建筑为内容的著作。该书为武汉大学档案馆在部分校园建筑申报全国重点文物保护单位的过程中组织档案和校史编研工作人员编写的，书中总体分析了珞珈山校园规划和建筑设计，对列入全国重点文物保护单位的15处26栋历史建筑进行了逐一介绍，并收录了一些历史照片。作为首本针对武汉大学珞珈山校园历史建筑的专门书籍，该书具有一定的参考价值。但全书局限于15处全国重点文物保护单位的范畴，对民国时期珞珈山校园总体历史脉络的理解

---

① 刘既漂：《武汉大学建筑之研究》，《前途》第1卷第2期，1933年2月。

和把握较显不足，对珞珈山校园的分析探讨也多停留在概况介绍和"溢美之词"的层面。该书编者对武汉大学档案馆所藏部分民国时期建筑图纸进行了数字化重制，但在收入该书的过程中，却将原图纸上的中英文标注、说明、落款、签名、比例尺、钤印等重要内容悉数删除，从而使这些图版基本失去了作为史料的意义和价值，这也是该书一大遗憾。[①]

2013年武大校庆期间，由冯天瑜、陈勇所编的《武大老照片》，是首本以各历史时期武汉大学老照片为主题的著作。该书从民国时期出版物和编者个人收藏中，挖掘整理了一批图像资料，以直观的方式再现了民国时期武大校园生活的不同侧面，其中既有东厂口校园时期，也有珞珈山校园时期。特别是所收录的一批关于珞珈山校舍部分建筑施工过程中的历史照片，为编者首次公布的个人收藏，对于研究珞珈山新校舍的建设施工过程具有史料参考价值。[②]

前文提到的近年来关于武汉大学校史研究的若干著作中，也有一些与珞珈山校园相关的章节段落，是具有参考价值的研究成果。如吴骁、程斯辉的《功盖珞嘉"一代完人"——武汉大学校长王星拱》，其第四章第一节《辟建巍峨黉舍，力争社会支持》，运用武汉大学档案馆所藏民国时期的原始档案，以历任武大建筑设备委员会委员、理学院院长、副校长、校长的王星拱为视角，依托翔实可靠的史料，较为完整地回顾了1928年至1937年间国立武汉大学选址和建设珞珈山新校舍的全过程。[③]涂上飙的《国立武汉大学初创十年：1928—1938》

① 李晓虹、陈协强编著：《武汉大学早期建筑》，武汉：湖北美术出版社，2007年。
② 冯天瑜、陈勇编：《武大老照片》，武汉：武汉大学出版社，2013年。
③ 吴骁、程斯辉：《功盖珞嘉"一代完人"——武汉大学校长王星拱》。

第二章《国立武汉大学的新校区建设》，也用翔实的原始数据和材料，较为完整地梳理了这一时期珞珈山校园的规划设计和建设概况。①《武汉大学图史》则收录了有关民国时期珞珈山校园的部分此前未刊的图像史料。②

论文方面，关于武汉大学珞珈山校园研究的成果为数不少，起步亦较早。1987年《华中建筑》所发表的李传义的《武汉大学校园初创规划及建筑》一文，是国内建筑学界最早关于武汉大学珞珈山校园的研究论文。近年学界又陆续有一些关于珞珈山校园的研究论文发表，这些论文多从建筑学和规划学的角度，梳理分析珞珈山的校园规划和建筑设计，具有一定借鉴意义。但其中许多文章存在共同的缺陷，即对原始史料的挖掘整理较为缺乏，在涉及历史史实的论述部分往往对可信史料的掌握不足，导致相关研究和分析或陷入凭空想象的主观臆断，或被各种误传谬说所误导而陷入认识的误区。③

刘珊珊、黄晓2014年发表的《国立武汉大学校园建筑师开尔斯研究》一文，是国内首篇针对民国时期武大校园规划设计者——美籍建筑师开尔斯（Francis Henry Kales）的专题研究论文。由于开尔斯留在中国国内的史料极为缺乏，长期以来在国内文献中的寥寥记载，不仅语焉不详，更多有谬误。而此文作者利用了美国国家档案馆

---

① 涂上飙编著：《国立武汉大学初创十年：1928—1938》。

② 涂上飙主编：《武汉大学图史》。

③ 参见向其芳：《武汉大学的风水格局与建筑的空间设计》，《华中建筑》，2009年第7期；傅欣：《浅谈武汉大学历史建筑的建筑历史》，《华中建筑》，2009年第10期；张剑：《校园历史建筑研究——以武汉大学历史建筑为例》，湖北工业大学2009年硕士学位论文；李恒：《民国时期高校历史建筑研究与保护——以武汉大学为例》，武汉纺织大学2012年硕士学位论文。

（National Archives）所藏的护照申请表、婚姻证明书等相关原始材料，较为详细地梳理还原了开尔斯其人的生平经历，在国内相关研究领域具有开拓性。[①]

① 刘珊珊、黄晓：《国立武汉大学校园建筑师开尔斯研究》，清华大学建筑学院主编：《建筑史》第 33 辑，北京：清华大学出版社，2014 年，第 164—181 页。

四

本书的基本框架与主要内容

让我们回到本书的主题。正如前述,在近代中国大学史研究日益深化的当下,十分需要进一步拓展研究视角和探索新研究路径。在大学与政治这一路径之外,诸如大学与城市及区域社会互动关系、大学空间建构与建筑文化意涵、近代大学校园生活与校园文化等命题,都是值得进一步深化的研究路径,亦是本书试图努力探索的方向。

本书以国立武汉大学珞珈山校园为个案,将民国时期国立大学新校园建设运动及近代大学与城市互动关系作为切入口,围绕珞珈山校园展开叙事和探讨,并将其置于近代中国东西方建筑文化激荡交汇、大学空间与文化形成演进、大学与近代城市的相互影响等时代背景之下予以考察,探究珞珈山校园所折射出的中国近代建筑文化的时代意涵,近代大学空间建构的路径方式,以及武汉大学与近代武汉城市及区域社会发展之间的深层次关联。

全书主体部分共分六章。第一章首先回顾了近古以来的中西建筑文化交流史,从马可·波罗时代传教士和冒险家对中国建筑夸张的赞美带给欧洲人对东方的神秘想象,到17世纪欧洲掀起"中国风"热潮,再到18世纪后中国热的退潮乃至趋向对中国建筑文化的鄙视,最终在庚子事变后又重新开始由教会主动演绎"中国复兴",西人眼中的中国建筑经历了戏剧性的潮起潮落。而中国建筑本身则从最初的故步自封,走向清末民初的"全盘西化"和"大混乱",至国民党时代又由官方发起、主导了"中国固有之形式"的复古运动。在这一过程中,中国的大学校园建筑,也经历了教会大学建设中式复古校舍热潮、官办大学由全盘西化转向"固有形式"的过程。广州中山大学石牌校区的建设,便是国民政府时代规模最大的"固有形式"风格新校舍建设案例。本章还回顾了清末民初武汉地区高校的校园建设情况,并和同时期国内其他地区对比,分析了这一时期湖北高等学校校舍建设滞后的事实。

第二章关注国立武汉大学的组建过程与新校舍的选址和征地。国立武汉大学是在国民党"蒋桂对立"的政治时局和南京国民政府推行"大学区制"教育改革的特殊时代背景中组建成立的一所国立大学,其筹建过程带有特殊的时代特征。由于"大学区制"改革的制度设计不足及"蒋桂对立"的政治时局影响,这所新大学在筹建过程中曾出现"地域化"和"省立化"的倾向。由于蔡元培的直接介入,这两种倾向才予以彻底纠正,重新明定了武汉大学的国立性质和高标准的学术定位。这一结果对于武汉大学的后续发展,乃至日后武汉在全国高等教育领域的成就和地位皆产生了深远影响,也使得武汉大学建设规模宏大的新校舍成为可能。武汉大学在成立之初便有了建设新校舍的计划,并成立了"建筑设备委员会"这一独立机构,总管新校舍建设各项事宜。建筑设备委员会的人员构成、组织架构与实际运作情况,与珞珈山新校舍建设有着十分密切的联系。新校舍选址珞珈山的过程可谓"一波三折",并非一步到位,也不是一人决策,而是经历了从洪山到卓刀泉再到以狮子山为中心的最终选址的"三部曲"。在这过程中，包括李四光、叶雅各、开尔斯等人均发挥过重要作用。

第三章关注珞珈山新校舍的总体规划、校舍建筑设计和工程营造过程。本章大量运用英文档案和图书期刊资料，梳理了建筑师开尔斯的早年生平、教育和游历背景。通过武汉大学档案馆馆藏的原始文书档案和建筑图纸，还原了开尔斯及其设计团队进行珞珈山校园规划和各校舍建筑设计的详细过程。新校舍工程共分前后两期，各主要由汉口汉协盛营造厂和上海六合建筑工程公司承建，本章亦详细分析前后两期工程的营造过程，并深入挖掘施工过程中的一些历史细节。

第四章关注珞珈山新校舍建设的经费来源和筹款过程。武汉大学珞珈山校园的初期预算与实际花费间存在极大偏差，校方为了持续推进和完成这一宏伟过程，在西迁乐山前的近十年时间里，持续进行了多渠道的募款和催款工作。珞珈山新校舍工程的经费来源，包含中央和省市政府的财政拨款、外国庚款、私人捐款和校外合作补助款等多种来源，而其中多数款项的筹款过程，都充满了各种曲折与艰辛。

第五章深入探讨珞珈山校园的建筑语汇和文化意涵。在建筑风格方面，分析美国建筑师开尔斯演绎"中国固有之形式"的特点，着重探讨珞珈山校舍建筑风格所体现出的对中国传统建筑的理解程度，对中国乃至东亚地区不同地域建筑形式的取舍和杂糅，对中西建筑风格融合的尝试，对中国传统建筑艺术近代转型的探索等方面。特别是对于美籍华裔建筑师李锦沛参与珞珈山一期工程规划设计，以及珞珈山校园建筑设计深受南京中山陵建筑风格的影响进行深入分析。此外，在复古建筑形式与现代建筑功能的调和折中方面，本章也深入分析了开尔斯在珞珈山解决这一问题的成败之处，及其在前后数年间所不断做出的调整。

　　第六章在校园建筑本身之外，关注武汉大学与东湖风景区的互动关系，以及校园建筑场域中的人的活动。在梳理了武昌东湖由荒郊野泽走向近代城郊风景游憩地的过程后，着重分析了武汉大学与东湖风景区的关系，指出珞珈山事实上是国民政府时期东湖风景区的交通枢纽和景观核心，并对日后东湖风景区的发展建设产生了重要而长远的影响。同时本章综合运用原始文献及大量回忆和口述材料，在此基础上展开叙事，力求还原民国时期珞珈山校园从教职员到在校学生的校园生活方方面面。

第一章

中西建筑文化交流与晚清民初
大学校园发展历程

一

近古西人眼中的中国建筑

今天依然矗立在武汉大学珞珈山校园里的那些古香古色的琉璃瓦中式"大屋顶"建筑，主要出自一位近代美国建筑师之手。而珞珈山的这一美国版本的"中国风"绝非孤立的个案：事实上，在近代中国的历史上，曾经活跃着一大批金发高鼻、不晓中文的欧美传教士和建筑师，在中国各地的建筑实践中，演绎着他们各自版本的"中国风"。为何在国势衰微、外侮凌夷的近代中国，会出现这样一种看似奇特的文化现象？如若我们以更长远一些的眼光，回溯六七百年来的中西建筑文化交流史，或许可以从中得到些许启示。

13世纪的欧亚大陆，曾在蒙古人的铁骑之下，以极为血腥的方式前所未有地被联结在一起。在蒙古帝国时代的13世纪到15世纪里，陆上和海上丝绸之路再次繁忙起来。对东方的好奇与想象，驱使着越来越多的欧洲人踏上通往东方的旅程。他们或肩负宗教使命，或怀揣冒险之心，远涉千山万水前往中国游历。如1245年，圣方济各会修士柏朗嘉宾（Plan Carpin）受教皇英诺森四世的委派出使蒙古；1253年，法国鲁布鲁克（Guillaume de Rubrouck）奉法兰西国王圣路易九世之命出使蒙古。这两位传教士都穿过欧亚大陆到达了蒙古草原，但都止步于当时蒙古帝国的草原都城哈喇和林（故址位于今蒙古国中部前杭爱省）。[①]1289年，若望·孟高维诺（Giovanni da Montecorvino）受教宗尼古拉四世委派前往东方传教。他几经辗转，从印度沿着海上丝绸之路东行，于1293年到达泉州，次年抵达元大都，得到了元成宗孛儿只斤·铁穆耳的接见。当时元朝较为开明的宗教政策，使得这位天主教首位来华使者得以在中国传教。[②]也正是从13世纪末开始，传教士和冒险家们接二连三地经过漫长的旅途来到中国。他们寄回欧洲的信函，乃至于专门撰写的游记、回忆录等文字，在随后不久迅速传遍欧洲，成为大航海时代到来之前西方人对中国认识的主要来源。这其中，意大利人鄂多立克（Odorico da Pordenone）和马可·波罗所撰写的游记流传最广，影响最大。

　　鄂多立克也是前往东方游历的一位天主教方济各会成员。根据他去世前口述而成的《鄂多立克东游录》的记载，他在1322年到1328年间在中国旅行，其游历路线大致为由东南亚抵达"辛迦兰"（广州），随后到访"刺桐"（泉州）和福州，再经陆上到达"行在"（杭州）和金陵府（南京），最后从扬州沿大运河北上抵达"汗八里"（北京）。[③]较为遗憾的是，尽管鄂多立克在中国游历的时间较长，范围亦广，但他在这本游记中对中国城市景观和中国建筑的描述却略显空洞。在反复使用的各种最高级形容词之外，缺乏更加鲜活具体的内容。在这一点

---

① 冯江、刘虹：《中国建筑文化之西渐》，武汉：湖北教育出版社，2008年，第21页。
② 武斌：《中华文化海外传播史》第2卷，西安：陕西人民出版社，1998年，第1140—1142页。
③ 〔意〕鄂多立克著，何高济译：《鄂多立克东游录》，《海屯行纪·鄂多立克东游录·沙哈鲁遣使中国记》，北京：中华书局，1981年，第28页。

上，比他稍早到达中国的马可·波罗所留下的文字便显得生动许多。

马可·波罗的大名，在中国和西方皆可谓无人不晓。他和他那本著名的《马可波罗行纪》，早已在中世纪晚期的东西文化交流史上，留下了令人无法忽视的影响力（图5）。借由这本游记，中国建筑的形象在西人面前前所未有地生动和立体起来，这使得马可·波罗在某种意义上，已然成了与中国建筑也发生了内在联系的一个符号——北京郊外著名的卢沟桥，在英语中至今仍被称为"马可·波罗桥"（Marco Polo Bridge），便是一个例证。马可·波罗在游记中对元朝时期的北京城有着十分丰富的描写，在他的笔下，大汗忽必烈在汗八里的宫殿园囿被描写得仿佛童话世界。他描述元大内中的宫殿道："君等应知此宫之大，向所未见……台基高出地面十掌。宫顶甚高，宫墙及房壁满涂金银，并绘龙、兽、鸟、骑士形象及其他数物于其上。屋顶之天花板，亦除金银及绘画外别无他物。大殿宽广，足容六千人聚食而有余，房屋之多，可谓奇观。此宫壮丽富赡，世人布置之良，诚无逾于此者。顶上之瓦，皆红黄绿蓝及其他诸色。上涂以釉，光泽灿烂，犹如水晶，致使远处亦见此宫光辉。"他又描述太液池中的琼华岛和广寒殿道："北方距皇宫一箭之地，有一山丘，人力所筑……山顶平，满植树木，树叶不落，四季常青……世界最美之树皆聚于此。君主并命人以琉璃矿石满盖此山。其色甚碧，由是不特树绿，其山亦绿，竟成一色……山顶有一大殿，甚壮丽，内外皆绿，致使山树宫殿构成一色，美丽堪娱。凡见之者莫不欢欣。大汗筑此美景以为赏心娱乐之

图5 马可·波罗

用。"①此外，马可·波罗也绘声绘色地记述了杭州的南宋旧宫："此城尚有出走的蛮子国王之宫殿，是为世界最大之宫……内有世界最美丽而最堪娱乐之园囿，世界良果充满其中，并有喷泉及湖沼，湖中充满鱼类。中央有最壮丽之宫室，计有大而美之殿二十所，其中最大者，多人可以会食。全饰以金，其天花板及四壁，除金色外无他色，灿烂华丽，甚堪娱目……此宫有房室千所，皆甚壮丽，皆饰以金及种种颜色。"②马可·波罗写下的这些文字，夸张成分或许不少，以至于有人认为他其实是一个满口胡诌的骗子。不过，这些文字带给欧洲人有关中国宫殿、园林和城市的遐想，无疑仍影响深远。在他的笔下，中国

① 〔意〕马可波罗著，冯承钧译：《马可波罗行纪》，上海：上海书店出版社，2001年，第203—204页。按：着重号为笔者所加。
② 〔意〕马可波罗著，冯承钧译：《马可波罗行纪》，第355页。按：着重号为笔者所加。

的宫殿尽是五光十色、炫彩斑斓的琉璃，以及铺满地板、墙壁和天花板的黄金，闪耀着当时世界上最璀璨夺目的建筑色彩。《马可波罗行纪》成了西方与中国之间一个划时代的标志，正是由于这本书在欧洲的流传，使得中世纪晚期的欧洲人对中国日益充满了瑰丽的想象和躁动的向往，乃至成为哥伦布发现新大陆和大航海时代来临的一大直接动因。

从利玛窦开始，传教士和商人源源不断地将有关中国的各种资料寄回欧洲，其中也包含了有关中国建筑的丰富信息，由此在欧洲掀起了一次持续百余年的中国热潮。荷属东印度公司1655年向中国派出一个使团，随团画师纽霍夫（Nieuhoff）撰写了一份详细的考察报告，并在其中附上了数十幅版画插图，以精细的画笔，生动形象地描绘了清初中国的城市风貌和建筑景观。在纽霍夫的笔下，几乎每一个中国城市都拥有至少一座高耸的宝塔作为最醒目的地标，特别是南京城外的大报恩寺琉璃塔，他还专门绘制了一张特写（图6）。关于这座毁于咸同兵燹中的世界著名建筑，这幅画是今天世人所能见到的最详细和精确的图像之一。纽霍夫这份图文并茂的报告书，先后以荷兰文、法文和英文出版，在欧洲广为流传。[1] 以南京大报恩寺琉璃塔为代表的"中国塔"成为西人眼中中国建筑的一大标志，很大程度上便与此书有关。

---

[1]　参见陈志华：《中国造园艺术在欧洲的影响》，济南：山东画报出版社，2006年，第22页。

图6 纽霍夫绘制的南京大报恩寺琉璃塔（层高误画为十层）

来源：Jean Nieuhoff, *L'Ambassade de la Compagnie Orientale des Provinces Unies vers L'Empereur de la Chine*, Leyde, Marchand Libraire & Graveur de la Ville d'Amsterdam, 1665.

从17世纪开始长达百余年的时间里，中国的瓷器、服饰、家具等，成为西方贵族竞相追逐的时尚，而中国的建筑和园林，也成为当时一种最受人追捧的建筑风潮。纽霍夫的报告书，正是开启欧洲建筑"中国风"时代的一个标志。诚如费慰梅（Wilma Canon Fairbank）所说："长久以来，对于我们西方人来说，中国的传统建筑总因其富于异国情趣而令人神往。那些佛塔庙宇中的翼展屋顶，宫殿宅第中的格子窗棂，庭园里的月门和拱桥，无不使18世纪初的欧洲设计家们为之倾倒，以致创造了一种专门模仿中国装饰的艺术风格，即所谓Chinoiserie。他们在壁纸的花纹、瓷器的彩绘、家具的装饰上，到处模仿中国建筑的图案，还在阔人住宅的庭院里修了许多显然是仿中国式样的东西。这种上流阶层的时尚1763年在英国可谓登峰造极，竟在那里的'克欧花园'中建起了一座中国塔。"① 这里的"Chinoiserie"，即所谓"中国风"。不过，这些想象中的"中国风"事实上与真正的中国建筑相去甚远，乃至走向光怪陆离的庸俗。及至18世纪上半叶，英国建筑师威廉·钱伯斯（William Chambers）才真正对中国建筑做了一些较为客观、真实的介绍与研究。

钱伯斯出生于瑞典，青年时代在瑞典东印度公司做押运员，从而得以到世界各地航海游历，获得了广博的见闻。从1742年起，他先后三次来到中国广东，其间对岭南建筑和园林进行了细致观察和记录，也正是在这一过程中，他积累了对中国建筑的大量直观认识。回到欧洲的钱伯斯，不遗余力地向欧洲人推介他那所谓"准确严肃"的中国建筑风格，这一过程中，他在英国主持设计了著名的"丘园"，在园中建造了一座十层高的中式"大宝塔"（图7）。这座著名的"中国风"造型的塔，无疑是18世纪欧洲园林建筑"中国风"热潮的最高体现，也如实展现出了在那时的西人眼中，"中国塔"在表现中国建筑风格上的核心象征意义。

尽管从前后出版数部著作、极力向欧洲人推广中国建筑的实践来看，钱伯斯对中国建筑是颇有感情的——他对于中国的园林艺术也极为推崇，并给予了高度的赞美——然而事实上，钱伯斯对于中国建筑的评价并不高。他在其著作《中国建筑、家具、服饰、机械和生活器具设计》前言中写道："中国建筑在体量上不宏伟，在材料上也不丰

---

① 〔美〕费慰梅：《梁思成传略》，梁思成：《图像中国建筑史》，北京：生活·读书·新知三联书店，2011年，第173页。按："克欧花园"即 Kew Garden，又译"丘园"、"裘园"。

图 7 版画中的丘园塔风景

来源：Harry Inigo Triggs. *Garden Craft in Europe*, B.T. Batsford, London, 1913.

富。不过，它们的建筑法则奇特，比例恰当，造型上则简洁优美，这些都足以值得我们注意。我把中国建筑视为建筑中的玩具：有时玩具也会因为它们工艺的奇巧、精致、严谨而被放进古董珍奇的橱柜里收藏和供人欣赏，因此中国建筑偶尔也可在高雅艺术之林里占有一席之地。"[1] 显然，在身为建筑师的钱伯斯看来，中国建筑从专业的角度来说不值一提。其所具有的所有美感和艺术性，都不过只是"玩具"一样的新奇罢了。这一评价显示出从 18 世纪中叶开始，曾经由马可·波罗带给欧洲人的那个瑰丽绚烂的中国建筑想象已然开始破灭。而这种

---

[1] William Chambers: *Designs of Chinese Buildings, Furniture, Dresses, Machines and Utensils*, London, 1757.

破灭，更加集中地体现在不久之后英国马戛尔尼使团的成员日记和访华后所写成的各种报告中。

　　1792年（清乾隆五十七年），英国国王乔治三世以向乾隆皇帝祝寿的名义，派遣由乔治·马戛尔尼勋爵所率领的使团访华。这个规模多达百余人的庞大使团，包括了军事、测量、绘图、航海等各方面的专家，同时也携带了各式各样的礼物。使团的目的，在于希望通过与清廷的直接交涉，获得英国对华的商务利益与外交权利。1793年使团到达北京，获得了乾隆皇帝的接见，但他们所提出的一系列要求均遭到拒绝。至1794年初，他们从广州乘船离开了中国，使团中的许多船员在回国后都撰写了使华行记，记录他们在中国期间的各种见闻和思考。在这之中，马戛尔尼的副手乔治·伦纳德·斯当东爵士所撰写的《英使谒见乾隆纪实》，以及使团主计约翰·巴罗爵士所撰写的《中国行纪》，是流传最为广泛，记述内容最为生动翔实，影响亦最深远的两部书。在这两部书中，两位使团成员都对他们所亲眼看到的大清帝国的都城北京以及紫禁城、圆明园、承德避暑山庄等皇家宫殿和园林进行了详细的描述，也给出了自己的评价。

　　可以说，斯当东和巴罗两人，在继马可·波罗之后500年，使得北京这座中华帝国的都城再一次通过生动具体的文字呈现在欧洲人面前。不过与马可·波罗所描绘的那个梦幻般的"汗八里"所不同，在斯当东和巴罗的笔下，北京无疑黯然失色了许多。斯当东在书中写道："使节团在郊区的尽头又稍停留，大家交换了一下刚才穿过北京城时所得的印象。他们自然知道这样匆促的走马观花无法得出一个恰当的判断。不过大家共同感觉是，实际所看到的一切，除了皇宫而外，远没有未到之前想象的那么美好。假如一个中国人观光了英国的首都之后做一个公正的判断，他将会认为，无论从商店、桥梁、广场和公共建筑的规模和国家财富的象征来比较，大不列颠的首都伦敦是超过北京的。"[①] 相比之下，巴罗对北京的描述和评价，则更是充满了不屑和鄙夷："这座著名都城给人的第一个印象没有预计中引起更高的期盼，也丝毫没有促使人们想更多地认识它。在接近一座欧洲城市时，通常映入眼帘的是各种不同的景物，如教堂的塔和尖顶、圆屋顶、方尖碑，及其他高耸于屋宇之上的公共建筑，使人遐想它们种种构造的形式和宏伟，及其可能的用途。在北京甚至看不到屋顶上有突出的烟囱，房屋几乎都一般高……完全是一个样子。很少有超越一层楼的房子……确实，只要在一条大街上散步就足以使外国人对全城产生完整的印象。他会马上感觉每条街都是一个模样，每座房屋都是按照同样设计建造，房屋的结构缺少品位、宏伟、美观、坚实及设备。房屋不过是营帐，没有什么优点，甚至皇帝的宫室也一样。"[②]

对于紫禁城，斯当东尚给予赞美："皇宫四周围着高墙，特使进宫之后经过数座宏伟的宫殿，几道人工湖，数道汉白玉石栏杆的花岗石桥，才到达宝殿之前……宝殿是木制的，建筑在花岗石台基上，规模非常之大，殿内殿外金碧辉煌优美壮观。"[③] 不过在巴罗的笔下，即便是紫禁城也不值一提："组成皇宫的建筑物及其内部设备，如果我们不计平民家都有的绘画、镀金和油漆外，那么也缺乏多余和奢华的

<hr />

① 〔英〕斯当东著，叶笃义译：《英使谒见乾隆纪实》，上海：上海书店出版社，2005年，第294—295页。
② 〔英〕约翰·巴罗：《巴罗中国行纪》，〔英〕乔治·马戛尔尼、〔英〕约翰·巴罗著，何高济、何毓宁译：《马戛尔尼使团使华观感》，北京：商务印书馆，2013年，第166—170页。
③ 〔英〕斯当东著，叶笃义译：《英使谒见乾隆纪实》，第389页。

装饰。谁要是相信传教士和旅行家记录的北京及圆明园夸张的文字描写，那就让他亲身访问一下，肯定会深感失望。这些建筑，像该国普通民宅一样，都是按帐幕形式修建，仅比其他房屋显得高大……宫墙比一般民宅的高，木柱更粗大，屋顶宽阔，每个部位可以绘上各种图案和镀金。但都只有一层高，而且低矮的小屋掺杂其间，将它们包围。有位作家已指出，英王在圣詹姆士的宫室比欧洲任何君王的都破。如果我拿中国的皇宫和欧洲的皇宅相比，那肯定它就是圣詹姆士宫。但房间、家具及后者的设施，尽管破旧，比中国的仍要好很多……屋里没有玻璃窗，没有火炉、壁炉或炉条，没有沙发、写字台、吊灯，也没有镜子，没有书橱、印刷品，也没有绘画。他们床上没有帘子，也没有床单……总之，法国君主时代凡尔赛朝廷官吏的陋居，和中国皇帝在首都及圆明园分配给大臣的居室相比，都算得上是王宫。"[1]

对于圆明园的园林艺术，巴罗评价道："圆明园的土地估计至少有10英里的范围，即大约6万英亩，然而其中大部分是荒地和林地……如果让我谈谈对这些地方的看法，那么我要说的是它们缺乏威廉·钱伯斯爵士对中国园艺所做的梦幻般描绘。不管怎样，总的说是好的，而且应当认为我所眼见的景色不违背自然。"[2] 这句"总的说是好的"，似乎是巴罗对此行在北京所见的所有人工景观中难得的肯定。而斯当东所记述的巴罗对圆明园园林艺术的评价，则似乎更高一些："（巴罗）说：'圆明园是一个引人入胜的地方。它不是东拼西凑杂

---

① 〔英〕约翰·巴罗:《巴罗中国行纪》，第224—225页。
② 〔英〕约翰·巴罗:《巴罗中国行纪》，第183—184页。

图8　英国画师托马斯·阿罗姆（Thomas Allom）笔下的圆明园正大光明殿
来源：Thomas Allom, *The Chinese empire*, illustrated, London: London Printing and Publishing Company, 1858.

乱无章的一些建筑，整个花园形成一个完整的调和的天然风景……中国人布置园艺极含蓄隐蔽之能事。圆明园内往往通过一丛林小路看过去只是一堵小墙，而实际走到头则豁然开朗却是一大片风景。许多片人工湖，四周不由堡垒式斜堤围绕，而是由一些人造岩石包围着，看上去好像是天生的。'"① 不过，对于圆明园内的宫殿建筑，巴罗依然不忘加以一贯的鄙视："这些被冠以宫殿之名的建筑群是以数量之多，不是以辉煌壮丽而知名。大部分建筑是低矮的平房。皇帝本人的宫室和他接见的大殿，如果剥掉上面的镀金和绚丽色彩，不比英国富裕农家的谷仓好多少，而且不坚实。他们的房间缺乏协调，就像他们的房

---

① 〔英〕斯当东著，叶笃义译：《英使谒见乾隆纪实》，第378—379页。

屋结构缺乏我们通常说的建筑学基本原则和规矩。"[1]

巴罗在他的书中，对中国建筑进行了一番总结性的评述。他说道："的确，他们的建筑物，既不好看又不坚固，设计得并不优雅大方，缺乏一定的比例。外表平常，工艺粗糙。他们的五层、七层和九层宝塔是最显眼的建筑物，但尽管看起来是模仿，或者更恰当地说多半是复制已知的印度宝塔，但设计差，建造也差；实际上这类建筑质量非常糟，以致半数不算古老的塔看起来已经坍塌。这类无用而且古怪的建筑物，吾皇陛下在克威的花园有一个模型，绝不比我在中国看到的真正最好的宝塔差……他们的住宅形状显然像帐篷，弯弯的屋顶和木柱（模仿旗杆）形成一个环绕劣质砖墙的走廊，这清楚表明其起源，但他们始终不改变原状……支撑巨大屋顶的中国柱子，既无根基又无柱头，没有各部的对称，没有流畅感，也没有特别的实用性，屋顶檐角上那些龇牙咧嘴、奇形怪状的狮子、龙蛇，根本谈不上什么好风格，实用性，或美感。"[2]

显然，马戛尔尼使团带回欧洲的这些描述，表明已经进入工业革命时代的西方人数百年来对古老中国的玫瑰色想象，已然彻底幻灭。与500年前的《马可波罗行纪》，乃至不久之前王致诚等欧洲传教士所写下的那些热情的文学赞美相比，巴罗等人对中国建筑的态度，已完全走向了另外一个极端，即近乎全盘的否定与无以复加的鄙夷。即使是金碧辉煌的琉璃、巍巍高耸的宝塔，以及芥子须弥、道法自然的园林等这些中国建筑中过去曾最为吸引西方人关注目光与赞叹的

---

① 〔英〕约翰·巴罗：《巴罗中国行纪》，第184页。
② 〔英〕约翰·巴罗：《巴罗中国行纪》，第316页。按："克威的花园"即前文提到之"克欧花园"（Kew Garden）。

元素，在马戛尔尼之后19世纪上半叶的欧洲，也已然变得光彩不再。在"中国风"流行的晚期，英国建筑师钱伯斯尚能带着欣赏和把玩的情趣，把中国建筑视为"偶尔也可在高雅艺术之林里占有一席之地"的"玩具"，而到了19世纪时，西方建筑师则已纷纷对中国建筑施以毫无保留和前所未有的贬斥。如英国建筑师弗格森（James Fergusson）在1896年所著的《印度及东洋建筑史》一书中，便直言："中国无哲学，无文学，无艺术，建筑中无艺术之价值，只可视为一种工业耳。此种工业，极低级而不合理，类于儿戏。"[①] 对于这类狂妄的认知偏见，日本近代建筑史学家伊东忠太曾一针见血地指出了其背后的文化心态："欧美人视中国为衰老之国而轻视之，对其建筑，亦谓程度必低，而不深加顾虑。"[②] 古老的东方帝国在枪炮声中被彻底扯下了往日的神秘面纱，衰老朽坏的躯体暴露无遗，而面对中国的，也早已不再是马可·波罗时代那个在黑死病与蒙古铁骑的阴影下颤抖的中世纪欧洲了，取而代之的是在林立的烟囱和刺耳的蒸汽机轰鸣声中自信空前膨胀的近代欧洲。此起与彼伏之间，古老的中国建筑，也在时代大潮中戏剧性地从神坛跌落谷底。

马戛尔尼使华团副手斯当东的儿子乔治·托马斯·斯当东，在那次历史性的出访中，也作为侍童随行，于1793年秋天在热河的避暑山庄参加了对乾隆皇帝的谒见，这年他还只是一个13岁的孩子。小斯当东在来华的途中，便跟随使团里的翻译官学习中文。他不但学会了简单的交际口语，还能写出一手还不错的汉字——事实上，使团后

---

① 萧默:《重读梁思成〈中国建筑史〉感怀》,《萧默建筑艺术论集》,北京:机械工业出版社, 2003年, 第210页。
② 〔日〕伊东忠太著, 陈清泉译补:《中国建筑史》,长沙:湖南大学出版社, 2013年, 第5页。

来写给乾隆皇帝的照会国书，正是由小斯当东亲笔誊写的。由于他的这一特殊能耐，在随后的热河觐见中，这个侍童得以粉墨登场，成了那场历史性会面中一位引人注目的童星。老斯当东曾回忆道："双方谈话，往来由几道语言翻译，非常麻烦。皇帝有鉴于此，向和中堂询问使节团中有无能直接讲中国话的人。特使回答，有一见习童子，今年十三岁，能略讲几句。皇帝听了非常高兴，立刻命令将该童带至御座前试讲中国话。或者由于这个童子的讲话使皇帝满意，或者见他活泼可爱，皇帝欣然从自己腰带上解下一个槟榔荷包亲自赐与该童。"[①]（图9）乾隆皇帝永远不会想到，47年后的1840年，正是当年在避暑山庄里讲着滑稽腔调的中文、"活泼可爱"并由自己亲手赐予绣花荷包的这个英国小男孩，在伦敦的议会大楼里，以议员的身份慷慨陈词，极力游说和鼓动英国议会同意对华宣战，并最终在发动鸦片战争的决议案中投下赞成票。历史的机缘巧合，使得小斯当东恰巧成了中西交流史上的一个极具象征意义的见证者和符号。在他的背后，是18世纪末欧洲"中国梦"的最后幻灭，以及19世纪西方从军事、经济和文化各领域开始全面入侵中国的号角声。

---

① 〔英〕斯当东著，叶笃义译：《英使谒见乾隆纪实》，第348页。

图9 描绘乾隆赐予小斯当东荷包的版画

来源:〔英〕威廉·亚历山大著,赵省伟、邱丽媛编译:《中国衣冠举止图解》,北京:北京理工大学出版社,2016年,第221页。

二

风格交错的晚清民初中国建筑及大学校园

事实上，就在斯当东、巴罗等人参观圆明园的时候，在这座面积广阔的皇家园林的东北角，已然建起了一片与园内其他区域景观截然不同的"西洋楼"景区。

既对于"天朝上国"的无所不有无比自信，同时又对各种"奇技淫巧"充满好奇的乾隆皇帝，命令宫廷里的意大利传教士郎世宁和法国传教士蒋友仁二人负责在长春园北部的狭长地带设计建造一片"西洋楼"。西洋楼的建造始于1747年的"谐奇趣"，在此后的40年时间里，又陆续不断添建了一系列建筑，包括黄花阵、养雀笼、远瀛观、大水法、观水法、外方观、海晏堂、线法山、方河、线法墙等，最终形成了一片充满异域风情的景观带。[①] 在中国历史上，圆明园西洋楼建筑群，是最早的一组欧式风格建筑，同时也是后来所谓"中西合璧"建筑风格在中国的最早尝试：在这些欧式建筑的设计中，郎世宁和蒋友仁非常懂得"揣摩圣意"，按照乾隆的喜好，夹杂进了大量的"中国

---

① 参见赖德霖、伍江、徐苏斌主编：《中国近代建筑史》第1卷（门户开放——中国城市和建筑的西化与现代化），第32—56页。

元素"。不仅将所有的楼房屋顶都做成了琉璃瓦反曲面的屋顶，而且在细节装饰上也掺进了许多"中国味道"。最著名的例子便是海晏堂西侧的大喷泉：欧洲宫廷的喷泉里那些裸体的男神女神，假如直接搬到乾隆的花园里来，显然是极为"伤风败俗"的，于是这些雕塑都被改为了人身兽首、身穿中式服装的十二生肖喷泉（图10）。从建筑风格上看，西洋楼带有浓郁的巴洛克风格，装饰细节上充满了洛可可的元素，这与17世纪欧洲宫廷和教会所流行的建筑风格一致。在欧洲竞相追逐"中国风"建筑的同时，乾隆的花园里也出现了这样一批巴

图10　圆明园西洋楼海晏堂西面版画局部，可见中西混搭的建筑风格和堂前的生肖兽
　　　首喷泉
来源：《圆明园西洋楼铜版画》。

洛克的洋房水景。而最为滑稽的是，这些货真价实地建在中国皇帝花园里的建筑，看起来竟与欧洲那些"中国风"的山寨货几乎异曲同工。18世纪的中欧建筑艺术，似乎还在进行着有趣而和谐的交流。

然而，这种平静的假象，很快便伴随着枪炮声化为灰烬。鸦片战争后的1843年，英国与清廷在广州签订《虎门条约》，从中获得了在中国城市划设租界并建造房屋的权利。由是以降，西式建筑开始在中国城市里纷纷拔地而起，从而在视觉上逐步改变了步入近代的中国城市面貌。第二次鸦片战争后，租界的分布深入到了长江中游，而天子脚下的北京城墙内，也出现了东交民巷这样的连片"使馆区"。不过，在鸦片战争后的半个世纪里，西方建筑对中国的这种"入侵"，仍然是外国人单方面在中国的行动，而并没有激起中国建筑本身的太大反应。整个19世纪下半叶，中国的建筑便呈现出彼此分离的两张皮：一边是传承数千年的古老建筑文明继续在延续着不变的传统，一边是越来越多的西式建筑在租界区、租借地、使馆区里涌现，两者之间基本上毫无对话。这种状况可以从清末建的颐和园中看出：这座在乾隆时期"清漪园"废墟上重建的皇家园林，依然是延续着清代皇家官式建筑所固有的工程做法。虽然在其中也零星点缀有清晏舫这样带有异域风情的小品建筑，但它们和100多年前圆明园里的西洋楼一样，不过是满足皇家贵族们猎奇心的小玩意罢了，在整个颐和园里，它依旧不过是微不足道的"奇技淫巧"，对整座园林的总体建筑风格，并没有产生任何影响。

这种状况，到20世纪初却很快发生了戏剧性的根本改变。1900年的庚子之变给大清帝国的最高统治者带来了极大的心理冲击，促使其决心变革。1906年，清政府宣布开始"预备立宪"，仿照西方政治制度，建立中国的君主立宪体制。1907年11月，清廷在中央设立资政院，1909年颁布资政院章程，并选定北京城东南角的顺天贡院旧址（今中国社会科学院）兴建资政院大楼。这幢大楼由德国建筑师罗克格设计，模仿德国柏林的议会大厦，为典型的欧洲古典主义构图。大楼高四层，中部为资政院大厅，东西两翼为参议院和众议院，三个大厅上都盖有方穹顶，外墙饰以巨柱，显得颇为雄伟气派（图11）。不过，由于经费筹集困难，加之很快爆发辛亥革命，这幢宏伟的欧式议会大厦最终只建成了地基部分。

图11 清末资政院大楼透视效果图
来源：*The Far Eastern Review*, vol.10, No. 4 (September 1913).

尽管中央的资政院大楼未能兴建，但在"预备立宪"过程中，各省按照清廷要求设立的谘议局之新建筑，则有不少在辛亥革命前得以建成。与资政院一样，各省谘议局建筑也要求"仿各国议院建筑"而设计，外观一般都采用古典主义构图，穹顶、钟楼、西式立柱等元素皆为通例（图12）。与此同时，清政府也开始对其落后的旧式王朝官制进行改造，1906年前便已成立了外务部、学部等新政府机构，1906年又进行了更加彻底的官制改革，废除了传统的"六部"，新设

图12　清末武昌城内的湖北谘议局大楼

来源: Edwin J. Dingle, *China's Revolution 1911-1912: A Historical and Political Record of the Civil War*, New York: McBride, Nast & Company, 1912.

邮传部、度支部、民政部、农工商部、陆军部、海军部、大理院、审计院等机构。在这一过程中，清政府为这些新机构建造了新的办公场所，而"新政"推行过程中所兴办的一些农工商实业，也大量建造了新建筑。清末这些在"立宪"和"新政"过程中由官方主导建造的建筑，皆完全抛弃了传统的中国旧有建筑形式，而改为纯粹的西式建筑风格。在朝廷的带动下，这一欧化之风迅速从上而下弥漫全国，从而形成了清末民初中国建筑"全盘西化"的一股时代浪潮。对此，近代著名建筑学家梁思成在其著作《中国建筑史》中曾颇为痛心地总结道："圆明园虽以欧式建筑为点缀，各地教会虽建立教堂，然洋式建筑之风至清中叶犹未盛。自清末季，外侮凌夷，民气沮丧，国人鄙视国粹，万事以洋式为尚，其影响遂立即反映于建筑。凡公私营造，莫不趋向洋式。"[1] 他在《中国建筑设计参考图集》的序言中，更称清末建

---

[1]　梁思成:《中国建筑史》，天津：百花文艺出版社，1998年，第353页。

筑的这股洋风是"光宣以来建筑界的大混乱"①。

近代中国官办大学校园的建设，也正是在这一"万事以洋式为尚"的时代里开始的，因此其建筑形式无疑会带有鲜明的时代烙印。"大学"对于中国而言，是近代产生的新鲜事物。虽然在中国漫长的古代文明中，官办的"太学"、"国子监"和民间的书院，也可视为古代中国高等教育的机构和场域，然而近代意义上的"大学"，对中国而言无疑是晚近的舶来品。从洋务运动时期开始，洋务派陆续在各地开办了一些具有高等程度的专科学堂，如福建船政学堂、京师同文馆等。1895 年北洋大学堂的创办，则标志着中国官办大学的肇端。清末时期在中国所诞生的这些新式高等学堂和大学堂，其初创之时，受制于财力的紧绌和当局追求速成人才的急切心理，往往都因陋就简，在既有的建筑中先行开办。于是，近代中国最早诞生的高等学校，其最初的校园形态，依旧孕育和脱胎于固有的学宫、书院模式，但在其中已逐渐开始"拼贴"一些"洋式"。如 1898 年建立的京师大学堂，其校园是在一座公主府的旧有基础上改建的。校园中轴线上的大讲堂、藏书楼，以及西轴线上布局的学生宿舍"西斋"，显然是延续了原先公主府的格局，也类似于中国传统的学宫、书院布局。不过，在校园的东侧，另有一条轴线，其上建有西式风格的数学楼和生物楼，其建筑风格和庭院布局，显然又是西式校园的移植拼贴（图 13）。类似的案例还有同样是中国近代最早大学之一的山西大学堂，其校园平面布局与京师大学堂高度相似，也分为东面的西学专斋和西面的中学专

---

① 梁思成：《〈中国建筑设计参考图集〉序》，《建筑文萃》，北京：生活·读书·新知三联书店，2006 年，第 329 页。

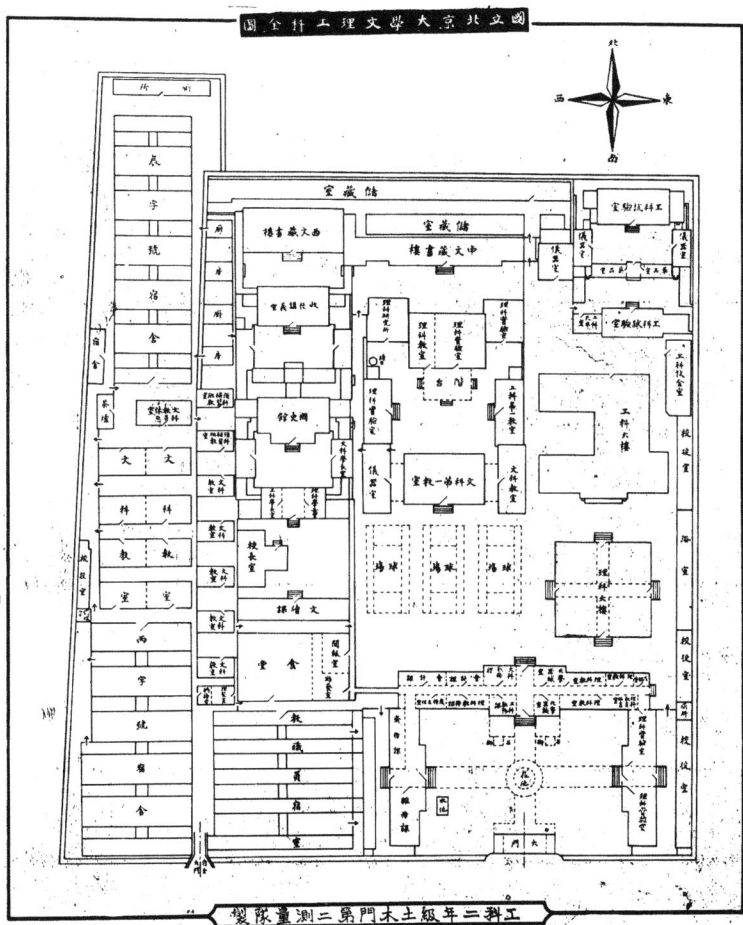

图13 民国初年北京大学马神庙校舍（二院）平面图，校园格局和主要校舍建筑仍延续
清末京师大学堂的旧貌

来源:《国立北京大学廿周年纪念册》，1918年。

斋，学生宿舍也布置在校园最西边。在这些校园中，传统中国式的院落和西式的独立教学楼之间，生硬拼贴在一起，彼此毫无呼应。这种总体延续传统学宫、书院格局，局部进行西方建筑拼贴置换的模式，一直是清末民初中国官办大学校园的主流规划设计套路，只是随着时间的推移，其中旧的中国传统建筑逐渐减少，新的西式洋楼逐渐增多而已。

1910年开始建设的京师大学堂分科大学讲堂，是清末官办大学新建校舍建筑的经典代表。由于不久之后辛亥革命的爆发，分科大学工程仅建成了几栋建筑便宣告停工，但从这几栋建筑的规划布局和建筑设计中，还是可以看出清末高等学校校园规划设计的新思路。在幸告建成的这少数几栋校舍中，便有经科大学的讲堂（图14）。这一按照"癸卯学制"的设定，以儒家传统经学为教学内容的高等学校，其校舍竟然是一座典型的西方建筑，拥有气派的大圆拱窗和罗马柱。这在今天看来颇有些滑稽的搭配，如实反映了20世纪初中国官办大学起步阶段在校舍建筑上所追求的某种"范式"。而这种以纯粹西式风格建筑为官办大学校舍范式的路径，在全国范围内也一直延续到了民国北洋政府时期。如由京师大学堂改名而来的北京大学在民国初年新建的标志性建筑"红楼"，也同样是一幢纯粹西式风格的楼房（图15）。

就在中国人"公私营造，莫不趋向洋式"，传承2000年的中华建筑文明似乎濒于毁弃之命运时，在中国的土地上，这些古老的建筑传统竟又悄然开始由外国传教士演绎起一种别样的"中国复兴"来。1876年，由法国天主教传教士毕乐士（Billoues）主持设计和施工的贵阳北天主堂落成（图16）。这座教堂的平面布局、空间结构，以及正立面的三面圆形玫瑰花窗、檐墙面的尖拱窗等造型，都无疑是哥特式

图14　清末京师大学堂分科大学经科讲堂旧址。张复合先生摄于1992年

图15　原北京大学"红楼"。邱靖先生摄于2017年3月

图16 贵阳北天主堂。作者摄于2013年11月

教堂的经典模式。然而，整座教堂却穿上了一件华丽的中国衣裳：其正立面被设计成中式牌楼造型，后方的钟楼也做成了一座五层高的中国楼阁式宝塔。特别是教堂正立面那色彩斑斓、图案华丽的琉璃砖雕，在阳光下熠熠夺目，成为整个贵阳近代史上最为醒目的地标建筑。这座中国西南地区最宏伟的天主教堂，以及与之相类似的，在云贵高原上的其他一系列19世纪下半叶兴建的天主堂，在中国近代建筑史上具有别样的历史意义：与这一时期在中国东部通商口岸中那些来华不久多少有些傲慢与偏见的传教士不同，已在云贵地区扎根多年的天主教会，仍在延续数百年前天主教最初来华传教以降所形成的传

统，在教堂建筑形式和装饰风格上采用中国本地的语汇。类似的建筑手法，在同时期的西北地区，我们也可以看到不少案例。这些地处中国内陆偏远地区的教会，在建筑活动方面，似乎尚未立时受到西方武力入侵中国所带来的影响。

　　不过，在19世纪下半叶活跃于中国中东部广大地区的外国传教士们，对中国传统建筑文化所持的态度，则更多的是另一种状况。与中世纪晚期的孟高维诺、鄂多立克、利玛窦，乃至近代早期的郎世宁、蒋友仁、王致诚等人不同，这些在鸦片战争后来到中国的西方传教士，对中国文化与中国人民，或多或少地带有不屑与蔑视的优越心态。他们在中国的城市和乡村里建立教堂时，自然不会认为这些属于上帝的神圣建筑，需要披上什么滑稽而拙劣的中国外衣。即使是在最恢宏华丽的皇家建筑云集的北京，紫禁城里那些金光闪闪的琉璃瓦，亦无法再引起这些洋人的多少共鸣。1865年，法国天主教会在皇城内毗邻西苑的蚕池口建起一座纯粹哥特式风格的天主堂（老北堂，原址今为国务院办公区域），此堂与西苑紫光阁仅一墙之隔，距离紫禁城也仅有数百米的距离，站在钟楼顶上，整个西苑和大内一览无余（图17）。西苑的所在地，便是500年前鄂多立克和马可·波罗笔下那个梦幻般的太液池和琼华岛。然而，风景依旧的"太液秋风"，在时过境迁的19世纪中叶，再也无法激起欧洲人的赞美与迷恋。在紧挨着西苑园墙之地建起这一哥特式教堂的法国传教士们，对待中国建筑的态度与居于西南边陲云贵高原上的同胞弟兄们，以及清初以前天主教在北京的早期传教士们截然不同：他们丝毫没有把附近中国皇帝的宫禁园囿放在眼里，也绝无任何与周边建筑进行对话和协调的想法。虽然在清廷交涉下，教廷和法国教会同意迁移教堂，但移往西什库重建后

图17 与北京西苑紫光阁紧邻的蚕池口天主堂

来源：*La Chine à Terre et en Ballon*, Paris: Berger- Levrault et Cie, 1902.

的新北堂，依然位于皇城墙以内的北京城核心区域。毫无疑问，高耸的哥特式钟楼，在19世纪末古老的帝都心脏内，从视觉上显得无比扎眼。教堂给慈禧太后等人带来的不安，尚且不过是引来一场外交上很快得到妥善处理的迁堂交涉，但这些教堂背后所隐藏的近代以来外国传教士借由不平等条约获得特权，在众多中国城市强行圈地建堂，导致教案频发的历史状况，则在数十年间不断刺激着中国一般民众的神经。在这一过程中，外观上"非我族类"、体量上庞大高耸的教堂建筑，愈加成为中国人仇教仇洋情绪汇集的焦点。这种教会与中国底层民众之间越发严重的撕裂和对立，最终演变成震惊世界的"庚子事变"。

在这次事变中，西什库的北堂成为在京义和团拳民围攻的重点。为了彻底毁灭这座教堂，拳民甚至从地下开挖隧道埋放炸药，炸毁了教堂东北角的仁慈堂，并在现场留下了一个深达7米，直径40多米的爆炸深坑。这一声冲天巨响，虽然最终也没有帮助义和团攻下北堂，但也用最残酷的方式，给在华外国教会带来了一次强烈的刺激。

曾几何时，传教士们对于"教化"中国还满怀豪情。德国传教士郭士立（Karl Friedlich Gutzlaff）曾宣称，"在当今的日子里，上帝的荣光一定要在中国显现，龙要被废止，在这个辽阔的帝国里，基督将成为唯一的王和崇拜的对象"[①]。美国传教士裨治文（Elijah Coleman Bridgman）更赤裸裸地为列强军事入侵中国摇旗呐喊，宣称"根据中华帝国目前的态度，如果不使用武力，就没有一个体面的政府可与之保持体面的交往；倘若我们希望同中国缔结一项条约，就必须在刺刀尖下命令它这样做，用大炮的口来增强辩论"[②]。然而，这种狂热的自信在1900年这场猩红色的冲击之下迅速消散了。义和团给教会带来的打击之沉重，在近代以来的中国历史上可谓前所未有。虽然西什库教堂最终未被占领，但在北京城内的其他地方，乃至在广大的华北、东北地区，大量教堂被毁，许多教会基本被消灭。这场事变最终固然得到平息，但在其中所呈现出的中西之间的剧烈文化冲突，和底层中国人对基督教的可怕仇恨，也促使教会开始反思过去半个多世纪里在中国的所作所为。教会开始主动调整自己的文化姿态，试图以更加谦

---

① 《中国丛报》，1832年8月，第140页，转引自顾长声：《传教士与近代中国》，上海：上海人民出版社，1981年，第29页。

② 董丛林：《龙与上帝——基督教与中国传统文化》，北京：生活·读书·新知三联书店，1992年，第138页。

卑和敬畏的心态面对中国历史与文化，以更加"中国化"的面孔回归到中国民众中去。

教会的这种改变，在建筑领域也得到了突出反映。1907年中华圣公会华北教区主教史嘉乐（Charles Perry Scott）主持建造的北京南沟沿救主堂，是庚子事变后中国新建教堂建筑中最早吸收采用中式风格的典型案例之一：教堂平面为拉丁十字，室内结构也是经典的巴西利卡样式，但整座建筑外墙使用了中式青砖，屋顶做成了北京民居常见的硬山式并覆盖中式筒瓦。位于屋顶中部的一大一小两座采光亭和钟楼也做成了中式的六角亭和八角亭样式，而整座教堂的细节装饰，更是大量使用中国传统图案和造型。教堂建筑中的这股"中国复兴"风潮，在此后持续了很多年。1928年落成的上海鸿德堂，外墙布满了红色的中国柱子，钟楼也被建成一座重檐攒尖顶的中式亭阁。直到1930年英国基督教循道会在汉口汉正街所建成的救世堂，其正立面上方的钟楼，同样被盖上了一个覆盖琉璃瓦的中式庑殿顶（图18）。这些做法，似乎与法国传教士们早在19世纪70年代便开始在云贵高原上所做的尝试同出一辙，并无多少新创造。

与各地陆续出现的这些中式风格的教堂相比，真正把教会建筑的"中国复兴"发展成一场在全国范围内产生深远影响的建筑风格复古运动的，还是这一时期的教会大学校园建设浪潮。庚子事变后教会意识到，单纯的宗教传道并不能很好地达到普及福音的效果，在中国推广近代教育，启发民智，培养一批"友善开化"的中国知识分子，才能从根本上避免类似义和团这样的极端仇教仇洋事变再度发生。正是在这样一种自发的调整之中，教会将更多的热情投注进了中国的教育和医疗卫生事业中，从而使得20世纪初在华教会学校和医院迎来了

图18 汉口基督教救世堂，正立面塔楼屋顶采用了汉口本地江南建筑风格的琉璃瓦庑殿顶。屋脊原有琉璃花砖及鸱尾等造型，后被毁。作者摄于2011年3月

一个发展的黄金时期。与此同时，清廷在1905年废除了科举，这进一步为教会学校的发展创造了前所未有的契机，越来越多的中国人选择将自己的孩子送往教会学校就读。此种良好发展之势头，促使教会决心在华进一步发展高等教育。于是在20世纪初，教会大学便如雨后春笋般在中国南北各地纷纷建立起来了。

其中，对建立和发展教会大学最为热心的，无疑是美国基督教会。国民政府时代在中国教育部注册备案的13所基督教（新教）大学

和学院，全部为美国教会创办或主导。[①] 这些美国教会大学在发展壮大的过程中，多数都放弃了原先的旧有校舍，另外购买土地营建新校园，且大都不约而同地在新校舍建筑风格上，选择采用中式复古风格。这场大规模的新校舍营建运动，也成为中国近代建筑史上第一次传统建筑复兴运动的高潮。[②]

在20世纪的最初十来年里，教会在华进行的这种"中国复兴"的建筑实践，主要还是传教士和中国工匠之间的互动所产生的摸索与模仿。但自辛亥革命以后，专业建筑师逐渐开始参与到这场运动中来，这成为一个重要的转折点。在这一转变过程中，美国人茂飞无疑是最具代表性的一位建筑师（图19）。茂飞1899年毕业于耶鲁大学建筑系，曾在纽约的数家事务所当过绘图员，1906年他和搭档丹纳（Dana）在纽约挂牌成立自己的事务所，随后数年间在美国承接了一些小型的设计业务，直到这时，茂飞都并未表现出对中国建筑的兴趣，也没有设计过任何一个中式"大屋顶"建筑。他与中国建筑产生交集，是因为他和丹纳的母校耶鲁大学。1901年，耶鲁大学成立耶鲁海外布道会，该会的工作重点选择在中国，因此后来改称"雅礼会"（Yale in China Association）。在随后的数年间，雅礼会先后在湖南省会长沙建立了雅礼学堂和雅礼医院。1914年，雅礼学堂开始招收大学本科生，并决

---

① 按：这13所学校分别是，燕京大学（北平）、齐鲁大学（济南）、金陵大学（南京）、金陵女子文理学院（南京）、圣约翰大学（上海）、沪江大学（上海）、东吴大学（苏州）、之江大学（杭州）、华中大学（武昌）、华西协合大学（成都）、福建协和文理学院（福州）、华南女子文理学院（福州）、岭南大学（广州）。在部分学者的论著中，长沙湘雅医学院亦被归为教会大学，但该校事实上并非由教会创办和经营，不属于教会大学。参见彭平一：《湘雅医学院是教会大学吗》，《高等教育研究》，2002年第6期。
② 董黎：《中国近代教会大学建筑史研究》，第15页。

图19 美国建筑师茂飞

来 源: Photographs of Jessie Tarbox Beals, 1896-1941, 20032869_1, Schlesinger Library on the History of Women in America, Radcliffe Institute, Harvard University, MA.

定在长沙城北门外麻园岭建立新校舍和新医院大楼。正是雅礼会的这一建设计划，促使茂飞走上了中国之旅。[①]

　　这年春天，刚到中国不久的茂飞去了首都北京，并参观了紫禁城。这次故宫之行，在茂飞的建筑师生涯中具有转折性的重大意义，他盛赞紫禁城是"世界上最完美建筑群……其庄严与华美，在其他任何国家的任何城市里都没有一组建筑群能与之相比"，并说自己参观

---

① 　Jeffrey W. Cody: *Building in China: Henry K. Murphy's "Adaptive Architecture" 1914-1935*, Hong Kong: Chinese University Press, 2001, pp. 20-44.

紫禁城所留下的记忆和感受，比参观罗马圣彼得大教堂还要生动和令人难忘。[1] 姑且无论这些仿佛回到了马可·波罗时代一般的溢美之词，究竟是发自内心的情感流露还是基于商业头脑的文宣包装，紫禁城的建筑对于茂飞日后演绎"中国建筑文艺复兴"的影响无疑是极为深远的。他随后在中国所做的一个又一个中式大学校园设计，从某种角度上看正是愈加忠实地摹写故宫的殿堂。在他的心目中，这个被推崇为"无与伦比的庄严华美"、"世界上最完美建筑群"的昔日中华帝国的旧宫，便是"中国建筑"的最高范式和正统代表。

茂飞对紫禁城建筑的推崇，在雅礼大学和湘雅医院的设计中尚没有表现出来。在雅礼大学的校舍中，他还普遍在大屋顶的屋面上开成排的老虎窗，并把正脊的鸱吻换成烟囱，檐下也没有斗栱，这些做法很快为他本人自我否定和抛弃。从南京的金陵女子大学开始，茂飞便逐渐形成了一套日臻成熟的"中国式建筑法则"。概括而言，这套"茂飞法则"主要包括：推崇清代北方官式建筑的造型并以之为"中国风格"的唯一范式；建筑整体形制尽量模仿完整、严谨的清代官式殿堂，不再随意变形和夸张，建筑平面多呈单一的矩形；屋顶以清代官式歇山顶为主要形制，兼用庑殿顶、攒尖顶等；注重屋檐下斗栱的模仿以解决中式屋顶和建筑墙体间的视觉衔接；以中式圆柱和传统彩绘图案装饰建筑外墙；等等。显然，茂飞对中国建筑的理解，很大程度上都是来自北京故宫的。他在单体建筑的设计上日益模仿故宫自不必言，而故宫以大小殿堂合围封闭的方形院落布局，依中轴线顺序排

---

[1]　Henry Killam Murphy: "An Architectural Renaissance in China: the Utilization in Modern Public Buildings of the Great Styles of the Past," *Asia*, vol. 28, issue 6 (June 1928), p. 468.

列的空间格局，显然也给了茂飞很大启发。他在后来的大学校园规划中，也时常借用这种手法，以营造更加"中国化"的建筑氛围。这种对故宫中轴线布局的借鉴，从金陵女子大学的总平面设计（图20）中，便可以最明显地看出。

图20　南京金陵女子大学校园鸟瞰效果图
来源: Meng Collection, Mansfield Freeman Center for East Asian Studies, Wesleyan University, CT.

　　在不断的实践过程中，茂飞演绎"中国建筑"的能力也愈加成熟和"地道"。他早期曾在金陵女子大学的建筑设计中，犯下斗栱不对准柱头，以及正脊穿鸥吻的错误，这样的"破绽"在往后便很少见到了。至茂飞完成燕京大学的设计时，这座"代表着近代教会大学建筑最高艺术成就"[①]的大学校园，无疑已奠定了他在教会主导的这场中国

---

① 　董黎:《中国近代教会大学建筑史研究》，第162页。

建筑风格复兴运动中的旗手地位。由此，在随后到来的南京国民政府时代，茂飞被聘为建筑顾问，深度参与了"首都计划"的规划，并主持设计了国民政府在南京灵谷寺旧址建造的国民革命军阵亡将士墓及纪念塔。茂飞也因此成为一位承上启下的关键人物，为接下来由国民政府发起和主导的近代中国建筑史上第二次民族形式复兴运动——"中国固有之形式"奠定了基础。

事实上，在茂飞身后，当时还活跃着一大批来自教会或与教会有着密切关联的外国建筑师，在中国的教会大学校园建设热潮中进行着中国传统建筑风格复兴的尝试和演绎。除了由茂飞设计的金陵女子大学、燕京大学外，还有齐鲁大学、金陵大学、圣约翰大学、福建协和大学、华西协合大学、岭南大学等基督教教会大学，以及天主教的辅仁大学，也进行了大规模的新校舍建设，并不约而同地采用了中式复古风格。这些规模宏伟、建筑华丽、飘溢着浓郁中国味道的教会大学校舍建筑，皆成为这些学校所在城市的一道亮丽的风景线（图21、图22、图23）。

近代中国传统建筑复兴运动的这一由基督教会和部分外国建筑师所主导，以教会大学新校园建设为主要载体的"上半场"，梁思成在1935年时曾毫不客气地进行过批评："前二十年左右，中国文化曾在西方出健旺的风头，于是在中国的外国建筑师，也随了那时髦的潮流，将中国建筑固有的许多样式，加到他们新盖的房子上去。其中尤以教会建筑多取此式，如北平协和医院、燕京大学，济南齐鲁大学，南京金陵大学，四川华西大学等等。这多处的中国式新建筑物，虽然对于中国建筑趣味精神浓淡不同，设计的优劣不等，但他们的通病则全在对于中国建筑权衡结构缺乏基本的认识的一点上。他们均注重外

图21 20世纪20年代的南京金陵大学主楼

来源：Sidney D. Gamble Photographs, 362-2070, David M. Rubenstein Rare Book & Manuscript Library, Duke University, NC.

图22 位于福州东郊闽江之滨、鼓山之麓的福建协和大学校园

来源：United Board for Christian Higher Education in Asia, IMP-YDS-RG011-395-0001-0015, Divinity School Library, Yale University, CT.

图23　北京城内的天主教辅仁大学校舍

来源:《启新洋灰有限公司三十周纪念册》，1935年。

形的摹仿，而不顾中外结构之异同处，所采用的四角翘起的中国式
屋顶，勉强生硬地加在一座洋楼上，其上下结构划然不同旨趣，除
却琉璃瓦本身显然代表中国艺术的特征外，其他可以说是仍为西洋建
筑。"①1950年他又在一次演讲中对当年的这股由外国人掀起的中国建
筑复古风潮奚落道："他们只看见了中国建筑的琉璃瓦顶，金碧辉煌
的彩画，千变万化的窗格子。做得不好的例子就是他们盖了一座洋
楼，上面戴上琉璃瓦帽子，檐下画了些彩画，窗上加了些菱花，也
许脚底下加了一个汉白玉的须弥座。不伦不类，犹如一个穿西装的洋
人，头戴红缨帽，胸前挂一块缙子，脚上穿一双朝靴，自己以为是一

---

① 　梁思成:《〈中国建筑设计参考图集〉序》,《建筑文萃》，第329—330页。

个中国人！"[①] 然而，在系统的中国古代建筑史研究尚未开展，有关中国传统建筑的现代理论重构尚为空白的民国初年，这样的批评未免有些严苛了。对于建筑师以外的普罗大众而言，无人会去深究这些钢筋水泥浇筑的斗栱和飞檐是否对于"中国建筑权衡结构"有深入的认识这类问题。在时人眼中，教会大学风景优美、建筑华丽、设施完备的全新气象，已然与同时期绝大多数中国官办大学那些狭小破败、令人羞愧的老旧校舍形成了霄壤之别。而从建筑风格上说，外国教会大学校园的"本土化"和"中国复兴"的风貌，与官办大学校园的"万事以洋式为尚"，也构成了晚清民初中国大学校园建筑风格的一幅彼此交错的奇异图景。这种状况，直到国民政府时代才发生根本的改变。

---

① 梁思成：《建筑的民族形式》，《建筑文萃》，第257页。

三

"中国固有之形式"与国立大学校园建设

（一）国民政府发起主导的"中国固有之形式"运动

"中国固有之形式"这一称谓，出自1929年南京国民政府颁布的《首都计划》中所提到的"房屋楼宇之建造，经过长久之研究，要以采用中国固有之形式为最宜，而公署及公共建筑物，尤当尽量采用"[①]一语。但事实上，作为一种建筑风格或一场建筑运动的"中国固有之形式"，在国民党尚未完成北伐的1925年即已开始，其起点便是著名的南京中山陵工程。

1925年3月12日，扶病北上的孙中山在北京铁狮子胡同行辕病逝，临终前留下希望葬于南京紫金山的遗嘱。5月，由国民党方面组织的"孙中山先生葬事筹备处"在报纸上刊登征求条例，向全球公开征集陵墓设计方案。在征求条例中，葬事筹备处对孙中山陵墓的设计提出了一些具体的要求，其中对陵墓主体建筑——祭堂部分，明确规定"须采用中国古式而含有特殊与纪念之性质者，或根据中国建筑精

---

① 国都设计技术专员办事处编，王宇新、王明发点校：《首都计划》，南京：南京出版社，2006年，第60页。

神特创新格亦可"①，这一要求，决定了前来应征的所有方案，都是基于"中国古式"和"中国建筑精神"而开展的设计。在这场评选中，青年建筑师吕彦直的设计方案被评为头奖，并最终被葬事筹备处采用为中山陵的施工方案。吕彦直为清华学校庚款留美生，1918年毕业于康奈尔大学，随后在纽约的茂飞-丹纳建筑事务所（Murphy & Dana Architects，又译"茂旦洋行"）任绘图员两年，1921年回国后又曾就职于茂飞在上海的事务所（图24）。②显然，在对中国古代建筑的系统理论建构和深入学术研究尚付阙如的20世纪初，吕彦直对中国传统建筑所拥有的知识，并不是来自清华学校及康奈尔大学的课堂，而是他跟随茂飞在华设计教会大学校园建筑的过程中获得和积累的。同时，作为建筑师的吕彦直，其主要的建筑设计知识和能力则来自其在美国所接受的严谨正统的学院派训练。这两方面的知识背景，决定了吕彦直中山陵方案的设计特点：一方面这座陵墓的祭堂建筑从立面构图到平面设计、空间布局等方面都依然显示出一个传统的西方古典主义模式；另一方面造型标准的官式歇山屋顶和各式中国风格装饰细节的运用，以及牌坊、陵门、碑亭、华表等明清帝王陵墓建筑元素的运用，又体现出他对中国传统建筑的熟稔。中山陵的设计"体现了中国风格的建筑形式与学院派建筑原理的结合……它是一座混合性质的现代建筑，从东方和西方、历史过往和当代世界中都吸取了营养"③。

---

① 《孙中山先生陵墓建筑悬奖征求图案条例》，《广州民国日报》，1925年5月23日，第8版。

② 赖德霖主编，王浩娱、袁雪平、司春娟编：《近代哲匠录——中国近代重要建筑师、建筑事务所名录》，北京：中国水利水电出版社、知识产权出版社，2006年，第104—105页。

③ 赖德霖：《探寻一座现代中国式的纪念物——南京中山陵设计》，《中国近代建筑史研究》，北京：清华大学出版社，2007年，第281页。

图24　建筑师吕彦直

来源：《中国建筑》第1卷第1期，1933年7月。

中山陵设计方案开始公开征集时，国民党还只是在华南一隅的革命党，甚至连广州国民政府也尚未成立。不过，从这场建筑设计方案的征集活动中，世人已经可以感受到国民党对未来中国的勃勃雄心。中山陵的整体平面布局，从高空俯瞰犹如一座大钟。在陵墓设计方案征集阶段，一些评判专家便已对此给予了特别的赞赏，认为钟形平面有"木铎警世"、唤起民众的良好寓意。虽然吕彦直本人否认了这是他的设计初衷，明确表示钟形平面不过是"相度形势，偶然相合，初意并非必求如此也"①，但"木铎警世"的说法，还是被国民党官方认

---

① 《吕彦直君之谈话》，《申报》，1925年9月23日，第20版。

可采纳和大力宣传，至今仍深入人心。从这一细节，不难窥见中山陵工程承载了国民党方面强烈的政治动机，其建筑语汇中的政治表达极为鲜明。而从陵墓设计方案要求"中国古式"中则可看出，此时国民党的文化立场，已经从民初激进的反传统反复古并支持和推动新文化运动，向文化民族主义和保守主义发生了转变。这种转变，在1928年南京国民政府统一全国并开始实施"训政"后，表现得更加明显。正是基于这样一种思潮，在官方的大力倡导和推动下，中国建筑在国民政府时代再次掀起了传统风格复兴的热潮，即"中国固有之形式"运动，这也是继此前教会大学校园建设后，中国近代建筑史上紧接着发生的第二次复古运动。正如前文所述，在这场运动中，茂飞无疑是一个承上启下的核心人物。他在民国初年几个教会大学新校园的设计实践中所积累的演绎中国建筑的经验和模式，恰逢其时地在接下来由国民党当局倡导的这场新的建筑文化复古运动中得到青睐。因此，在国民政府制定《首都计划》时，便聘请了茂飞作为顾问，认为"其所计划，固能本诸欧美科学之原则，而于吾国美术之优点亦多所保存焉"[①]。1928年11月，国民政府首都建设委员会下属的"国都设计技术委员会"成立，孙科任主任，原广州市工务局局长林逸民任处长，美国人茂飞和古力治受聘担任顾问。[②] 经过一年的编制，《首都计划》于1929年底正式完成付印。

　　《首都计划》详细论述了为何"要以采用中国固有之形式为最宜"，

---

① 孙科:《〈首都计划〉序》，国都设计技术专员办事处编，王宇新、王明发点校:《首都计划》。

② 赖德霖、伍江、徐苏斌主编:《中国近代建筑史》第3卷（民族国家——中国城市建筑的现代化与历史遗产），第195—196页。

并列出理由四条："其一，所以发扬光大本国固有之文化也……其二，颜色之配用最为悦目也……其三，光线、空气最为充足也……其四，具有伸缩之作用，利于分期建造也。"[1]显然后三条看上去皆颇显牵强，只有第一条理由，才是官方推崇"中国固有之形式"的核心目的："中国既为文化古国，而其建筑之艺术，且复著称于世界……国都为全国文化荟萃之区，不能不藉此表现，一方以观外人之耳目，一方以策国民之兴奋也。"[2]对于这种"中国固有之形式"的具体运用，《首都计划》也给出了一套"中体西用"式的方法论："采用中国款式，并非尽将旧法一概移用，应采用其中最优之点，而一一加以改良。外国建筑物之优点，亦应多所参入。大抵以中国式为主，而以外国式副之；中国式多用于外部，外国式多用于内部，斯为至当。"[3]也就是提倡中西合璧的建筑风格，将西式现代建筑功能、布局和设备，放进中式建筑外形之内。对这样一种"固有形式"风格，《首都计划》尤其强调要在政府官署建筑中采用："政治区之建筑物，宜尽量采用中国固有之形式，凡古代宫殿之优点，务当一一施用。此项建筑，其主要之目的，以崇闳壮丽为重，故在可能范围以内，当具伟大之规模。"[4]本着这一思想，《首都计划》内也附上了几张南京中央政治区和傅厚岗市行政中心的设计效果图（图25），从中我们不难感受到这种"尽量采用中国固有之形式"的理念。

① 国都设计技术专员办事处编，王宇新、王明发点校：《首都计划》，第60—61页。
② 国都设计技术专员办事处编，王宇新、王明发点校：《首都计划》，第60页。
③ 国都设计技术专员办事处编，王宇新、王明发点校：《首都计划》，第62页。
④ 国都设计技术专员办事处编，王宇新、王明发点校：《首都计划》，第62—63页。

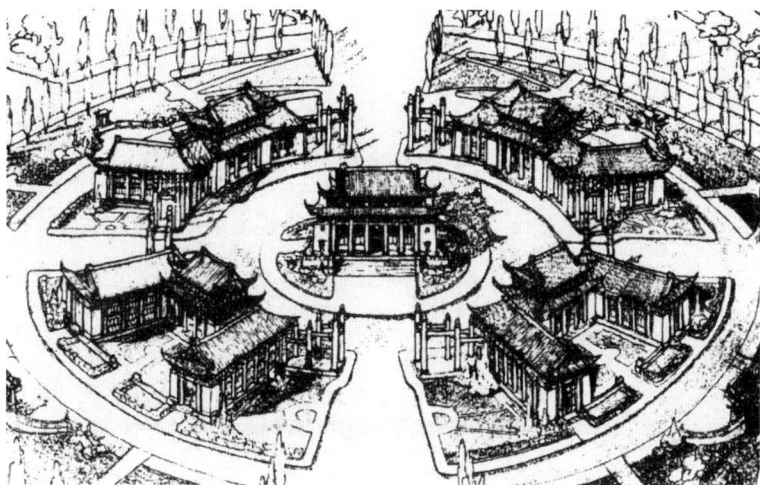

图25 《首都计划》中的南京傅厚岗市行政中心设计效果图
来源：国都设计技术专员办事处编，王宇新、王明发点校：《首都计划》，南京：南京出版社，2006年。

由于现实条件的限制，《首都计划》最初的规划方案很大程度上并未得到实施，如在城外东郊中山陵下建设中央政治区的规划便被放弃，而改为重新选址城内的明故宫区域。不过，这一规划中所提出的在官署和公共建筑中尽量倡导"中国固有之形式"风格的主张，却在20世纪30年代的南京乃至全国大城市的规划建设中得到了推广。在南京，1937年前陆续建设的"中国固有之形式"宫殿式大屋顶建筑包括交通部大楼、铁道部大楼（图26）、小红山国民政府主席官邸、国民党中央党史史料陈列馆、国民党中央监察委员会、励志社、中央研究院、考试院、华侨招待所、中英庚款委员会等。

几乎与《首都计划》的出台同步，上海市政府也制定了一个"大上海计划"，准备抛开上海租界和老城区，在黄浦江下游的江湾地区建设新市区，并制定了详细的规划方案。该计划所规划的新市区中心

图26 南京国民政府铁道部大楼

来源:《南浔铁路月刊》第9卷第1期，1931年1月。

区域，在20世纪30年代陆续建成了一批大屋顶的"固有形式"建筑，其中包括市政府大楼、市博物馆、市图书馆、国立上海商学院等。[①]在国民党的"老根据地"广州，"中国固有之形式"也在新的公共建设中得到了贯彻。1931年落成的中山纪念堂，由南京中山陵建筑师吕彦直承担设计，是国民政府时代广州市中心最宏伟的地标建筑。而纪念堂南面1934年落成的市政府合署办公大楼，也同样是一栋典型的"固有形式"风格的宫殿式官署建筑。此外，1931年在西苑北海旁建起的北平图书馆新馆大楼（图27），为重檐庑殿顶宫殿式建筑，外观古香古色，与周边明清皇家宫苑建筑风格统一。

---

① 参见魏枢:《"大上海计划"启示录——近代上海市中心区域的规划变迁与空间演进》，南京：东南大学出版社，2011年。

图27　国立北平图书馆大楼

来源:《启新洋灰有限公司三十周纪念册》, 1935 年。

　　虽然从建筑本身来看, "中国固有之形式"运动中的这些宫殿式大屋顶, 似乎与不久之前教会已进行有年的中式建筑复兴运动并无根本不同。这前后两场运动最重要的区别, 乃在于发起者身份的不同。当外国教会在中国轰轰烈烈地发起中国建筑艺术的复古运动时, 无论官方还是民间, 中国人本身似乎依然无动于衷。直到中山陵工程开始, 在来自国民党的强力宣传和推动之下, 中国的政界精英和知识分子, 方才开始将他们日益高涨的民族主义热情投射到建筑这一领域, 由此, 建筑营造不再"万事以洋式为尚", 在官署和大型公共建筑的设计营建上, 开始被赋予了"观外人之耳目"、"策国民之兴奋"的重任, 即使耗费不菲亦在所不惜。

（二）国立中山大学石牌新校的校园建设

在官方的大力倡导和推动下，"中国固有之形式"成了20世纪20年代末到1937年前中国城市公共建筑设计的范式。在此时代风潮之下，国民政府时期国立大学的校园建设，当然也受到了"中国固有之形式"风格的深刻影响。除了国立武汉大学珞珈山校园外，30年代国立中山大学在广州市郊石牌村建设的新校园，也是这一时期中国国立大学新校园建设的另一个典型案例。

国立中山大学的前身是1924年成立的国立广东大学，最初的校址在广州城内的文明路。此处原为清代的广东贡院，光绪三十二年（1906年）两广优级师范学堂成立，"建新校舍于旧贡院"[①]，后来这一校舍的地标性建筑"钟楼"，便是始建于此时。民国时期，两广优级师范学堂改为国立广东高等师范学校，至1924年，广东高师与广东公立法科大学、公立农业专门学校合并组建为国立广东大学，1925年又接收了广东公立医科大学。而新成立的广东大学，仍以文明路的原广东高师校舍为主要校址。孙中山逝世后，国民政府于1926年7月将校名改为"国立中山大学"，以资纪念。

对于一座国立综合性大学而言，城墙内的既有校舍在此时看来已显老旧，又分处城中各处（图28），已不敷使用。早在1924年广东大学成立之初，孙中山便命校长邹鲁着手为学校另选校址建设新校舍。邹鲁旋即"多次查勘，最后选定了广州东郊外的石牌"[②]。民国时期，广州城墙以外仅在西关和珠江沿岸的南关地区有市区发展，城东

---

① 张披编：《国立中山大学成立十周年及新校舍落成纪念特刊》，广州：国立中山大学出版部，1934年，第1页。

② 邹鲁：《回顾录》第2册，重庆：独立出版社，1946年，第408页。

图28　广州城内的国立中山大学老校舍鸟瞰

来源：张扬编：《国立中山大学成立十周年及新校舍落成纪念特刊》，广州：国立中山大学出版部，1934年。

则较为荒芜。而石牌距离广州城大东门更有约20里路程之遥，在当时可谓十分偏远。这片新校址的总面积广达1.2万余亩，邹鲁曾颇为自豪地写诗夸耀道："校址宏开万亩强，跨连几处领林场。忆昔环游摩纳可，舆图犹弱我宫墙。"[①] 即石牌校园的总面积，超过了欧洲小国摩纳哥的国土面积，足见此项计划之宏伟。然而大学成立之初的国民党方面忙于东征北伐，"军事倥偬，财政困难"，紧接着邹鲁亦离校北上，国民党内部的权力斗争亦此起彼伏，新校址建设一事数年间皆停滞不前，"虽有计划，莫之实行。二十年冬，曾兴筑农学馆，未三

---

① 邹鲁：《新校杂诗五十首》，张扬编：《国立中山大学成立十周年及新校舍落成纪念特刊》，第4页。

月而中止"①。直到1932年邹鲁重新长校,新校舍工程方才有了实质性的进展。1933年春,邹鲁拟出了一份石牌新校舍建设的六年计划,以两年为一期,分三期建设,包括文、法、理、工、农、医六大学院建筑群及图书馆、大礼堂、体育馆、运动场、纪念堂、学生宿舍、教职员住宅及其他附属建筑设施,"总计三期合需银二千零一十九万元"②。这样一笔巨额预算,在当时无疑堪称天文数字。邹鲁本人也坦言:"我公布整个计划的时候,正值经济不景气的狂潮泛滥于全球,国内党政军各方面的急需都陷于极度窘迫的境地,因此许多好友都劝我暂缓开始,以免半途而废,徒劳无功……但我志已决,仍然放手去做。"③

1933年3月,石牌新校区一期工程开工,预算200万元,但当时能确定的款项来源只有西南政务委员会拨给的舶来肥田料捐及洋米捐的一部分,总计10万元,显然不敷甚巨。于是邹鲁动员中大在广东的各董事发起海内外的募捐,成功募得相当款项,随后"又得财政部孔祥熙先生允每月拨助五万元或十万元,第一期建筑费就完全解决"④。经过一年多的建设,一期工程至1934年9月即告竣工,不久农、工、理三学院便迁入了新校舍开学。紧接着,第二期工程全面展开,经过招投标后的建筑经费规模为240余万元。由于中央和地方财政拨款皆大打折扣,而原本出售老校舍的计划也未能完成,导致二期工程的筹款曾发生很大困难。经过邹鲁的多方奔走,"幸赖广东党政军机

---

① 邹鲁:《国立中山大学新校舍记》,张披编:《国立中山大学成立十周年及新校舍落成纪念特刊》,第3页。
② 邹鲁:《回顾录》第2册,第430页。
③ 邹鲁:《回顾录》第2册,第408—409页。
④ 邹鲁:《回顾录》第2册,第409页。

关按薪捐资，及银行之慨然借款，仅克成之"①。工程于1935年秋季完成，文、法两学院也迁入了新校址。随后，第三期工程也紧接着开工，二期工程所积欠的多达百余万元的款项无法偿还，曾一度影响了第三期工程的进度，所幸经过邹鲁等人的努力，国民党五届一中全会通过了"国立中山大学建设经费案"，中央对石牌校区建设再追加拨款100万元，使得第三期工程得以展开。② 遗憾的是，此期工程因全面抗战爆发，日军进攻广州而半途中辍，仅完成了体育馆、天文台等部分建筑。

虽然规划中的石牌新校并未在1938年广州沦陷前完全建成，但除图书馆和大礼堂外，绝大部分主要校舍已先后建成，包括校大门及西门石牌坊，总理铜像，钟亭，文学院，法学院，理学院化学教室、化学工程系教室、生物地质学系教室、天文数学系教室，工学院电气机械工程教室、土木工程教室、机械实习所，农学院农学馆、化学馆、蚕学馆，体育馆，膳堂，男生宿舍，女生宿舍，发电厂，水塔及自来水厂，教职员住宅等一系列建筑，总耗资六七百万元。中山大学石牌新校园是整个国民政府时代国立大学校园建设中耗资最巨、规模最大的案例，且仅在短短四五年时间内完成，在当时看来堪称奇迹。邹鲁在抗战中曾回忆道："第二期建筑工程完毕，石牌新校的规模业已粗具，当初荆榛遍地的荒野，突然变成堂皇瑰玮的大学区……观察本校，自觉其规模，不但求之中国不落后，即求之世界各国中亦不落

---

① 邹鲁：《国立中山大学新校舍后记》，《国立中山大学日报》（国立中山大学成立十一周年纪念、大学全部迁入新校典礼、文理二学院落成典礼纪念特刊），1935年11月11日，第6版。

② 黄福庆：《近代中国高等教育研究：国立中山大学（1924—1937）》，第33—34页。

后，而国内外人士前来参观的，都和我有同感。"①

　　与城内文明路老校园内清末北洋时代所陆续修建的西式校舍建筑不同，石牌新校区的主要建筑一律采用了"中国固有之形式"风格，"凡是到过石牌的人们，都会对它的宽广而整洁的校道，红墙绿瓦的宫殿式建筑，葱茏翠绿的树林，优美恬静的环境，庄严而雄伟的气氛，留下美好而愉快的印象"②。广东近代著名本土建筑师杨锡宗和林克明先后主持了校园总体规划和主要校舍的建筑设计。两人都在实践中逐渐积累了对中国传统建筑艺术的理解和运用能力，是"中国固有之形式"运动中的重要旗手。杨锡宗早年留学美国康奈尔大学建筑系，与吕彦直是同学。同吕一样，杨锡宗也是岭南乃至整个中国最早尝试中式复古风格设计的中国本土建筑师。他也参加了1925年的中山陵方案竞征，所提交的设计方案获得了第三奖。他在设计方案中所提出的一些观点和主张，得到了评判专家和葬事筹备处的高度肯定，被吸收进了吕彦直方案的修改调整中，甚至于对后来整个"中国固有之形式"运动的发展演变都产生了深远影响。一年以后，杨又参与了广州中山纪念堂的设计方案竞征，并获得了第二名（吕彦直仍获头奖）。1932年受邹鲁委托，杨锡宗完成了中山大学石牌校区的总体规划和第一期工程的建筑设计。③有趣的是，石牌校园的规划总平面布局，与中山陵相似，也是一座"钟形"（图29、图30）。邹鲁曾以诗描

---

② 郑彦棻：《忆述纪念国父的国立中山大学》，《国立中山大学成立五十周年特刊》，台北：国立中山大学校友会，1974年，第122页。

③ 彭长歆：《现代性·地方性——岭南城市与建筑的近代转型》，上海：同济大学出版社，2012年，第141—143页。

图 29　南京中山陵的钟形平面布局

来源：孙中山先生葬事筹备委员会编：《孙中山先生陵墓图案》，上海：民智书局，1925 年。

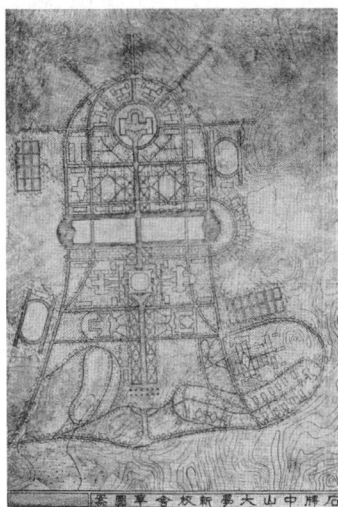

图 30　国立中山大学石牌新校的钟形总平面布局

来源：张掖编：《国立中山大学成立十周年及新校舍落成纪念特刊》。

绘道："院分文法理工农，全体形成恰似钟。"^①作为孙中山一手创办并最终以其名字命名的国立大学，而最初的校园规划和设计又出自杨锡宗之手，中大新校园设计成这样一个钟形平面，不难让人产生与南京中山陵相呼应的联想。

石牌新校的二期工程，主要由另一位广东本土建筑师林克明主持设计。林克明是中大的前身——广东高师的毕业生，后赴法留学，就读于里昂建筑工程学院，毕业后曾在法国从业，1926年回国，1928年进入广州市政府工务局，随后主持设计了广州的一系列重要公共建筑，包括广州中山图书馆和市府合署，这两个建筑都是典型的"中国固有之形式"风格。此外，在1930年的中山纪念堂工程中，林克明也被聘为工程顾问，负责技术审核和现场监理工作。^②

与同时期官署和大型公共建筑的风格相类似，国立中山大学石牌校园的主要校舍建筑也大量采用了以歇山顶和庑殿顶为主的宫殿式大屋顶，并覆盖绿色琉璃瓦。大屋顶的比例恰当，造型标准，线条流畅优美，额枋、雀替和室内的天花等部位，也普遍施以彩绘。邹鲁曾作诗赞美道："红墙碧瓦额丹黄，双翼飞檐古殿妆。共羡中邦佳式样，庄严华丽轶殊方。"^③。但与同时期代表性的"固有形式"官署建筑相比，中山大学石牌校区的这些校舍建筑显得更为简洁。多数大屋顶建筑的檐下都没有设置斗栱，在一些学院大楼的副楼部分、学生宿舍楼和其

---

① 邹鲁：《新校杂诗五十首》，张披编：《国立中山大学成立十周年及新校舍落成纪念特刊》，第5页。

② 彭长歆：《现代性·地方性——岭南城市与建筑的近代转型》，第143—145页。

③ 邹鲁：《新校杂诗五十首》，张披编：《国立中山大学成立十周年及新校舍落成纪念特刊》，第5页。

他一些次要建筑中更采用了较为简洁的平顶现代风格，仅在屋檐和装饰细节上点缀中国元素。中山大学石牌校区的建筑实践，对于推动和丰富"中国固有之形式"运动的发展，起到了重要作用。

图31　国立中山大学石牌新校农学馆
来源：张披编：《国立中山大学成立十周年及新校舍落成纪念特刊》，第20页。

　　从校园规划和建筑设计上看，中大石牌校区的设计体现出中国本土建筑师在20世纪30年代已经能够熟练和地道地驾驭中式大屋顶和装饰风格在现代校舍建筑设计中的运用了，且这座占地万余亩的校园规模宏大，气象不凡，超越了此前中国任何一所教会大学的新校园建设。然而从全国范围来看，与清末北洋时期教会大学所开展的大规模新校舍建设浪潮相比，国民政府时代中国官办大学的校园建设依然显得乏善可陈。国立大学在1937年前得以将新校舍建设计划付诸实施并大体完成的，也仅有中山大学和武汉大学两例，其他学校，则主要仍是在旧有校舍的基础上修修补补，或新校舍计划因七七事变的爆发而未能实施。

四

清末民初武汉高等学堂、学校的校园建设

（一）清末武汉地区官办高等教育的起步与学堂校舍建设

张之洞督鄂时期所大力推行的"湖北新政"，是武汉近代官办新式教育的开端，也留下了堪称辉煌的教育遗产。张之洞在《学堂歌》中，曾颇为自豪地写下"湖北省，二百堂，武汉学生五千强"的词句，足见当时省城武昌新式教育蓬勃发展之盛况。然而，单就高等教育而言，清末湖北的实际情况却显得乏善可陈，乃至几无建树。在校园建设方面，与同时期全国其他一些城市相比，武汉的官办学堂校舍情况也同样不甚出彩，这与长期以来世人对武汉的普遍印象，恐有一定落差。

19世纪90年代是湖北近代官办新式教育的发轫时代。张之洞由两广总督调任湖广总督后，将此前计划在广东开办的一系列近代工业也带来了武汉。随后，他为了培养开办洋务所急需的实用技术人才，而在武汉创办了一系列新式学堂。其中包括矿化学堂（1891年）、自强学堂（1893年）、武备学堂（1896年）、农务学堂（1898年）、工艺学堂（1898年）等，此外，他还对湖北旧有的江汉书院、经心书院、两

湖书院等传统书院进行改革，使其逐渐转变为类似学堂的新式书院。① 这些新式学堂和新式书院，便是湖北近代官办高等教育的最初起点。对于这些学堂，张之洞在开办之初都曾寄予厚望，其办学理想亦十分宏伟，但当时他对于新式教育的认识仍然十分局限。甲午战后，张氏虽然上奏清廷，极力主张全国广设新式学堂，"已注意到职业专科教育问题，但还没有注意到上下层次的分别与衔接，亦没有注意到各种专门学堂之间的左右关联"②。不过此后不久，他便意识到了建立分层次的学制系统的重要性，在其1898年所著《劝学篇》中，已对大学堂、中学堂、小学堂进行了明确划分和分别论述。③1901年他在与两江总督刘坤一联名上奏的《变通政治人才为先遵旨筹议折》中，更参照日本学制，初步形成了关于中国学制设置的构想。

1902年，张之洞上奏《筹定学堂规模次第兴办折》，对湖北教育拟出了一份通盘规划，也使湖北省成为清末学制建设的先行省份。按照这一设计，湖北的高等教育，将包括两湖高等学堂（文理科）、武备学堂及将弁学堂（后改"武高等学堂"，军事科、医科附属其中）、方言学堂（外语科）、师范学堂（师范科）、农务学堂（农科）、工艺学堂（工科）、勤成学堂（招收"年长向学而不能收入学堂之生员"）等。④1904年"癸卯学制"颁行后，根据清廷的统一要求，湖北地方当局对全省

---

① 参见吴骁:《湖北矿化学堂始末考》，何晓明主编:《安龙出了个文襄公:纪念张之洞诞辰180周年学术研讨会论文集》，武汉:武汉大学出版社，2018年，第40—45页。
② 苏云峰:《张之洞与湖北教育改革》，台北:"中央研究院"近代史研究所，1976年，第30页。
③ 参见张之洞:《劝学篇·设学第三》，赵德馨主编，吴剑杰点校:《张之洞全集》第12册，武汉:武汉出版社，2008年，第175页。
④ 参见张之洞:《筹定学堂规模次第兴办折》，赵德馨主编，周秀鸾点校:《张之洞全集》第4册，第87—91页。

教育规划又做了一些修正，如师范学堂改为分初级、优级两等的"两湖总师范学堂"，农务学堂改称"农业高等学堂"，医学堂单独设立，等等。此外，1904年张之洞还为"保存国粹"而设立了"存古学堂"，也同样预设为高等学堂程度。

明定学制，并在此基础上对各学堂进行通盘规划，这是20世纪初张之洞在湖北新式教育建设过程中的重要创举和成就。然而，尽管湖北在制度设计上走在当时全国之前列，但各层次学堂的实际发展情况，却并非都如计划那般名实相符。在高等教育领域，清末湖北的实际发展状况，从始至终均远未达到张之洞的预期：两湖高等学堂仅开办两年即因缺乏合格中学毕业生源而告停办；湖北师范学堂改为两湖总师范学堂后，长期只办有初级师范，直至张之洞离任后的1909年后才办有理化与博物两个优级师范专修科，而完全科则始终未能开设；方言学堂、工艺学堂、武高等学堂、医学堂均被清政府认定只达到中等程度；存古学堂办学状况亦颇为堪忧，虽然勉强可视为高等程度，但仅存在四年，未及首班学生毕业即告停办。[1] 在所有这些预定为高等程度的学堂中，唯有农业高等学堂办学状况较好。尽管其开办之初亦面临合格生源缺乏的问题，但几经努力，最终在宣统年间得到了清廷学部的认可，明确其"与高等学堂程度相合"。此外，根据学部的统一要求，湖北省于1911年初设立了"湖北高等学堂"[2]，其生源中有一部分即来自停办的存古学堂。这所高等学堂的设立，可视为此前两湖高等学堂停办后湖北省普通高等学堂长期空缺的填补，不过其

---

① 参见苏云峰：《张之洞与湖北教育改革》；吴骁：《张之洞与湖北近代官办高等教育的开创》，"张之洞与中国教育的现代转型"学术研讨会论文，湖北武汉，2014年。

② 瑞澂：《湖北高等学堂开学训词》，《湖北官报》，1911年6月15日，第5—6页。

开设仅数月即爆发辛亥革命，学堂甫一创办便告夭折了。

在张之洞离鄂的1907年，全国已有京师、北洋、山西三所大学堂，有14个省份开办了16所高等学堂，[①] 而湖北省此时无论大学堂还是高等学堂皆尚付阙如。1909年湖北谘议局召开第一次常年会时，时任湖广总督陈夔龙在教育提案中也不得不表示："高等学堂照章各省应设立一所，以为京师大学堂专门学术之基。湖北学务创在各省之先，高等至今犹未成立，因中学毕业者少，未便招取不合格学生。"[②] 清廷学部官员在考察湖北教育后所撰写的视察报告中，也明确指出"湖北兴学首从中等、初等入手，而高等学堂迄今尚阙……官立学堂二十余所，学科程度均非高等"[③]。至于相当于高等程度的优级师范学堂，仍以张氏离鄂的1907年为例，当年全国各省已有2个优级师范完全科、12个优级师范选科和8个优级师范专修科。[④] 而这其中，虽然张之洞早在1904年成立两湖总师范学堂时，就预设该学堂内应兼具初级、优级两等程度，但直到1908年才设立一个优级师范专修科。尽管学部再三催促，但直至辛亥革命爆发前，湖北仍未能办成优级师范完全科，而只开设了理化和博物两个优级师范专修学堂。由此观之，清末湖北高等教育的发展成绩不如人意，乃至在全国中东部省份

---

① 参见《各省专门学堂学生统计表》，学部总务司编：《光绪三十三年分第一次教育统计图表》，转引自陈学恂主编：《中国近代教育史教学参考资料》下册，北京：人民教育出版社，1987年，第296—297页。

② 《湖北谘议局第一次常年会议"兴学筹款以广教育案"湖广总督交议原案》，吴剑杰主编：《湖北谘议局文献资料汇编》，武汉：武汉大学出版社，1991年，第141—144页。

③ 《湖北省城暨汉阳夏口学务调查报告（续）·湖北学务调查总述》，《学部官报》第155期，1911年6月7日。

④ 参见《各省师范学堂学生统计表》，学部总务司编：《宣统元年分第三次教育统计图表》，转引自陈学恂主编：《中国近代教育史教学参考资料》下册，第335—336页。

中对比来看已显滞后，诚为不争之事实。

在校园校舍建设方面，1893年张之洞"于湖北省城内铁政局之旁购地鸠工"建造的自强学堂校舍，可视为其在湖北建设新式学堂校舍建筑之始。然而，这所学堂事实上校园面积逼仄、校舍建筑落后，1896年春张之洞的幕僚姚锡光奉令整改该学堂时，已对其校舍颇为不满。他曾说道："自强学堂创建之始，本书院规模，非学堂规模，讲堂迫隘，不足容生徒……须迅禀制府，以便筹画，不然生徒已招，而无讲堂可容，将成笑柄。"① 而此时距离自强学堂成立仅仅过去了两年多时间，这无疑说明其校舍设计建造标准从一开始便嫌过低，与张之洞对学堂的寄望程度并不相称。姚锡光尽管也曾规划扩建校园，增建房屋，但因该学堂所在地块周边已为其他房舍所紧逼，难以实行，最终便不了了之了。

1902年张之洞将自强学堂改名方言学堂，校址也进行了迁移。根据清末《湖北方言学堂一览》一书的记载，在学堂改名的次年，即光绪二十九年（1903年），学堂"迁至三道街今存古学堂，于十二月开学"。次年，张之洞又"谕以旧农务局改建，增造洋式房屋两栋，即今所也"。② 几经辗转，这座学堂最终于1904年迁入了武昌东厂口的原农务学堂校舍，而农务学堂则移往武胜门外宝积庵另行建造。东厂口位于武昌城中部阅马厂以东，故此得名。作为湖广两省的中心城市，清代武昌城内各省会馆林立，在东厂口便有一座四川会馆。这座

---

① 姚锡光：《江鄂日记》卷三（光绪二十二年四月二十八日），《姚锡光江鄂日记（外二种）》，北京：中华书局，2010年，第114页。
② 佚名：《湖北方言学堂一览》，出版年不详（约1909—1910），中国国家图书馆藏本，原书无页码。

会馆规模不大，亦鲜有文献记载，我们只能依据清代江南城市会馆建筑的常例，从其面积和地块形状推断和想象其大致的建筑格局，无外乎一组传统的院落建筑。此外这座会馆一旁紧邻的，还有一座纪念湘军霆军阵亡将士的昭忠祠（图32）。这一馆一祠两组建筑群，在1898年时被张之洞一并用作了湖北农务学堂校舍。是年冬张之洞在给湖北布政使的札文中写道："湖北省城奏设农务学堂，饬员勘定四川会馆、霆军昭忠祠地址，堪以建设。其地高燥空旷，附近租有田园，可备种植畜牧。先因四川省官商以该会馆偏处一隅，每欲另行觅地改建。至霆军昭忠祠，本系官款修建。兹查善后局移设军装所，原有之善后局房屋，经局员与川省会馆首事妥商相度，可为改造四川会馆、霆军昭忠祠之用……至四川会馆东南隅空地一区，经候选州判徐之杰于该馆地基上造有房舍，亦由善后局发给房主价银一千两，统将房地并归农务学堂之用。"[1]

　　显然，无论此地如何"空旷"，其面积毕竟十分有限。对于需要拥有广阔土地以建设农林试验场及各种温室、养殖室、实验室的农务学堂而言，居于老城之中的狭小校舍内，委实难以发展。因此张之洞才决定将其迁往城外北郊（后开设正科，并依学制改名"农业高等学堂"），而原有的校舍，便决定移作方言学堂校舍。与之前相比，东厂口的这处校舍面积稍大，校园环境也得到了一定改善。此地位于蛇山南麓的缓坡之上，地势较高，门前濒临长湖，视野开阔，其校舍周边当时尚较为空旷，因而也为将来可能的扩建留有余地。

---

[1]　张之洞：《札北藩司等改四川会馆、昭忠祠为农务学堂并拨款移建馆、祠》，赵德馨主编，吴剑杰点校：《张之洞全集》第6册，第183页。

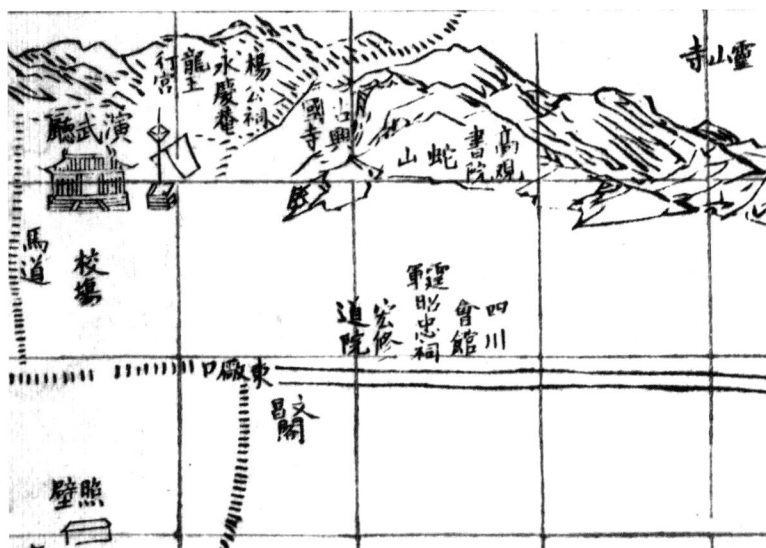

图32　晚清《武汉城镇合图》中标识的武昌东厂口四川会馆和霆军昭忠祠

不过，搬迁后的方言学堂校舍状况在清廷学部看来，依旧是不甚理想的。根据1909年学部调查报告，当时学堂全部的校舍建筑如下："讲堂十三间，体操场一间，自修室一间，学生憩息室三间，寝室四十间，会食堂一间，盥漱室一间，浴室一间，储藏室一间，学生应接所一间，理化器械室一间，操装室一间，监督室二间，教员室十间，教员憩息室一间，客厅一间，厨室二间，司事、仆役室二十间。"对于这一校舍，学部视学官员给出了毫不客气的批评："该堂所建讲堂，多半黑暗逼仄，不甚合用。教员、司事、仆役所占房舍太多，致自习室布置不能合法，于卫生之道，殊不相宜。"而图书仪器方面，也同样为学部视学官员所诟病："理化器械、药品、博物标本、模型，略备一二，断不敷用；所藏书籍过少，易启蔑古荒今之渐，尤非所宜。"^①在上述全部校舍建筑中，的确没有一间专门的图书室或藏书室，所谓"所藏书籍过少"、"尤非所宜"的批评，确属切实。

至于迁往城外宝积庵新建的湖北农业高等学堂校舍，则相对较为完备。根据1910年《湖北农会报》所收录的一张《湖北农业高等学堂平面图》可知，这所学堂进入大门后首先是一组中式传统院落建筑，作为学堂行政楼；而后是一栋教学实验楼，其中包括农科、林科讲堂及一些实验室等；再往后建有自习室、学生寝室、操场等；在校园中轴线东侧，另有蚕学一科的讲堂、寝室、陈列室、育蚕室等建筑群，中轴线西侧为附属小学；整个校园的南半部，则是洋教习住宅和林科试验场苗圃。^②尽管这一校园的各校舍建筑本身并不十分出彩，大部分建筑仍为传统中式平房，建筑规模亦不大，但作为一所高等农业学堂，其所应具有的各类基本功能皆已具备，这在清末湖北官办高等教育建筑中，已称难得。

存古学堂是张之洞在鄂首创的一种特殊类型的学堂，张氏对其发展亦倾注了较多心血。其校舍位于武昌城内蛇山以北的三道街，该处早在同治年间张氏出任湖北学政时，便修建了一所传统书院——经心书院。1902年书院改制时，此处改办勤成学堂。1904年，张之洞决意设立存古学堂，因"勤成学堂已另筹变通办法"，于是决定"将经心书院故址改为存古学堂……屋宇量加修改添造，以期合法"。^③这一学堂的筹备过程长达三年之久，直到1907年秋季方才正式开学，

---

① 《湖北方言学堂调查总表》，《学部官报》第158期，1911年7月6日。
② 《湖北高等农业学堂平面图》，《湖北农会报》第3期，1910年。
③　张之洞：《创立存古学堂折》，赵德馨主编，周秀鸾点校：《张之洞全集》第4册，第303页。

这期间进行了一些校园建设，在经心书院旧有房舍的基础上，扩建了新式教学楼。学部在宣统年间派员调查存古学堂后，对该堂校园布局和建筑设备情况给予了充分肯定："该堂系经心书院旧址，讲堂新建，他室依旧，构造颇多幽趣。其石经楼高爽明敞，尤饶清旷之致……堂内古书颇多，足资参考。"[①] 该堂校友罗灿曾回忆道："存古学堂藏书楼系一座新建的高大楼房，聚集了两湖书院、经心书院以及所有湖北官书……宿舍和自习室是新添洋式楼房。宿舍在一楼，房间宽大，每房住四人。自习室在二楼，每人占用面积很大，等于一个小图书室。"[②]

图 33　经心书院石经楼
来源:《国立武昌商科大学第六次毕业同学录》，1924 年。

---

① 《湖北存古学堂经费调查表》，《学部官报》第 158 期，1911 年 7 月 6 日。
② 罗灿:《关于湖北存古学堂的回忆》，《湖北文史资料》第 8 辑，1984 年 4 月。

当然，自张之洞开创湖北官办新式教育以来，整个晚清时期武汉地区的所有新式学堂校舍中，位于武昌城西南部都司湖畔的两湖高等学堂及后来的两湖总师范学堂，无疑是规模最大、建筑设备最为完备的一处。此处最初在1870年至1891年间，曾是经心书院的所在地。[①]在该书院迁回三道街原址后，张之洞便将都司湖畔的这处房舍用以开办两湖书院，并扩充了面积，增建了房舍。在两湖书院时代，这处校舍便已规模宏伟，布局精巧，校园环境优美。张之洞的幕僚姚锡光在1896年参观书院后，曾在日记中对这处校园进行了详细描述。他写道："……两湖书院，规模极阔，盖香帅来督两湖所创建。跨湖为屋，湖周一里许，湖中倚西有磴道一条，自北曲折而南。沿湖缘以回廊，诸生斋房环之。分湖南东、西斋房，湖北东、西斋房，商籍斋房，共可住肄业生二百二十人……湖之东有提调署；湖之西有大书库二；湖之南有大厅，其左为东监院署，右为西监院署；湖之北为讲堂，层楼飞阁，巍然特起……讲堂之后，为楚贤祠，祠之后，复有湖厅，左伸回廊，下瞰后湖；湖厅之右，且有别院，有厅两所，为西北角尽头处。宏规巨制，莫与伦比。诸生弦诵其中，如邹鲁焉。"[②]借由这些文字，结合历史照片，我们可知当时的两湖书院环湖而建，景色优美，可称为是一座"园林式校园"，不过主要校舍建筑仍为中式房舍，总体上看仍是一座变形的传统书院的格局。

1902年两湖书院改为两湖高等学堂后，办学规模大为缩减，学

---

① 参见武汉地方志编纂委员会主编：《武汉市志·教育志》，武汉：武汉大学出版社，1991年，第27—28页。

② 姚锡光：《江鄂日记》卷三（光绪二十二年四月二十八日），《姚锡光江鄂日记（外二种）》，第82—83页。

图34　两湖总师范学堂校舍

来源:《湖北省立武昌高级中学同学录》,1936年。

图35　两湖书院校址都司湖今貌,环湖仍为教学科研用地,其中北岸(照片近处)为武汉音乐学院,南岸(照片远处)为武汉大学医学部第一临床学院。作者摄于2018年6月

生名额由240人减为120人，故原有房舍足堪使用，未有新的营造。至1904年两湖高等学堂停办，湖北省师范学堂迁入此地并改为两湖总师范学堂，张之洞随即又对这一校园进行了较大规模的改扩建："拨出库平银4.3万两……将斋房（平房）拆毁，建成东西两斋楼房，新建正学堂（大礼堂），将原校内楚贤祠、南北书库、教学办公房屋等均修葺一新。整个改建工程历时两年半，于1906年竣工。"[1] 改扩建后的总师范学堂校舍，基本延续了两湖书院时代的格局，但新建了一些楼房校舍，全堂建筑，被划分为"仁、义、礼、智、信"五斋。根据学部官员的调查表，两湖总师范学堂的校舍包括讲堂上下8间、礼堂1间、自修室8大间（每间分为6小间）、南北书库2间、雨操场及晴操场各1座，及其他众多附属用房。这一统计中的讲堂，仅包括了仁、义两斋中的教室，而智、信两斋于张之洞离任后的1907年底开办了湖北优级师范理化专修学堂，礼斋则于1908年开办了湖北优级师范博物专修学堂。[2] 对于这一宏伟的校园，学部视学官员在给予充分肯定的同时，也指出"湖北培养师范……今日之所最重者，在组织完全师范耳。两湖学堂只办初级八班、博物科二班、理化科三班。夫两湖规模博大瑰玮，仅办初级，殊嫌不称"[3]，对这一宏伟校舍之中迟迟未能实现张之洞当初兼含初级、优级两等完全科的"总师范"计划，颇感大材小用之遗憾。

以上几处校园校舍，便是清末武汉地区所兴建的较具规模的官办

① 涂文学主编：《百年薪火，桃李芬芳：武汉城市职业学院校史（1904—2014）》，武汉：湖北人民出版社，2014年，第6页。
② 参见《两湖总师范学堂调查总表》，《学部官报》第155期，1911年6月7日。
③ 《湖北学务调查总说·（三）普通教育》，《学部官报》第155期，1911年6月7日。

新式学堂校舍的大致情况。在张之洞离任后的清末最后三四年里，武昌城内又陆续开办了一些高等程度学堂，但在光宣之际湖北严重的财政危局之下，清政府湖北地方当局显然已无力再进行新的校园建设。而伴随着清末的停废科举、推行"新政"等一系列改革，原有的一些学宫、官衙等建筑空置了出来，其中的许多便被挪用作学堂校舍。如1908年开办的湖北法政学堂，以蛇山北麓胭脂山下的原湖北巡抚衙门为校舍（图36）；1911年开办的湖北高等学堂，则以蛇山南麓武昌府文庙旁的原中路小学堂为校舍开学。

图36　位于武昌胭脂坪的清代湖北巡抚衙门，清末裁撤湖北巡抚后于此兴办法政学堂
来源：Church of Scotland Slide and Visual Collection, CSWC47/LS1/50, Centre for the Study of World Christianity, School of Divinity, The University of Edinburgh, UK.

纵观整个晚清时代，湖北新式高等教育的校园校舍建设，伴随张之洞在鄂兴学而起步，然而此后却始终发展缓慢，至光宣之际以全国范围而观之，则可谓颇为不如人意。姑且不论多数学堂存在"名不符实"、程度未达高等之问题，即使在所有初创之时预设为高等程度的学堂校舍中，可称得上规模较大、设施齐备、符合其所办学堂相应校舍标准的，亦仅有两湖总师范学堂和湖北农业高等学堂这两处校园。其次则存古学堂校舍虽大体沿用书院旧式，但经过增改，亦足敷用。除此之外的其他各学堂，则大多就武昌城中原有的各类会馆、庙宇、学宫、祠堂、官衙、民房等建筑开设，不符合新式学堂的办学要求，且大多房舍老旧、面积狭小，普遍存在不敷使用的问题。

　　除了校舍本身条件不佳以外，多数学堂还皆有过多次频繁变更校址的经历。如1902年张之洞创办湖北省师范学堂时，原拟"择地于黄土坡一带创建。该学堂未造成以前，暂借安徽会馆先行开办"[①]，两年后的1904年，城东黄土坡的这块预定校地仍然未能兴工建造，而张之洞此时又决定将此地改为两湖高等学堂校地，而将湖北省师范学堂迁入原两湖书院校舍，并改名为两湖总师范学堂。至于两湖高等学堂，最终也未能在城东黄土坡建成新校舍开学，而是不了了之，无形停办了。至1911年初湖北省重办文高等学堂时，校址则又选在了武昌府文庙旁的中路小学堂。同样是1902年，张之洞将自强学堂改为方言学堂时，原拟将学堂迁入东厂口原农务学堂校舍，但由于城外的农务学堂新校舍迟迟未能建成，致使方言学堂亦无法迁入而陷入停顿一年之久，至1904年1月才借经心书院旧址开学，当年夏天农务学堂迁出，方言学堂才又迁入了东厂口校舍。更为典型的例子是工艺学堂。从张之洞1898年创办该学堂到1907年改为湖北中等工业学堂止，在仅仅十年时间里，这所学堂就有过至少五次不同的办学地址和校址

---

① 张之洞:《札学务处专设办公处所》，赵德馨主编，吴剑杰点校:《张之洞全集》第6册，第416页。

变更计划：初设之时，张之洞将学堂"暂设铁政洋务局内"[①]，半年之后他又"择定旧日蚕桑局房屋改为工艺局，已饬赶紧修改房屋，购备器具，克日开学"[②]。1902年他曾计划将"原有之工艺学堂，改设于旧日之江汉书院"[③]，两年后的1904年，他又"购文昌门城外鲇鱼套地一方"[④]兴建新校舍，这一选址靠近武昌白沙洲武庆闸旁的玻璃厂，可能是考虑到学堂内的玻璃一科教学实习便利之故，但很快他的想法又变成"移之于武胜门外通商场"[⑤]了。直到张之洞离任后的1907年工艺学堂改为中等工业学堂时，才最终迁往城东北角螃蟹岬南麓"停办之道师范学堂"[⑥]。不难看出，张之洞在创办和发展湖北新式学堂的过程中，常常对学堂校址反复变迁。东搬西移，互相腾挪之事时常上演。然而事实上，这些大费周章的搬迁，除了严重干扰正常的教学科研秩序外，多半并没有换来办学条件的实质改善。如方言学堂东厂口校舍与自强学堂三佛阁校舍相比，除周边环境得以改善外，校园面积并无多大扩充，校舍建筑亦没有实质改进；工艺学堂经过长达十年的反复搬迁，最终换来的校址，亦不过是一处同样狭小的旧校舍，其面积甚至与旁边不远处的东路小学堂相差无几。在校址校舍上反复"折腾"，反映出张之洞本人决策多变的性格特点，同时也折射出当时武汉地区

---

① 张之洞：《札委张道鸿顺等督办农务、工艺学堂》，赵德馨主编，吴剑杰点校：《张之洞全集》第6册，第115页。

② 张之洞：《札发招考工艺学生告示、章程（附单）》，赵德馨主编，吴剑杰点校：《张之洞全集》第6册，第191页。

③ 张之洞：《筹定学堂规模次第兴办折》，赵德馨主编，周秀鸾点校：《张之洞全集》第4册，第87—91页。

④ 《本国学事·湖北》，《教育世界》，1904年，第80号。

⑤ 《各省教育汇志》，《东方杂志》第1卷第9号，1904年11月2日。

⑥ 张继煦：《张文襄公治鄂记》，武昌：湖北通志馆，1947年，第14页。

新式学堂校舍条件非常落后，与张之洞在鄂兴学的宏伟愿景和其所创建起的规模庞大、门类齐全的新式学堂体系难以相称，而相关建设由于经费限制又始终乏善可陈的不争事实。

与同时期全国其他一些城市相比，我们也不难看出当时湖北高等教育建筑的"相形见绌"。在清末全国的三所大学堂中，北京的京师大学堂在宣统年间陆续建造的分科大学讲堂，如本章前文所述，为最新西式建筑，宏伟气派，自不必言。太原的山西大学堂和天津的北洋大学堂，亦在清末陆续建造了规模宏大、质量上乘的西式楼房教学楼。再如各省省城里的优级师范学堂，南京的两江优级师范和前文提到的广州的两广优级师范（图37），校舍建筑在当时均堪称一流，其各自校园内所建楼房讲堂，及其上高耸的西式钟楼，均成为当地著名的地标性建筑景观。即使是武昌城内最好的两湖书院校舍，亦难以与上述校园等量齐观。

图37　1906年兴建的两广优级师范学堂校舍

来源：《浩气长存——广州纪念辛亥革命一百周年史料》，广州：广州出版社，2011年。

在武汉本地范围内，由外国基督教会所开创的高等教育，其校园建设也可谓欣欣向荣，与官办学堂形成鲜明对比。1871年美国圣公会在武昌创办文华书院（Boone Memorial School），并在城北昙华林花园山一带购置土地，建设校园。1903年文华书院开设大学部后，更进行了一系列校舍扩建工程，如1907年建成三层高的西式男生宿舍楼"思殷堂"，1910年建成造型古典、设施现代化的图书馆大楼"文华公书林"（图38），1912年建成主楼三层高，另带一座钟楼的教学主楼"多玛堂"，是当时昙华林一带最高的地标性建筑[1]。尽管当时的文华书院规模很小，学生数量不多，但毫无疑问的是，在清末的武昌城内，地处昙华林的这一片西式现代学校建筑群，与同时期清政府官办的任何一所学堂的校舍相比，都显得雄伟气派多了。

Boone University Library.
文 華 大 學 校 公 書 林

图38　1910年竣工的武昌文华公书林（Boone Library）
来源：民国初年老明信片。

---

[1]　参见张安明、刘祖芬主编：《百年老照片》，武汉：华中师范大学出版社，2003年。

（二）民初武汉高等教育的艰难发展与校园建设的停滞

1911年10月10日在武昌爆发的辛亥革命，使武汉成为中华民国的诞生地，在近代中国革命史上彪炳史册。然而清廷在鄂统治的迅速瓦解，和武昌起义、阳夏战争的持续鏖战，客观上也给武汉的城市发展带来了灾难性的破坏，这其中自然包括对教育所造成的巨大冲击。武昌起义爆发后，省城内各学堂立时陷于停顿，部分学堂校舍更是遭到战火破坏。清末省城内规模最大、建筑最为完善的两湖总师范学堂校舍，便因其毗邻湖广总督府，在战乱之中受损严重："……武昌起义，学堂遭到破坏，有关文件图书表册等设备均被'焚毁殆尽'。"[1]民国成立之初，这些在战乱中停办的学堂，大多未能很快恢复，其重要原因之一，乃在于许多学堂校舍皆被在鄂北洋军阀军队占据，这其中便包括前文提到的两湖总师范学堂、方言学堂、文高等学堂、存古学堂等校舍。在辛亥革命后经过相当长一段时间，湖北省城的高等教育才开始逐步得以恢复和发展。整个北洋时期，武汉的高等学校，官办的主要有国立的武昌高师、武昌商专，以及省立的湖北外专、湖北法专、湖北医专等校，此外，还有民办的中华大学、武昌美专，以及教会的文华大学等。

1913年创办的国立武昌高等师范学校，是湖北省历史上第一所国立高等学府。辛亥革命后民国政府制定了新的"壬子癸丑学制"，清末的优级师范学堂改称高等师范学校，并由省立改为国立。国立高师不再如清末优级师范之各省皆办，而是在全国范围内分区设置。依照1912年底教育总长范源濂所制定的全国六大师范学区划分方案，

---

① 苏云峰：《张之洞与湖北教育改革》，第87页。

湖北、湖南、江西三省被划为"湖北区域"①，设立国立武昌高等师范学校。1923年，在新的"壬戌学制"下，武昌高师升格改名为"国立武昌师范大学"，不久后又改名"国立武昌大学"，开始向综合性大学转变。只不过这所大学成立不久，便因北伐军围攻占领武昌而陷于停办了。

图39　诞生于1919年的武昌高师校旗。中央为该校校徽，古书"鹗"字及白熊寓意楚地，黄牛皮寓意坚韧，象牙象征高洁，羽毛象征飞黄腾达。校旗底色为蓝，寓意"青出于蓝胜于蓝"
来源：《国立武昌高等师范学校同学录 No.6》，1923年。

---

① 《高等师范教育之区域》，《教育杂志》第4卷第9号，1912年12月。

武昌高师筹备之时，教育部委派普通教育司司长袁希涛来武昌负责筹划相关事宜。经过实地考察后，袁氏与湖北地方当局商议，拟在原两湖总师范学堂校舍、原方言学堂校舍（时为武昌军官学校）和原文普通学堂校舍（即原自强学堂旧址）三处房舍中，拨划一处作为武昌高师的校址。这其中，两湖总师范旧址面积最大，基础最好，且原本就是师范校园，即便其在辛亥革命中遭战火波及而受损，也依然是民初开办国立高师时的校址选择方案之一。只是在此前的1912年10月，"教育司长姚晋圻委郭肇明就两湖总师范学堂筹办第一师范学校"[①]，即计划在这一校园内，以清末原有的两湖总师范学堂为基础创办湖北省立的中等师范学校，因而当时湖北教育司司长时象晋便只"允其于文普通、方言两校择一拨用"。教育部经过考虑后，"查方言学校，地较清净，以施师范教育，视文普通校舍为宜"，于是便决定以此作为武昌高师的开办校址了。[②]1913年8月，武昌高师"奉湖北都督批饬拨定武昌军官学校（即旧方言学堂）为本校校址"[③]。不过，在武昌高师筹备乃至正式开学后的一段时间里，占据校园的武昌军官学校仍未迁出。如1913年曾有报道："国立武昌高等师范学校……校址为故方言学堂，即今军官学校。因军官学校迁军储局尚未实行，故高师开校，系假军校礼堂。须俟军储局修理完竣，军校始克迁往，而高师乃能移入本校。"[④]直至当年11月29日，"军官学校校长咨请验收

---

① 《沿革志略》，《湖北省立第一师范学校校友会杂志》，1920年4月，转引自涂文学主编：《百年薪火，桃李芬芳：武汉城市职业学院校史（1904—2014）》，第36页。

② 《武昌方言校舍改设国立师范》，《中华教育界》，1913年7月15日。

③ 《本校大事记》，《国立武昌高等师范学校己未同学录》，1919年。

④ 《武昌高等师范开学志盛》，《教育周报》第27期，1913年12月。

图 40 武昌高师校园一角

来源:《国立武昌高等师范学校同学录 No.6》, 1923 年。

校址, 本校即日迁入"①, 武昌高师方才完全收回了东厂口校园。

　　显然, 武昌高师建校时选择清末学堂旧址作为校舍, 是在经费拮据情况下不得已为之的无奈之举。而即便在此情况下, 有关人士原本优先考虑的也是希望能够取得原两湖总师范学堂的校舍, 而在该处校舍已被湖北地方计划自办省立师范的情况下, 才只得再退而求其次地选择方言学堂旧址。即使在清末, 作为一所事实上仅相当于中学堂程度的外语学校, 这一校舍已经被学部官员指为"所建讲堂, 多半黑暗逼仄, 不甚合用……自习室布置不能合法, 于卫生之道, 殊不相宜", 对于民国后湖北地区第一所国立高等学府的武昌高等师范学校, 自然

---

① 《本校大事记》,《国立武昌高等师范学校己未同学录》, 1919 年。

中西建筑文化交流与晚清民初大学校园发展历程 117

更是难堪大任。校长张渲于1915年就曾明确表示："本校草创未久，设备简陋，无可讳言。房舍多系老朽，且不敷目前之用，土木建筑万不能缓……均须特拨大宗临时经费一次，以资设施。"[①] 可见，武昌高师在组建之初，校方人士就已对东厂口校舍的条件甚不满意，并希望尽快予以修缮扩充。

1919年时，武昌高师编写了一份《本校现时状况及未来五年计划》向教育部汇报。据其所载，当时全校的校舍建筑，包括"实验室六、教室十四、寝室四十八、自习室十二、食堂二、仪器标本室二五、雨操场一、盥漱室八、浴室六、办公室十五、职员住宅室十五、杂室十"。随后校方分年度拟出了接下来五年中的校园建设计划："民国八年度增建教室八、实验室二、礼堂一（容一千人）、盥漱室二、食堂一（容二百人）、杂室十，以旧教室改斋舍（可容百人），约费五万一千元；民国九年度增建教室八、实验室二、图书馆一、器械标本室二、杂室十间、楼房寝室自习室一座（容百二十人），约费四万五千元；民国十年度增建教室八、实验室二、杂室十间，楼房寝室自习室一座（容百二十人），约费三万五千元；民国十一年度增建教室四、实验室二、杂室十间、健身室一座，约费三万二千元；民国十二年度修造教员住宅三十间，约费一万五千元。"[②] 从这份报告中，一方面我们可以看出尽管高师开办已达五年，但校园建设仍然乏善可陈，连一所高等学校所必需的教室、实验室等教学建筑都严重不足，而礼堂、图书馆、健身室、教员住宅等建筑更是尚未修建，另一方面

---

① 《武昌高等师范学校详陈意见及三年度校务实况报告》，《教育公报》第3卷第3期，1916年3月。
② 《本校现时状况及未来五年计划》，《国立武昌高等师范学校己未同学录》，1919年。

也可见经过五年的惨淡经营，武昌高师已渐入正轨，并开始有了扩建校舍的具体计划。当时，学校已陆续开始在校园内拆除部分老旧平房校舍，兴建了几栋二至三层高的西式楼房（图41）。

图41　1923年武昌高师校园全景画
来源：《国立武昌高等师范学校同学录No.6》，1923年。

在武昌高师即将升格为师范大学的1923年夏天，校方将位于方言学堂街的旧大门拆除，改建为一座带罗马柱门廊的西式门楼，这座一层的门楼既是学校的新校门，同时也是一座小型的教学楼，它也是北洋时代东厂口校园所兴建的最后一座新建筑。在武昌师范大学和武昌大学时代，由于经费困难、校政更迭频繁，校园建设毫无进展。在石瑛长校之初，他曾踌躇满志地提出过一个宏伟的大学建设计划，打算扩充武昌大学，添设农工科，并计划募款建设农、工二科的讲堂及实验室、图书馆、学生宿舍、教职员宿舍等新建筑，还成立了建筑委员会准备开展其事。[①] 不过，由于随后校内发生"驱石运动"，石瑛被迫去职，他的这一大学扩建计划也就此流产。

除了武昌高师以外，北洋时期湖北还有一所国立高等学校，即武昌商专。作为鄂籍"首义都督"的黎元洪，对家乡的教育发展一直颇为关注。他早在民国元年便与湖北部分有识之士有了在汉创办一所"武汉大学"以纪念辛亥首义的计划，并且成立了武汉大学筹备处，附设于当时的官立法政学校内。1915年曾有杂志报道："黎副总统在鄂时，与刘心源、夏寿康、饶汉祥三前省长及湖北诸名人，公同发起创办武汉大学，以为共和发轫地之纪念。嗣因经费无着，兼之国立、省立成为问题，久未解决，致使徒设筹备处于官立法政学校，迄今三载，仍未得一确实办法。"[②] 尽管如此，这所"武汉大学"的筹办者们仍然努力争取，至1916年时，"因所指拨鄂路米捐股，现存部中，未允拨充经费，仅年拨息金二万六千元，不敷设立大学之用，议定先行开办商业专门学校，以树基础。大学筹备事宜，则徐图进行……即以前存古学校为校舍，该筹备处附设于该校，由校长兼办，以一事权，而节经费"[③]。在经费困难的局面下，有关人士决定退而求其次，先行办起了这所国立武昌商业专门学校。尽管后来这一"武汉大学"创办计划无疾而终，但武昌商专则得以延续并不断充实发展，后来又升格为"国立武昌商科大学"。该校设有国外贸易系、领事系、交通系、普通商业系、保险系五个系科，并附设有商科中学一所。

---

① 《武昌大学募款添设农工科》，《新闻报》，1925年5月25日，第12版。
② 《武汉大学决定开办》，《学生杂志》第2卷第10期，1915年10月。
③ 《武汉大学始基》，《教育周报》第127期，1916年6月。

武昌商专（商大）的校舍情况与武昌高师也颇为类似。该校位于武昌城北三道街的存古学堂旧址。由于该校创建者本意是要办一所综合性的"武汉大学"，因此在1916年先办商科并选址清末存古学堂，原本是因陋就简的临时之举。只是后来由于这所"武汉大学"无疾而终，商专和后来的商大也就一直在这里办学了。如前所述，存古学堂校舍在宣统年间清廷学部对湖北省城各学堂所开展的学务调查中，是为数不多的在校舍建筑和仪器设备方面得到了学部视学官员肯定的一处。其面积虽然不大，但建筑质量较好，是武昌城内唯一可与两湖校舍相比的清末学堂建筑群。根据《国立武昌商科大学全图》可知，直至1925年时，商大校园基本仍是延续清末存古学堂时代的旧有格局。其校园的东南部，大体是经心书院时代所形成的传统书院模式，共有四进院落，最后一进是石经楼。校园的西部和北部，则是清末改制学堂以后至民初所陆续进行的改扩建，其中包括晴雨操场，商业实践室，两层楼的教室、自习室和寝室等（图42）。[①] 大约在改名商科大学前后，学校拆除了书院时代的老旧校门，改建了一座西式校门（图43），除此之外，整个北洋时代，这处校舍均没有发生过多大的变化。

　　在北洋时期，湖北省还陆续兴办了一些省立高等学校。最早兴办的是1912年的公立湖北法政专门学校，全校共分法律、政治和经济三科，为民国前期湖北培养法律行政专门人才，后来亦升格为"湖北省立法科大学"。[②] 该校在清末法政学堂旧址开办，后迁至武昌城北的贡院旧址，但皆为沿用清代旧有房屋，校舍条件亦不甚佳（图44）。

---

① 《国立武昌商科大学全图》，《国立武昌商科大学第六次毕业同学录》，1924年。
② 李珠、皮明庥主编：《武汉教育史》，武汉：武汉出版社，1999年，第328页。

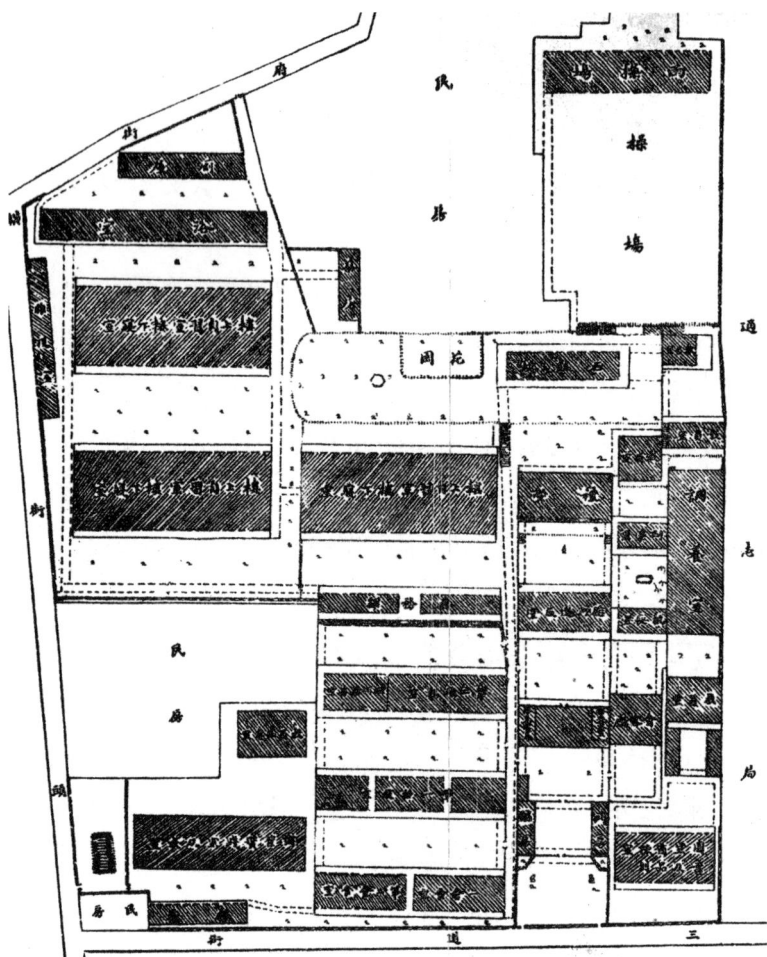

图 42　国立武昌商科大学校园平面图

来源：《国立武昌商科大学第六次毕业同学录》，1924 年。

图43 国立武昌商科大学校门

来源:《国立武昌商科大学第六次毕业同学录》，1924年。

图44　湖北法政专门学校校舍

来源:《湖北公立法政专门学校庚申同学录》，1920年。

　　民国元年，湖北省即有部分人士捐资重设了一所英文学校，以填补应清末方言学堂停办而造成的外语人才培养的空白。该校于1913年按教育部的要求改名为"湖北外国语专门学校"，日后逐步发展成为北洋时期湖北省唯一的一所外语高等专门学校，并最终升格为"湖北省立文科大学"。据该校创办人之一饶汉秘所述："吾鄂教育，前清时曾设有方言学堂，以培养人才，研求各国各种学术政术之情。延至辛壬改革以还，校舍充作衙署，黉宫变为营垒，青年学子，求学无门……民国元年，汉秘与同学金君宗鼎、罗君仲塈、严君承荫、胡君纬等，有见及此，拟捐资私立英文院。嗣以校舍难得，规模过大，未及成立。未几，原驻旧文高等校舍之交通司裁撤，前教育司札委罗君仲塑保守校舍。遂重续前议，即就该校改立英文馆。"①该校校址"旧文高等校舍"位于蛇山南麓的原武昌府文庙旁，本为张之洞在清代武昌府学原址上改建的中路小学堂，面积十分狭小。清末在这样一处小学堂校舍中开办高等学堂，本也属权宜之计，而民初又以之开办外语高等学校，其不堪使用之窘困显而易见。该校改名省立文科大学后，曾迁往城外南湖，但具体的校舍情况不详。

1923年，留学日本、德国归国的鄂籍医学博士陈雨苍回到湖北，申请以庚款为基金，在两湖书院旧址创办了湖北省立医科专门学校。但因存在时间较短，没有毕业生，影响较小，其当然也无力进行校园建设，所有房舍，不过因袭清末以来所既有之建筑罢了。

"壬戌学制"颁行后，国内各省都掀起了一股将省内各高等专门学校合并组建综合性大学的浪潮。在这一背景下，湖北教育界也酝酿成立一所综合性大学。1923年11月时，有关筹办一所省立综合性大学的计划即已提交省议会核议，"拟将外国语专校、法政专校、甲种农业三校合并，暂办'文'、'法'、'农'三科，校址定在武胜门外南湖附近之陆军预备学校旧址"②。然而此事进展缓慢，半年多后的1924年6月24日，省教育厅方才"召各专门学校校长，商组武昌大学。决将外国语专校及国学馆改组文科，法政专校改组法科，农业专校改组农科，医科大学改组医科，其筹备处暂设于教育厅"③。教育厅于7月时，就此事还曾再次召集各专门学校校长开会讨论，关于校名，

---

① 《湖北外国语专门学校同学录》，1916年。

② 《鄂省教育近闻·省立大学之急进》，《申报·教育与人生周刊》第8期，1923年12月3日。

③ 《鄂省筹备武昌大学》，《申报·教育与人生周刊》第38期，1924年7月7日。

拟定为"湖北大学"。不过，由于经费困难，这一联合省立各高等专门学校合并成立"武昌大学"或"湖北大学"的计划，最终只是纸上谈兵。而所谓的在城外南湖另择新的大学校址一事，当然也就没有下文了。

北洋政府时期由于政策开放，民间办学得以迅速发展，湖北省在这一时期也有一些民间兴办的私立高等学校，如中华大学等。其中在校园建设方面较有成效的，是私立武昌美术专门学校。该校成立于1920年，初名武昌美术学校，为一所私立中等专科学校，最初的校址在武昌兰陵街原湖北省立实验民众教育馆。1923年，学校增设专门部，并改校名为"私立武昌美术专门学校"，从此开始开办美术高等教育。学校改名升格后，于1925年获得武昌水陆街歌笛湖西南岸的原清代湖北提学使署旧址为校址，开工建造新校舍，并于次年完工迁入。水陆街新校舍占地面积21329平方米，总建筑费3万余元。[①]校园建筑为西式古典主义风格，造型优美，气势恢宏，是整个北洋政府时期武昌城内高等学校中唯一具有一定规模的新校舍建设工程，其校园建筑在当时湖北地区各高校中亦称优良（图45）。遗憾的是，该校校园在1938年武汉抗战期间，被侵华日军全部炸毁。

此外值得注意的是，在清末发展较快，校园建设亦曾卓有成效的文华大学，民国后在校园建设方面却显得停滞不前，特别是在20世纪20年代教会大学的新校舍建设浪潮中，文华大学是其中少数几所几乎无所建树的学校。在北洋时代后期，地处武昌昙华林的这一教会

[①] 张爱华、王灿主编：《永远的风采——武昌艺术专科学校老照片》，武汉：湖北美术出版社，2010年，第4—19页。

图45　私立武昌美术专门学校校舍建筑

来源：张爱华、王灿主编:《永远的风采——武昌艺术专科学校老照片》，武汉：湖北美术出版社，2010年。

大学校园在全国范围内再比较来看，亦已显得较为落后了。

　　总的来看，北洋时期湖北的高等教育，是在极为艰困的情况下求得生存和发展的。虽然规模已颇为可观，但教育质量则难称优良。1925年胡适在南下来汉讲学时，曾在日记中写道:"武汉的教育最不行。近年野鸡大学添了许多，国立省立的也不少。国立武昌大学之外，又有国立商科大学，已很可怪了。又有省立文科大学、医科大学、法科大学、农科大学等，每校各有校长，均已委任。有学校未成立而校长已委任的（如农科大学），此真是怪现状。此间斗大山城，那容得下这么多的大学？……十余年来，武汉几乎没有学校可说……如今日的现状，湖北仍是没有教育可说也。"[1] 周鲠生后来也曾说："辛亥革命以后，大半基于政治原因，武汉在学术文化上之地位，一落千丈。后来虽然也有高等教育机关继起，人们总感觉武汉成了文化的沙漠，无论如何，一切赶不上平津京沪。"[2] 这些评价和总结，也从一个侧面反映出北洋时代湖北高等教育发展不佳之状况。时局的动荡和军阀的割据，以及因之而来的教育经费匮乏和教育机构官僚化，是北洋时期湖北教育发展停滞不前的根本原因，正如后来的湖北教育厅厅长刘树杞所总结的："民元以来，吾鄂当军事之冲，教育虽未停顿，成绩远不如前。即环视邻封教育之有精神者，亦觉瞠乎其后，此未可为吾鄂讳也。民国十一年后，武汉为军阀所割据，教费挪作军费，而一般学阀，亦以学校为个人地盘，利用学生排甲迫乙……学风之坏，至斯已极。"[3]

在这样的背景之下，民初武汉高等学校的校园建设，也同样是乏善可陈的。甚至与清末相比，还显得更加不如人意。如果说晚清时代，尚有两湖书院——两湖总师范学堂、农业高等学堂这样较成规模的新式学堂校舍得以建成，而在整个北洋时代十数年时间里，武汉地区都没有兴建一座新的官办高等学校校园。所有国立、省立高校，皆

---

① 胡适：《南行杂记》，《胡适的日记（手稿本）》第五册，台北：远流出版事业股份有限公司，1990年。

② 《本校第十九周年校庆暨三十六年度开学典礼校长报告》，《国立武汉大学周刊》第374期，1947年11月1日，第2版。

③ 刘树杞：《发刊词》，《湖北教育公报》第1卷第1期，1928年6月。

在前清旧有校舍中艰难维持，只在局部进行了一些极为有限的修补而已。这种状况，使得经过民初十余年的徘徊停滞，武汉地区本就不甚优良的高等学校校舍条件，在20世纪20年代中期的全国范围来看，便显得更加落后了。

正如本章第二节之所述，北洋政府时期的中国，在大学校园建设领域大放异彩的无疑是外国教会大学。相比之下，国内各地的官办高等学校，尤其是国立学校中，大多数的校园建设都可谓相形见绌。形成这种局面的根本原因，当然在于北洋军阀的连年混战，中央政府政局不稳，国家财政对教育经费的投入捉襟见肘。因此，武汉地区上述学校在北洋时代所呈现出的这些问题，是在全国范围内具有共性的。然而即便如此，这一时期国内其他一些城市亦有少数校园建设取得一定成效的国立高等学校。如南京的国立南京高等师范学校和后来由其改制升格的国立东南大学，其所继承的清末两江师范学堂的校舍，在辛亥革命中亦受损严重。民国初年该校在修缮清末原有校舍的基础上，又陆续增建了西式建筑风格的体育馆、科学馆、孟芳图书馆（图46）、学生宿舍等，其中图书馆等主要建筑皆为民国时期国立大学中为数不多的校园建筑精品。

相较而言，这一时期省立和私立大学中，尚有一些校园建设较为出彩的案例。如省立的中州大学（后改为河南大学），原为河南留学欧美预备学校，1923年改为省立中州大学。从1915年开始，该校便不断进行校园建设，先后建成了六号楼、东斋、西斋、七号楼（图47）等建筑。与这一时期官办学校建筑的"全盘西化"不同，中州大学这批校舍，与同时期教会大学建筑风格相类似，皆为中式复古风格，造型古朴典雅，别具一格。1923年在沈阳成立的东北大学，名义上为辽

图46 东南大学孟芳图书馆

来源:《中华教育界》第18卷第10期，1930年10月。

图47 中州大学（河南大学）七号楼

来源:《国立河南大学校志》，台北：国立河南大学校友会，1976年。

宁省立。该校成立之初所在的原沈阳高师校舍老旧狭小，不敷使用，于是在城外北陵购地建造新校舍，称为"北校"。在东北易帜以前，东北大学北校共建成了理工科大楼、教授住宅、学生宿舍及其他一系列附属建筑，初步形成了一个规模齐备的大学新校园。在私立大学中，南开大学、厦门大学等校在20世纪20年代也进行了较大规模的新校园建设。特别是厦门大学，在爱国华侨陈嘉庚的努力下，校园建设可谓卓有成效。厦门大学选址于厦门岛西南岸背山面海、风景绝佳的演武场，毗邻南普陀寺。在1921年至1925年间，陆续建成了演武场旁的群贤楼群（图48）及博文楼等建筑，形成了一组蔚为壮观的大学建筑群。厦门大学这批建筑，开创了"嘉庚建筑"的独特风格，即以西方古典主义建筑的构图、结构和墙身，加上闽南地域风格的琉璃瓦屋顶，俗称"穿西装戴斗笠"，在当时中国国内各大学校园建筑中，

图48　厦门大学群贤楼。作者摄于2013年

可谓自创一格，也从此奠定了厦门大学此后近百年来的校园建筑风格基调。

显然，放眼全国范围，北洋政府时期武汉地区，无论国立、省立，还是民办私立或教会私立，绝大部分高等学校在校园建设方面，都可谓无甚建树。这种状况与武汉在全国的政治、经济、文化地位显然极不相称，对于武汉地区高等教育的长远发展，当然也构成了极大掣肘。因此到国民政府时代之初，建设一所设施优良、规模齐备的现代化大学新校园，已成为发展湖北和武汉高等教育的一项迫在眉睫和必须完成的重要任务了。

第二章

国立武汉大学的组建与珞珈山新校址的选定

一

从"湖北大学"到"国立武汉大学"

　　1926年底，在广州的国民党中央和国民政府迁都北上，次年初将武昌、汉口、汉阳合为一体，成立"武汉特别市"，并定为国民政府首都。为了与新首都地位相适应，武汉国民政府便酝酿在汉成立一所规模宏大的新大学。11月20日，湖北省政务委员会决定将原国立武昌大学与武昌商科大学、湖北省立文科大学、法科大学、医科大学等校悉数合并，组成"国立武昌中山大学"。[①] 当时曾有报道称："武昌绾全国中枢，当交通总汇，国民政府已决建都之地，武昌之为将来文化中枢，已无疑问……即将武大改为中央中山大学……在北京、南京、上海、广州、欧美等地选聘专门学者，担任职员教授，志在成立中央最高学府，培植中国一般建设大才。该大学于中国前途之关系，当甚巨也。"[②] "李汉俊、周佛海、徐谦为筹备员，其计划拟分七院，文、理、商、法、医五院明春尽可开学。"[③]

---

① 王宗华主编：《中国现代史辞典》，郑州：河南人民出版社，1991年，第489页。
② 《力谋扩充之武昌大学》，《厦大周刊》第169期，1926年12月25日，第6版。按：此处的"武大"指国立武昌大学。
③ 《教育消息·专电》，《申报》，1926年11月11日，第10版。

武昌中山大学的诞生，是北洋时代湖北几次尝试整合教育资源、创办综合性公立大学努力的延续，而在武汉成为革命首都的特殊时局之中，又因政治力的介入得到了空前关注和拔高。武汉国民政府对该校期望甚高，"志在成立中央最高学府"，校中所设学科门类可谓无所不包。然而仅仅依靠湖北原有高等教育的薄弱基础而仓促合并而来的这所大学，显然难以在短时间内走上正轨。该校所聘教授相当部分并未到校任教，而日常教学活动也始终没有完全正常开展。曾在1927年7月间考入武昌中山大学文科预科的学生崔昌政后来曾回忆道："时校中有学生会……经常假借名义开会、放假。而放假通告不是由学校当局所发布，是由学生会具名发布……真正上课时间极少。"[1]1927年7月汪精卫在汉"分共"，继而"宁汉合流"，武汉方面也开始极力"清共"，武昌中大势难继续存在。12月间，就在该大学被南京方面改名为"第二中山大学"[2]后仅一个月，桂系当局出动军警进入校园，非法解散了该大学。

而与此同时，在南京方面，一项事关全国教育发展大局的重大改革，也开始推行。1927年6月，在蔡元培、李石曾等人的力主之下，南京国民政府决定在中央取消教育部，成立"中华民国大学院"，并在地方部分省份试行"大学区制"，蔡元培出任大学院长，亲自主持

---

① 崔昌政：《武昌中山大学改为武汉大学一段经过》，《珞珈》(台北)第24期，1969年10月。

② 按：1927年夏，南京国民政府命令各地中山大学依照所在城市被北伐军攻克的时间顺序，依次改名为"第某中山大学"，并成立了南京的"第四中山大学"，依照这一原则，武昌中山大学应改名为"第二中山大学"。但当时武汉国民政府尚未取消，"宁汉合流"后不久又发生唐生智与南京特委会的新"宁汉对立"，在这一时期内南京之政令无法达于武汉，故武昌中山大学仍用原名。直到当年11月"李唐战争"结束，桂系占领武汉后，"第二中山大学"方才得以改名，

和推动这项重大的教育新政。大学区制移植自法国，其核心内容是将全国划分为若干大学区，并在各区设立一所大学区大学。区内取消教育厅，大学区大学既是高等学府，也承担原来教育厅的职能，管理该省之各种教育行政事务。蔡元培对大学区制构思已久，他与李石曾等人早在民初便发起了留法运动并创办中法大学（图49），开始小范围内模仿试行法国教育制度。①1922年蔡氏在《新教育》杂志上发表《教育独立议》一文，详细阐述了在中国建立推行大学区制的构想。他主张将全国划分为若干大学区，每区设立一所大学，除了主办该区内一切中等以上专门学术，该区内中小学教育和各类社会教育也概由大学负责。②同期杂志上，李石曾也发表了《法国教育与我国教育前途之关系》一文，主张学习法国的大学区制，与蔡氏之构想相呼应。③

图49　北京中法大学旧址。邱靖先生摄于2019年1月

---

① 　参见刘晓：《李石曾与中华民国大学院》，《中国科技史杂志》，2008年第2期。
② 　蔡元培：《教育独立议》，《新教育》第4卷第3期，1922年3月。
③ 　李石曾：《法国教育与我国教育前途之关系》，《新教育》第4卷第3期，1922年3月。

尽管如此，在1920年赴欧洲考察教育以前，蔡元培对于中国高等教育发展的想法，主要仍是基于早年留学德国的所见所思而形成的。1912年蔡氏出任教育总长时，曾提出"国立大学太少，规定于北京外，再在南京、汉口、成都、广州各设大学一所"[①]的计划。1916年范源濂在教育总长任上，将这一计划扩展为划分全国为七个"大学区"，每区"设置一规模宏大之分科大学，以宏造就"，其中"以湖南、湖北、四川为第四大学区，分科大学设在武昌或重庆"。[②]显然，民初北京政府的上述计划，只是依地域范围集中设立国立大学，并不包含以大学取代地方教育行政机构，统管大学区内一切教育行政事务的内容。1922年以后，蔡元培才逐渐形成了模仿法国建立大学区制的构想，但原先关于增设国立大学的想法依然存在，这一点可以从同年7月他在中华教育改进社第一次年会上所提交的一份议案中看出。在这份议案中，蔡元培提出全国大学应"分为国立大学与省立大学两种"，国立大学应作为"全国高深学术之总枢"，学科门类齐全，注重科学研究。这样的"高深学术之总枢"在全国仅设五所，除了已有的国立北京大学和国立东南大学之外，蔡元培建议在广东、成都和武汉分别增设"西南大学"、"西部大学"和"中部大学"三所国立大学。省立大学又称"区立大学"，模仿法国大学区制设立，取代省教育厅，作为一省最高教育行政机关，同时也是该省的最高学府。这类大学的学科设置及其原则，则是"先设地质学、生物学研究所，以考求本地原料；设物理学化学研究所，以促进本地工艺；设心理学社会学研究

---

① 蔡元培：《我在教育界的经验》，高乃同编著：《蔡孑民先生传略》，赣县：商务印书馆，1943年，第37页。

② 《七大学区之拟定》，《申报》，1916年8月31日，第6版。

所，以考察本地之人情、风俗、历史，而促其进步；设教育学研究所，以指导本地教育家"①。突出强调服务地方社会经济发展需要。

将蔡元培的这份议案与同年发表的《教育独立议》联系起来，方能完整准确地理解此时蔡氏关于大学区制的想法。从议案内容不难看出，试行大学区制的新构想，与此前在全国分区设立国立大学的想法，在此时蔡元培的制度设计中是并行的。在这份议案中，设立五所国立大学，乃延续1912年之旧有想法，也是对此前北京教育当局拟在全国分区增设国立大学计划的继承。新的大学区制构想，在此案中则被称为"省立大学"。在这一计划中，国立大学与大学区大学（省立大学）的区别并不在于行政级别和所属上级机关的不同，而在于学校性质、功能和定位的差别。大学区大学是教学、科研与教育行政三者的统一体，包含了教育厅的原有职能，国立大学则为纯粹的教育科研机构；大学区大学在教育行政上限定于该区范围内，在学术上也侧重研究本区范围内之自然、人文、社会科学相关内容以服务地方社会需要，国立大学则应避免地域性，致力于成为"全国高深学术之总枢"。蔡元培还特别提到："凡一省中已有国立大学者，其省立大学可设于省城以外之都市。如南京有东南大学，则可设江苏省立大学于苏州；成都有国立大学，则四川省立大学可设于重庆，其他类推。"② 这种将有国立大学省份的大学区大学建在与国立大学不同城市的想法，也是为了进一步强调两种大学性质与定位的根本不同。

---

① 《中华教育改进社第一次年会报告·分组会议记录：第二高等教育组》，《新教育》第5卷第3期，1922年10月。
② 《中华教育改进社第一次年会报告·分组会议记录：第二高等教育组》，《新教育》第5卷第3期，1922年10月。

图50　蔡元培

　　显然，在1922年蔡元培刚提出大学区制构想时，他并非主张将全国所有的大学都改为大学区大学。事实上，他还将北京大学、东南大学等少数当时已初具规模和成效的国立大学，排除在了新的大学区制体系之外。在此时蔡氏的构想中，未来中国高深学术研究和顶尖人才培养的任务，并不由大学区大学来承担，而教育行政学术化的改革任务，也不由国立大学来完成。这两种大学同时并存，是此时蔡元培关于高等教育体制构想的一大重要特征。

　　然而到了1927年蔡元培出任南京政府大学院长时，实际开始推行的大学区制，与五年前他的上述构想相比，又发生了很大变化。一方面，1927年的大学区制，在中央设立了大学院，除取代教育部外，它还承担了全国最高学术机关的重任。1922年蔡元培构想中国立大学

"设大学院，及观象台，动植物园，历史、美术、科学诸博物院"[①] 的任务，被新成立的大学院所承担（如设立中央研究院等）。另一方面，新的大学区制不再有所谓"国立大学"和"省立大学"的区分，国立大学不再独立于大学区之外，这一点从第一个试行大学区制的江苏省便可以看出。大学院决定在江苏首先试行大学区制后，并非如蔡元培1922年时的构想，在国立东南大学之外另在苏州建立大学区大学，而是直接将第四中山大学（即由原国立东南大学合并江苏省内其他部分国立、省立高等学校重组而来）改为江苏的大学区大学。稍后开始试行大学区的浙江省，在北洋时期高等教育发展十分滞后，全省没有一所国立或省立大学。在此之前，该省教育界人士本计划筹建一所"省立杭州大学"，蔡元培、蒋梦麟等人也都曾是该大学的筹备委员。然而到了1927年6月国民政府决定在浙江试行大学区制以后，浙江省也便直接成立了"国立第三中山大学"作为大学区大学，不再设省立大学。显然，在这样的大学区制架构中，大学区大学的性质和定位，与1922年蔡元培设想的"省立大学"已有根本不同。在新的制度中，除了将研究院、博物馆等功能归入大学院以外，作为"全国高深学术之总枢"的国立大学，事实上与大学区大学合二为一了。1928年2月，大学院更令上述两校将校名分别改为"浙江大学"和"江苏大学"，且特别强调"各大学区大学，不必加'国立'二字"[②]。这一改名原则，固然有诸多考虑因素，但其客观效果，无疑是更进一步淡化了国立大

① 按：此处的"大学院"指研究院，与1927年之中华民国大学院意涵不同，并无关涉。
② 《令国立第三、四中山大学校长蒋梦麟、张乃燕（大学院训令第一五六号，十七年二月十七日）：为第三、四中山大学改称浙江、江苏大学又各大学区大学不必加国立二字由》，《大学院公报》第1卷第3期，1928年3月。

学与省立大学原有的分野。

然而，这两种原本不同性质、不同定位的大学合一以后，又产生了新的问题：大学区大学在教育行政事务上以该区行政区划为明确边界，但在学术定位上，其究竟是强调地域性，还是超乎地域的"全国高深学术之总枢"，则似颇为模糊。将来改革推广全国，各省皆成立大学区大学后，各校又是否将有不同的学术定位？彼此之间如何区分？这些问题在当时的制度设计中，显然并未明确厘清。事实上，当国立第四中山大学被决定改名江苏大学时，这一改名迅即招致师生强烈反对，乃至引发巨大风潮。他们认为"改江苏大学，则范围既限于一省，规模自属一隅，全国学术失其中心，党国前途何堪设想……生校自清季以还……虽校名屡更，要皆足以代表东南各省共有之学府。经费之取给，既不限于一省，学生之来游，更几遍于全国。若一旦改称江苏大学，则他省学生既绝其经济之津贴，自失其来学之时机，实非新都大学谋发皇广大者所宜出此"①。这些理由，显然都流露出对于该大学将日益局限于一省范围这一可能趋势的强烈担忧。这看似是校名问题，实际是对大学区大学的性质、地位和学术定位不够清晰之问题的暴露。除此之外，第三中大虽然并不反对改名浙江大学，但也反对校名前不加"国立"二字的做法，而明确要求定名为"国立浙江大学"。几经波折，大学院很快又改弦更张，同意"大学区大学，得加

---

① 《国立第四中山大学改定校名请愿代表团李铁铮等来呈（大学院来文第一二三九号，民国十七年三月廿一日到）：为请求更改该校校名为国立南京大学由》，《大学院公报》第1卷第5期，1928年5月。

国立二字"①, 江苏大学更得以改为"国立中央大学"。改名风潮, 固然得以平息, 然而大学区大学的学术定位问题, 仍然未在制度上彻底厘清, 这为后续大学区制的进一步扩展推进, 无疑又埋下了隐患。而湖北的第二中山大学改组重建, 正是在这一背景之下开展的, 其改组过程中经历的一些波折, 也正与此有关。

此前第二中山大学的夭折, 是在武汉乃至全国政治局势出现巨变的背景下发生的。随着桂系西征"讨唐"进占两湖, 蒋介石回国复职并重新控制江浙, 刚刚"宁汉合流", 貌似重归"统一"的国民党, 在1928年又出现了蒋桂之间新的"宁汉对立", 武汉一时成为桂系的大本营。从湘鄂临时政务委员会到中央政治会议武汉分会, 桂系在这一时期内统治湖北, 依靠的是以胡宗铎、陶钧为首的鄂籍军人集团, 鼓吹所谓"鄂人治鄂"。1928年1月7日成立的湖北省政府, 主席及各厅厅长皆为鄂籍人士。教育厅厅长一职, 聘时任国民政府法制局局长的崇阳人王世杰出任。直到1月28日, 湘鄂临时政务委员会仍在"电请国府催鄂省政府各厅长来鄂, 又电王世杰、石瑛、李世光、孙绳各委员速驾"②。然而王氏显然不愿与桂系合作, 始终坚辞不就, 桂系方面最终也只得放弃。1月31日国民政府委员会召开第三十六次会议, 决议"王世杰请辞湖北省政府委员兼教育厅厅长照准, 遗缺任命刘树杞接充"③。

<hr>

① 《令浙江大学校长蒋梦麟(大学院训令第三八九号, 十七年五月二十五日): 为大学区大学得加国立二字由》, 《大学院公报》第1卷第7期, 1928年7月。
② 《武汉继续特别戒严》, 《申报》, 1928年1月30日, 第6版。
③ 《国民政府委员会第三十六次会议纪录》(1928年1月31日), 国民政府档案, 001-046100-0004, 台湾"国史馆"藏。

图51 刘树杞

来源:《国立武汉大学大学部、专门部、师范部毕业同学录》,1928年。

刘树杞乃湖北蒲圻人,1913年官派赴美留学,先后就读于伊利诺伊大学、密歇根大学、哥伦比亚大学等校,1919年获化学工程博士学位,1921年回国后长期担任私立厦门大学教务主任、理科主任及大学秘书。1927年初,因厦大国学研究院相关事宜,刘氏与鲁迅等人发生不合,校中部分学生随后发起"驱刘运动",虽校方极力挽留,刘仍决意辞职,随后离校前往上海。从个人经历来看,他在民初留美多年,回国后又长期供职于厦大,与国内政界各派系并无关涉。虽然他并非桂系方面主动提出的人选,但也能为宁汉双方所共同接受。

1928年2月16日刘树杞抵汉,不久后即正式就职教育厅厅长。他上任之初的一项重要任务,便是对第二中山大学进行恢复重建。此时的桂系武汉当局，正因解散第二中山大学而背负着"武力摧残教育"
的舆论压力，也希望尽快解决有关第二中大的"麻烦"。时任湖北省
政府主席的张知本后来也曾说："为防止破坏教育之非难，我们觉得
有另组新校的必要。"[1]桂系在解散学校后不久即致电南京政府，称
"第二中山大学内容现况，实不免嫌疑份子。经提前放假，暂由职会
派员保管，详情俟另呈，并恳即日派员接管改组"[2]。桂系当局固然是
希望南京来接下这一烫手山芋，但第二中大作为国立大学，其改组重
建也本应由大学院来组织实施。1928年2月《申报》记者曾在专访大
学院副院长杨杏佛时，问到第二中大"因清党被军事当局解散，贵院
对该校有何善后办法？"杨氏表示，"该校在全国中部，极为重要，本
院亦极重视之。现已派湖北教育厅厅长刘树杞前往切实调查，视将来
调查结果如何，再定具体办法……"[3]

　　大学院对国立的第二中大进行改组重建，不直接派员来汉办理，
却将此事委予湖北省教育厅，似乎不同寻常。但在大学区制改革的背
景下，大学区将取消教育厅，其职能并入大学区大学。虽然当时大学
区制尚仅在苏、浙两省试行，但大学院的计划当然是要将之推广全国
的。而此时的湖北，又恰逢对原来的国立大学进行改组重建。蔡元培
此时委派教育厅厅长刘树杞来负责第二中大的改组重建事宜，可视为
在为不久之后湖北试行大学区制做准备。

---

① 沈云龙访问，谢文孙、胡耀恒纪录：《张知本先生访问纪录》，台北："中央研究院"
近代史研究所，1996年，第71页。
② 《函湖北省政府主席张（大学院公函第四八号，十七年一月十四日）：为请湖北省政
府暂行负责保管第二中山大学由》，《大学院公报》第1卷第3期，1928年3月。
③ 《大学院副院长杨杏佛之谈话》，《申报》，1928年2月17日，第11版。

事实上，从刘树杞到厅视事后对第二中大恢复改组事宜所采取的一系列措施来看，他本人也确实有这种想法。4月4日，《申报》报道称前日"教育厅长刘树杞筹办湖北大学，已定中大一院为校址"①。这里提到的"湖北大学"，便是刘树杞在武汉改组筹建新大学的最初计划。将原"国立武昌中山大学"或"国立第二中山大学"的校名改为"湖北大学"，是依照大学院所规定的大学区大学命名原则而来的。根据1928年1月新修订的《大学区组织条例》，"全国依各地之教育经济及交通状况，定为若干大学区，以所辖区域之名名之。每大学区设大学一所，除在广州者永远定名中山大学以纪念总理外，均以所在地之名名之"②。而此后正如前文所述，大学院在2月时还曾专门下令各大学区大学校名前不加"国立"二字。虽然湖北并未试行大学区制，不受上述法规政令之约束，但刘树杞仍主动比照办理。大约在1928年4、5月间，他还曾拟出一份《改进湖北教育之计划》，其中列有"国立湖北大学之筹备"一节。该节论述中有"推翻旧有制度，依照大学院令根本改造……实施大学区制，以期教育行政机关变为学术化中心"③等语，明确提出要在湖北大学的改造中实施大学区制。此处校名前又加上了"国立"二字，也是因为当时江苏大学的改名风潮激起，大学院已决定将其改名为"国立中央大学"，事实上放弃了此前要求大学区大学校名不加"国立"二字的要求。显然，从1928年2月底到5月间，刘树杞在进行原第二中山大学的改组重建过程中，一直

---

① 《鄂省筹备湖北大学》，《申报》，1928年4月4日，第11版。
② 《修正大学区组织条例（十七年一月二十七日国民政府公布）》，《大学院公报》第1卷第3期，1928年3月。
③ 刘树杞:《改进湖北教育之计划》，《湖北教育公报》第1卷第1期，1928年6月。

是在按照大学区大学的模式进行的。

1928年5月，全国教育会议在南京召开，刘树杞作为代表也提交了一份议案。他针对当时大学院已颁布《大学区组织条例》，而除苏、浙两省外"其他省分仍多为教育厅……于体制上殊欠统一"，"各省之教育厅亦复各自为政"的状况，建议"取消各省教育厅、各特别市教育局，一律改为大学区"。[①] 不难看出，刘树杞对于大学区制改革态度十分积极，并认为应尽快将这一制度推行至包括湖北在内的全国各省。他在《湖北教育公报》发刊词中，也特别强调要推行所谓"教育厅学术化"："教厅为全省教育行政指导机关，与各学校及各教育机关负培养人才之全责，应有研究学术之精神，示青年以模范。昔日官僚陋习，自应一律扫除，以免隔阂之弊。"[②] 这一教育行政学术化的思想，也是大学区制改革精神的体现。而这期杂志在刊载省教育厅组织条例之后，更附上了一张"湖北大学区系统图"，将全省统称为"湖北大学区"。[③]

大学区制的一大特点，是教育系统独立运作，不受地方政治权力干扰，且教育系统自上而下权力集中，由大学院统领全国教育机关。1928年4月11日，第二次修正的《大学院组织法》颁布实施，其中新增的第二条规定，"大学院对于各省及各地方最高级行政长官之执行

---

①　刘树杞：《实现全国大学区、划分各省中学区及各县小学区并改定各级学区领袖名称、规定各级教育机关组织以统一全国教育行政制度案》，《湖北教育公报》第1卷第1期，1928年6月。
②　刘树杞：《发刊词》，《湖北教育公报》第1卷第1期，1928年6月。
③　《附湖北大学区系统图》，《湖北教育公报》第1卷第1期，1928年6月。

本院主管事务，有指挥监督之责"①。刘树杞随后所制定的《湖北省政府教育厅组织条例》，第一条即称"湖北省政府教育厅直隶省政府，受国民政府大学院之指挥监督，掌理全省学术及教育行政事宜"。②而条例之后所附"湖北省教育行政系统图"，则将大学院置于教育厅正上方，省政府置于斜上方，且位置低于大学院（图52）。③显然，刘树杞对于教育独立和教育系统中央集权是颇为支持的。即便湖北尚未试行大学区制，他也在极力将湖北教育厅向大学区的方向改造和引导。在他看来，教育厅虽然"直隶省政府"，但更多的应是受大学院"指挥监督"。

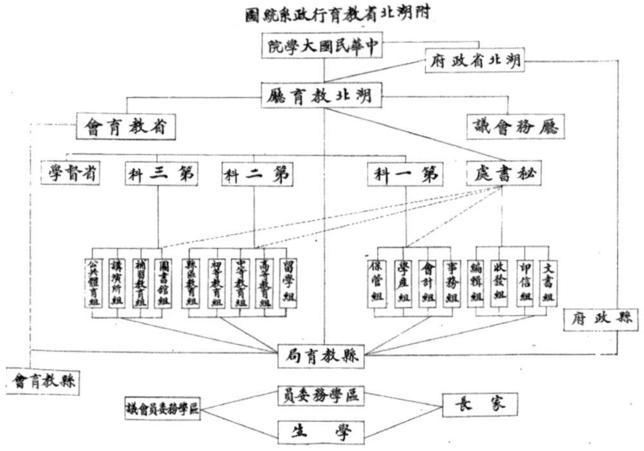

图52　1928年的"湖北省教育行政系统图"
来源：《湖北教育公报》第1卷第1期，1928年6月。

---

① 《修正中华民国大学院组织法（国民政府公布，十七年四月十七日）》，《大学院公报》第1卷第5期，1928年5月。
② 《湖北省政府教育厅组织条例》，《湖北教育公报》第1卷第1期，1928年6月。
③ 《附湖北省教育行政系统图》，《湖北教育公报》第1卷第1期，1928年6月。

从以上种种不难看出，1928年春天的刘树杞对于在鄂推行大学区制可谓踌躇满志，态度积极。他筹组"湖北大学"的过程中，也是计划将这所大学向大学区大学的方向建设的。那么，此时刘树杞对未来这所"湖北大学"在学术发展和地域范围上是何定位的呢？关于这一点，我们可以从他在《改进湖北教育之计划》中的"国立湖北大学之筹备"一节中窥见。在论述了湖北大学的改造原则和步骤之后，刘氏又补充道，"至于本省最高教育，尚有数点不得不注意者"，随后分别提出了设立湖北省学术研究会、湖北大学内附设师资训练科、提高省内高中教育程度以保证大学生源质量和学术水平等计划。[①] 纵观该节内容，虽然大学名曰"国立"，但通篇都是着眼于湖北一省范围内之高等教育发展而论述的。此后的1932年5月他在武汉大学珞珈山新校舍落成典礼上的讲话，更可直接看出这一点。此时的武大，已是举国瞩目的知名国立高等学府了，但刘在讲话中，仍强调他当年是考虑到"湖北为工商业中心点，而文化反落后，为提倡文化计，而设立武大……湖北中等学校毕业生考入国立各大学者，数目甚少，武大设立后，即可以之测验湖北中等教育与各省之比较"，还可以"补充中等学校师资之缺"，等等。[②] 从中我们可以看出，刘树杞对于这所"国立湖北大学"的定位，乃是一所地域性的大学，这与1922年蔡元培所构想的"省立大学（大学区大学）"颇为相似。它从行政属性上看虽为国立大学，在教育和学术定位上却是一省的地域性大学。

　　正如前文所述，南京国民政府推行的大学区制，对于大学区大

---

① 刘树杞：《改进湖北教育之计划》，《湖北教育公报》第1卷第1期，1928年6月。
② 《武大新校舍落成典礼·刘树杞演说》，《武汉日报》，1932年5月27日，第2张第3版

学在学术上的定位，本就存在模糊不清的空间。在中央大学区一例中，中央大学是由以原国立东南大学为主体的第四中山大学改组而来的。东南大学本是民国初年规模宏大、基础雄厚、学术一流的知名国立高等学府，中央大学区取代江苏省教育厅，是在既有国立大学的基础上，对地方教育权力的收并。中央大学作为全国最高学府的学术定位，在1928年春天的"改名风潮"后，也得到进一步的明确。而湖北的情况则完全相反：第二中山大学不仅基础薄弱，且此前"迭经变乱"，事实上已停办解散。如果说第四中山大学是以大学兼并教育厅，那么湖北的第二中山大学则是以教育厅来重新筹办大学。在此情境下，作为教育厅厅长的刘树杞，将这所"湖北大学"定位为立足一省的区域性大学，也便不难理解。而这一定位，也与《大学区组织条例》的制度设计并无违背之处。

尽管刘树杞对于在鄂推行大学区制热情满满，但在当时"蒋桂对立"，桂系割据两湖而与南京分庭抗礼的政治现实下，剥离地方教育权力集于中央的想法，显然难以为桂系当局所接受。在随后湖北大学的筹备进展中，我们便可以看出这一点。1928年5月2日，刘树杞将他所拟出的湖北大学筹备计划，提交省政府第八次政务会议讨论，最终决议通过了"筹备湖北大学案"。[①] 从后来的公文电牍可知，这一获得通过的决议案中包含了一份《湖北大学筹备委员会简章》。该简章共八条，内容如下：

---

① 《湖北省政府第八次政务会议议事录》(1928年5月2日)，民国湖北省政府档案，LS001-001-0032，湖北省档案馆藏。

第一条　本会定名为湖北大学筹备委员会；

第二条　本会职责在筹备湖北大学，一俟校长就职，大学正式开学，即行撤销；

第三条　本会设主任委员一人，委员六至八人，由湖北省政府推荐，呈请武汉政治分会委任，转咨中华民国大学院备案；

第四条　本会设秘书一人，事务员若干人，由主任委员委任；

第五条　本会办事细则另定之；

第六条　本会经费暂定每月三千元，由湖北省政府呈请武汉政治分会在湖北国税项下拨付；

第七条　本简章如有未尽事理，得由本会呈请湖北省政府修改之；

第八条　本简章自公布之日施行。[①]

通览上述简章之条款内容，不难发现这所尚在酝酿中的"湖北大学"，其行政属性也已颇为耐人寻味。首先，这一学校校名又重回"湖北大学"，取消了"国立"二字。再者根据第三条、第六条和第七条之规定，筹委会主任委员和委员人选"由湖北省政府推荐，呈请武汉政治分会委任"，对大学院则仅需"转咨备案"；筹委会经费"由湖北省政府呈请武汉政治分会拨付"，筹委会简章如需修改也只需"由本

---

① 《湖北大学筹备委员会简章》，民国湖北省政府教育厅档案，LS010-006-0159，湖北省档案馆藏。

会呈请湖北省政府修改之"。从这些条款来看，这一筹备委员会的直接上级单位是湖北省政府，相关重大事项的最高决定权在武汉政治分会手中，而与大学院则几无多少关系。尽管第六条规定，筹委会经费拟"在湖北国税项下拨付"，但当时的湘鄂两省，其财政大权被武汉政治分会所设立的"财政委员会"牢牢把持。该会事实上是桂系当局"筹措资金，截流两湖国税"的一大工具。[①] 当时从湖北国税项中拨款，只需武汉政治分会指令财政委员会遵办即可，毋庸经过南京政府的财政部，事实上已与地方款项无异。从这份《湖北大学筹备委员会简章》中，我们可以看出这所即将成立的新大学，在行政属性上也已出现了明显的省立化倾向。关于这一点，武大校长周鲠生后来曾说道："最初湖北教育当局提议改建大学，对于新大学的性质，颇偏于省办。"[②] 然而，这种省立化的倾向，显然与刘树杞关于大学区制的主张并不相符，我们可以推断，这应是桂系湖北当局意志的体现。作为行政上"直隶湖北省政府"的教育厅之厅长，刘树杞对于省政府委员会通过的大学筹备计划，当然须得遵照办理。5月中旬时，他将上述计划向大学院做了呈文汇报："已拟具《湖北大学筹备委员会简章》八条，提经湖北省政府政务会议核，转武汉政治分会鉴核施行矣。理合抄同提议书及上项简章，呈请钧院鉴核批准，迅予指令祇遵，实为公便。"[③]

---

① 张皓：《武汉政治分会的设置和存废之争：桂系、蒋介石对全局的角逐》，《社会科学》2011年第8期。
② 《本校第十九周年校庆暨三十六年度开学典礼校长报告》，《国立武汉大学周刊》第374期，1947年11月1日，第2版。
③ 《湖北教育厅长刘树杞来呈（大学院来文第二○○五号，十七年五月十八日到）：为呈报筹备湖北大学并抄同提议书及筹委会简章请鉴核示遵由》，《大学院公报》第1卷第7期，1928年7月。

图53　汉口华商总会旧址，1928年的"中国国民党中央政治会议武汉分会"即设于此。
作者摄于2019年1月

　　显然，这所湖北大学在行政属性上的"省立化"倾向，并不符合大学院改组重建第二中山大学的原初目标。桂系方面对大学筹备人事权的控制，与大学院力图实现教育独立、教育权力集中的改革思路完全背道而驰。而刘树杞对该大学限于一省的地域性定位，更与蔡元培的想法南辕北辙。虽然在1927年的大学区制设计中，关于大学区大学在一般原则上的学术定位问题，蔡元培似乎尚未完全确定，但具体对于武汉的这所大学，他素来便有明确的想法。早在民国元年蔡氏出任教育总长时，便提出了"于北京外，再在南京、汉口、成都、广州各设大学一所"①的计划。他的这一想法为后来历届北京政府教育当局所继承,在民初十余年时间里,在全国分区设立几所国立大学的计划曾一再被提出,其中具体内容虽屡有修改,但都包含有在武汉增设国立大学的构想。因此1928年蔡元培委派刘树杞筹建这所大学的初衷,显然绝非要将之仅仅办成一所地域性的"湖北大学"而已。对于这一点,民国以来在美留学多年,回国后又长期在东南一隅私立大学供职的刘树杞,恐怕并未全面理解,这是他与蔡元培在筹建鄂省新大学的想法上存在差异的重要背景。显然在1928年5月,当蔡元培接到刘树杞的来呈时,已意识到这所新大学的筹备过程,和自己的预想出现了严重的偏差。随即,蔡元培便出手予以应对。他首先下发了一份大学院令:

> 令湖北教育厅厅长刘树杞:
>
> 呈及附件均悉。各省设立大学,须预得大学院许可。现在湖北设立大学,尚属可行。惟所拟筹备委员会简章草案,其第三条内"八人"二字以下,应完全删去,改为"由湖北教育厅商承中华民国大学院聘任"。仰该厅长即便遵照改正,再行呈报备案。提议书及简章草案存。此令。②

此令中,蔡氏虽然表示"现在湖北设立大学,尚属可行",但开头便称"各省设立大学,须预得大学院许可",在强调大学院对全国

---

① 蔡元培:《我在教育界的经验》,高乃同编著:《蔡孑民先生传略》,第37页。
② 《附大学院指令令湖北教育厅厅长刘树杞(大学院指令第四六七号,十七年五月二十五日)》,《大学院公报》第1卷第7期,1928年7月。

各省高等教育行政事务拥有最高权力之余，也就湖北方面将筹备大学之具体计划先由省政府批准通过，其后才报大学院"备案"的做法委婉表达了不满。而这一指令最关键的内容，在于针对筹备委员会简章第三条提出了重大修改，要求将该会主任委员和委员人选的提出与聘任程序，从原拟之"由湖北省政府推荐，呈请武汉政治分会委任，转咨中华民国大学院备案"，改为"由湖北教育厅商承中华民国大学院聘任"。通过这一修改，蔡元培便将筹备湖北大学的关键人事任免权，从桂系的武汉政治分会及湖北省政府手中，重新揽回了大学院，也为接下来大学院继续领导、规划和修正此事埋下了伏笔。

刘树杞在接到上述指令后，曾按要求修改了筹委会简章第三条，随后又初步拟出了一份筹委会名单提交大学院。由于相关史料缺失，我们已无法得知刘树杞当时所拟的这份名单中具体包括哪些人士。但不久之后，蔡元培就拟定了一份新名单。从随后蔡元培发给李宗仁的电报中我们可以看出，这是蔡元培继半月前给刘树杞的指令后，针对这所大学筹备事宜的第二次出手，亦为十分关键的一步：

> 武汉政治分会李主席鉴：
>
> 　　鄂省大学，定名为"国立武汉大学"，拟由院聘刘树杞为该校筹备委员会主任委员，王世杰、李四光、曾照［昭］安、任凯南、麦焕章、涂允檀、周鲠生、黄建中为委员。兹特电达执事，征求同意，并盼电复。①

① 《中央政治会议武汉分会第九次常会提案理由并附件》，《中央政治会议武汉分会月报》第1卷第1期，1928年7月。

蔡元培在此电中，决定将校名由"湖北大学"改为"国立武汉大学"，除了"湖北"改"武汉"以外，更在校名前明确加上了"国立"二字，以强调大学的国立性质。在筹委会委员方面，蔡氏在名单里大幅加入了自己的人马，即将此前自己在北京大学的一些老同事，且当时与桂系湖北当局并无关涉的人员空降到武汉参与这所大学的筹备事务。

对于蔡的这封电报，李宗仁在6月19日召开的武汉政治分会第九次常会上交由会议讨论，该案议决"函达刘主任征询意见"[1]。刘树杞次日即向李宗仁回函："查筹备委员中在京、湘各地任有要职者颇多，恐未必能悉数来鄂，实行任事。然以其在学术上负有重望，筹备大学事关重要，自应请其参加意见，以期周妥。兹为双方兼顾起见，拟请钧会核议，增设委员二人，以利进行。如蒙核准，请以张健、陆士寅二员补充，由钧会电商大学院加聘。"[2]

从以上表述不难看出，这份蔡元培所拟的筹委会名单，与此前刘氏所拟名单，显然差别甚大。对于这份新名单，刘氏认为其中"在京、湘各地任要职者颇多，恐未必能悉数来鄂，实行任事"，这显然是针对王世杰、李四光、任凯南、周鲠生四人。他提出增补的张健和陆士寅二人，皆为湖北地方教育界人士，其中陆士寅时任教育厅秘书兼第二科科长，是刘树杞的重要幕僚，在刘外出时常代其处理厅务，亦曾代刘出席一些公务活动。而省教育厅关于高等教育的相关事务，正是由陆任科长的第二科负责办理。我们可以推断，在此前刘树杞所拟的

---

[1] 《中央政治会议武汉分会第九次常会决案》，《中央政治会议武汉分会月报》第1卷第1期，1928年7月。

[2] 《中央政治会议武汉分会第十次常会事提案理由并附件》，《中央政治会议武汉分会月报》第1卷第1期，1928年7月。

名单中，此二人便列于其中。

　　显然，此时的蔡元培已意识到以省教育厅来筹办这所国立大学，必然导致大学定位被局限于地域性，而在当时桂系割据两湖的政治现实下，鄂省新大学更是从行政属性上也有被降格为省立的迹象。蔡元培将大学校名改为"国立武汉大学"，又"空降"多名外地著名学者进入筹委会，无疑表明此时他已完全打消了将鄂省大学向大学区大学方向改组的想法，这事实上是对此前委派刘树杞全权负责第二中大改组事宜的修正。对于刘树杞的建议，蔡元培很快回电李、刘二人，表示"武大筹备委员，人数已足，无庸再添"①，直接予以拒绝。此时的蔡元培，已有意将此事与湖北省教育厅做分隔，不愿教育厅再更多地参与此事。即使此前他所拟的名单中，王世杰不愿受聘来汉，他也没有将此名额让给刘树杞推荐的教育厅人士，而是另外聘请了同样为北大老同事的王星拱来代替。由此，国立武汉大学筹备委员会的全部委员名单，也就最终确定。（表1）。

---

① 《蔡元培致刘树杞简电》（1928 年 7 月 21 日），国立武汉大学档案，6-L7-1928-2，武汉大学档案馆藏。按：关于刘树杞建议筹备委员会增聘张健、陆士寅二人为筹备委员之建议，武汉政治分会曾于 1928 年 7 月 1 日发电大学院予以告知商洽（东电），但该电报不知何故未能送达。至 7 月 16 日大学院再向武汉政治分会发来急电（铣电）催促政分会就武大筹委会人选事电复，政分会于 18 日复电蔡元培，将东电内容重行告知。参见《电大学院蔡院长武汉大学筹备情形业经东谏两日电复在案除向电局查究外重抄原电请查照见复由（附录蔡院长来电）》，《中央政治会议武汉分会月报》第 1 卷第 2 期，1928 年 8 月。

表1 国立武汉大学筹备委员会委员名单

姓名	职务	籍贯	简介
刘树杞	主任委员	湖北蒲圻	前厦门大学理科主任，时任湖北省政府教育厅厅长
王星拱	委员	安徽怀宁	前北京大学教授，时任第四中山大学（江苏大学）副教授
李四光	委员	湖北黄冈	前北京大学教授，时任中央研究院地质研究所所长
周鲠生	委员	湖南长沙	前北京大学教授，时任第四中山大学（江苏大学）副教授
麦焕章	委员	广西平乐	时任国民革命军第七军政治部主任兼党代表
黄建中	委员	湖北随县	时任湖北省政府民政厅秘书
涂允檀	委员	湖北黄陂	时任武汉市政府教育局局长
曾昭安	委员	湖北宜昌	前武昌中山大学教授及教务委员会主席
任凯南	委员	湖南湘阴	时任湖南大学校长

资料来源：《国立武汉大学一览》及武汉大学档案馆馆藏其他相关档案。

  这份名单可谓是兼顾了各派利益的最大公约数，充分体现了蔡元培行事风格的周全缜密。在这九人中，刘树杞作为此前湖北大学筹备工作的主要负责人，继续担任筹委会主任委员，是对此前筹备工作的继承和延续。然而除他以外，筹委会已与省教育厅没有任何关系。王星拱、李四光、周鲠生三人都是蔡元培的北大老同事，是蔡所属意和直接推荐的人选；蔡本欲聘请同样为北大老同事的皮宗石也充筹备委员，而皮氏坚辞不就，并改为推荐其湖南同乡和留英同学、时任湖南大学校长的任凯南[1]；黄建中也曾是蔡元培任校长时期的北大毕业生和研究生，当时是湖北省民政厅秘书；曾昭安是原武昌中山大学的重

---

[1] 皮公亮：《我的父亲皮宗石》，未刊手稿，2011年。

要领导人，也是从武昌高师时代就一直在校学习和工作的老校友，代表了新大学中的"高师派"；麦焕章和涂允檀则是桂系的代表，其中涂允檀亦为蔡元培任校长时期的北大学生。① 从籍贯上看，总共九人的筹备委员会中，湖北籍委员占到五人，超过半数。这样一个九人名单，既体现和贯彻了蔡元培的意志主张，也充分尊重了刘树杞此前的筹备工作，照顾了桂系当局的利益关切，同时还兼顾了原武昌中山大学的旧人，又在地域籍贯上进行了平衡，因而能为各方所共同接受。

图54　民国初年部分湖南籍留英同学合影，其中包括了杨端六（前排左一）、皮宗石（前排左二）、任凯南（后排左一）、周鲠生（后排右二）等日后的国立武汉大学创校元老
来源：皮公亮先生提供。

---

① 《国立武汉大学一览（中华民国十八年度）》，武昌：国立武汉大学，1930年。

从1928年6月21日起，刘树杞召集部分筹委会委员先期举行了六次谈话会，商讨了有关新大学成立的各种事项①，随后国立武汉大学筹委会于7月24日正式开会成立②。8月1日，刘树杞奉命就职武汉大学代理校长，旋即与闻一多、皮宗石、王星拱等人一道，赴各地积极从事招生。1928年10月31日，国立武汉大学正式开学上课，这一天也被校方定为"本大学成立纪念日"③。由此，国立武汉大学便宣告正式成立。

综上所述，国立武汉大学是南京国民政府成立初期推行大学区制改革过程中，在未试行大学区制省份中完成筹建的唯一一所国立大学，它的筹备组建过程具有一些独特的时代特征。大学区制改革最终以失败而告终，留下了许多启发与教训。以最早建立的江苏（中央）大学区为例，其制度建构的路径，是以国立大学来统合区内教育体系和资源。而这一路径，最终带来了国立大学挤占地方教育经费，高等教育挤压中小学教育空间的问题，这是其最终失败的重要原因。而湖北的这一"未遂大学区"改革过程，则为我们提供了另外一个视角：与中央大学区相反，湖北是由教育厅来筹办国立大学，并进而试图以此推动大学区改革。然而，其所带来的问题，却是国立大学被严重地域化，新大学的学术定位从一开始就有被矮化之虞。苏鄂两省截然不同的上述状况，背后却都反映出大学区制在当时中国推行的困境和悖

---

① 《呈大学院、政分会：为呈报筹备情形暨各种大纲细则仰祈鉴核并恳委定校长指示今后筹备方针以利进行事》(1928年7月20日)，国立武汉大学档案，6-L7-1928-XZ001，武汉大学档案馆藏。

② 《呈大学院、政分会：为呈报筹备委员会正式成立日期由》(1928年7月25日)，国立武汉大学档案，6-L7-1928-XZ001，武汉大学档案馆藏。

③ 《学历》，《国立武汉大学一览（中华民国十九年度）》，武昌：国立武汉大学，1931年。

论：教育行政学术化的理想固然美好，但无论是以国立大学来兼并教育厅，统合一省教育资源，还是以一省教育厅来筹备国立的大学区大学，这两条路径，无疑都被证明是顾此失彼的，最终都无法成功实现大学区制度设计的初衷。大学区大学在教育行政上管理一定区域范围内之事务，但在大学本身的教育和学术研究上又该如何定位，在这场疾风骤雨般的改革推行过程中，这一问题始终没有给出明确答案，这从一个微观的角度，暴露出大学区制改革的准备不足。这种制度设计上的缺陷，在1928年春"湖北大学"的改组筹建过程中，得到了集中暴露。

此外，武汉大学筹备组建的1928年，湖北地区正处在"蒋桂对立"的政治时局之中。桂系事实上割据武汉，与南京分庭抗礼，特别是牢牢控制了两湖地区的国税，这也是国立武汉大学筹备过程中一个不可忽视的重要背景。刘树杞出于对大学区制改革的热情支持而在鄂进行的种种改革尝试，以及在这一思路下对第二中山大学所进行的最初改组重建，在"蒋桂对立"的特殊时局下，事实上沦为桂系在与南京政府争权过程中的牺牲品。桂系在这一过程中试图将新大学"省立化"，这种倾向与前述的学术定位"地域化"相互影响，便使得这所新大学尚在筹备之中，即已处于一个较低的发展定位上，其前途亦充满了极大的不确定性。

然而武汉大学又是幸运的。它的最高推动者蔡元培，在第一时间发现了问题所在并及时进行了调整，最终改变了这所新大学的命运。从1928年5月底开始，大学院的一系列动作皆表明，蔡元培已彻底放弃了借改组第二中大之契机而在鄂试行大学区制的考虑，更将该大学的筹建，有意地与大学区大学相区隔。面对湖北大学改组所出现的"地域化"和"省立化"倾向，他通过揽得人事权，直接重新委派人马介入其中，以及修改校名，将这两种趋势予以彻底纠正，并明确厘清了新大学的高标准学术定位。正如周鲠生后来所说："特别要注意的就是蔡先生把我们大学决定为国立大学那点，那足见他对于本校很费苦心。武汉大学初提议设立的时候，究竟是省立还是国立性质并没有确定，实则名称也没定。而蔡先生在裁可这个议案的时候，即时决定为国立大学，与北大、中大等并重。这虽然是形式问题，而究竟是很重要的。鉴于湖北省政府变动之频繁，湖北教潮这样纷扰，我们试想，假使武大是省立的，便很难平和发展到现在局面，而且有许多教授们也不会来教书……这一点可说是蔡先生对于本校的最大的功绩。"①

事实上，蔡元培对这所新大学筹备的介入，远不止将之定名"国立武汉大学"而已。此前由于北洋军阀对教育的摧残，北京大学不少学者离校出走，其中许多人南下广州，加入了国民大革命的阵营，在北伐后又来到了南京。随着形势的变化，到了1928年，他们已日渐分散于不同的地域和职位之中，有的在官场从政，有的在大学从教，有的在科研机构供职，有的在国外游历。蔡元培介入国立武汉大学筹建后，便以这所新大学为纽带，重新将这一批一流学者中的相当一部分人云集在了一起，其中包括李四光、王世杰、王星拱、皮宗石、周鲠生、陈源、燕树棠、吴维清等当时中国的一流学者。而这一批来自北京大学的"空降"人马，也成为国立武汉大学成立初期的核心主事者。②从某种角度上说，国立武汉大学虽然名义上是在原第二中山大学的基础上改组，但事实上可谓是脱胎换骨，焕然再造的一所新大

---

① 《大学之目的（五月卅日纪念周周鲠生教授讲演）》，《国立武汉大学周刊》第130期，1932年6月7日，第1版。
② 参见皮公亮：《记先父皮宗石和他与蔡元培的友谊》，未刊手稿，2011年。

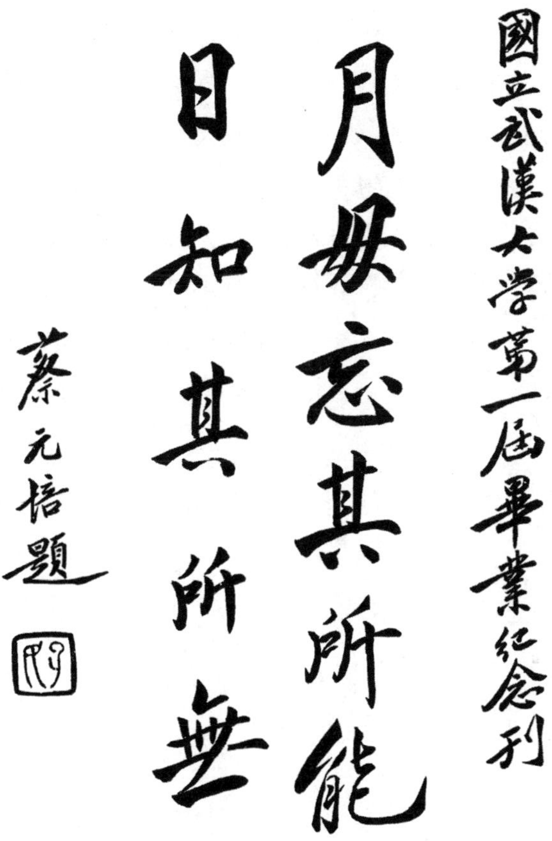

图 55　蔡元培 1932 年为国立武汉大学第一届毕业生题词："月毋忘其所能，日知其所无"

来源：《国立武汉大学第一届毕业纪念册》，1932 年。

学。蔡元培几年后在参加武大新校舍落成典礼时，曾不无感慨地说："中国三十年来，有新式大学后，总计全国大学约百数十所，多因过去历史关系，虽时时改革，总不如武大之与旧历史一刀截断，重新创造之痛快。"[①]李四光在同一场合的演讲中也强调："这个学校完全是从无中生有，好像在白纸上做文章一样，完全系由理想而实现的，这一点值得我们注意……"[②]蔡元培为武汉大学所延揽的这一批核心创建者，使新大学在建校伊始就集中了一批当时全国一流学者，并建立了重要的学术人脉，这无疑是日后武汉大学得以迅速崛起壮大，成为中国高等教育后起之秀的重要条件。而本书所主要关注的珞珈山校园，也正是因为蔡元培对这所新大学筹建的深度介入，方才有了规划和完成建设的可能。关于这一点，我们将在后文中更加明确地看到。

---

① 《武大新校舍落成典礼·蔡元培演说》，《武汉日报》，1932年5月27日，第2张第3版。
② 《武大新校舍落成典礼·李四光演说》，《武汉日报》，1932年5月27日，第2张第3版。

二

武汉大学新校舍的酝酿和建筑设备委员会的成立

　　从现存文献记载中我们发现，在1928年春天奉令筹备湖北大学时，身为省教育厅厅长兼筹委会主任委员的刘树杞，并没有要为这所新大学在城外择地另建一个新校舍的想法，这一点直到筹备委员会召开第一次谈话会时依旧如此。当时由蔡元培所指定的李四光、周鲠生等筹备委员尚未到达武汉，为了加快大学筹备进度，刘树杞于1928年6月21日在湖北省教育厅召集了当时身在武汉的部分委员，先行召开了武汉大学筹备委员会的第一次谈话会。关于这次谈话会，刘树杞在6月23日时曾给武汉政治分会主席李宗仁写去一封便函，汇报会议内容。函中提到："……大学筹备在即，所有校址、经费问题，均须并案讨论。曾由树杞召集预定委员麦、涂、黄、曾四君到厅谈话。结果关于校址者，以原有中山大学分设数院，于教授、设备均感困难。前两湖书院，房屋宽敞，规模宏壮，拟以之拨作设立武汉大学之用。"①

---

① 《刘树杞致李宗仁便函》，民国湖北省政府教育厅档案，LS010-006-0166，湖北省档案馆藏。按：着重号为笔者所加。信中提到的除刘树杞外参加谈话会的"麦、涂、黄、曾"四位筹备委员，分别为麦焕章、涂允檀、黄建中、曾昭安。

从这封信函中我们得知，在第一次谈话会召开时，仅有刘树杞、麦焕章、涂允檀、黄建中、曾昭安五位筹备委员参加。在蔡元培所"空降"的几位委员到来之前，刘树杞等五位委员虽然也认为原中山大学校园"分设数院，于教授、设备均感困难"，但他们只是希望能够将城内原有教育建筑中规模最大的两湖书院旧址，拨作新的武汉大学校舍。在由他们五人所召开的武汉大学筹备委员会第一次谈话会上，尚无人提出另建新校舍的主张。

如前文所述，两湖书院位于武昌旧城西南部，主要校舍分布在校园中央"都司湖"的南北两岸，在晚清武昌城内的官办学堂中，是面积最大、环境最佳、校舍建筑最宏伟的一处。1913年北洋政府教育部筹办武昌高师时，也曾希望将两湖书院作为高师校址，只因其"现正修理，作为鄂省自办师范，且已办有附属小学，自应无庸改让"[①]，于是才改为选择方言学堂旧址。时隔15年后，刘树杞等人筹备国立武汉大学的一开始，也依然把目光集中在城内这处清末张之洞时代所遗留下来的老校园上，认为其"房屋宽敞，规模宏壮"，作为武汉大学的校址，即已称适宜。

不过，这一"以前两湖书院为校址"的计划，很快便发生了变化。1928年7月13日，已经来到武汉的筹备委员李四光为蔡元培代写了一封给李宗仁的信，其全文如下：

---

① 《武昌方言校舍改设国立师范》，《中华教育界》，1913年第7期。

德邻主席大鉴：

　　日前武汉大学筹备委员李四光、周鲠生两君来，言及武汉大学筹建新校舍，希望先生赞助，托为转达。弟以在宁晤面，不得详谈此事之机会，爰为函陈之。

　　国立武汉大学，预定为中部之学术中心，而原有校舍及设备，均不足以成一完备之学术机关。故今夏筹备之初，曾由筹备委员会建议，于洪山附近另建新校舍，并充实图书仪器等设备，预计建筑设备费约需百万元至百五十万元。此项建议呈报大学院，弟极端赞成，当即批准，并指定李四光、麦焕章诸君为建筑设备委员会委员，开始计划。惟此项临时费，势不能不就地筹拨。李君等在武汉时，曾商之政治分会及鄂省政府诸公，均表赞成，并允援助。如荷先生鼎力主持，筹款当更易生效。

　　弟明知武汉方面财政困难，裁兵一切，需费正大，而犹代武汉大学为此特别请求者，实因有鉴于大学教育为建设事业中最基本之一项。广东、广西既投巨款以兴大学，武汉为中部重镇，向亦为文化学术之中心，感觉此项需要更切。武汉分会诸公如肯慨然于万难之中，拨出上项临时费，以树立武汉大学永久不拔之基，岂惟武汉一隅之光荣？先生等所以间接造福于全国学术文化者，亦匪浅鲜矣！敬布区区，至希裁察。尚有未尽之处，当由李君等面陈。

专此

　　顺颂

党祺！

弟 蔡元培 [1]

　　十天之后的7月23日,《申报》上发布了一则有关武大新校舍建设的简短消息,其中提到"武汉大学筹委李四光,提出建设计划大纲,拟以洪山为校址,建筑费一百万至一百五十万元,已分呈大学院、政分会采择"[2]。王世杰后来在1929年11月11日的总理纪念周演讲中,曾提到:"自从中央决定改武昌中山大学为武汉大学以后,各筹备委员都充满了一个新的好的大学的希望。在某一次开筹备会的时候,李四光先生提出建设一个新校舍的主张。"[3]而另一位筹备委员周鲠生在1947年的一次讲话中更明确说道:"本校创办,至有今日之规模成效,得力于不少的人的工作或帮助……我是自始即参加本校创办的一人,对于这些人过去对本校的功劳或帮助知道比较清楚……特别有理想、贡献的则是李四光先生。李先生在武汉大学筹备委员会首先提议以150万元巨款于武昌郊外另建新校舍,改造环境。在当时一般人看来,

---

[1] 《蔡元培致李宗仁函》(1928年7月13日),高平叔、王世儒编注:《蔡元培书信集》上册,杭州:浙江教育出版社,2000年,第880页。按:该书所收录的该函之后,另附有一份标注为"1928年8月1日"所发的《李宗仁复蔡元培电》,全文如下:"蔡元长鉴:元电暨来函均奉悉,关于筹备国立武汉大学事,敝会两次开会讨论,并函知刘树杞列席陈述意见,议决:对于贵院拟聘之筹备主任刘树杞及王世杰等八委员,均经同意。筹备费每月三千元,令本会财政委员会在两湖国税项下照拨;暂以前武昌中山大学第一院为校址;每月额定经常费五万元,自八月起,并由财委会在两湖国税项下拨付,不另支开办费。再,刘主任增推陆士寅、张健为筹备委员,公决:俟电询贵院后,再行转知。如何? 即希见复是荷。李宗仁叩。东。印。"但通览该电内容,可知此电应为李宗仁对蔡元培6月13日元电的复电,即前文提到的因不明原因未能送达的"东电",而非李宗仁对蔡元培7月13日信函的回复,其落款韵目"东"字应为7月1日而非8月1日。
[2] 《武汉大学提出建设计划》,《申报》,1928年7月23日,第12版。
[3] 《本周纪念周校长王世杰先生报告》,《国立武汉大学周刊》第36期,1929年11月17日,第1版。

那个计划过于理想。假设没有李先生那个理想，恐怕武汉大学不会有珞珈山壮丽的校舍，今天的校庆还要在东厂口旧校舍举行。"①由此我们便知，蔡元培给李宗仁的信中所说的"今夏筹备之初，曾由筹备委员会建议，于洪山附近另建新校舍"这一建议的具体提出者，正是代写这封信的筹备委员李四光本人。这意味着直到李四光来到武汉并参加到武汉大学筹备委员会的工作中来以后，筹备委员会中才由他首先提出了要在城郊另建一个新校舍，而不是沿用城内两湖书院旧址作为校舍的主张。由蔡元培指定为武大筹备委员的李四光，虽然后来并未任教或任职于武大，但正是由于他的参与，把在城郊建设新校舍的这个"理想"带给了这所新大学，而这一理想的提出，也极为深刻地影响了这所大学日后的命运。

对于李四光的这一主张，蔡元培"极端赞成，当即批准"。随后便指示成立一个名为"建筑设备委员会"的机构，专门领导和组织与武汉大学新校舍建设相关的各项工作，并委任李四光、麦焕章等人担任委员。这一委员会的成立，标志着武汉大学正式有了在城郊建设一个宏伟新校舍的计划，并开始着手开展相关的实际工作。在后来校方的一份公函中，曾提到武大将新校址建设初步计划呈报大学院后，"于十七年八月奉训令，以该地建校为切要之图，亟应积极进行，以期早日观成，并指定李四光等为建筑设备委员会委员，以李四光为委员长"②，故知蔡元培正式发布训令指示成立武大建委会并任命李四光

---

① 《本校第十九周年校庆暨三十六年度开学典礼校长报告》，《国立武汉大学周刊》第374期，1947年11月1日，第1版。
② 《国立武汉大学致湖北省政府公函（第373号）》（1929年11月），国立武汉大学档案，6-L7-1929-XZ024，武汉大学档案馆藏。

为委员长（图56）的时间，是在1928年8月。关于该委员会，1930年度的《国立武汉大学一览》上曾有专门介绍："本校自决定创建新校舍后，即先后呈准大学院及教育部，特设国立武汉大学新校舍建筑设备委员会，主持其事。举凡新校舍的建筑设备计划，均由该委员会采定；一切建筑设备费用，均由该委员会收受支付，不与学校经常费混一。该委员会现任委员及委员长系由本校呈准教育部聘定。"[1]

图56 担任国立武汉大学建筑设备委员会委员长时的李四光
来源:《国立武汉大学第一届毕业纪念册》，1932年。

---

[1] 《本校新校舍建筑设备概况》，《国立武汉大学一览（中华民国十九年度）》，1931年1月，第124页。

从 7 月 13 日蔡元培给李宗仁的信中可知，早在 1928 年 7 月初，大学院即已任命了李四光、麦焕章等人为建委会委员。不过建委会全部委员名单的最终确定，还经历了一番小的波折。武大在 1929 年 2 月给教育部的一封呈文中曾说道："属校前奉前大学院令，组织建筑设备委员会，并指定李四光为委员长，麦焕章、王星拱、叶雅各、刘树杞为委员。嗣奉武汉政治分会指令，加派张知本、胡宗铎、白志鲲、张难先、石瑛、王世杰为委员。"① 另据武汉大学 1928 年 11 月 25 日给武汉政治分会的一封呈文所述："惟兹事规模宏远，责任重大，建筑设备委员会委员，似应由属校呈请钧会聘任，以昭慎重。兹特拟就该会委员名单一纸附后，伏恳钧会鉴核加聘为祷。"② 可见，在 1928 年 7 月蔡元培最初指示成立武大建筑设备委员会时，仅指派李四光为委员长，麦焕章、王星拱、叶雅各、刘树杞四人为委员。在武汉大学将这一委员名单呈报武汉政治分会后，政分会即要求再予加聘六位委员。从名单中不难看出，这六位由武汉政治分会要求加聘的委员中，张知本、胡宗铎、白志鲲、张难先、石瑛五人皆为桂系军政集团成员或桂系湖北省政府的要员，唯有王世杰一人当时与桂系湖北当局无直接关系。武汉政分会的这一加聘要求，显然意在增加桂系湖北当局在武大建委会中的话语权。

在后文中我们将会看到，武大新校舍建设经费所拟定的最初预算

---

① 《国立武汉大学为呈报建筑设备委员会组织条例草案及经费筹集支配方法请备案由呈教育部文》(1929 年 2 月 8 日)，国立武汉大学档案，6-L7-1928-XZ004，武汉大学档案馆藏。

② 《国立武汉大学为拟具建筑设备委员会组织条例及经费筹集支配方法并赍呈各委员名单请核示由呈武汉政治分会文》(1928 年 11 月 25 日)，国立武汉大学档案，6-L7-1928-XZ004，武汉大学档案馆藏。

方案，乃是由中央和湖北省各担负一半，这与筹委会经费及大学开办经常费皆由国税支给是颇为不同的。桂系方面显然认为，既然此项工程湖北地方财政也承担了半数经费，那么在建委会里也应占有相当的话语权。在蔡元培最初所拟的名单中，虽然刘树杞、叶雅各二人也都在省政府任职，但事实上这五人中仅有麦焕章一人是桂系背景。或许是考虑到武汉大学新校舍建设一事，无论校址圈定、土地征收还是经费拨给等方面，皆确需湖北地方政府的参与和配合，对于将武汉政治分会和桂系省政府中的相关要员纳入建委会的这一要求，大学院予以了接受。由此，国立武汉大学建筑设备委员会便扩充为委员长一人，委员十人。不过很快随着蒋桂战争后桂系湖北当局的垮台，建委会委员中来自原桂系湖北当局的若干委员，也就不再担任该会委员了，从此以后，建委会委员中的湖北省政府官员，仅有教育厅厅长一人。在辞去代理校长一职后数月，刘树杞又辞去了湖北省教育厅厅长一职，由黄建中接任，其武大建委会委员一职也由黄建中代替。1930年12月，石瑛离鄂赴浙，武大工学院院长一职由邵逸周接任，其建委会委员一职亦由邵递补。至此武汉大学建筑设备委员会委员形成了稳定的人员组成，一直持续到武大西迁四川后的1939年。（参见表2）

表2　国立武汉大学建筑设备委员会委员名单（1939年前）

姓名	职务	简历	任职时间
李四光	委员长	湖北黄冈人。早年留学日本并加入中国同盟会，后获英国伯明翰大学自然科学硕士、博士学位。历任国立北京大学地质系主任、中央研究院地质研究所所长、国立武汉大学筹备委员等职。1948年当选中央研究院院士。	1928—1939年 1947—1949年

姓名	职务	简历	任职时间
王星拱	委员	安徽怀宁人。早年留学英国并加入中国同盟会，1916年获英国伦敦大学化学硕士学位。历任国立北京大学化学系主任、国立武汉大学筹备委员、理工学院院长、理学院院长、副校长、教务长、校长，国立中山大学校长等职。20世纪20年代曾参与"科玄论战"，著有《科学方法论》《科学概论》等。	1928—1939年 1947—1949年
石 瑛	委员	湖北阳新人。中国同盟会欧洲支部创始人之一，早年先后留学法、英等国，后获英国伯明翰大学硕士学位，为国民党一大中央执行委员。曾任湖北省建设厅厅长、国立武汉大学工学院院长等职。	1928—1930年
邵逸周	委员	安徽休宁人。早年留学英国，先后在伦敦大学皇家科学院、皇家矿务学校学习，其间曾回国参加辛亥革命。后历任大冶铁矿工程师、缅甸矿务公司工程师、国立武汉大学工学院院长、国民政府资源委员会鞍山钢铁有限公司总经理等职。	1930—1939年 1947—1949年
叶雅各	委员 兼秘书	广东番禺人。早年就读于广州岭南学堂、菲律宾大学，后赴美留学，获宾夕法尼亚州立大学森林系学士学位、耶鲁大学森林学院硕士学位，回国后历任私立金陵大学森林系主任、湖北省建设厅技正、国立武汉大学理学院教授、农学院院长等。	1928—1939年 1947—1949年
刘树杞	委员	湖北蒲圻人。民国初年赴美留学，先后就读伊利诺伊大学、密歇根大学，1917年获学士学位，1918年获哥伦比亚大学硕士学位，1919年获化学工程博士学位，历任私立厦门大学教务主任、理科主任，湖北省教育厅厅长、国立武汉大学筹备委员会主任委员、代理校长、工学院筹备主任等职。	1928—1929年

姓名	职务	简历	任职时间
王世杰	委员	湖北崇阳人。早年曾参加辛亥革命武昌起义，后留学欧洲，获英国伦敦大学政治经济硕士、法国巴黎大学法学博士。历任国立北京大学法律系主任、湖北省政府政务委员、国立武汉大学校长、教育部部长、外交部部长等职。1948年当选中央研究院院士。	1928—1939年 1947—1949年
周鲠生	委员	湖南长沙人。1906年赴日本早稻田大学留学，并加入中国同盟会，1913年赴欧洲留学，先后获英国爱丁堡大学政治学硕士学位、法国巴黎大学法学博士学位。回国后历任国立北京大学、国立东南大学（中央大学）教授，国立武汉大学筹备委员、政治系及法律系主任、教务长、校长等职。1948年当选中央研究院院士。	1928—1939年 1947—1949年
曾昭安	委员	湖北宜昌人。1924年获美国哥伦比亚大学博士学位，回国后历任国立武昌师范大学、国立武昌大学、国立武昌商科大学、国立武昌中山大学数学系教授，国立武昌中山大学教务委员会主席，国立武汉大学筹备委员、数学系主任、教务长、图书馆馆长等职。	1928—1939年 1947—1949年
黄建中	委员	湖北随县人。民国初年就读于私立明德大学及国立北京大学，后官费留英，就读剑桥大学及爱丁堡大学。曾任国立北京大学讲师、国立暨南大学教务长、湖北省民政厅秘书、国立武汉大学筹备委员、湖北省政府委员兼教育厅厅长、湖北省立教育学院院长、教育部高等教育司司长、国立中央大学教育学院院长、国立四川大学师范学院院长、国民党湖北省党部主任委员等职。	1929—1939年 1947—1949年

姓名	职务	简历	任职时间
麦焕章	委员	广西平乐人。早年加入中国同盟会，1912年留学法国巴黎大学。曾任国民革命军第七军政治部主任兼党代表、国立武汉大学筹备委员等职。	1928—1929年
张知本	委员	湖北江陵人。早年留学日本，其间加入中国同盟会。曾任湖北省公立法政专门学校校长、湖北省立法科大学校长、湖北省政府主席等职。	1928—1929年
张难先	委员	湖北沔阳人。早年加入科学补习所、文学社等湖北革命组织并参加辛亥革命。曾任湖北省财政厅厅长等职。	1928—1929年
胡宗铎	委员	湖北黄梅人。国民党桂系军阀，曾任武汉卫戍司令部司令、武汉市政委员会委员长等职。	1928—1929年
白志鲲	委员	国民党桂系要员，曾任武汉政治分会两湖财政委员会主任委员、湘鄂临时政务委员会委员等职。	1928—1929年

如前所述，建筑设备委员会名义上并非国立武汉大学的下设机构，而是一个相对独立的组织，其委员组成既有武大校方人士，也有湖北地方政府官员。武大部分，原筹备委员会委员中，除任凯南外，其余各位皆继续被聘为建委会委员，如刘树杞、王星拱、周鲠生、曾昭安等。李四光虽然并非武大教职员，但同样为武汉大学筹备委员会委员，且正是由他在筹委会谈话会上最早提出建设新校舍的主张，因此被聘为建委会委员长。由于建委会的日常工作，涉及诸多建设事宜，与工学院有着密切关系，因此武大历任工学院院长（建校初期为理工学院院长）也受聘为委员，如邵逸周正是以武大工学院院长身份而受聘进入建委会的。省政府方面，在桂系治鄂时期，建委会中由省政府官员或桂系军人出任委员者较多，如胡宗铎、张知本、麦焕章、

白志鲲等人，皆为桂系在鄂军政大员，或与桂系关系密切的湖北政要。此外，财政厅厅长张难先、建设厅厅长石瑛，作为与武大新校舍建设工程密切相关的省府部门负责人，也成为建委会委员。蒋桂战争后湖北省政府重组，武大建委会中便不再有之前那样多的地方政要出任委员，而仅保留教育厅厅长一职兼任委员一人了。

除此之外，建委会一些委员在任职期间，其身份曾发生变化。如叶雅各受聘之初是湖北省建设厅技正，是以省政府农林专家的身份受聘为建委会委员的，但后来则离开建设厅，专任武大教授和农学院院长，而继续留任建委会委员兼秘书；刘树杞在辞去武大校长一职后，由于仍担任了一段时间的教育厅厅长，因此也继续担任建委会委员，而其辞去教育厅厅长后，其建委会委员一职便改由继任教育厅厅长黄建中担任了；石瑛受聘之初的身份是湖北省建设厅厅长，1929年后他不再担任此职，而改任武汉大学工学院院长，因此也继续留任建委会委员，直至他1930年离开武汉大学，转任浙江省建设厅厅长为止。

建筑设备委员会由李四光担任委员长，作为名义上的最高总负责人。然而由于他在武汉大学并未任职任教，其当时的主要工作和身份是国立中央研究院地质研究所所长，因而在武汉大学正式成立，建委会完成新校址选址圈地和建筑师聘请等前期工作后，李四光便很少再来武汉，其建委会委员长一职，多由担任武大工学院（理工学院）院长的委员代理。在1939年前，便先后有王星拱、石瑛、邵逸周三人代理过委员长一职，其中尤以邵逸周自1930年担任武大工学院院长起，在武大西迁乐山以前长期代理建委会委员长，是30年代建委会的实际最高负责人。此外，建委会还设有秘书一人，由委员叶雅各兼任。此"秘书"非指文案人员，而是事实上相当于"执行长"一职，负责建委会日常运作中的各种具体事务，因此叶雅各在建委会的各项主要工作中也扮演了极为重要的角色。

从委员名单中我们不难发现，包括李四光、邵逸周、叶雅各在内的建筑设备委员会全体委员中，没有一人具有建筑、土木或规划学科的专业背景。因此由委员长所召集，各委员参加的建委会会议，事实上只是委员会的一个最高决策机构。在新校舍规划建设的过程中，与校园规划、建筑设计、工程施工、监理审核等事项相关的具体事务，仍然需要专业人员与建筑师、工程师、营造厂之间进行具体沟通协调。因此，建委会又聘请了缪恩钊担任监造工程师，并由他领导一个建委会的下设机构——工程处。

缪恩钊，江苏武进人，1893年生。1914年毕业于私立圣约翰大学，后考取清华学校官费留美生，1918年获麻省理工学院土木工程系学士学位，1919年获哈佛大学学士学位，并于当年回国。此后，历任上海南洋大学教授、湖北华洋义赈会堤工工程师、亚细亚火油公司汉口分公司工程师、美国美孚石油公司汉口分公司工程部工程师等职（图57）。① 缪恩钊和刘树杞都是民国初年由官费派遣赴美的中国留学生，在美国留学时即已认识。据工程处绘图员沈中清回忆，正是刘树杞请来缪恩钊加入武汉大学建筑设备委员会，担任武大新校舍工程的监造工程师。②

---

① 赖德霖主编，王浩娱、袁雪平、司春娟编：《近代哲匠录——中国近代重要建筑师、建筑事务所名录》，第110页。

② 沈中清：《工作报告：参与国立武汉大学新校舍建设的回忆（国立武汉大学新校舍建筑简史）》（1982年3月），武汉大学档案，4-X22-1982-6，武汉大学档案馆藏。

图57　缪恩钊

来源：缪敏珍女士、余嘉伦先生提供。

　　缪恩钊身为监造工程师，代表建委会和武大校方，与建筑师和营造厂方面进行沟通，并监督设计和施工的全过程。而工程处亦由缪恩钊负责，是建筑设备委员会有关新校舍建设工程具体事务的执行机关。工程处负责的具体工作十分庞杂，主要包括新校舍的建筑工程、安装工程和绿化工程三大类。新校址内的地形图测绘、土地丈量和征收、市政工程设计和施工、小型建筑和各类辅助用房的建筑设计、各校舍工程的质量监督和工程验收、校园绿化设计和造林工程等，均为工程处的具体工作项目。[①]

<hr>

①　沈中清：《工作报告：参与国立武汉大学新校舍建设的回忆（国立武汉大学新校舍建筑简史）》（1982年3月），武汉大学档案，4-X22-1982-6，武汉大学档案馆藏。

缪恩钊开始负责建委会工程处后，即招募了几个技术人员。他通过原在汉口美孚石油公司的老同事陈伟工程师的介绍，将陈的一位学徒沈中清（图58）招为自己的学徒和助手进入工程处工作。沈中清从此成为缪恩钊的重要助手，参与了珞珈山新校舍建设，后来也与缪恩钊一起承担了湖北省立图书馆等建筑工程的设计。

图58　1939年沈中清（右一）与缪恩钊的家人在四川乐山
来源：缪敏珍女士、余嘉伦先生提供。

　　进驻珞珈山之初，缪、沈等人曾借住于当地地主刘燕石的庄园内，后来他们利用当地的山石，在珞珈山北坡正中的位置，修建了一座平房，取名"珞珈石屋"（图59），这也是武汉大学在珞珈山新校址内建设的第一栋建筑。珞珈石屋地势较高，坐南朝北，正对新校舍建筑中心狮子山一带，新校舍教学区和学生宿舍区的主要工程项目尽收眼底，是一个理想的监工地点。

图 59 珞珈石屋

来源:《国立武汉大学一览（中华民国廿二年度）》，1933年。

1930年4月，武汉大学又在原刘燕石庄园所在地内，修建了一栋两层西式小洋楼，作为建筑设备委员会的办公楼。由于刘燕石庄园原先种植有许多松树，这栋建筑为松林所环抱，环境清幽，校方将之命名为"听松庐"（图60）。听松庐于当年9月竣工，是继珞珈石屋后，武大在珞珈山建成的第二栋建筑。在迁入新校址后，除了继续作为建筑设备委员会的所在地，此楼也成了国立武汉大学的招待所。

正如前文所提到的，建委会的经费收支完全独立，与武汉大学的日常经费相分离，这样做的目的，是为了保证新校舍建设经费的稳定和专款专用，以确保工程的顺利进行。根据1935年国立武汉大学向教育部报送的有关调查汇报材料记述，建筑设备委员会有一套相对独立的财务收支核算体系和制度：

图60 听松庐

来源:《国立武汉大学一览(中华民国廿二年度)》,1933年。

　　本校奉部令组织建筑设备委员会,主管本校建筑设备
事宜。所有本校领到各项临时费,完全交由建筑设备委员
会,另成一会计系统。支用时,由工程处开具用途通知,
送交建委会会计,查照该项合同或订单,按照预算科目编
制支出传票,送请委员长秘书签准,再由会计填写支票,
连同传票一并送请委员长秘书核签支付。同时取得领款人
收据,依法按月造具表册,经委员会推定委员审查签章,
送校呈部审核。[1]

---

[1] 《财务管理(如资产基金之保管变动及会计制度等)》,国立武汉大学档案,6-L7-
1934-XZ018,武汉大学档案馆藏。

由此可见，30年代武汉大学在进行珞珈山新校舍建设的过程中，学校收到的各项关于新校舍建设的拨款或捐助经费，均不进入学校的财务系统，而是以建委会的名义另外建立一套账目接受这些款项。在用款时，亦不由武汉大学直接参与其中，而是由建委会工程处向建委会的会计系统申请用款。在武汉大学的各项经费中，唯有建筑设备费是如此另设一套会计系统和账目单独核算的，在学校内部而言，建委会的账目与学校经常费是完全彼此独立，互不混一的。而且从制度设计上，建委会账目下的经费，武汉大学校方是无法直接支取的，而只有建委会有权核准。这一制度的根本目的，无疑在于保证新校舍建设经费的专款专用，不被挪作他用。不过在送交教育部、审计部等上级主管部门审核备案时，这两套账目仍会合二为一予以造具表册。

　　由于这一独立建制的建委会机构设置卓有成效，后来也一直被国立武汉大学所保留。抗战胜利，武汉大学自四川乐山复员武昌后，还曾于1947年恢复了建筑设备委员会的运作，并增补了赵师梅、桂质廷、曹诚克、谭岳泉等数名委员，负责珞珈山校舍的恢复修缮工作，以及进一步建设校舍建筑的相关事宜。[①] 这一机构至1949年后便不再存在了。

---

① 《恢复建筑设备委员会·结束复校委员会》，《国立武汉大学周刊》第366期，1947年4月16日，第3版。

三

珞珈山新校舍的选址过程

国立武汉大学新校舍建设工程的第一项重要工作，便是确定新校舍的具体选址。关于这一选址过程的细节，过去的各种表述都十分模糊。1983年《长江日报》上曾有文章这样写道：

> 一九二八年七月，李四光担任了国立武汉大学筹备委员会委员，同年八月，经著名教育家蔡元培推荐，他又被任命为武大新校舍建筑设备委员会委员长。那时，为选择好新校址，李四光经常亲赴珞珈山勘察地形和地质，还请人从上海包了一架专机到东湖一带低空盘旋察看。十一月，委员会终于选定了郭郑湖（现名东湖）之滨的狮子山、落驾山（即珞珈山）一带作为新校址。①

显然，无论是"亲赴珞珈山勘察地形和地质"，还是"请人从上海包了一架专机到东湖一带低空盘旋察看"，东湖珞珈山对李四光而

---

① 驾山：《李四光与武汉大学》，《长江日报》，1983年11月13日。

言已经是一个明确的目的地了。因此，这段话事实上并没有回答在这之前"珞珈山"究竟是如何走入李四光的视野之中，并成为他考察和勘测的对象的。

在1984年首次出版的《李四光传》中，写到武大校长王世杰在珞珈山新校舍落成典礼上的讲话中曾提及他在"1920年从欧洲回国的路上，曾与李四光说到，要在有山有水的地方，办一个现代化的大学"①，该说法在此书随后的数次修订再版过程中也一直延续。笔者查阅了《国立武汉大学周刊》和《武汉日报》中分别收录的王世杰在此次典礼上的讲话稿。两份讲稿在具体文字上略有差异，但大体内容基本相同，或因其由不同人士记录。在两份讲稿中，笔者均未发现与上述内容相关的语句。②

到了1993年，又有了这样一段描述：

> 新校舍建在武昌郊外的什么地方呢？李四光开始心中并没有数，正在他着急时，新校舍建筑设备委员会委员、著名农学家叶雅各说："武昌东湖一带是最适宜的大学校址，其天然风景不惟国内各校舍所无，即国外大学亦所罕有。"李四光听后如获至宝，他非常急切地要和叶雅各一块去察看。

---

① 陈群、张祥光、周国钧、段万倜、黄孝葵：《李四光传》，北京：人民出版社，1984年，第110页。按：该书将王世杰、蔡元培、李四光等人出席国立武汉大学新校舍落成典礼的时间误作1929年10月，实应为1932年5月26日。

② 参见《武大新校舍落成典礼·王世杰报告》，《武汉日报》，1932年5月27日，第2张第3版；《本校新校舍落成典礼王校长报告词》，《国立武汉大学周刊》第159期，1932年5月31日，第2版。

当年的珞珈山一带属武昌郊区，荒山野岭，一片凄凉。从城里到珞珈山，不仅不通车，而且连象样的路都没有。这当然难不倒李四光，作为一个地质学家，他平时外出考察，所到之处大都是人烟罕至的地方。不通车，他便和叶雅各自带干粮骑着毛驴出城。来到珞珈山下，看到这一带的东湖美景，李四光这位曾经到过无数山山水水的地质学家也被陶醉了。他激动得从毛驴上跳了下来，紧紧地握住叶雅各的手，一遍一遍地说："没有比这更合适的校址了，没有比这更漂亮的地方了，您真是慧眼识珠啊！"回去后不久，李四光又请新校舍建筑设备委员会的所有委员都来察看，大家无不称好。1928年11月，李四光主持了新校舍建筑设备委员会第一次会议，正式确定武昌东湖珞珈山一带为武汉大学新校址。武汉大学新校址就这样确定了。[①]

这两段栩栩如生的文学描写，皆认为李四光和叶雅各在武昌郊外的荒山野岭中，突然发现了如世外桃源一般的珞珈山，觉得"没有比这更漂亮的地方了"，于是当即确定了武大新校舍的选址。然而回到原始史料的蛛丝马迹中，我们将会发现，武汉大学选址珞珈山的真实历史过程，与这些文学化的描写事实上是大相径庭的。

正如前文所述，在1928年6月21日武大筹委会召开第一次谈话会时，关于新大学的校舍问题，讨论结果还是"以前两湖书院为校址"，而当时由蔡元培所"空降"的李四光、周鲠生、王星拱等筹备

---

① 《李四光与武大》，刘双平编著：《漫话武大》，第106页。

委员尚未到汉，没有参加首次谈话会。在1928年6月30日湖北省教育厅向大学院发去的一封呈文中，又提到筹委会在召开首次谈话会后，"复于六月二十六日在汉口市党部继续开会，讨论校址、经费、招生各问题"①。虽然由于史料的缺失，我们已无法看到第二次谈话会关于"校址"问题的具体讨论记录了，但根据上海《新闻报》的报道，武汉大学筹备委员会于7月15日召开的第三次谈话会上，关于校址一事已决议"呈请政治分会拨款一百万元，为在洪山下建筑校舍及添置设备之用……除呈请外，并由各委员面谒李主席陈述"②。由此我们可以断定，在早前6月26日于汉口市党部召开的武汉大学筹备委员会第二次谈话会上，筹备委员们便已确立了在洪山建设武大新校址的计划，而这次谈话会，即王世杰和周鲠生后来所说的李四光最早提出城郊新校舍建设计划的那次会议。值得注意的是，李四光在6月26日的这次会议上提出的武大新校舍选址，并不是东湖珞珈山，而是位于"洪山附近"。而结合《新闻报》相关报道中的"洪山下"三字，更说明这里的"洪山附近"并非泛指，而已经是一个十分明确具体的选址了。

在今天的武昌市区范围内，横亘着一条东西走向的低矮丘陵山脉。此山脉西起长江边，分为南北多支，向东依次分布有蛇山、螃蟹岬、小龟山、洪山、狮子山、珞珈山、封都山、猴山、张家山、南望山、伏虎山、喻家山、磨山、吹笛山、石门峰等山丘，至今天武汉市与鄂州市交界的左岭、葛店一带渐止，全长约30公里。这些山丘皆为东西向延展，高度在几十至一百余米间。武昌明城墙的北段，建

---

① 《湖北省教育厅呈大学院文》(1928年6月30日)，民国湖北省政府教育厅档案，LS010-006-0159，湖北省档案馆藏。
② 《武汉大学筹备委员会纪》，《新闻报》，1928年7月21日。按：着重号为笔者所加。

筑于螃蟹岬之上，而蛇山则被完全包括在城墙之内。出武昌城宾阳门（俗称大东门）后东行约两公里，便可到达洪山。在武昌东郊这一延绵的丘陵山脉中，洪山是离城最近的一座较高的山丘，也是开发较早的一座。该山分为东西两峰，西侧较高者为洪山主峰，在其南麓建有宝通禅寺（图61）。该寺始建于南朝，后经宋元明清历代扩建，规模备极宏壮，曾是武昌地区唯一的皇家寺庙。寺内筑于洪山山腰的宝通塔，始建于元代，塔高44.1米，是整个武汉地区最高的古代建筑，也是明清以来直至近代，武昌郊外最醒目的地标建筑。[①]辛亥革命期间，宝通寺成为起义民军的指挥部，黄兴、黎元洪曾登上宝通塔瞭望江北敌情。东侧的山峰则名为"小洪山"，山南麓在萧梁时曾建有佛寺一座，隋朝改名兴福寺，寺中于南宋时建起一座比宝通塔要小的佛塔。然到民国初年，寺庙早已荡然无存，唯有佛塔尚在[②]。总体来看，当时的小洪山还是一座尚未开发的荒山。

诚如前述，明清以来的数百年间，"中国塔"一直是西人眼中中国建筑最引人注目和最具代表性的符号。即使是对中国建筑几乎完全持否定乃至鄙夷态度的约翰·巴罗，亦对中国古塔表现出喜爱并予以赞美。而在纽霍夫笔下的中国图画中，宝塔更成为几乎所有中国城市所必备的一个符号。出于对西方建筑文化中追求单体建筑宏伟的审美惯性，在中国古代城市连片低矮平房中耸立着的高高的宝塔，吸引西

---

① 参见武汉地方志编纂委员会主编：《武汉市志·文物志》，武汉：武汉大学出版社，1990年，第40页。

② 按：该塔即洪山无影塔，又名兴福寺塔，建于南宋咸淳六年（1270年），是武汉市范围内现存地面建筑中年代最早的，原位于小洪山南麓，1962年拆卸迁移至洪山西南麓施洋烈士陵园西侧复建。参见武汉地方志编纂委员会主编：《武汉市志·文物志》，第39—40页。

图61　民国时期的洪山宝通寺

来源：陈思先生提供数字影像。

方人极大的关注目光是不难理解的。因此，在近代外国人将照相机搬
到中国城市里以后，这些城市中的各式佛塔、风水塔，几乎无一例外
成为照片、画册和明信片最为青睐的景物。在晚清民国时期的武汉老
照片和风景明信片中，便时常可见宝通塔的身影。伴随着照片和明信
片的流传，宝通塔乃至其身后的洪山，愈加为世人所知，成为近代武
昌城市近郊的风景名胜。

　　本书开篇提到的那位美国人马栋臣，在他的那次武昌之行中，便
曾爬上蛇山顶上的城墙，向东拍下了民初武昌城东郊的一张珍贵的全
景照片（图62）[①]。远处洪山上的宝通塔，成为一处最为醒目的天际线

---

① 　Frederick G. Clapp Collection, 1913-1915, cl000615-000628, American Geographical
Society Library Digital Photo Archive.

地标。城门外不远便是长春观，更远处的寺庙建筑群是东岳庙，在这两处规模较大的传统寺庙宫观建筑之间，还可见一排西式洋楼，以及一座拉丁十字平面的哥特式教堂，这便是英国基督教循道会在武昌创办的博文书院。从照片中不难看出，宾阳门外武昌东郊的房屋建筑，都集中分布于从宾阳门至洪山脚下的道路沿线。而在这条带状延伸的街区两侧，仍是广袤的农田和荒地，几乎没有可通汽车的道路。即使是这条城外东郊的主干道，也仅仅只是通到洪山脚下的宝通寺一带为止。由洪山再向东，则变为羊肠小道，难以通行汽车了。

图62　民国初年的武昌城东郊远景

来源：City wall of Wuchang [Wuhan], looking towards Hung Shan (east). Frederick G. Clapp Collection, 1913-1915, cl000621, American Geographical Society Library Digital Photo Archive.

在辛亥革命后长达15年的北洋时代里，受制于军阀混战、政局动荡等因素，武昌的城市建设显得乏善可陈。除了城北武胜门外沿江一带陆续有一些民族资本企业进行开发建设外，城墙以内的老城区，以及宾阳门外的东郊一带，其城市面貌和道路交通状况，始终没有发

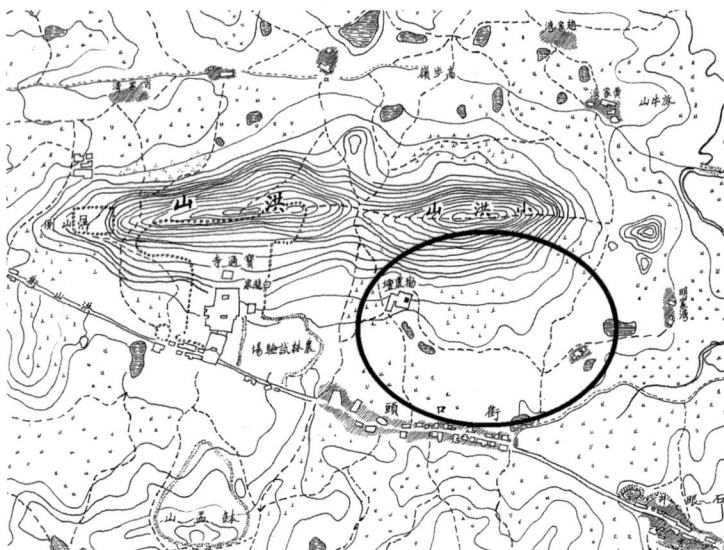

图63　20世纪20年代的武昌东郊洪山附近地形图。李四光1928年6月所提出的武汉大学新校址选址，极可能便位于图中画圈一带

来源:《武昌郊区洪山珞珈山附近图》，民国湖北省政府建设厅档案，LS031-015-0455，湖北省档案馆藏。

生多大变化。1928年夏天，当国立武汉大学筹备委员李四光考察武昌近郊时，他眼中所见武昌东郊的景象，与十数年前美国人马栋臣的所见，除了一年前武昌城墙开始被拆除外，也便没有其他什么显著的不同了。

洪山西侧主峰南麓为宝通寺，山北虽然尚未开发，但无道路可通，交通极为不便，且山北在自然地理条件上亦显不佳。唯有东侧的小洪山南麓，既为山南，自然条件较好，又在宝通寺以东，当时尚未有大规模建设和开发。最重要者，此地块南面毗邻武昌宾阳门出城向东的唯一公路（即今武珞路），便于运送施工物料和大型设备。再加上西临宝通寺古殿浮屠，东有小洪山南宋无影塔，可谓风景优美，历史文化气氛浓厚。因此，虽然文献中并没有详细记载李四光所提出的选址方案究竟具体在洪山何处，但结合当时的实际情况，我们可以推测这一选址极有可能便是小洪山南麓，即今中部战区总医院、湖北省军区一带。

不过，在1928年夏秋之际，武汉大学新校舍选址便悄悄发生了变化：在考察了当时洪山的实际状况后，校方不得不放弃在此建校的打算。根据1928年湖北省建设厅职员邵德纬的《武昌全县荒山调查报告书》记载，"山之东部五十余亩，及对面钵盂〔盂〕山五十余亩，均租与湖北林业试验场造林之用"[1]。可见当时省建设厅已计划将洪山东部作为林场育林和开展林业研究之用，并已经开始植树，武大如在此建校，或难得到省建设厅支持。且洪山一带有不少土地为学田，不可买卖，加之离城较近，山上山下坟墓极多，将来新校址土地征收和坟墓迁移方面，或将面临诸多障碍。因此，这一选址规划，很快就被放弃了。

前文提到的王世杰在1929年11月11日的总理纪念周讲话中，曾谈到过武大新校舍选址的这次重要的变化："在某一次开筹备会的时候，李四光先生提出建设一个新校舍的主张。那时，适逢叶雅各先生——前金陵大学森林系主任，后受聘于湖北省政府计划改进农业事务者——于武昌东湖一带考察农林状况之后，对大家说武昌东湖一带是最适宜的大学校址，其天然风景不惟国内各校舍所无，即国外大

---

[1] 邵德纬：《武昌全县荒山调查报告书（续）》，《湖北建设月刊》第1卷第6号，1928年11月。

学亦所罕有；于是李先生等亲去该地察看。"① 可见，促成武大新校舍选址由洪山变化为"武昌东湖一带"的重要人物，便是农林学家叶雅各。直到1977年10月，87岁高龄的王世杰在台北寓中接受武大校友访问，回忆起当年珞珈山新校舍建设的历史时，仍对叶雅各当年的重要贡献念念不忘。他说道："在建校之初，真是困难重重。幸赖校内校外，均各有二三位最得力人士相助，化解艰窘，卒底于成，必须特别提到。首先说在校内方面，第一位是叶雅各先生——他原在金陵大学任教，是我从南京至武汉时，特地请来。"②

叶雅各，字雅谷，1894年4月30日生于广东番禺。从他的名和字中不难看出，他出生在一个虔诚的基督教家庭中——"雅各"与"雅谷"的粤语读音相似，二者显然都取自《圣经》中记载的耶稣十二门徒之一的雅各（Jacob）。叶雅各的父亲是美国旧金山金矿的华工，童年时代的叶雅各随母亲在广东的老家中成长，其间上过私塾。后来父亲回国在广州开办了一家小型碱矿，使得家境稍裕，叶雅各便进入了教会开办的广州岭南学堂就读，毕业后于1916年自费前往菲律宾大学留学。由于数年来他目睹中国洋木进口日增，而国内林政荒废，童山濯濯，以致水旱灾害频繁，便决心钻研林学，立志献身中国林业。1917年，他赴美深造，次年获得宾夕法尼亚州立大学森林系理学学士学位，1919年又进入耶鲁大学森林学院学习，并获得森林硕士学位。1921年，叶雅各离开美国前往欧洲考察森林状况，随后回国，在南京受聘为私立金陵大学森林系教授，并出任系主任，当时他年仅27岁，

---

① 《本周纪念周校长王世杰先生报告》，《国立武汉大学周刊》第36期，1929年11月17日。
② 殷正慈：《谒王校长雪艇先生谈珞珈建校》，《珞珈》(台北)第54期，1977年12月。

图64 叶雅各

来源:《国立武汉大学民二五级毕业纪念刊》，1936。

是中国林学界最年轻的教授之一。[1]

　　叶雅各酷爱运动，在中学时代就是岭南学堂的短跑健将。他十分喜爱徒步行走，曾带着自己的孩子们一起徒步登上庐山旅行，上山坚持不乘汽车或坐轿子。他也是足球运动的酷爱者，在南京时曾作为金陵大学足球队的教练，多次带队参加华东地区大学间的足球比赛。在以湖北本省及周边湘皖两省籍人士为主的国立武汉大学创建者中，来自广东的叶雅各，在口音上就显得与众不同。武汉大学许多与叶雅各打过交道的人，在回忆起他的时候，都会有很传神的表达。曾任武大

---

① 　参见《叶雅各（1894—1967）》，中国科学技术协会主编：《中国科学技术专家传略·农学编·林业卷》，北京：中国科学技术出版社，1991年，第112—113页。

农学院教授的李先闻回忆他"爱抽烟斗和雪茄，手指全被熏黄了。说的是广东官话，连说英语也带广东音。他人胖，走起路来，似乎脚跟总离不开地，拖得'踢跶踢跶'响。人还没有到，远远听到'踢跶'声，就知道是他到了"[1]。建委会工程处绘图员沈中清则回忆道："校长王世杰提出，武汉大学新校舍的建设方针是：实用、坚固、经济、美观八个字。秘书叶雅各补充说，以八字方针为前提，并且要求Everything First Class——他高兴时喜欢用英语插话。我们理解他的主导思想是要求建筑和设备一切都是第一流的。"[2]王世杰晚年在台湾时也回忆说，"叶先生少年气盛……满脑子美国式思想"。还有杨端六、袁昌英夫妇的女儿杨静远后来也曾回忆道："（叶雅各）有着美国式的爽朗，谈风极健，浓重的广东腔里夹有一半英语，引得我们孩子窃笑。他教养子女也是西方式的，注意培养他们自由、独立、勇敢的精神。记得有一次，他鼓励二儿绍俞从二楼阳台往下跳，造成一手骨折，但大人孩子毫不惊慌，不久就长好了。"[3]基督教华侨家庭和教会学校的成长生活环境，以及长期在美留学的高等教育经历，使得叶雅各在武汉大学的教授们当中显得颇为"洋派"。从他留下的几乎所有的照片中我们都可以发现，他从不穿当时大学教授们常穿的中式传统长衫或马褂，而总是穿着一身西装西裤。

    叶雅各大约在1928年春天离开南京来到了武汉。当年4月9日，

---

① 李先闻:《垦荒时代的武汉大学》,《传记文学》(台北)第15卷第6期, 1969年12月。

② 沈中清:《工作报告: 参与国立武汉大学新校舍建设的回忆(国立武汉大学新校舍建筑简史)》(1982年3月), 武汉大学档案, 4-X22-1982-6, 武汉大学档案馆藏。

③ 杨静远:《一个小小女孩眼中的战前珞珈山》,《珞珈》(台北)第117期, 1993年10月。

湖北建设厅厅长石瑛签发聘书，正式聘请叶雅各为省建设厅技正。[1]
王世杰晚年回忆称叶雅各"是我从南京至武汉时，特地请来"，乃记
忆有误。1927年底的湘鄂临时政务委员会和1928年初的湖北省政府，
确实都曾聘王世杰为委员，并拟请他出任教育厅厅长，但正如前文所
述，时在南京出任法制局局长的王世杰，几次拒绝了桂系湖北当局方
面的邀请和催促，在整个桂系治鄂时期都没有到任省府委员一职。不
过，王世杰本人此时虽未来鄂，但此前与湖北毫无关联的叶雅各，辞
掉金陵大学森林系主任一职来鄂受聘为建设厅技正，倒却有可能是
王世杰在南京为家乡湖北延揽人才所促成的。据叶雅各之子叶绍智回
忆，在金陵大学时，王世杰、李四光二人就已与叶雅各熟识，并时常
来叶家做客。

当时桂系控制下的湖北省政府成立不久，建设事业百废待兴。建
设厅在1928年一年的时间里，对全省县市乡村开展了较为全面和深
入的调查，为下一步各项建设做准备。叶雅各此时来到武汉，也恰逢
其时，可以有所作为。他在到厅就任之初，即详细调查了湖北省各农
林试验场的实际情况，发现此前的经营管理十分混乱，重复试验、敷
衍了事、记录缺乏等问题十分严重，于是拟出了一份详细的《整理湖
北农林各场试验之计划》，针对存在的具体问题，给出了具体的整顿
方案，并确立了今后农林试验计划书的统一格式。[2]此外，在1928年
受聘后的半年时间里，叶雅各还前往湖北省的诸多县市开展农林调
查，并撰写了详细的调查报告。如当年7月23日至9月4日间，他组

---

[1] 《附湖北建设厅聘书》，《湖北建设月刊》第1卷第1号，1928年6月。

[2] 叶雅各：《整理湖北农林各场试验之计划（附献议计划格式）》，《湖北建设月刊》第
1卷第1号，1928年6月。

织开展了武昌县农村调查，聘请了7位调查员分赴武昌县域内的17个村落，详细考察了该县农村的农业生产和经营状况，并比照其在金陵大学农林科进行农村调查的模式，于9月间汇总撰写了一份详细的《武昌县农村调查统计表说明书》。[①] 此外，他还就武汉周边的阳新、大冶等县撰写有类似的农村调查统计表说明书并刊登于省建设厅的刊物《湖北建设月刊》上。

叶雅各在武大建筑设备委员会成立之初即被任命为委员，当时他尚未受聘于武汉大学，其加入建委会的身份，是湖北省建设厅的农林专家。前文提到的王世杰的讲话中所说的叶雅各"于武昌东湖一带考察农林状况之后，对大家说武昌东湖一带是最适宜的大学校址"，大约正是在他完成武昌县农村调查后的1928年夏秋之际，而东湖所在的区域，正是位于当时的武昌县境内。显然，叶雅各正是在武昌县农村开展实地调查的过程中，注意到了"武昌东湖一带"，并认为这里适合作为武汉大学的新校址，因此在其加入新成立的武汉大学建筑设备委员会之后不久，便向委员长李四光推荐了这一地区。

从相关文献来看，叶雅各所说的"武昌东湖一带"，指的是东湖南岸的落驾山、卓刀泉一带。落驾山与洪山处于同一山脉中，在小洪山正东面约1公里。根据工程绘图员沈中清的回忆，在1928年秋季的某一天，建委会"委员刘树杞、张难先、石瑛、叶雅各、王星拱（副校长）等，乘秋高气爽的好天气，循着地图标志方向，会同前往落驾山踏看……一致认为是理想的建校基地"。至此，委员们已就在洪山

---

① 叶雅各审编，赵学诗计算：《武昌县农村调查统计表说明书》，《湖北建设月刊》第1卷第4号，1928年9月。

更东边的东湖南岸丘陵地带建立新校舍达成了共识。1928年11月24日，建筑设备委员会在武汉大学召开了第一次谈话会。两天之后的11月26日，代理校长刘树杞在总理纪念周上提到："李仲揆先生刻已来校，与当道及各委员筹商一切进行。……择定洪山附近卓刀泉东湖嘴一带建筑新校舍。"[①]11月28日，建委会在湖北省建设厅召开第一次会议，会上正式决议国立武汉大学新校址选在"卓刀泉东湖嘴一带"[②]。东湖嘴是东湖南岸落驾山南麓的一个小村庄（今东湖村、珞涵新村一带），而卓刀泉在其南面约1.5公里处。从东湖嘴到卓刀泉之间，是落驾山南的一片地势较为平坦的滨水地带，其东面濒临东湖南岸的一个湖汊（今名官桥湖）。1928年底建筑设备委员会的计划中，国立武汉大学新校舍就准备建在这一地区（图65）。次年1月5日教育部代表王世杰在武汉大学补行开学典礼上的讲话，也可以证明这一点。他在讲话中说道："在武汉政分会和省政府的襄助指导之下，新的校址已在卓刀泉划好，并且快要动工了。"[③]与此前李四光提出的洪山下的基地相比，这一地块在背靠山岚之余，又濒临东湖，有山有水，环境优美，

---

① 《本大学第二次总理纪念周纪略》，《国立武汉大学周刊》创刊号，1928年12月3日，第1版。

② 《国立武汉大学建筑设备委员会第一次会议记事录》（1928年11月28日），国立武汉大学档案，6-L7-1928-XZ004，武汉大学档案馆藏。

③ 《国立武汉大学补行开学典礼志盛·教育部代表王世杰先生演词》，1929年1月5日，《国立武汉大学周刊》第6期，1929年1月10日，第2版。按：王世杰该讲话稿被另拟标题，收入了武汉大学出版社1993年10月出版，刘双平编著的《漫话武大》一书。武汉大学出版社2003年11月出版，徐正榜、陈协强主编的《名人名师武汉大学演讲录》一书亦以同一标题收录此讲话。上述二书中此篇讲话有关语句均为"新的校址已在珞珈山划好"。经笔者查阅《国立武汉大学周刊》，王氏讲话原文应为"新的校址已在卓刀泉划好"，上述两书编者对原文进行了未加说明的改动。下文中引用的王世杰同年5月22日的另一讲话，原文"关于新校舍的建筑，本校预备在洪山附近卓刀泉湖滨开始工作"中的"卓刀泉"三字，亦被上述二书编者径改为"珞珈山"，不另赘述。

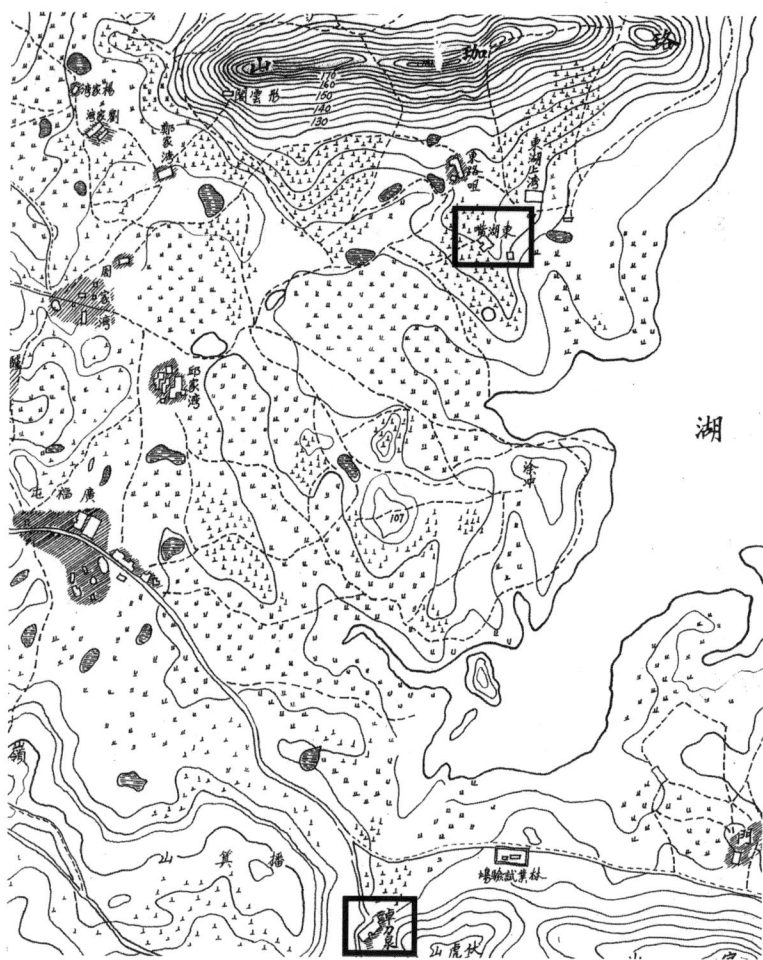

图65 20世纪20年代的珞珈山南麓至卓刀泉一带地形图，图中方框标注的是东湖嘴和
卓刀泉，两地之间濒临湖岸的地带，即叶雅各提出的新校舍选址处
来源:《武昌郊区洪山珞珈山附近图》，民国湖北省政府建设厅档案，LS031-015-0455，湖北省档案馆藏。

其南面紧邻的卓刀泉，亦为武昌郊外名胜古迹。而总面积上，与之前洪山下的基地相比也扩展了许多，可以在其中进行规模更加宏伟的新校舍规划建设。

在武昌东湖南岸，除了落驾山以外，尚有诸如南望山、喻家山、磨山等其他诸多丘陵，为何建委会独独选中了落驾山呢？难道真是当时的落驾山风景殊胜，"没有比这更漂亮的地方了"吗？事实显然并非如此。王世杰在日记中曾写道："余首至此地，辟建此校之时，珞珈湖山，原为苍凉冷僻之境。"[1] 夏斗寅1932年在参加武大新校舍落成典礼时，也说"贵校筹备建筑期间，兄弟曾亲到珞珈山查勘，当时并无途径，一片荒凉，荆棘遍地，正如中国纷乱之现象"[2]。1928年的落驾山，不过是一座湖畔荒山，与东湖南岸的其他山峦相比并无多大区别。对于海外归来、见多识广的著名地质学家李四光和森林学家叶雅各来说，这样一片荒山野岭在当时而言，其本身的风景显然不足以令他们激动不已，更不足以立刻促使他们将此地确定为武大的新校址。

其实关于这一点，绘图员沈中清早有解释："委员们在当时湖北省陆军测量局绘制的地图上看到，大东门外约15华里，在洪山东首有一个水域广阔的郭郑湖（东湖），沿湖群山林立，其中落驾山（珞珈山）靠近洪山东首，距离武昌城最近。"[3] 沈氏这一描述，应该是比较符合事实的。当时武大建委会虽然希望到城郊建设新校舍，但又并不希望离城区太远，而是能和城区保持一定距离下的若即若离的关系。

---

① 《王世杰日记（手稿本）》第1册，第394页。

② 《武大新校舍落成典礼·夏斗寅演说》，《武汉日报》，1932年5月27日，第2张第3版。

③ 沈中清：《工作报告：参与国立武汉大学新校舍建设的回忆（国立武汉大学新校舍建筑简史）》(1982年3月)，武汉大学档案，4-X22-1982-6，武汉大学档案馆藏。

基于此，在武昌城郊有山有水的选项中"距离武昌城最近"的落驾山，自然成了最佳选项。位于落驾山南面的这一最初选址，不仅在自然条件方面较为优良，且从交通角度考虑，从武昌宾阳门向东的唯一公路，也正好经过卓刀泉一带。虽然从洪山往东到卓刀泉段的道路，当时尚较为狭窄破旧，难通汽车，但只需将此段道路加以翻修扩建，总的来看成本依然较低。如在此兴工建校，材料运输自然较为便利。

建筑设备委员会决议选址落驾山南卓刀泉东湖嘴一带为新校址后，即请委员长李四光负责聘请建筑设计师。在开完建委会第一次会议后，李四光即离汉赴沪，既是重新投入中央研究院地质研究所的工作，也同时在上海开始为武大物色新校舍总建筑师人选。在1929年2月18日的总理纪念周上，代理校长刘树杞在讲话中说道："本校建筑委员长李仲揆先生，已于昨日抵鄂，在沪聘定美国工程师，不日亦可抵校，即行开始测量兴工。"[1] 由此推断美国建筑师开尔斯是在1929年2月底抵达武汉的。根据沈中清的回忆，武大方面专门包了一架飞机从上海直航武汉，将开尔斯接来。飞机"飞跃落驾山上空时低飞盘旋，俯视校区全貌"。抵达武汉的次日，开尔斯等人便前往落驾山一带实地查看。"开尔斯对于落驾山的地理形势极为赞赏，并提出了粗略想法：拟在落驾山北麓以狮子山为主要校舍建筑中心，各院系教学楼分别建筑在各小山上。落驾山南麓为住宅区，西边杨家湾为商业服务区。并在陆军测量局所绘制的地图上，沿着落驾山南的山脚，从东

---

① 《本大学第九次总理纪念周记录（十八年二月十八日）》，《国立武汉大学周刊》第10期，1929年2月25日，第1版。

边郭郑湖滨至西边茶叶港划出一道红线,圈定了新校区的范围。"[1]

显然,经过了前日乘坐飞机的盘旋俯瞰,开尔斯看到落驾山一带的第一眼,是与叶雅各等人的视角颇为不同的。对于武大建委会此前初步确定的落驾山南麓东湖嘴到卓刀泉一带的选址,开尔斯似乎显得不以为然。不过,他却对此前未被武大方面特别注意到的山北的那个三面环水的丘陵半岛"极为赞赏"。这种兴趣与灵感,很可能在前日低空盘旋的飞机上即已发生,因此第二天的实地登山考察,他便已对武大建委会方面讲出了上述这套初具雏形的具体规划方案。

1929年初这个春寒料峭的早晨,美国人开尔斯在落驾山顶的这次绘声绘色的讲述,给即将开始的武汉大学新校舍建设带来了一次重要的转折。他成功说服了在场的建委会委员和武大校方人士,其关于选址调整的建议也很快得到了建委会的采纳。根据沈中清的回忆,1929年3月18日,由建委会工程处负责人、新校舍监造工程师缪恩钊带领沈中清、姜福德等四人进驻落驾山,开始了新校舍的测绘工作。在开尔斯的影响之下,武大新校舍的选址由原定的落驾山南东湖嘴到卓刀泉一带,向北移到了珞珈山北以狮子山为中心的丘陵地带,而这也就是武大新校舍的最终选址(图66)。

本书开篇提到的民初美国人马栋臣在洪山山顶向东拍下的那张照片里,便包含了东湖和落驾山一带,这张照片也是笔者所见武汉大学新校舍建设前落驾山一带唯一的一帧历史影像。照片近处的山峰是小洪山,其下湖汊为茶叶港,稍远处便是落驾山、狮子山、磨山和东湖

---

[1] 沈中清:《工作报告:参与国立武汉大学新校舍建设的回忆(国立武汉大学新校舍建筑简史)》(1982年3月),武汉大学档案,4-X22-1982-6,武汉大学档案馆藏。

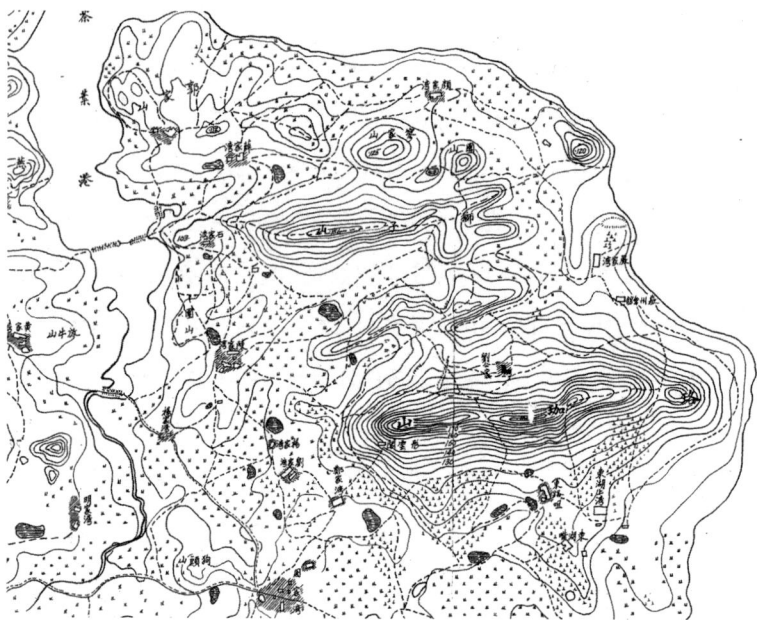

图66　1929年的珞珈山、狮子山一带

来源:《武昌郊区洪山珞珈山附近图》,民国湖北省政府建设厅档案,LS031-015-0455,湖北省档案馆藏。

（图67）。

　　新校舍选址从山南到山北的这一微妙变化,并未在第一时间为建委会全部委员所知悉。1929年5月22日王世杰到任武大校长时,在欢迎会上的讲话中仍在说:"关于新校舍的建筑,本校预备在洪山附近卓刀泉湖滨开始工作,由李四光先生和一位美工程师正在积极设计进行中。"[①]不过,随着山北一带测绘工作的开展,这一选址已成定案,

<hr />

[①]《国立武汉大学全体学生举行王校长莅校欢迎会志盛·新校长王世杰先生训词》,1929年5月22日,《国立武汉大学周刊》第23期,1929年5月27日,第2版。

图67　1913—1915年武昌东湖南岸落驾山、狮子山、茶叶港一带全景

来源：Looking east from Hung Shan, near Wuchang [Wuhan]. Frederick G. Clapp Collection, 1913-1915, cl000620, American Geographical Society Library Digital Photo Archive, WI.

至当年6月，工程处即按开尔斯的要求，先行完成了狮子山中心区的测量工作，并绘制出了等高线地形图交给开尔斯。1929年7月，国立武汉大学致函新成立的湖北省政府："敝校为谋发展起见，前经选定武昌市区洪山附近东湖湖滨珞珈山一带地域建筑新校舍……预计本年九月间开工。"[①] 至此，国立武汉大学新校址选址落驾山北狮子山一带湖畔丘陵半岛，便最终完成。

就在这一过程中，落驾山逐渐开始变成"珞珈山"。据闻一多早年的同窗和好友、后来长期执教于武大文学院外文系的方重回忆："讲到'珞珈山'这个名称……在我的回忆之中则首先要提到诗人闻一多。原来就是他，为了今日的莘莘学子，为了你们的学业和我中华民族的

① 《湖北省政府关于武大建筑新校舍征收落驾山土地的布告》，国立武汉大学档案，6-L7-1929-XZ523，武汉大学档案馆藏。

未来，忽而灵机一动把原有的不登大雅的旧时代祖传地名代之以富有风味的'珞珈'二字。当初他题这个名称曾和我以及其他几位旧友谈论过。我们都一致赞同，认为这也是诗人的灵感之一。"①大约从1929年夏开始，"珞珈山"已开始广泛出现在从官方到民间的大量文书中，包括后来校址内坟主控告武大的函件中，也使用了武大所起的"珞珈山"一名。闻一多在新校舍落成以前就离开了武大，但将这样一点石成"玉"的名字赋予了这座原本普通的山丘，立时化腐朽为神奇。"珞珈山"命名的背后，我们不难窥见创建国立武汉大学的精英人士，对于新校舍建设所寄予的高度期待。

---

① 方重：《回忆武大》，《武汉大学校友通讯》创刊号，1983年10月。按：1929年以前，此山山名在地方志、地图及其他民间文献中，曾有"落驾山"、"罗家山"、"逻迦山"等多种写法，其最初得名原因及地名原始意涵不详。自1929年以后，逐渐确定以"珞珈山"为唯一名称。从本章下节起，本书中各处关于此山山名，无论具体年代，除原始史料引征外，余皆用"珞珈山"一名，以便行文。

四

珞珈山新校址内的土地征收与纠纷

中国现代意义上的土地征收起源于清末，而至民国以后，特别是南京国民政府时期，方才开始形成制度化、系统化的土地征收法律体系。1928年7月28日，国民政府公布了共8章49条的《土地征收法》，这是南京国民政府有关土地征收制度的首部法律。该法规定国家兴办公共事业可以依法进行土地征收，并将公共事业分为十类，其中第七类即为"关于教育学术及慈善之事业"[①]。同时该法还对土地征收者、被征收者和各级政府机关的权利义务进行了详尽规定。正是依照《土地征收法》，国立武汉大学建筑设备委员会作为兴办事业人，于1929年下半年开始了有关工作。国立武汉大学珞珈山新校址的土地征收，也成为中国现代土地征收制度的最早实践之一。

依照《土地征收法》，在征地计划确定后，兴办事业人应将征地具体计划和详细地图呈请有关政府机关，经核准后由相关机关予以公告明示。如前所述，武汉大学于1929年7月向湖北省政府呈报了

---

① 中国第二历史档案馆编：《中华民国档案资料汇编》第5辑第1编，南京：江苏古籍出版社，1994年，第122页。

选址珞珈山建设新校舍的计划："查敝校拟购土地，东以东湖湖滨为界，西以茶叶港为界，北以郭郑湖为界，南面自东湖滨起至茶叶港桥头止……东西约三里，南北约二里半，共计三千亩之谱。"武汉大学划定的这条校界线，东面大致以珞珈山南山脚为界，至珞珈山西山头，是为了避开茶叶港东面的大量村落和农田而折向西北，至茶叶港桥头止，此线以北便是1929年夏武汉大学最早划定并提交省政府确认的新校址范围。此函于7月16日提交湖北省政府当年第十一次政务会议讨论并议决"派省府教育股长会同教育厅派员查勘具复"[1]。很快，省政府有关人员就前往实地考察并写来复函："查得该地内包落驾山、狮子山、团山、廖家山、郭家山等处，惟南面落驾山稍高大，面积约占千亩余，均类似冈阜，地形凸凹不一。东、北、西三面滨水，烟户寥寥，清幽僻静，景物绝佳，设学育才，诚得其所。据称该校自去年七月定案以后，即开始经营。辟路建舍，测地绘图，阅时十余月，用款及二万金，计划俱经就绪。其圈定区域，诚如来函所称'荒山旱地居多，水田池塘较少'。虽其间坟墓不在少数，然幸多在边隅僻地，将来充作校园校林之用，不必尽令搬迁。熟田总计亦仅二百数十亩，有树约六千株，散住居民约二十余家。其土地所有人，除刘公、培心善堂、石星川、顺利洋行、安徽义冢、广生有限公司、广东银行诸大地主约共占一千数百亩外，余属杂户居民所有……职等揆度情形，将

---

① 《湖北省政府第十一次政务会议事录》(1929年7月16日)，《湖北省政府政务会议第一至第五十次谈话会议事录》，民国湖北省政府档案，LS001-001-0033，湖北省档案馆藏。

来收用，只要依法办理，谅无重大困难。"①

　　从这份文件中，我们大体可以窥见1929年夏珞珈山地区的状貌。这个三面环水，面积"共计三千亩"的湖岸半岛，当时仍是"烟户寥寥"，一派蛮荒寥落之景象，其与十几年前马栋臣镜头中的情景相比，基本没有多大改变。由于这一地区的山地多靠近中心的珞珈山、狮子山一带，因此主要的农田、村落、坟墓等，多分布于珞珈山南麓至茶叶港的弧形地带中。按照开尔斯的计划，武汉大学新校舍的中心区避开了这一弧形地带，这使得前去考察的省政府有关人员，也认为"只要依法办理，谅无重大困难"。

山 腰 古 刹

图68　位于珞珈山西山头的"彤云阁"，为当地一座民间信仰寺庙，是武大来此建校以
　　　前，山上为数不多的旧有建筑
来源:《国立武汉大学第一届毕业纪念册》，1932年。

① 《湖北省政府关于武大建筑新校舍征收落驾山土地的布告》，国立武汉大学档案，
6-L7-1929-XZ523，武汉大学档案馆藏。

王世杰身为法学专家，此前更曾任南京国民政府法制局局长，深知无论基于法律条文还是现实政治，武大新校舍计划取得新省政府的认可和支持都至关重要，因而在7、8月间多次致函省府，促其早日批准武大的征地计划。1929年8月6日，省政府当年第十六次政务会议议决"本星期四上午八时，由本府全体委员约同王校长前往履勘，再行决定"[①]。王世杰晚年曾回忆此次与省府官员的珞珈山之行："我特地邀约省府当局人士，同赴珞珈山现场研究。一致认为该处之优点有三：一、风景优美，有山有水。二、当地农田有限，不致占去很多耕地。三、在此建校，启发文化，为天下先，对武汉居民，特别有利。"[②] 经过实地查看，以及王世杰在一旁的反复宣传，省政府最终被说服，并在第二天召开的第十七次政务会议上就武大的议案议决"准照所请，依中央颁布《土地征收法》公告之"[③]。8月15日，湖北省政府正式公告批准武汉大学收买圈定校址内的土地用以建设新校舍，"仰圈定范围内各土地所有人等一体知悉"[④]。

此后，武大建委会发布了征地布告："本校新校址，前由湖北省政府主席暨全体委员会同本校校长亲往勘定，经省政府依照法令核准，并正式公告在案。现各项建筑计划均已完成，开工在即，拟自十月□日起至十一月□日止，遵照中央颁布《土地征收法》第十六、第

① 《湖北省政府第十六次政务会议议事录》(1929年8月6日)，民国湖北省政府档案，LS001-001-0033，湖北省档案馆藏。
② 殷正慈：《谒王校长雪艇先生谈珞珈建校》，《珞珈》(台北)第54期，1977年12月。
③ 《湖北省政府第十七次政务会议议事录》(1929年8月9日)，民国湖北省政府档案，LS001-001-0033，湖北省档案馆藏。
④ 《湖北省政府关于武大建筑新校舍征收落驾山土地的布告》，国立武汉大学档案，6-L7-1929-XZ523，武汉大学档案馆藏。

三十、第三十一、第三十二、第三十三、第三十九、第四十六各条之规定，开始收买圈定范围以内民有土地。凡在该地段有土地者，务希按上定限期，携带红契，前往落驾山本会办事处登记，以便清丈，遵章购买。倘逾限不履行登记手续，本会即视为无主或公有土地。特此通告。"[1] 从布告内容看，大致可以推断其拟于1929年八九月间。

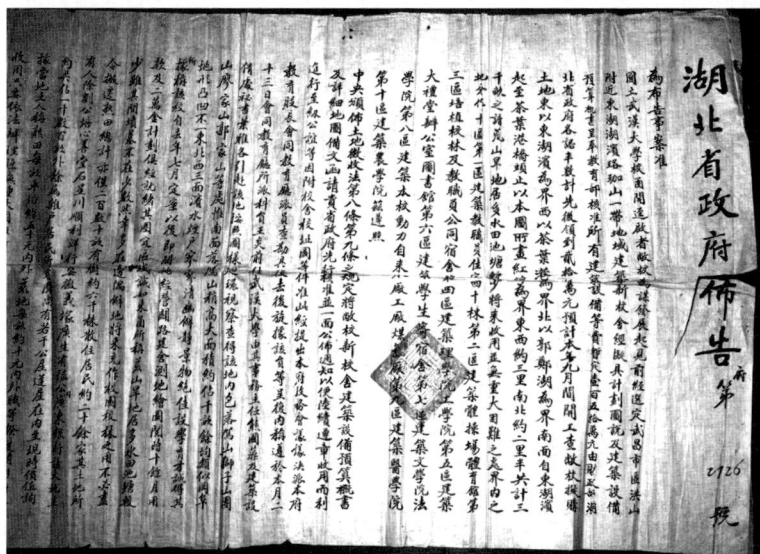

图69 湖北省政府为武汉大学新校址征地所发布的布告（局部）

来源：武汉大学档案馆。

在征地工作起步之时，建委会的计划是在1929年之内即完成全部土地收买工作。一个有趣的细节可以印证这一点：在国立武汉大

---

[1] 《国立武汉大学建筑设备委员会收用落驾山新校址圈定土地紧要通告》，国立武汉大学档案，6-L7-1936-XZ003，武汉大学档案馆藏。按：另据其他文献可知，此公告中所列出的办理登记时间为10月21日至11月20日。参见下文王世杰致石星川回函。

学统一印制的地契中，落款时间预先印上了"中华民国十□年□月□日"，而非"中华民国□年□月□日"①。由于在这一地区内，超过半数面积的土地，特别是主要的山地属于几位大地主，而小块细碎的民田，大多分布于山下湖滨地带，而武汉大学的最初征地计划中，回避了从茶叶港到珞珈山西南麓的村落民田集中地带，因此从这篇短短的通告中也不难感受到建委会当时对珞珈山土地收买工作的十足信心：办理登记收买手续的时间仅仅给出一个月，且还声明"倘逾限不履行登记手续，本会即视为无主或公有土地"②。

当王世杰说服了湖北省政府全体委员，并顺利请省政府贴出了盖有省府大印的征地公告之后，校方和建筑设备委员会似乎都信心十足。他们认为中央和湖北省政府都支持武大的新校舍建设计划，校方又依法履行了土地征收前的公示等手续，已经取得了不可动摇的合法地位，接下来便只需按照既定计划推进征地工作便可。然而土地征收工作的进程延宕，从一开始就超出了建委会的预期。这份没有事先沟通、从天而降的征地公告一出，立即在当地居民中引起轩然大波。到1929年10月时，仍无一位土地所有者前来办理手续。早在当年夏天，当国立武汉大学开始进行修筑街口头至珞珈山马路的前期工程时，就已经有附近居民因不愿迁坟而致函省建设厅，希望变更车路计划。③

---

① 按：武汉大学征地工作开始时已至1929年底，可见该批印有"中华民国十□年"落款的空白地契，只预留了一年多的使用期限。且从原始档案可以看出，该批空白地契印量较大，至1936年时仍在使用，唯径将"十"涂改为"廿"。
② 按：档案底稿中"本会即视为无主或公有土地"后原有"径向官厅领用"一句，后被涂改删去。
③ 按：1929年7月12日，曾有马路规划线路沿线居民代表呈请省建设厅，要求武汉大学更改马路修筑计划。参见《武昌业主会主席程醉僧、武昌善社联合会主任夏子文等呈湖北省建设厅厅长文》，民国湖北省政府建设厅档案，LS031-015-0818，湖北省档案馆藏。

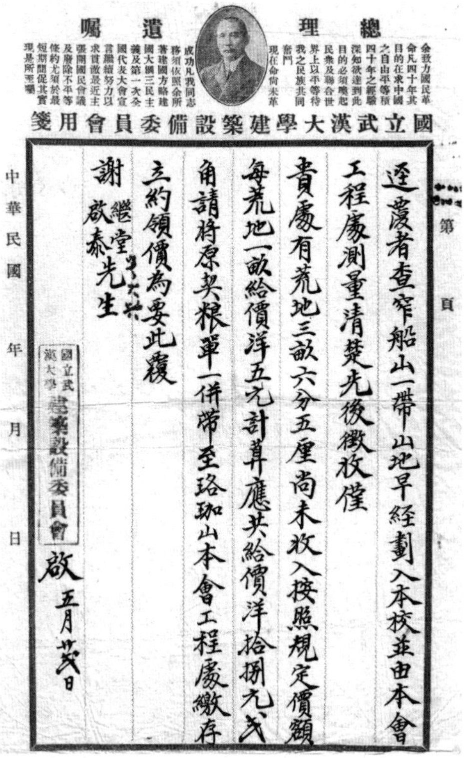
總理遺囑

余致力國民革命凡四十年其目的在求中國之自由平等積四十年之經驗深知欲達到此目的必須喚起民衆及聯合世界上以平等待我之民族共同奮鬥現在革命尚未成功凡我同志務須依照余所著建國方略建國大綱三民主義及第一次全國代表大會宣言繼續努力以求貫徹最近主張開國民會議及廢除不平等條約尤須於最短期間促其實現是所至囑

國立武漢大學建築設備委員會用箋

第　頁

逕覆者查窄船山一帶山地早經劃入本校並由本會
工程處測量清楚先後徵收僅
貴處有荒地三畝六分五厘尚未收入按照規定價額
每荒地一畝給價洋五元計算應共給價洋拾捌元弍
角請將原契根單一併帶至珞珈山本會工程處繳存
立約領價為要此覆
繼堂
謝　　　先生
啟泰

國立武漢大學建築設備委員會
啟　五月廿六日

中華民國　年　月　日

图70　武汉大学建委会给当地地主的信函，催促其尽快前来办理土地转让手续

来源：武汉大学档案馆。

到了10月，当武汉大学在报纸上刊登并在新校址内张贴征地的布告以后，相关纠纷便迅速扩大和升级。在新校址范围内，以狮子山西南麓的山坡地带坟墓分布最为集中，这一带的坟墓也是引发纠纷最为激烈之处。

10月底，当地民间团体“武昌业主委员会”具函省政府，“呈请转商武汉大学缓筑珞珈山新校舍，听候中央正式解决”，此案在10月25日提交湖北省政府委员会当年第三十八次会议讨论。省府此次未做明确表态，此案议决"转咨武大妥慎办理"①。11月2日，武汉大学又收到了据称"代表数千坟户人民"的桂子馨等九人两天前联名所写的一封信函："窃查国立武汉大学圈围省治东狮子山南、珞珈山北为校址，冢墓累累，以数千计。乃谕限启迁，有墓者闻之，莫不泫然流涕。我祖我宗，何幸而罹此翻尸倒骨之惨事？外者闻之，亦莫不黯然长嘘！以一大学之建设，重增人民之痛苦，此果何为耶？…谁无父母，谁无祖先？设身处地，情何以堪！且进而言之，既非全国铁轨所必经，又非与敌作战垣建设，校址何地不可卜迁？……黄雀虽微，尚知衔环，我独何心？岂有人不如鸟者乎？青天白日之下，数千民众延颈待命，哀痛迫切，冒死陈词，理合函肯贵校长大发婆心，迁地为良，俾安骸骨，以顺舆情。存殁均感，曷其有极！"②

　　几乎同时，另一封写给省府的呈文，言辞更加激烈，完全是对王世杰的严厉控告。11月初，以陈云五为代表的一批当地居民给湖北省政府写了一份言辞激烈的控告信，内称："武汉大学校长王世杰，为建设新校舍之故，圈划武昌城东珞珈山、狮子山等处荒山墓地。借故风景佳胜，不惜掘毁人民祖坟至三千余穴之多。为图便于多作报销，不惜开山填壑，虚糜国帑至二三十万元之巨。为欲遂乎贪污之私，不顾政府之信誉，竟至颠倒事实，蒙蔽省府，计谋巧取，欺罔人民，居心叵测，罪不容居［诛］！民等居住鄂垣，营葬郭外，或数十年，或数百年，由来已久。原非以择地生者，以其使死者以所安也。前闻公

---

① 《湖北省政府委员会第三十八次会议议事录》(1929年10月25日)，民国湖北省政府档案，LS001-001-0033，湖北省档案馆藏。
② 《代表数千坟户人民桂子馨等致武汉大学校长王世杰函》，国立武汉大学档案，6-L7-1929-XZ024，武汉大学档案馆藏。

告征收，不胜惊恐骇异之至，业将该校长王世杰收用坟地荒谬不合之点，详呈中央各部院暨钧府鉴察，恳予迅电该校，另择校址。"①

这封严词控诉王世杰"虚糜国帑"、"遂乎贪污"、"蒙蔽省府"、"欺罔人民"的呈文，令省政府对此事的态度产生了极大动摇。此案在1929年11月5日提交省政府委员会当年第四十次会议讨论后，议决："函武大立时停止掘坟，免酿意外风潮。另觅无坟地点，再行规划。"就在这次会上，财政厅也发起一项临时动议，"武汉大学建筑费，原定每月拨付五万元，现已付三十万元。在此省库支绌之时应否照拨"，此案也议决"缓拨"。②

事态激化至此，也有一些校方的原因。王世杰晚年曾回忆期间的一桩轶闻："……（叶雅各）当时为交涉迁移坟茔奔走人之一。当地居民，为组织迁坟，已联合起来向政府请愿。叶先生时少年气盛，加上满脑子美国式思想，竟于一夜之间，率领工人数十名，移起挡路诸坟，妥盛棺木，以备坟主人搬运他处。……（熊国藻）时任校方总务长，是一位心性极为宽厚和平的君子。见叶先生闯了大祸，甚为着急，赶来报告。叶先生则慷慨陈词，认为棺木可由公费全部更新，坟墓则必须彻底迁移。当地居民愤而上诉，事情闹到中央了。"③可见这位个性鲜明的建委会委员兼秘书叶雅各，在迁坟一事中充分表现出了其"少年气盛"和"满脑子美国式思想"的特点。叶氏的这一激

① 《湖北省政府公函（府字第3693号）》，国立武汉大学档案，6-L7-1929-XZ024，武汉大学档案馆藏。
② 《湖北省政府委员会第四十次会议议事录》(1929年11月5日)，民国湖北省政府档案，LS001-001-0033，湖北省档案馆藏。
③ 殷正慈：《谒王校长雪艇先生谈珞珈建校》，《珞珈》(台北)第54期，1977年12月。
　按：熊国藻时应为武汉大学事务部主任。

烈举动，显然进一步刺激了坟主，所以才有了"愤而上诉"的结果。

以11月5日的会议为转折点，湖北省政府在武汉大学新校舍建设问题上的态度发生了重大转变，由支持变成了反对。陈云五等人见政府态度发生动摇，便进一步扩大事态，向政府各部门呈文。11月15日的省政府委员会当年第四十三次会议，在全部12项议案中，有6项都与此相关。在此前的几天中，这些坟户代表们活动极为频繁，从国民政府到内政部，从省政府到民政、建设等厅，均收到了他们的控告函。尽管在这次会议上，武大要求"转谕陈云五等勿再阻挠"一案也列入讨论，但最终省政府依旧决议要求武大停工，重新选址规划。①

至此，武大的新校舍建设计划遭遇了重大阻碍，不仅土地征收毫无进展，更连校址也被要求重新选择。已历时一年的新校舍筹备各项工作，恐将悉数付诸东流。因此，省政府的这一决定传达武大校内，立时群情激愤。学校旋以全体教职员名义，向南京行政院和教育部呈文申诉："该地坟主陈云五等三数豪绅，受人蛊惑，一再构词四控，意图抗阻。而鄂省政府不察，始则'函请武大妥慎办理'，继竟议决'函请武大另觅无坟地点重新计划'等语，同人等闻讯之下，愤骇莫名。金以新校址之指定，早经中央核准，鄂省府各委员，除亲往勘定外，并依法公告征收，何事不旋踵，竟徇少数私人之请，悍然推翻前议，甘为豪绅张目？试问武昌郊外，安有无坟之旷地，可供大规模建筑之用？若必如省府议决，另觅地址，重新规划，实同根本破坏新校舍之计划。自新校舍建筑筹备以来，阅时已一载，其间测地绘图、筑

---

① 《湖北省政府委员会第四十三次会议议事录》（1929年11月15日），民国湖北省政府档案，LS001-001-0033，湖北省档案馆藏。

路植树等，所费已巨万。且本校将来一切设施，悉已按照新校舍规模规划，新校舍计划不成，不但物质、精神两受损失，且将危及本校前途之发展与生命。同人等不忍目击此长江中部之惟一文化建设事业功败垂成，爰召集全体大会，一致议决誓死力争原案，贯彻初衷，用特电呈，公恳钧院立予电饬鄂省政府，撤消最近决议，仍照原案切实奉行，并将该肆行纠众，阻挠建设之豪绅陈云五等依法严办，以维教育，而惩奸邪。不胜迫切待命之至！"①

与此同时，武汉大学还请求教育部转请国民政府行政院介入此事。教育部了解事实原委后，向行政院具函，认为武大"所陈各节，确属实情"，行政院随后于11月18日发布训令："令饬湖北省政府剀切晓谕，勿任阻挠，并指令外，合行令仰该校即便遵照定案进行工事。"②

此外，王世杰还以个人名义，给其他一些军政要员去函，争取支持。11月20日，他给时任海陆空军总司令汉口行营主任的张治中去信，告知有关原委，希望得到支持。很快张治中就回函王世杰，表示："弟以风水之说，为人心之害，本应破除。况此豪劣之徒，公然恃其死者埋骨地，以妨害教育之新建设，安可不严为制止！倘示姑容，则洵为大函所云，此风一长，非特一校之患，将来为辟市、造道、开矿，俱受障碍矣。弟已致函省政府，请其力助贵校，俾此新建设得早观成为快！"③王世杰给蒋介石也写了一封信，并请张治中代为转交：

① 《本校全体教职员电呈中央力争维持建筑原案》，《国立武汉大学周刊》第36期，1929年11月17日，第1版。
② 《行政院训令（第4087号）》（1929年11月18日），国立武汉大学档案，6-L7-1929-XZ024，武汉大学档案馆藏。
③ 《张治中致王世杰函》（1929年11月25日），国立武汉大学档案，6-L7-1929-XZ025，武汉大学档案馆藏。

介公主席钧鉴：

　　前者节麾莅汉停宿，即赴前线，深以未及承诣行营，面陈种切为叹。夏间杰由宁来鄂时，我公殷殷以完成武汉大学新建筑计画相嘱。数月以来，深惧有负钧嘱，遂竭全力进行一切。现本工事筹备已竣，正在招标兴工，倘无阻滞，预计十数月内，即可就武昌城外东湖之滨，完成一新式大学。惟新校址内，杂有少数坟墓，此间思想顽蔽二三土劣，不顾法律，时以抗迁相援，工事遂生障碍。现行政院已令饬鄂省政府，严禁阻抗，倘我公便更嘱省府，负责禁止阻抗，新校之成，计日可待，莘莘学子，将供拜我公之赐！且抗阻迁坟之习，不止妨碍造校，此风若长，一切革命的建设，如造路、辟市、开矿之类，将均不免感受障碍。我公一言之纠正，其所成全，将不仅武大一校已也！

　　谨此布臆，敬祝

健康！

王世杰肃上

十一月二十日 [1]

　　王世杰在此信中，提到"夏间杰由宁来鄂时，我公殷殷以完成武汉大学新建筑计画相嘱"，在给张治中的信中也提到了此事，这表明

---

[1]　《王世杰致蒋介石函底稿》(1929年11月20日)，国立武汉大学档案，6-L7-1929-XZ025，武汉大学档案馆藏。按：着重号为笔者所加。

蒋介石从一开始对于武大新校舍建设一事便给予了高度关注和支持，并曾特别嘱咐王世杰，要将此事作为到校视事后应予全力完成的一项重要任务。虽然在原始档案中未见蒋对王世杰此函的直接回复，但国民政府文官处于12月初电函武大，将行政院关于教育部主张维持武大原案并令饬湖北省政府予以支持"已如所请令行"的来函"奉主席谕，电达武汉大学"①（图71），由此也表明了蒋介石认可行政院对此事处置办法的态度。

图71 《国立武汉大学周刊》头版头条刊登"国民政府来电"

来源：《国立武汉大学周刊》，1929年12月8日，第1版。

---

① 《国民政府来电》，《国立武汉大学周刊》第39期，1929年12月8日，第1版。

王世杰几路出击的策略很快收到了效果。从国民政府、行政院到教育部，均明确支持王世杰和武汉大学要求维持原案的主张。面对中央的表态，湖北省政府很快改弦更张，在11月29日省政府的会议上，所有关于武大迁坟纠纷的议案，均议决"根据国府谕示，妥为办理"①。其后不久，陈云五等人仍未放弃，再次呈文行政院，"请电令停工，派员查勘"，行政院当然不予支持，并强调"该民等自应依照该大学所订迁坟办法，即行迁让，不得再有异议"②。

在公文信函来来往往的同时，武大仍在按计划进行工程。到了1930年初，狮子山南坡绝大多数坟墓的挖掘迁移工作，以及街口头到珞珈山的马路工程，均已基本完工。2月，陈云五等坟主只得妥协，与武大达成了三项协议，同意迁移校区内妨碍新校舍建设的全部坟墓。③从最终的结果来看，武汉大学大获全胜，新校舍建设计划得以维持原案。不过，在工程还未动工之时就遭遇如此重大的阻碍，的确出乎武汉大学及建筑设备委员会的预料。尽管王世杰在与湖北省政府全体委员实地查看珞珈山时特别强调在此建校能够"启发文化，为天下先，对武汉居民，特别有利"，但对于直接关乎切身利益的当地居民而言，所谓"特别有利"显得遥不可及，他们所能直接感受到的只是自身眼前利益的受损。而武大创建者们豪情满怀的现代教育理想，与当地居民笃信风水而反对迁坟之间，也折射出当时中国精英知识分

---

① 《湖北省政府委员会第四十五次会议议事录》(1929年11月29日)，民国湖北省政府档案，LS001-001-0033，湖北省档案馆藏。
② 《行政院训令（第57号）》，转引自《教育部训令（第25号）》(1930年1月13日)，国立武汉大学档案，6-L7-1929-XZ025，武汉大学档案馆藏。
③ 《湖北省政府公函（拥字第1384号）》(1930年2月20日)，国立武汉大学档案，6-L7-1929-XZ025，武汉大学档案馆藏。

子与底层民众之间在文化观念上的巨大鸿沟。

1929年下半年，武大校方和建筑设备委员会在疲于应付来自珞珈山当地居民接连不断的阻挠之余，仍然启动了土地收买程序。至11月21日，第一份地契才终于签订。从各份地契签订的时间来看，武大在珞珈山校址内的购地进展十分缓慢。最晚的第261号李贤栋房屋拆迁补偿契的签订时间，已经到了七七事变后的1937年9月30日。在1929年至1937年，每年都有数量不等的地契签订，直到1937年秋天，地图上那个3000余亩的湖畔半岛才从法律意义上完全属于国立武汉大学。(表3)

表3 国立武汉大学珞珈山校园地契信息统计简表 [1]

年份	数量（份）	面积（亩）	金额（元）
1929	24	946.76	9631.16
1930	41	821.028	7441.92
1931	13	104.26	1160.9
1932	2	4.69	68.95
1933	19	150.9	1412.05
1934	77	621.1	15509.4
1935	36	129.614	11031.09
1936	37	356.28	11929.32
1937	8	38.89	1345
未知年份	4		2444.51
总 计	261	3173.522	61974.3

资料来源：国立武汉大学珞珈山校园地契，武汉大学档案馆藏。

---

[1] 按：关于这261份原始契约的详细内容信息，参见本书附录一。

从上表不难看出，国立武汉大学珞珈山新校舍的征地进程，明显分为前后两个不同阶段。第一阶段从1929年到1931年，尤以1930年为峰值，当年立契41份。1932年，征地进程几乎停顿，全年只达成了两份交易。从1933年开始，进入了征地的第二阶段，尤以1934年为峰值，当年立契多达77份。这一前后两个不同阶段的分布趋势，是与新校舍的建设进程相吻合的。以1932年为界，新校舍建设亦分为前后两期工程，而在一期工程建设后期，因先后受到1931年夏的大洪水及随后接踵而至的"九一八"事变、"一·二八"事变等因素影响，校舍建设也曾陷入近两年之久的停顿。校舍建设进程与征地立契数量的分布趋势如此吻合，说明武汉大学的征地是与校舍建设密切相关的，即校舍建到哪里，才在哪里买地，而圈定界址内尚无建设项目的土地，则征收亦会较晚。这一事实再次说明早前武大在通告中所宣称的"凡在该地段有土地者，务希按上定限期，携带红契，前往落驾山本会办事处登记，以便清丈，遵章购买。倘逾限不履行登记手续，本会即视为无主或公有土地"，事实上没有实施。在圈定界址内，绝大多数的地主并未理会武大的这一带有威胁意味的说法，而是等待武大的校舍建设涉及某一具体地块且迫在眉睫时，方才办理买卖手续。

每一份契约意味着一桩交易。从这一数字上看，第二阶段的交易数量远远多于第一阶段。而交易面积虽然亦以1932年为界，分为前后两个阶段，但与交易数量后一阶段明显多于前一阶段不同，交易面积则是前一阶段明显大于后一阶段，特别是最初的1929年，虽然征地工作只开展了一个多月，但面积高达946.76亩，为各年之首。由此不难发现，在整个征地进程中，武汉大学最先主要征收那些大地主所有的大块土地，而后才逐渐转向零散细碎的小块土地。这其中有客观的因素，即大地主所有的大块土地，多半为山地，而武汉大学新校舍的主要建筑，多建在山地地段。但另一方面也存在校方的策略性因素，即先买下大地主的大块土地，不仅在面积上能够占据优势，且意味着在当地居民当中争取到了有分量人物的支持，对于接下来工作的开展也大有帮助。比如前文所述当地的一位大地主刘燕石，武大校方便与之建立了良好的关系，建委会工程处最初进驻珞珈山时，就住在刘燕石的公馆中。而在与武大办理完自己名下土地的转让手续后，刘燕石的名字还出现在了其他一些地契的"中人"一项中，可见其还帮助武大协调与当地其他地主的土地转让。

在珞珈山的土地收买进程中，土地类型主要被分成水田、旱地、荒山三种不同类型，以不同的价格予以购买。此外，依照《土地征收法》，水塘、树木、坟墓、房屋、谷仓等土地上的附着物，也会酌情给予不同的补偿金额。由于每一纸契约中上述各项的所占比重各不相同，因此各年度的交易金额，又呈现出不同的趋势。从全部地契的情况综合来看，尽管购地时间前后持续八年之久，但总体上说，各项内容的单价并未发生明显的根本性变化。在大多数的交易中，均是执行的水田 35 元每亩，旱地 10 元每亩，荒山 5 元每亩的单价。而树木、水塘、坟墓、房屋等附着物的价格则无定数，需要视具体情况而定，其中多数水塘以 10 元每亩的价格成交。由于在 1932 年前的第一阶段，所卖土地以荒山为主，水田较少，因此尽管面积较大，但金额并不高。而在后一阶段，水田占据了相当大的比重，因此交易金额也就明显增加了。

1933 年 1 月，武大在校址边界的东、西、南、北四极分别竖立了一块"国立武汉大学圈定界址"石碑，上刻"在圈定界址以内所有山场、田地、房屋、水塘等，均须一律依法收买"等文字。经过一年多的停顿，进入1933年后，珞珈山新校舍建设的二期工程即将全面展开。年初立起的这些石碑，内容上与1929年的公告相比并无新意，不过是为第二阶段土地征收工作展开宣传。

珞珈山征地进程延宕八年之久，其间难免发生一些土地纠纷。武汉大学与当地地主石星川之间的土地纠纷案，便是一个典型的案例。在国立武汉大学第二届毕业生吴忠亚晚年的一篇回忆文章中，提到了20世纪30年代发生在武汉大学的这起土地纠纷事件："……旧官僚如石星川的一块山地，本已作价卖给学校，但山上原有2000多棵松树，他硬说卖山没卖林，声言要砍伐。经交涉，以每棵2元的代价留下，一次敲诈了5000元。"[1] 从这一回忆看，这似乎是一个军阀无赖对武汉大学进行了一次无耻的敲诈勒索。然而，原始档案透露出的信息却并非如此。

当年2月，武大收到了石星川写来的一份信函："星川所有狮子山南方山巅地皮一部，前因贵校占盖房屋，曾经函请照例备价承买，迄今尚未奉复，似属蔑视私权。去冬又将薛家湾狮子山东端毗连之小山占盖房屋一所，复将狮子山西端星川昔年所栽松树挖去数十余株，移栽贵校附近。昨晨，贵校复饬派十余壮丁，将前栽之松树又复挖去数十余株，现仍在继续刨挖不已。敝处看守人与之理论，不惟不理，反恶语相侵。以上被占地皮及挖去成林之松树多株，事先既未收买，临事又不通知，任意使用，既悖法律，复乖人情。于公收入有限，于私

<hr>

① 吴忠亚：《追怀武汉大学首任校长王世杰老师》，《武汉文史资料》第29辑，1987年9月。

损失颇大。且就吾鄂最高学府，所宜以无故占有之行为，传教于学子者也？兹特函请贵校长于注重本身利益之余，稍顾他人权利，将贵校所占以上两处地皮及所挖之松树备价承买，或指定地皮调换，是为至盼！"①

王世杰于2月17日就此事向石星川回函："查本校新校址，自十八年秋间，由湖北省政府全体委员会同本校勘定并依法核准公告，由本校备价收买。本校旋即登报通知各业主，自是年十月廿一日起，至十一月廿日止，携带红契，前来本校建委会收用土地办事处登记，以便清丈，遵章购买。如逾限不履行登记手续，即视为无主或公有土地。成案具在，可以复查。先生来函，谓本校圈定界址内狮子山北面一带山场地系先生所有，本校事先未曾收买，临事又不通知，似于事实尚有未明了。兹为容纳先生意见起见，拟请推定切实负责人来校，与本校委托之熊国藻主任详细商酌。倘能成立一种本校同人易于承认之解决，杰仍当继续与校中同事细商。"②

档案中存留的是秘书人员起草的回函底稿，王世杰随后在其上做出了多处修改，如将全部的"敝校"改为"本校"，又将最后一句原拟的"倘能互谅，得一双方满意解决，敝校亦愿早日解决此项手续也"改为"倘能成立一种本校同人易于承认之解决，杰仍当继续与校中同事细商"等。从这些改动中，不难窥见王世杰对于石星川的不屑。对于石星川所说的占盖房屋、私挖松树等情形，王世杰并未否认，但

---

① 《石星川致武汉大学校长王世杰函》，国立武汉大学档案，6-L7-1933-XZ012，武汉大学档案馆藏。
② 《国立武汉大学校长杰为函请派定负责任来校与熊主任接洽致石汉舫先生便函》，国立武汉大学档案，6-L7-1933-XZ012，武汉大学档案馆藏。

他特别强调武大曾登报通知了各业主前来办理卖地手续，如果逾期不办，就会被视为无主地或公有土地，由此反击石星川的来函"似于事实尚有未明了"。不过在占据法律制高点的同时，王世杰也留有余地，同意与石星川商量解决办法，而这番"详细商酌"的结果，就是近一年之后的1934年1月11日，武汉大学与石星川签订了"总字第100号"契约（图72）。从这份地契中可以得知，石星川的这块土地内，共有水田46.21亩、旱地20.52亩、荒山252.98亩、水塘17.5亩（总面积337.21亩），以及松树3000余棵。武汉大学支付给石星川4500元，买下全部的土地及其附着物。[①] 若以当时武大收用土地的通行单价——水田每亩35元、旱地每亩10元、荒山每亩5元、水塘每亩10元来计算，则山、田、水塘的地价总计为3262.45元，因此这3000余棵松树，武大仅支付了1200余元，并非吴忠亚所回忆的"每棵2元"。

诚然，与无偿将土地捐献给武汉大学的咸宁籍地主王职夫[②]，以及积极转让名下土地并帮助武大协调与其他地主办理手续的刘燕石等人相比，石星川事前未有严肃看待武大的公告，事后又上门索钱的做法并不高尚。不过，武汉大学在未与石星川联系的情况下，即在其尚未办理收买手续的土地上建房挖树，看起来似乎仍未从之前的迁坟纠纷中吸取充分的教训。当然，从王世杰的回信以及此事后来的解决办法来看，武大校方很快也意识到要完全坚持贯彻"倘逾限不履行登记

---

① 参见《国立武大1929年购买石三仁洪山狮子山薛家冲水田水场旱地荒山地契》，国立武汉大学档案，6-L7-1929-XZ136，武汉大学档案馆藏。按：该档案案卷名有误，其形成年代应为1934年。

② 参见《国立武大接受咸宁王职夫捐赠地皮及规定免费生额材料》，国立武汉大学档案，6-L7-1930-XZ007，武汉大学档案馆藏。

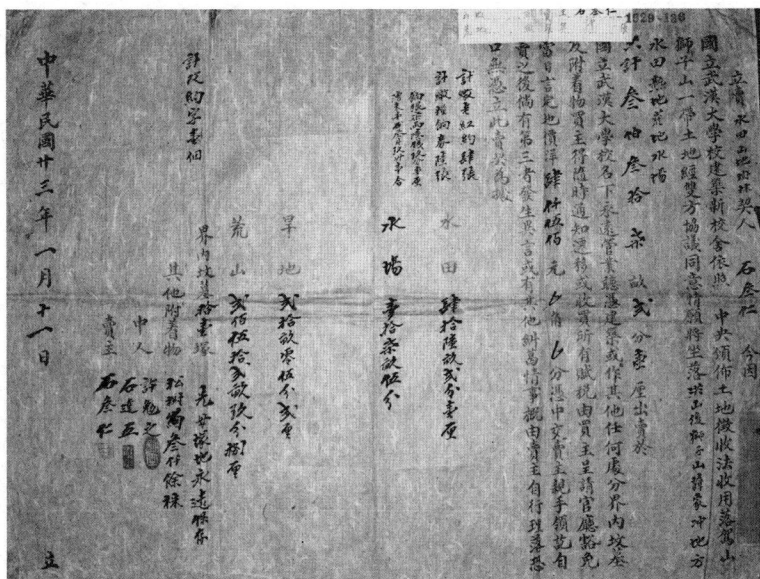

图72 石星川与武汉大学签订的地契

来源：武汉大学档案馆。

手续，本会即视为无主或公有土地"，既不现实，也无助于纠纷的解决，甚至可能重演之前迁坟纠纷的风波。因此对于像石星川这样已经"逾限"的地主们，校方在强调法律原则的同时，仍决定按照通行的价格，支付给地主相应的金额，并办理有关手续。这种法律和情理相兼顾的做法，避免了纠纷的进一步升级，保证了国立武汉大学珞珈山校址土地征收的大体顺利进行。

第三章

珞珈山新校舍的建筑设计及工程营造

一

建筑师开尔斯与珞珈山新校舍的建筑设计

在1928年11月28日召开的国立武汉大学建筑设备委员会第一次会议上，报告事项第七条为委员长李四光所提出的"秘书、会计、工程师人选"。其中秘书和会计皆已明定人选，亦在会上获得通过。而工程师一项，李四光此时尚未提出明确人选，会议因此决议"由委员长负责聘定"①。

在这次会议后不久，李四光即离开武汉，重新回到上海。当时他的精力，主要投注于在上海成立不久的中央研究院地质研究所的工作中。建委会决议由李四光负责新校舍总建筑设计师的选择和聘任工作，一方面是因为兹事体大，需要身为委员长的李四光直接负责，而另一方面更重要的因素，或许是考虑到李四光身在上海的便利。作为民国时期中国最发达和最国际化的都市，上海在近代中国的经济和文化史上，无疑具有无可匹敌的领先地位。在当时中国的建筑界，上海也是人才最为集中、思想最为活跃的一个聚集城市，因此武大建委会在成立之初，便将新校舍建筑师的选择范围，锁定在了当时上海的建

---

① 《武汉大学建筑设备委员会第一次会议记录》，国立武汉大学档案，6-L7-1928-XZ004，武汉大学档案馆藏。

筑业界。

由于相关历史资料的缺乏，李四光在上海物色建筑师的详细过程，我们已经不得而知。从见诸史料的记载中我们只知道，在1929年2月中旬，他已和美国建筑师开尔斯确定了合作意向，并于16日同周鲠生、王星拱等人一同回到了武汉。[①] 在1929年1月15日召开的国立武汉大学第十六次校务会议上的讨论事项中，曾有"李仲揆委员电请聘齐兆昌为副工程师，月薪四百元案"[②] 一项记录，这表明，李四光当时应该也已经确定了总建筑师人选，正在着手聘请他的副手。由此我们可以推断，李四光找到开尔斯并初步达成聘请其为武大新校舍建筑总工程师意向的时间，应在1928年12月到1929年1月中旬。

关于建筑师开尔斯，其留在中国国内的文字记载吉光片羽，且错误百出，多有互相矛盾之处，如关于他的生卒年、英文全名等基本信息，都记载不详或说法不一。至于他的生平经历，前后两本《武汉大学校史》上，尽管都声称开尔斯"1918年到中国从事工程技术工作，二三十年代曾参加过中国许多大工程的建设"，但其究竟参加过哪些"大工程的建设"，则语焉不详。[③] 从国内现存的文献资料来看，这位美国人开尔斯在20世纪二三十年代的中国，恐怕并不能算是一位颇有名气的建筑工程师，在清末民初活跃于中国的一大群美国建筑师的群体之中，我们很难在中文的文献史料中找到开尔斯的身影，唯有在

---

① 《武汉近闻》，《申报》，1929年2月18日，第4版。

② 《国立武汉大学校务会议记录》第1册，国立武汉大学档案，6-L7-1929-XZ022，武汉大学档案馆藏。

③ 武汉大学校史编辑研究室：《武汉大学校史简编（1913-1949）》，内部发行，1983年，第55页；吴骁谷主编：《武汉大学校史（1893-1993）》，武汉：武汉大学出版社，1993年，第104页。

美国的一些英文材料中才能寻到一些蛛丝马迹，还原出这位神秘建筑师的身世和经历，在此方面，近年来建筑学界已取得一些新的进展。^①于此基础上，本书在进一步发掘海外英文史料的同时，也将试图从开尔斯的早年生平经历中梳理出一些值得关注的信息，这些信息将成为帮助我们理解和分析他在珞珈山建筑实践的重要线索。

开尔斯的曾外祖母阿尔薇拉·沃德姆斯（Alvira Wadhams）来自英国沃德姆斯家族（Wadhams Family）。1913年美国出版的一本记述英国沃德姆斯家族历史的书中，有关于开尔斯一家的若干记载。开尔斯的母亲艾伦·帕克·戴维斯（Ellen Parker Davis）于1842年4月12日出生在纽约州中南部布鲁姆郡的宾厄姆顿（Binghamton），后来全家移居芝加哥，艾伦的父亲内森·史密斯·戴维斯（Nathan Smith Davis）是芝加哥医学院的系主任，为当时美国西北地区著名的医学家，因而艾伦·戴维斯可谓芝加哥当地的名门闺秀。1863年7月，她嫁给了当地的一位知名律师弗朗西斯·亨利·开尔斯（Francis Henry Kales），从此成为艾伦·开尔斯（Ellen Kales）。^②另据 History of Chicago, Illinois 一书记载，弗朗西斯·亨利·开尔斯生于1833年，他也是纽约州布鲁姆郡人，他的家族是当地的苏格兰 - 爱尔兰移民，约在19世纪初来到美国。开尔斯一家在当时的纽约亦为上流社会成员，弗朗西斯的父亲威廉·开尔斯（William Kales）是纽约州立法会议员。弗朗西斯·开尔斯

---

① 参见刘珊珊、黄晓:《国立武汉大学校园建筑师开尔斯研究》，清华大学建筑学院主编:《建筑史》第33辑，第164—181页。

② Harriet Weeks Wadhams Stevens: *Wadhams Genealogy, Preceded by a Sketch of the Wadham Family in England with Illustrations*, New York: Frank Allaben Genealogical Company, 1913. pp. 428-429.

青年时代接受了良好的教育，进入耶鲁大学学习，但在1851年时因为健康问题而退学。1855年，年仅22岁的弗朗西斯·开尔斯取得律师从业资格，并在宾厄姆顿进入了纽约州前民主党参议员、副州长迪金森（Daniel Stevens Dickinson）的律师事务所工作。不久之后，他离开纽约来到芝加哥，开始在当地法律界崭露头角。由于良好的性格和出众的能力，他得到当地的一名法官贝克威思（Judge Beckwith）的赏识，随后在1866年与其合伙创立了当时在芝加哥律师界声名卓著的"贝克威思 - 艾尔 - 开尔斯事务所"（Beckwith, Ayer & Kales）。在其他合伙人陆续离开后，开尔斯仍一直坚持这一事务所，并承接了许多房地产、银行和公司的法律案件。他拥有极佳的口才和辩论能力，对业务也极为认真负责，经手的案件都会在庭审前经过充分细致的准备，这使得他在强者如林的芝加哥律师界依然赫赫有名。[1]

开尔斯夫妇生育了四子三女共七个孩子。1882年1月24日，艾伦·开尔斯在40岁高龄时生下了第七个孩子。或许是出于对这个男孩的特别喜爱，开尔斯夫妇决定给这个男孩取和他父亲一样的名字：弗朗西斯·亨利·开尔斯，这也就是后来成为武汉大学新校舍总建筑师的那位开尔斯。然而，或许是因为高龄妊娠，艾伦在生下这个孩子后一周，便于2月2日不幸逝世，而老弗朗西斯·开尔斯亦在不到两年后的1883年11月9日离开人世，小开尔斯从小便由其舅舅小内森·史密斯·戴维斯（Nathan Smith Davis Jr.）作为监护人抚养。

尽管自幼父母双亡，但开尔斯从小依旧生活成长于一个优渥的家

---

[1]　John Moses & Joseph Kirkland: *History of Chicago, Illinois,* Volume II, Chicago & New York: Munsell & Co., Publishers, 1895, p. 174.

境之中。他的监护人戴维斯舅舅也继承了父亲的职业，是芝加哥西北大学的一名优秀的医学教授。在良好的家教之下，开尔斯和他的哥哥姐姐们一样，从小也接受了优良的教育。根据美国威斯康星大学麦迪逊分校（University of Wisconsin-Madison）档案馆所藏的学籍档案显示，在高中教育阶段，开尔斯先后就读过三所学校，分别为伊利诺伊州森林湖市的森林湖学院（Lake Forest Academy），以及新罕布什尔州埃克赛特市的菲利普斯·埃克赛特学院（Phillips Exeter Academy）和康科德市的圣保罗中学（St. Paul School）。[1] 这三所学校皆为在全美享誉盛名的私立高中，教学质量优异。

　　高中毕业后，开尔斯曾同时获得了麦迪逊的威斯康星大学和波士顿的麻省理工学院两所美国知名高等学府的录取通知书。1900年秋，他决定前往威州首府麦迪逊，进入威斯康星大学的文理学院（College of Letters and Science）就读工程专业。在校期间，开尔斯加入了该校著名的男生戏剧社"野兔脚俱乐部"（Haresfoot Club）。在1903年威斯康星大学校友录上，包含关于野兔脚俱乐部的一些内容，其中收录有1901年至1902年曾作为其成员的开尔斯的照片，他时年约20岁（图73）。[2] 1903年时，开尔斯又离开威斯康星大学，进入了麻省理工学院就读建筑系。根据1915年麻省理工学院校友录的记载，开尔斯于1903年至1904年、1905年至1906年两度就读该校，并于1907年获得

---

① Francis Henry Kales, July-September, 1900, Admissions Papers, Series 19/12/2/1, University of Wisconsin-Madison Archives, WI.

② The Badger board of the Junior Class of the University of Wisconsin: *The Badger for 1903*, Madison: University of Wisconsin, 1903, pp. 230-231.

理学学士学位。[①] 在麻省理工学院1907届毕业生的影集中，也收录有一张开尔斯的照片，当时他年约25岁（图74）。[②]

图73　就读威斯康星大学时的开尔斯

来源：The Badger board of the Junior Class of the University of Wisconsin, *The Badger for 1903*, Madison: University of Wisconsin, 1903, pp. 230-231.

① *Register of Former Student with an Account of the Alumni Associations*, Boston: Massachusetts Institute of Technology, 1915, p. 275.
② *Senior Portfolio Being That of the Class of 1907 of the Massachusetts Institute of Technology*, pp. 25-26.

图74 就读麻省理工学院时的开尔斯

来源：*Senior Portfolio Being That of the Class of 1907 of the Massachusetts Institute of Technology*, pp. 25-26.

　　尽管开尔斯辗转就读过三所高中、两所大学，但皆为名校，教育质量优良。值得注意的是，在这五所学校中，圣保罗中学、森林湖学院和威斯康星大学麦迪逊分校，其校园都位于湖畔。圣保罗中学校园环绕在一个名叫"Library Pond"的湖塘周围，湖岸线曲折环绕，主要校舍沿湖而建。森林湖学院位于芝加哥市北郊，其校园坐落在美国境内最大湖泊密歇根湖的西岸，而紧邻校园南侧的也是一个风景优美的小湖塘。尤为值得注意的是威斯康星大学麦迪逊分校，该大学位于威斯康星州首府麦迪逊市中心，整座城市即被两个大湖——门多塔湖（Lake Mendota）和莫诺纳湖（Lake Monona）所环抱，大学校园则坐落在门多塔湖南岸，紧邻湖滨。一碧万顷、烟波浩渺的湖畔风光，是这座校园最美的景致（图75、图76）。从美国麦迪逊的门多塔湖南岸到中国武昌的东湖南岸，威斯康星大学校园与湖泊的地理关系，同武汉大学珞珈山校园颇为类似。正如前文所述，在珞珈山新校舍选址过程的最后一步中，开尔斯起了关键作用：正是在他到汉实地考察后，武大新校舍的选址才由珞珈山以南东湖嘴到卓刀泉一带，改为了珞珈山以北的东湖南岸丘陵半岛。与之前的选址相比，调整后的最终选址更加靠近东湖，被湖水三面环抱。童年时代成长于密歇根湖沿岸的芝加哥，以及青少年时代在美国的这些美丽的湖畔校园里学习生活的经历，或许与开尔斯后来对武大新校舍选址的这一最终修改，有着密切的联系。

由于家境优渥，青年时代的开尔斯得以广泛游历世界各地。早在其尚于麻省理工学院就读期间的1905年1月，他便第一次申请了护照出国。[1] 根据威斯康星大学校友会杂志的记载，开尔斯这年初从英国出发，穿过欧洲大陆，并最终到达埃及和土耳其。[2] 从这时开始，这位美国人愈加表现出对东方世界的浓厚兴趣。从他后来几次申请护照所填写的申请表等材料中我们可以看到，在欧洲以外，除了埃及和土耳其，开尔斯从1909年起还曾陆续到过俄罗斯、日本、中国、暹罗、英属海峡殖民地、菲律宾、澳大利亚等地，特别是从1913年开始，他更离开美国，长期在东亚地区生活和工作。根据麻省理工学院1915

---

[1]　Passport Application Form of Francis Henry Kales, January 13, 1905, Passport Applications, 1795-1905, Roll 667, 1 Jan 1905-16 Jan 1905, National Archives and Records Administration, Washington D.C.

[2]　"Alumni", *The Wisconsin Alumni Magazine*, Vol. 6, No. 5 (February 1905), p. 196.

图75 今日的威斯康星大学麦迪逊分校校园。王晓冬先生摄于2017年9月

图76 今日门多塔湖畔的威斯康星大学和麦迪逊市区远景。王晓冬先生摄于2017年9月

年度校友录的记载，这年开尔斯供职于香港工务局，其职业是建筑工程师。[1]

　　特别值得注意的是，开尔斯于1916年5月来到上海时，是以建筑师的身份为美国基督教长老会差会（The Presbyterian Board of Foreign Missions）服务的。[2] 1923年2月起，他又转而成为美以美会差会（The Methodist Mission of America）的建筑师，前往芜湖工作。[3] 从后来开尔斯在中国的建筑实践中我们知道，他对于中国传统建筑风格有着较为细致的了解，对于以近代的新材料建造中式复古风格建筑也具有较为丰富的经验，而这些知识和经验，在20世纪初的美国大学建筑系教育中，是几乎不可能从课堂里直接得到的。从开尔斯在华参与教会建筑活动的经历来看，他这些知识的来源或许可以得到解释。在民国初年的中国，美国基督教各派教会在华传教活动的重点，都转向了兴办教育和医疗等社会事业上。教会大学在民初的中国兴起了一股建设热潮，后来为世人所熟知的在中国为教会学校设计了许多民族形式经典建筑的美国建筑师茂飞，正是在这一时期来到中国开始建筑实践的。而开尔斯曾经供职过的这两个美国教会，当时在这股席卷中国的教会大学新校园建设运动中，也曾扮演重要角色，兴建过包括金陵大学、齐鲁大学、岭南大学在内的不少

---

① *Register of Former Student with an Account of the Alumni Associations*, Boston: Massachusetts Institute of Technology, 1915, p. 275.

② Passport Application Form of Francis Henry Kales, August 12, 1922, Passport Applications, January 2, 1906-March 31, 1925,Roll 2081-Certificates: 211726-212099, 12 Aug 1922-14 Aug 1922, National Archives and Records Administration, D.C.

③ Emergency Passport Application of Francis Henry Kales, April 10, 1923, Emergency Passport Applications, Argentina thru Venezuela, 1906-1925, Box 4491, Vol. 008: Shanghai, National Archives and Records Administration, D.C.

中式复古风格的教会大学新校园。其中位于南京城内的金陵大学，长老会和美以美会都是联合兴办该校的美国教会之一。该校校园规模宏大，建筑华美，是民国初年在华教会大学兴建中式复古风格新校舍过程中的代表性案例。金陵大学校园的主要建筑师司斐罗（A.G. Small）与茂飞同一年（1914年）来到中国，他在金陵大学的建筑设计中，也舍弃了南京本地传统建筑语汇，而采用了中国明清时期北方官式的屋顶造型（图77），这一点与同时期的茂飞可谓异曲同工，"在某种程度上影响了其他教会大学以及20世纪30年代之后'中国固有之形式'运动的建筑式样选择趋向"。[1]

图77　金陵大学校园建筑，中式屋顶采用了更接近明清官式建筑风格的样式
来源：Frank and Verna Garrett Papers, IMP-YDS-RG008-074A-0004-0005, Divinity School Library, Yale University, CT.

---

[1]　董黎：《中国近代教会大学建筑史研究》，第57页。

虽然开尔斯未必直接参与了上述教会大学新校园的建筑设计活动，但可以合理推测的是，开尔斯是在为这两个美国教会工作的过程中，学习和积累了关于中国传统建筑的知识。特别是对于中国南方地域建筑和北方官式建筑在屋顶造型上的差异性，相信开尔斯正是通过在这两个教会的工作实践中得到了切实的领悟和把握。这一点在往后他于珞珈山的建筑活动中，将有特别的体现。

图78　1916年的开尔斯

来源：National Archives and Records Administration, D.C.

1921年1月，39岁的开尔斯在日本长崎与一位名叫 Noto Miyasaki 的日本女子登记结婚。这位 Miyasaki（宫崎）小姐出生在日本天草市，时年32岁 (图79)。①在1923年4月开尔斯所填写的一份紧急护照申请表中，附有其近照一张，此时他41岁，距离其承接武汉大学新校舍设计工程仅差6年，相貌上应已颇为接近 (图80)。照片中的开尔斯已头发花白，容貌略显苍老，这也可能正是后来一些人回忆开尔斯已颇为年迈的原因。②1928年8月，开尔斯曾一度从纽约回到美国③，但至迟在1928年底以前，他又回到了上海。

图79　1922年开尔斯（右）和其夫人 Noto Miyasaki（左）的照片
来源：National Archives and Records Administration, D.C.

---

① Certificate of Marriage of Francis Henry Kales, January 13, 1921, Marriage Reports in State Department Decimal Files, 1910-1949, 59, General Records of the Department of State, 1763-2002, 2555709, A1, Entry 3001, Series Box 481, 133/1849, National Archives and Records Administration, D.C.

② 沈中清在1982年曾回忆道："开尔斯是美国人，当时已是六十左右的高龄，和日本籍夫人常住上海。"参见沈中清:《工作报告: 参与国立武汉大学新校舍建设的回忆（国立武汉大学新校舍建筑简史）》(1982年3月)，武汉大学档案，4-X22-1982-6，武汉大学档案馆藏。

③ List of United State Citizens for the Immigration Authorities, August 22, 1928, Microfilm Serial T715, Roll 4331, Line 11, Page Number 93. National Archives, D.C.

图80 1923年41岁的开尔斯

来源：National Archives and Records Administration, D.C.

表4 1900—1928年开尔斯学习、旅行及工作经历简表

时　间	经　历
1900—1903年	美国威斯康星大学文理学院就读
1903—1904年	美国麻省理工学院建筑系就读
1905年	首次申请护照，旅行英国、欧洲大陆国家、埃及、土耳其
1905—1906年	美国麻省理工学院建筑系就读
1907年	美国麻省理工学院毕业
1908年	旅行菲律宾群岛
1909—1910年	旅行英属香港
1910年	旅行暹罗曼谷
1911年	旅行菲律宾群岛
1913年	旅行日本长崎，同年抵达中国芜湖

时　间	经　历
1913—1915 年	抵达香港，曾供职于港英政府工务局
1915 年	旅行中国上海
1916 年	在上海工作，以建筑师身份供职于美国基督教长老会海外传教部；同年申请护照前往香港、新加坡和暹罗等地从事商务活动
1917 年	在上海供职于英商德和洋行（Lester, Johnson & Morriss）工程部
1918 年	申请护照前往日本、香港、澳大利亚、新西兰等国家和地区旅游
1921 年	在日本长崎与 Noto Miyasaki 结婚
1913—1922 年	其间曾旅行西伯利亚和菲律宾群岛
1922 年	为本人及妻子 Noto Kales 申请护照前往日本、香港、英属海峡殖民地、澳大利亚等国家和地区旅行及从事商务活动
1923 年	在芜湖工作，以建筑师身份供职于美以美会差会；同年申请护照前往香港和日本从事工程工作和旅行
1925 年	在上海参加中山陵设计方案竞征，获名誉奖第三名
1928 年	经由纽约入境短暂回到美国

资料来源：美国国家档案馆、威斯康星大学麦迪逊分校档案馆、麻省理工学院档案馆等处所藏开尔斯相关档案。

　　从表4不难看出，这位家境优渥的美国建筑师，得益于其青年和中年时代的旅行游历经历，在20世纪初的历史条件下，已堪称一位阅历极为丰富的旅行家了。从英伦三岛到中东、西伯利亚，从泰国、新加坡到中国的香港、上海，从日本到菲律宾、澳大利亚……来自西半球的开尔斯，其足迹几乎遍布了整个东半球。在如此丰富的旅行经历中，开尔斯无疑积累了大量的世界各地见闻。而作为建筑师的他，势必会对其所到之地的地域建筑文化和历史建筑遗存有着较常人更多的关注兴趣并进行观察记录和思考。而自1907年他大学毕业后的20年时间里，他更是长期辗转奔波于东亚和东南亚地区，不仅迎娶了一位日本太太，更最终决定将自己的事业立足于中国，这都显示出他对东亚世界的浓厚兴趣。他与中国长达数十年的结缘，除了个人兴趣因素，更与中国近代历史的前进浪潮有着密不可分的关系。如果说，他早年来到中国并逐渐对中国传统建筑文化产生兴趣和掌握一定知识，与民初美国教会在华大举兴办卫生、教育等社会事业，并在这一建设过程中大力倡导中国传统建筑风格复兴有着密切联系，那么他最终得以在上海立足发展，则恰恰是因为赶上了紧接着到来的中国近代建筑史上的第二次民族主义浪潮——"中国固有之形式"运动。

尽管早在1916年时，开尔斯便以建筑师身份来到上海工作，但在此后十年时间里，我们从现存史料中都无法找到他在上海或中国其他地方的任何具体的建筑设计作品。开尔斯在中国建筑界的第一次公开亮相，是1925年著名的南京中山陵工程设计方案竞征。1925年5月，孙中山先生葬事筹备处在报上刊登悬奖征求启事，面向国内外公开征求孙中山陵墓建筑的设计方案，并明确提出了"祭堂图案以能采用中国古式而有特殊与纪念之性质者为宜"的总体风格要求。[1]至当年9月，有关受聘专家从全部40多件应征作品中，评选出了头三名，以及不发奖金的七份"名誉奖"。被定为头奖的便是后来付诸实施的吕彦直方案，而在名誉奖中，位列第三的便是开尔斯所提交的方案。[2]在开

---

① 《孙中山先生葬事筹备处悬奖征求陵墓图案启事》，《申报》，1925年5月15日，第1版。
② 《名誉奖第三：开尔思》，孙中山先生葬事筹备委员会编：《孙中山先生陵墓图案》，上海：民智书局，1925年。

尔斯的方案中，孙中山陵墓的主体建筑被设计为一座"一主四从"结构的宝塔造型，并设置于山顶的高台之上。台前有一座圆拱门洞通向塔基下方的墓室，而门前则有一段长长的阶梯，自山下直达墓室门前。在山下的阶梯起点处，还设有一座水池（图81）。

图81　1925年开尔斯设计的中山陵建筑方案效果图
来源：孙中山先生葬事筹备委员会编:《孙中山先生陵墓图案》。

开尔斯所设计的这一中山陵建筑方案，是所有获奖方案中最为形似中国古塔样式的一个，中国式古塔是这一设计方案中代表"中国古式"的核心要素。①不难看出，在此时的开尔斯眼中，"中国塔"还是中国建筑最具标志性和象征性的符号，这显然仍延续着中世纪晚期以来纽霍夫、钱伯斯等人对中国建筑的描绘在西方世界所形成的认知传统。有趣的是，也正是在1925年前后，开尔斯的美国同胞茂飞，在北京西郊的私立燕京大学新校园里，也设计了一座中国古塔风格的自来水塔"博雅塔"，而这座钢筋水泥的"中国古塔"，与开尔斯设计的中山陵主塔一样，也都不约而同地选择了密檐式塔的造型。

只不过，在以"中国塔"来阐发"中国古式"的总体原则之外，开尔斯的这座"中国塔"，还有着其他更加具体的设计原型与政治意涵。1925年孙中山在北京病逝后，其灵柩于4月2日移往北京西郊香山碧云寺金刚宝座塔下的石券门洞内暂厝，此后直到1929年南京中山陵工程竣工后，才正式南下奉安。而在京暂厝期间所换下的衣冠，则仍放进原楠木棺内，封入金刚宝座塔下永久埋葬，这也就是后来碧云寺的"孙中山先生衣冠冢"（图82）。作为孙中山逝世后其灵柩的暂厝之地，碧云寺金刚宝座塔自然成为一大具有重要象征性的孙中山纪念建筑，因此其被开尔斯借用作为其陵墓设计方案的原型，自然是符合"有特殊与纪念之性质"这一要求的。②在开尔斯的设计中，"一主

---

① 按：赖德霖曾在其关于中山陵的研究中，认为这一"一主四从"布局的塔形设计方案，中央主塔上部的密檐式塔造型，灵感来源于北京通州燃灯塔，而四周的小塔则是脱胎于南京大报恩寺琉璃塔。参见赖德霖：《探寻一座现代中国式的纪念物——南京中山陵设计》，《中国近代建筑史研究》，第254—255页。
② 按：刘珊珊、黄晓的《国立武汉大学校园建筑师开尔斯研究》一文，对此亦有论述。参见清华大学建筑学院主编：《建筑史》第33辑，第172—173页。

图82 1925—1929年间暂厝孙中山灵柩时的北京香山碧云寺金刚宝座塔
来源:《良友》第28期,1928年7月。

四从"的五塔造型，塔身之下的台座，乃至于其下正中的石拱券门洞等设计，显然都是脱胎于碧云寺金刚宝座塔。只是金刚宝座塔作为起源于印度的佛教建筑样式，其原有的建筑风格难以被视为中国建筑的典型代表。为了契合葬事筹备处所明确规定的"祭堂图案须采用中国古式"这一原则，进一步凸显建筑风格的"中国古式"，开尔斯便在保留整体格局的同时，将五座塔的造型替换为世人印象中纯粹"中国古式"的密檐式和楼阁式塔。而为了进一步凸显建筑的纪念性，开尔斯又将中央主塔大大加高，其下增加了一个比密檐式主塔塔身还要高的八棱石柱形基座。从总体上看，陵墓主体建筑高耸入云，颇为雄伟，极具纪念碑性。然而其问题也显而易见：开尔斯对传统金刚宝座塔的这种大胆改造，在实现了纪念碑性的凸显之余，也使建筑本身变得颇为"怪异"。虽然也是各种中国元素的堆砌组合，但与吕彦直、范文照、杨锡宗等获得好评的方案相比，开尔斯所演绎出的"中国古式"，整体上看起来显得不那么"地道"，甚至有些不伦不类，其最终也未被葬事筹备处所采纳。

在此之后的数年间，开尔斯似乎又淡出了中国建筑界的公众视野。在1928年底到1929年初，当武汉大学建筑设备委员会委员长李四光在上海为武大新校舍工程寻找总建筑师时，为何这样一位名不见经传的美国建筑师，会进入李四光的视野，成了一个历史的疑团。与1925年国民党的孙中山先生葬事筹备处在各大报纸上发布公开悬奖条例，大张旗鼓地面向海内外公开征集中山陵建筑设计方案不同，在1928年底到1929年初上海和武汉两地的主要报纸中，我们并没有看到李四光或武汉大学建筑设备委员会公开发布过任何新校舍建筑方案征集或建筑师招聘的启事。从开尔斯曾在美国基督教长老会和美以美会工作过的背景，以及被李四光一度打算聘请为副工程师的齐兆昌①和武大建委会委员兼秘书叶雅各均来自金陵大学这些线索来看，我们或许可以推测，李四光是通过教会（或金陵大学）的某种渠道，得知身在上海的开尔斯是一位了解中国传统建筑艺术的美国建筑师。作为最早提出建设新校舍构想的武大筹备委员和建委会委员长，李四光脑海中对武大新校舍的建设无疑有着一个较为清晰的目标。除新校舍要选址城郊、环境优美以外，校园建筑势必要追求科学和现代性，以符合一所现代大学的功能需求。与此同时，对于建筑外观，武大也在一开始就设定了总基调。根据建委会工程处绘图员沈中清的回忆，建委会在成立之初即确立了新校舍的总要求，其中便包含"外观造型要求中国民族形式（中国宫殿式）"一项。②从这一角度看，在麻省理工学院接受专业的建筑学教育，此前在大规模兴建了中式复古风格大学校园的美国教会供职过，又曾参与过中山陵方案竞征并获奖，对于中国传统建筑有着超出一般建筑师了解的开尔斯，倒也符合李四光的选人标准。

在开尔斯于1929年2月来到武昌，并实地察看了武大新校舍选址后，建委会便对选址进行了微调，最终确认了珞珈山以北的湖畔半岛为建校基地。开尔斯在实地查看的当天就确定了初步的规划构想：主

---

① 按：齐兆昌（1880—1956），浙江天台人，早年在杭州就读私立之江大学，后赴美就读密歇根大学土木工程专业。回国后，他长期任职于私立金陵大学，历任校务委员、工程主管和校产管理处主任，在金陵大学校园建设中发挥了重要作用，并参与设计了南京地区众多教会建筑，如南京圣保罗教堂，金陵大学小礼拜堂、体育馆等建筑，金陵女子大学部分宿舍，南京明德女中等。

② 沈中清：《工作报告：参与国立武汉大学新校舍建设的回忆（国立武汉大学新校舍建筑简史）》（1982年3月），武汉大学档案，4-X22-1982-6，武汉大学档案馆藏。

要校舍将以狮子山为中心展开布局，因而开尔斯便要求建委会工程处对以狮子山为中心的校园核心区先行测绘制图，随后他便返回上海开始着手设计制图工作。3月18日，缪恩钊带着工程处的绘图员沈中清以及姜福德等四名工人进驻珞珈山，开始了测绘工作，在当年6月完成了核心区的地形图，并提供给了在上海的开尔斯。[①]

开尔斯对珞珈山校园的总体规划和建筑设计，基本都是在上海完成的。根据王世杰1932年3月7日总理纪念周的演讲，"在从事于理学院建筑的一月以前，他（开尔斯）因为过度辛苦的工作，竟然在上海病了，这一病下来就有两年之久，到现在还未完全痊可，病中几几乎危急不起，可是我每回到上海去看他的病的时候，他的病室里总是满满的陈列着关于武大校舍的图案。最近他在上海听说武大全体迁到了新校舍，他竟又扶病到汉口来了。我们到汉口去会他，他的房里依然是满陈着武大校舍的图案，并且同时还在力疾从事图书馆建筑的设计"[②]。可见，开尔斯在1929年初到珞珈山新校址实地察看后，直到武大新校舍一期工程竣工，学校迁入珞珈山新校址，开尔斯都没有再来过武汉，更没有实地到过珞珈山的建设工地，而这其中的一个重要原因，是从1930年起他在上海身患重病长达两年之久。而在这种状况下，武大新校舍的工程仍然能够顺利进行，得益于开尔斯在汉口和上海分别聘请了另外两名建筑师——德籍建筑师石格司（Richard

① 参见沈中清：《工作报告：参与国立武汉大学新校舍建设的回忆（国立武汉大学新校舍建筑简史）》（1982年3月），武汉大学档案，4-X22-1982-6，武汉大学档案馆藏。
② 《王校长纪念周演说辞》，《国立武汉大学周刊》第119期，1932年3月12日，第2版。

Sachse）[①]和美籍华裔建筑师李锦沛（Poy Gum Lee）作为助理建筑师协助工作。其中，石格司为在汉口本地从业的建筑师，因此被开尔斯委为驻汉全权代表。开尔斯在上海完成某一建筑的设计后，将图纸寄送来汉，而对图纸的解释权则交由石格司。其中有些建筑（如理学院建筑群）的设计图纸，甚至是直接由石格司依照开尔斯的想法而绘制的。在实际的施工过程中，关于建筑设计的细节和各种要求等事务，皆由石格司负责与营造厂具体沟通。在保存至今的武大建筑设计图纸中，我们便能在其中许多张上，看到石格司的签名（图83）。

由于开尔斯身体欠佳，在武汉大学珞珈山新校舍一期工程中，大部分主要建筑都是由开尔斯和他的助手协作完成的，如学生饭厅、男生宿舍等建筑是和李锦沛共同设计，文学院、理学院是和石格司共同设计。第一教职员住宅区和女生宿舍这两项工程的设计，则完全由石格司独立承担。此外，珞珈山新校舍中的一些相对次要的建筑，也多由监造工程师缪恩钊和工程处绘图员沈中清自行设计。

从原始图纸上的落款中我们可以发现，文学院大楼的结构设计任

---

① 按：关于建筑师 Richard Sachse 姓名的中文翻译，《武汉文史资料》1988年第3辑所刊应书霖整理的《汉口汉协盛营造厂的兴衰》一文及2009年宁波市政协文史委所编《汉口宁波帮》一书等处，将其翻译为"萨克斯"（参见宁波市政协文史委员会编：《汉口宁波帮》，北京：中国文史出版社，2009年；武汉市民主建国会、工商业联合会供稿，应书霖整理：《汉口汉协盛营造厂的兴衰》，《武汉文史资料》第3辑，1988年）。2006年李晓虹、陈协强编著的《武汉大学早期建筑》一书中，则将其译为"理查德·萨克瑟"（参见李晓虹、陈协强编著：《武汉大学早期建筑》，武汉：湖北美术出版社，2006年）。以上两种译名皆为武汉大学校方所广泛采用，但 Sachse 建筑师本人民国时期在汉口所使用的唯一中文名为"石格司"，他以该名称在华注册建筑师并开设建筑事务所从业，在相关原始档案中有大量记载。其在武汉大学珞珈山新校舍建筑工程中，于所有往来信函、设计合同等文件之上所用中文名亦皆为此名。故此，本书一律采用"石格司"一名作为 Richard Sachse 建筑师的中文名。

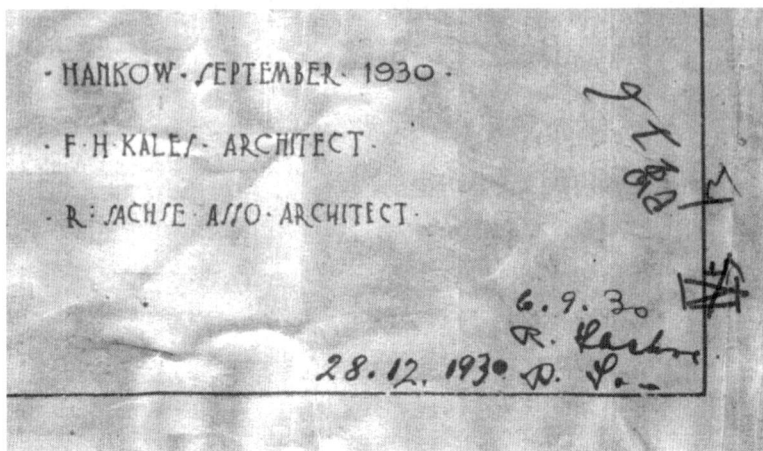

图83　理学院主楼一层平面图的落款为 "1930年9月，汉口，建筑师开尔斯、助理建筑师石格司"，此外还有石格司于1930年9月6日和12月28日的先后两次签名
来源：武汉大学档案馆。

务，是由上海彦沛记建筑事务所（Y. C. Lv & Poy. G. Lee）承担的，该大楼的建筑设计图纸，亦有彦沛记作为助理建筑师署名。而该事务所的主要建筑师李锦沛后来更以助理建筑师的身份，与开尔斯共同完成了男生宿舍和学生饭厅的建筑设计，以及1929年11月的校园总平面规划。吕彦直是清华学校庚款留美生，毕业于康奈尔大学建筑系，他与李锦沛都曾供职于茂飞在纽约的建筑事务所，并通过这一经历积累了关于建造中国风格建筑的丰富经验：吕彦直是金陵女子大学校园的重要设计者之一，而李锦沛则参与了燕京大学的设计工作。1925年中山陵建筑方案竞征中，吕彦直所提交的方案获得头奖，随后受聘为中山陵工程总建筑师，并在上海开办了 "彦记建筑事务所"，从此在中国建筑界声名大噪。不幸的是这位才华横溢的青年建筑师，因罹患肠癌于1929年3月18日在上海病逝，年仅35岁。吕彦直逝世时，由他

主持设计并倾注了极大心血的南京中山陵和广州中山纪念堂这两项工程尚未完工，相关工作遂由吕的好友兼合作伙伴李锦沛继续完成，而彦记建筑事务所也改名为"彦沛记建筑事务所"继续营业。①

李锦沛，字市楼，祖籍广东台山，1900年出生于美国纽约一个殷实的华商家庭。他自幼聪颖好学，酷爱艺术，1913年至1923年先后在纽约普瑞特艺术学院、麻省理工学院、哥伦比亚大学、纽约州立大学等校建筑系就读，并于1923年获得建筑师证书。李锦沛是一位基督徒，在美期间除了在茂飞的建筑事务所中参与过燕京大学的设计，也在美国基督教青年会中承担了许多教会建筑的设计工作。不久之后他即被基督教青年会派来上海，从此开始了在中国的建筑设计生涯。1928年他加入了好友吕彦直的彦记建筑事务所，很快由于吕彦直病逝，李锦沛事实上成为该事务所的首席建筑师，负责南京中山陵和广州中山纪念堂工程的后续设计及督造工作。与此同时，他也继续在上海从业，承接国内其他一些工程的设计任务。李锦沛是一位务实的商业建筑师，同时对于继承和改造中国传统建筑艺术又极富热情和创造性。他在中国国内和美国的唐人街里，设计了大量带有浓郁中国风格元素的现代建筑，如上海八仙桥基督教青年会大楼等。与纯粹复古的大屋顶宫殿式建筑不同的是，李锦沛的设计更多的是在折中主义的风格之中，将中国建筑的装饰元素融合进现代建筑。他特别擅长以简洁的手法，于建筑细节中融入中国传统建筑的装饰元素。如八仙桥基督教青年会大楼，建筑外观总体上为现代主义的"方盒子"，只在屋

---

① 参见李恭忠：《中山陵：一个现代政治符号的诞生》，北京：社会科学文献出版社，2009年，第159页；广州市中山纪念堂管理处编著：《广州中山纪念堂历史图册》，广州：广东人民出版社，2009年，第90页。

檐及细部装饰上添加了中国传统元素。在当时的中国建筑业界，年轻的李锦沛很早便赢得了良好的声誉和不小的威望。从1929年起，他便连续多年当选为中国建筑师学会会长。^①

图84 李锦沛

来源:《良友》第64期，1931年。

①　参见赖德霖主编，王浩娱、袁雪平、司春娟编:《近代哲匠录——中国近代重要建筑师、建筑事务所名录》，第62—63页；汪晓茜:《大匠筑迹:民国时代的南京职业建筑师》，南京:东南大学出版社，2014年，第104—112页。

李锦沛在中国设计了不少学校建筑。除了教会学校以外，他也承接过国立大学的校舍设计，如1930年的国立中央大学商学院（后更名为国立上海商学院，即今上海财经大学）新校舍，便是由彦沛记事务所参与设计的。[①]1933年《申报》上刊登的《李锦沛建筑师小传》一文中，曾提到"自一九二七年至一九三〇年，君所设计之建筑，不胜枚举……"在其所列设计作品中，还提到了"武昌武汉大学"。[②]在武汉大学档案馆馆藏的民国时期珞珈山校园建筑原始设计图纸中，我们可以在文学院、男生宿舍、学生饭厅三项工程的建筑设计图纸中，看到作为"助理建筑师"（Associated Architect）的李锦沛的名字。其中，文学院是以"彦沛记建筑事务所"名义署名助理建筑师，男生宿舍和学生饭厅则直接以"李锦沛"（Poy G. Lee）署名助理建筑师，而这三套图纸都由开尔斯（F.H. Kales）作为首席建筑师（Architect）署名，绘图时间都在1929年底至1930年上半年（图85）。其中学生饭厅和男生宿舍两套图纸，为最初的设计方案，在工程招标后，相关设计又根据工程预算和功能需求，应校方要求进行了修改。李锦沛仍以助理建筑师的身份，参与了男生宿舍和学生饭厅的设计修改。

李锦沛参与珞珈山校园规划及建筑设计的这一事实，是一直以来未曾被人注意，却颇为重要的一个细节。这位中山陵工程建筑师的参与，对珞珈山校园的建筑风格产生了极为重要的影响，关于这一点，本书后文将予以详析。

根据沈中清的回忆，珞珈山新校舍总平面布置的设计费为2000

---

① 《中大商学院新校舍兴工》，《申报》，1930年7月16日，第10版。
② 《李锦沛建筑师小传》，《申报》，1933年1月1日，第59版。

图85 学生饭厅及礼堂建筑设计图纸中的开尔斯（F.H. KALES）和李锦沛（POY G.
LEE）署名。上方钤印为"国立武汉大学关防"，左侧为汉协盛营造厂印章
来源：武汉大学档案馆。

元，每一具体建筑的设计费为工程造价的5%，这一标准适用于包括开尔斯、石格司在内的各位建筑师。李锦沛等助理建筑师的设计费用，由开尔斯从自己所获得的设计费中分成付给，不由武大校方另外支付。[1] 而缪恩钊作为建委会监造工程师和本校教员，武大对由他所

① 沈中清:《工作报告：参与国立武汉大学新校舍建设的回忆（国立武汉大学新校舍建筑简史）》（1982年3月），武汉大学档案，4-X22-1982-6，武汉大学档案馆藏。

设计的建筑工程不支付设计费。由于史料缺乏，我们如今已无法找到开尔斯当年与建筑设备委员会所签订的合同，但在原始档案中，尚留有建委会代委员长石瑛与建筑师石格司在1930年9月所签订的关于女生宿舍和第一教职员住宅区建筑设计的付款合同（图86）。根据这份合同的有关条款，建委会付给石格司的设计制图费，确为按工程造价的5%计算，这与沈中清的回忆相吻合。而这笔费用，分四次支付，签订合同时付2%，建筑基础墙施工完成一半时付1%，屋顶完成一半时再付1%，全部工程完工后支付余下的1%。[①]据此我们可以合理推测，建委会与开尔斯之间的付款合同与流程，大致也和这一规定相同。大约在1929年10月初，建筑设备委员会召开第三次常会，会上通过了"李委员长仲揆与Kales所协定之建筑合同"以及"Kales建筑计划概图"两项议案。[②]由此，开尔斯正式受聘为武汉大学珞珈山新校舍总建筑设计师，而新校舍建设工程很快也要正式开始了。

---

① 《国立武大与石格司关于教员住宅制图费文件》，国立武汉大学档案，6-L7-1930-XZ008，武汉大学档案馆藏。
② 《国立武汉大学建筑设备委员会第三次常会》，《国立武汉大学周刊》第31期，1929年10月14日，第2版。

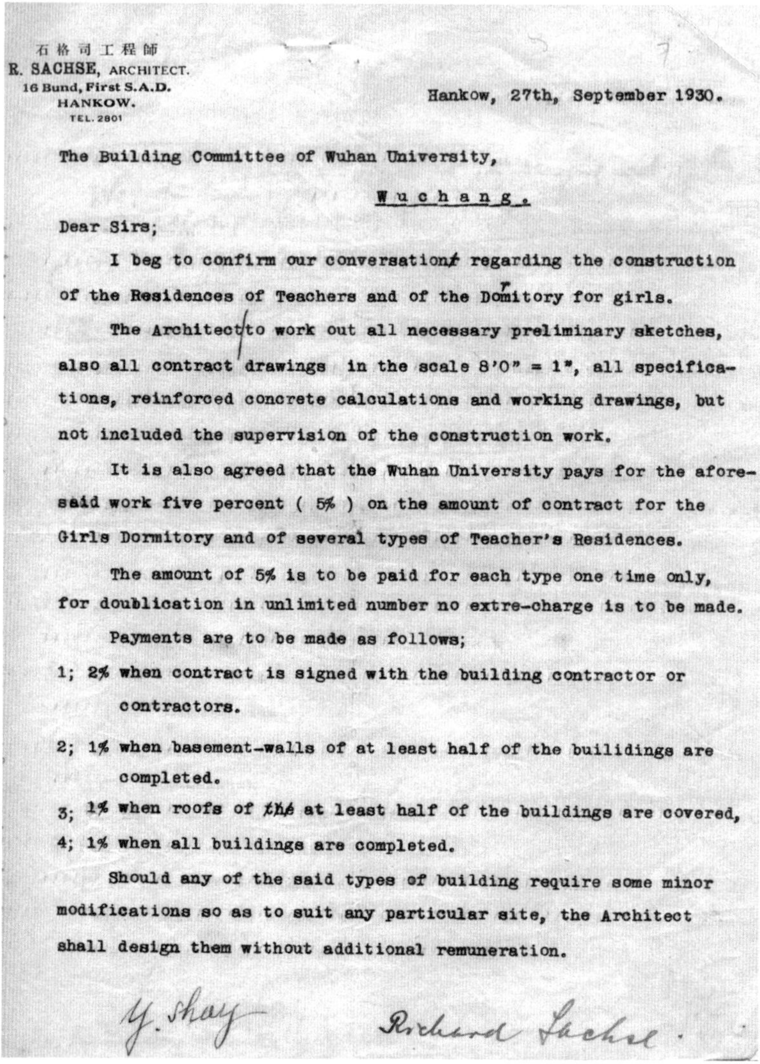

石格司工程師
R. SACHSE, ARCHITECT.
16 Bund, First S.A.D.
HANKOW.
TEL. 2901

Hankow, 27th, September 1930.

The Building Committee of Wuhan University,

W u c h a n g.

Dear Sirs;

I beg to confirm our conversation regarding the construction of the Residences of Teachers and of the Domitory for girls.

The Architect to work out all necessary preliminary sketches, also all contract drawings in the scale 8'0" = 1", all specifications, reinforced concrete calculations and working drawings, but not included the supervision of the construction work.

It is also agreed that the Wuhan University pays for the aforesaid work five percent (5%) on the amount of contract for the Girls Dormitory and of several types of Teacher's Residences.

The amount of 5% is to be paid for each type one time only, for doublication in unlimited number no extre-charge is to be made.

Payments are to be made as follows;

1; 2% when contract is signed with the building contractor or contractors.

2; 1% when basement-walls of at least half of the builidings are completed.

3; 1% when roofs of the at least half of the buildings are covered,

4; 1% when all buildings are completed.

Should any of the said types of building require some minor modifications so as to suit any particular site, the Architect shall design them without additional remuneration.

Y. Shay　　　　*Richard Sachse.*

图86　1930年9月石格司与武汉大学建筑设备委员会关于教职员住宅建筑设计费的合同，下有石格司及武大建委会代委员长石瑛（Y. Shay）的签名
来源：武汉大学档案馆。

二

汉协盛营造厂与新校舍一期工程

1929年底，根据开尔斯所完成的新校舍总平面规划和部分校舍的建筑设计方案，武汉大学在上海和武汉两地开始了新校舍工程的第一次招标。王世杰在11月11日的总理纪念周上曾提到："绘图是建筑中最主要的事。开尔斯君和他的许多助手已经工作了一年……现在详图已送来，第一期的建筑可以开始了。关于招标，开尔斯和李仲揆先生已在上海开始，学校现正拟同时在汉口招标。"[①] 从相关史料来看，这一颇为引人瞩目的中国中部重要教育文化建设工程，在当时的建筑营造业获得了热烈反响，各营造厂参与投标的情况可谓踊跃。然而，根据建筑设备委员会第六次常会会议记录的记载，这次招标的结果，参与投标的全部公司拿出的报价方案，均超过了建委会原定的预算。针对这一状况，委员长李四光提出了三种解决方案："一、请总工程司将全部图说另行规划，重付各建筑公司投标，再行决定；二、将原计划酌加改订，用书面通知此次曾经投标各公司另行估价；三、将原计划酌加改订，用书面通知此次投标标价比较最低之若干家，嘱

---

① 《本周纪念周校长王世杰先生报告》，《国立武汉大学周刊》第36期，1929年11月17日，第2版。

其减价，重行投送再决定。"经过委员会讨论，决定采用第三种方案，随后选出了标价最低的前五家建筑公司：上海新申营造公司、芜湖广泰营造厂、汉口明锠钰营造厂、汉口汉协盛营造厂和汉口袁瑞泰营造厂，并决议由李四光、王世杰和建筑师开尔斯三人同上述五家建筑公司接洽相关事宜。[①] 经过协商，汉口汉协盛营造厂最终于1930年1月标得第一次招标的男生宿舍、学生饭厅及小礼堂两项建筑。5月16日，武大又就理学院和文学院两项工程开标，前来投标的公司明锠钰、康生记、汉协盛、袁瑞泰四家营造厂中，汉协盛标价最低，但也超过了武大原定预算，建委会又再次按照此前的办法，"由开尔士工程师将图样部分略加更改，会同石瑛、叶雅各两先生，与投标价最低之汉协盛营造厂接商，减低标价，并允许委员长就石瑛、开尔士、叶雅各三先生与营造厂会商，结果与该营造厂签订合同"[②]。汉协盛所得标的上述四项建筑工程，全部位于珞珈山新校址核心区的狮子山上，是新校舍一期工程中的主要建设项目。

汉协盛营造厂，在武汉近代建筑营造业的历史上可谓赫赫有名。晚清民国时期的武汉营造业界，主要有浙江帮、广东帮和本帮三大不同地域的帮派，其中浙江宁波帮的汉协盛，是规模最大也最负盛名的一家。汉协盛厂主沈祝三（图87），字卓珊，1877年生于宁波东乡沈村。他自幼学习木工，后跟随其舅父孙仁山在上海各处做临工数年，又经孙仁山的介绍，认识了在上海杨瑞泰营造厂任职的王文通，并进

① 《国立武汉大学建筑设备委员会第六次常会》，《国立武汉大学周刊》第43期，1930年1月5日，第4版。
② 《国立武汉大学新校舍第二期建筑工程开标记录》，民国湖北省政府教育厅档案，LS010-006-0164，湖北省档案馆藏。

图87　沈祝三

入了该厂工作。沈在该厂时，厂主杨斯盛颇为赏识他，先是任命他为监工，后来杨斯盛与友人又在上海合办协盛营造厂，又派沈祝三进入协盛工作。在协盛期间，沈祝三勤奋工作，刻苦学习，白天学看图纸协助施工，晚上又向守门的印度人学习英语。由于他懂业务，做事干练，认真负责，又能用英语和洋人沟通，在协盛承建英商平和洋行打包厂的工程中表现出众，颇得英国人赏识。1905年，该洋行又委托协盛营造厂在汉口建造打包厂，其大班特别指名要求派沈祝三到汉口主持这项工程。沈祝三到汉口后，一方面建造打包厂，一方面又扩大业务，承包其他建筑工程。上海协盛方面觉得鞭长莫及，又怕受到亏损牵连，便声明汉口业务全归沈负责。1908年，沈祝三便正式脱离上海协盛，在汉口独立创办了自己的营造厂。他为了借助于此前上海协盛的声誉，而将汉口新厂取名为"汉协盛"，只是汉协盛与上海协盛已经毫无关联，完全独立了（图88）。[①]

图88　武汉大学部分建筑图纸上所盖"汉协盛"钤印。该公司英文名"Han Yah Shing"是依宁波官话读音拼写的
来源：武汉大学档案馆。

和外国人的密切往来与合作，是沈祝三一条重要的经商之道。早年他在汉口为上海协盛监造平和打包厂建筑工程的过程中，便结识了在汉口的英国人海明司（Hemmings）。海明司和另一位英国人伯格莱（Berkley）都是毕业于伦敦皇家建筑学院的建筑工程师，汉口开埠并设立英国租界后，两人前来汉口闯荡，开始从事零星的建筑设计。由于他们是英国人，又有建筑工程技术，因而英国驻汉领事馆和英租界工部局以及洋行、银行等都乐意支持他们，协助介绍建筑业务和

---

① 　参见丁隆昌：《汉协盛营造厂主沈祝三》，《武汉人物选录》（《武汉文史资料》1988年增刊），武汉：武汉市政协文史资料委员会，1988年，第299页。

提供贷款。两人在汉口的业务蒸蒸日上，后来便合伙成立了景明洋行（Hemmings & Berkley）。沈祝三和海明司的相识，使得两人在生意和业务上互相帮持，各有获利。沈祝三利用他在汉口商界特别是浙江帮所控制的银行金融业的各种关系，为海明司提供了资金上的帮助，使海明司得以成立景明洋行，专门经营建筑设计和监工业务；海明司则帮沈祝三延揽建筑工程项目，还在建筑技术上提供协助。沈祝三在汉口独立成立汉协盛营造厂后，海明司更是将景明洋行设计的许多建筑工程都交给汉协盛来承包修建，景明洋行一方面向业主收取5%—10%的建筑设计费，另一方面又向汉协盛收取5%—10%的监工费。1921年海明司和伯格莱设计的景明洋行大楼在汉口英租界内修建完成，这项工程也由汉协盛承建，而沈祝三更是分文不收该楼的建筑材料和施工费，完全作为给景明洋行的献礼工程无偿赠送。尽管如此，汉协盛仰赖于与景明洋行的这种合作，获得了大量的建筑工程合同。景明洋行和汉协盛双方互惠双赢，各自发展成了民国时期汉口最大的建筑设计事务所和建筑营造厂。民国时期武汉的许多经典历史建筑，如汇丰银行（图89）、台湾银行、四明银行、璇宫饭店、日清洋行、保安洋行、汉口总商会、万国跑马场、汉口协和医院等，皆出自汉协盛之手。[1]

汉口的浙江商业银行经理王稻平是沈祝三的同乡，汉协盛因而得以获得该行很高的贷款额度以周转资金。以此为依靠，汉协盛在汉口的生意规模越做越大，鼎盛时期在武汉三镇同时拥有40多个工地。

---

① 参见宁波市政协文史委员会编：《汉口宁波帮》，北京：中国文史出版社，2009年，第87—106页。

图89 汉协盛承建的汇丰银行汉口分行大楼

来源：陈思先生提供数字影像。

在业务不断拓展的同时，汉协盛所拥有的机械设备也不断增加。沈祝三先后购买了英国制混凝土搅拌机和打桩机各一台，后来又自行仿制了四台打桩机，还备有电动控制的起重机。同时为了运输建筑机械和材料，汉协盛还配置有20多辆卡车，以及轮船、拖驳船各一艘，在江边码头还配有运输传送工具和专业的搬运工人。汉协盛承建的许多大型工程皆采用当时先进和前沿的钢筋混凝土结构施工，自然需要消耗许多钢材，在当时的中国，建筑钢材基本全部依赖进口，而汉协盛使用的钢材，不是从汉口本地洋行订购，而是通过沈祝三的个人关系，每年直接从德国哈尔钢铁公司以低于市场价约20%的价格进口到汉口，专供汉协盛承建的工程使用。采石和砖瓦烧制，汉协盛也有自己的附属工厂。由于从建筑设计、原材料采购制造到运输、施工各环节，汉协盛皆形成了完整的配套链条，其承包的建筑工程便能够保证优秀的建筑质量和施工进度，这也进一步为其在汉口业界赢得了声誉。

对于国立武汉大学珞珈山新校舍这项工程，沈祝三极为看重。这是近代以来武汉乃至整个中国中部地区规模最大、地位最重要的一项教育文化建设工程，对于汉协盛这样的已经出色完成无数银行、公司、工厂、会馆等工商业建筑的业界龙头企业来说，能够承建这样一项规模空前、世所瞩目的文化工程，自然更是锦上添花，必将获得更好的社会声誉。因此，沈祝三对于此项工程寄予极高的期待，而不甚看重单纯经济上的盈利。通过对社会公益工程的慷慨解囊，不计收益来扩大影响，获得声名，是沈祝三在汉口从事建筑业经营过程中的经常做法。宁波同乡会在汉口的四明公所工程，汉协盛予以捐建，连工程的日常开支也由沈祝三承担。汉口麟趾路的武汉女子中学校舍，也由沈祝三独资捐建。1928年汉协盛所承建的汉口梅神父纪念医院完工时，由于外方人员对工程质量要求严苛，前后进行了四次返工，沈祝三亦不收分文。[①] 在这种思路下，汉协盛对于武汉大学新校舍工程势在必得，承包上述四项新校舍建筑工程的投标价都压得很低。依照其一贯的做法，沈祝三又承诺国立武汉大学，免费为校方捐建珞珈山山顶的自来水塔一座。除了这几处校舍建筑外，由于是最先开工的一期工程，汉协盛还要附带进行新校址内的开山、平基、修路、建桥等基础性工作，事实上等于总揽了新校舍建设之初的全部事务。

沈祝三对武汉大学工程的这种总揽，从建筑设计的环节也可以得到体现。如前文所述，此前汉协盛在武汉承建的许多大型工程，都是由景明洋行的工程师设计的。景明洋行与汉协盛多年来已形成了稳定

---

① 武汉市民主建国会、工商业联合会供稿，应书霖整理：《汉口汉协盛营造厂的兴衰》，《武汉文史资料》第33辑，1988年9月。

的合作关系，从设计到施工的各环节衔接合作可谓轻车熟路。不过此次武汉大学的工程，由李四光从上海请来的美国建筑师开尔斯设计，这位设计师此前从未在汉口有过设计业务，其与汉协盛和景明洋行也从无关涉。更由于此后开尔斯因健康问题不能前来汉口，其与营造厂之间的沟通协调，也就必然需要中间人予以辅助。前文提到的德国工程师石格司（图90），正是通过沈祝三的关系而进入武汉大学新校舍工程之中并扮演重要角色的。

2005年，石格司的外孙女尤莉克·奥斯特塔格女士到访武汉大学，并用德文写下了一份关于其外祖父的简短回忆材料。根据她的回忆，石格司1882年出生在德国东部城市格拉（Gera），1905年来华，在青岛胶州湾租借地服役两年，随后回到德国，在家乡格拉的一所学校学习建筑学。1910年，他再次来到中国，并决定前来汉口，在此注册成为建筑师，开始在这个中国内陆最大的口岸城市开辟自己的事业天地。不久之后他的新婚太太也来到了汉口，他们在汉口先后生下了三个女儿，一家人住在德租界汉江街（今沿江大道）。① 初到汉口时，石格司以助理建筑师身份加入了另一名德国建筑工程师韩贝（G. L. Hempel）的事务所②，还和后者共同出资在汉阳赵家台开设了一家小型的机制砖瓦厂，这便是后来的阜成砖瓦厂。③ 然而很可能因为辛

---

① 〔德〕尤莉克·奥斯特塔格：《我的外祖父石格司》，未刊手稿（吴骁采访记录），2005年。

② *Directory and chronicle for China, Japan, Corea, Indo-China, Straits Settlements, Malay States, Siam, Netherlands India, Borneo, the Philippines, etc.*, Hong Kong：Hong Kong Daily Press Office, 1910, p. 964.

③ 武汉市民主建国会、工商业联合会供稿，应书霖整理：《汉口汉协盛营造厂的兴衰》，《武汉文史资料》第33辑，1988年。

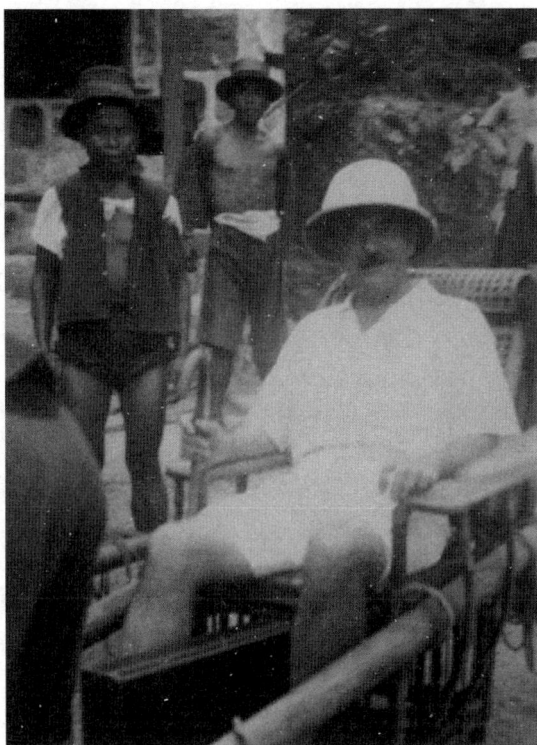

图90 石格司

来源：武汉大学档案馆藏，尤莉克·奥斯特塔格（Ulrike Ostertag）女士捐赠数字影像。

亥革命阳夏战争，这座刚刚建成的砖瓦厂陷入了停顿，到了1913年，沈祝三从韩贝和石格司手中买下该厂，随后又进行了扩建，由此阜成砖瓦厂成为汉协盛的附属企业，为汉协盛承建的建筑工程烧制所需的青砖红砖和机制平瓦。而石格司后来也离开韩贝事务所，在汉口特一区（原德租界）自立门户，开设了石格司建筑事务所。从相关史料中我们可以发现，石格司与沈祝三不仅通过阜成砖瓦厂的转卖交易得以结识，且后来一直关系密切。沈祝三夫妇晚年在汉口度日艰难，时值抗战之中武汉沦陷，其子女都已前往后方，在此情境下，他们得到了石格司的照顾。①1939年，石格司离开汉口，回到了德国故乡，至1966年在格拉逝世，享年82岁。②

石格司在近代汉口亦曾设计许多经典建筑，保存至今的包括法国立兴洋行汉口分行、德商福来德洋行汉口分行、洛加碑路公寓、基督教信义公所等。洛加碑路公寓建于1919年，位于汉口俄租界洛加碑路（今珞珈山路），为英商怡和洋行所建的高级公寓住宅。基督教信义公所（图91）则位于俄租界内的阿列克谢耶夫街（今黎黄陂路）和鄂哈街（今洞庭街）街口，建造于1924年，是各国基督教信义差会在汉口的服务中心，为路过武汉的信义差会传教士和教友提供住宿和其他服务。石格司设计的上述这两处建筑，均由汉协盛营造厂承建。③可见在武汉大学工程之前，石格司与沈祝三及汉协盛营造厂便已有过多次的合作经验。石格司加入武汉大学新校舍的工程中来，并成为新校舍建筑设计的助理建筑师和开尔斯的驻汉全权代表，对于沈祝三来说自然极为乐见：有了自己的这位老伙伴事实上成为建筑设计师方面的唯一代表，汉协盛在承建武汉大学新校舍建筑工程的过程中，在与建筑师沟通协调的环节就更加顺畅无阻了。

大约在1930年初，汉协盛便开始"鸠工庀材……所有砖、灰、铁、石、木料等，均自各处购运来鄂，由汉阳门起坡，自备汽车多辆，装运至建筑场所应用……合计各项工人，每日有四五百名之多，行见崇

---

① 宁波市政协文史委员会编：《汉口宁波帮》，第96页。
② 〔德〕尤莉克·奥斯特格格：《我的外祖父石格司》。
③ 参见湖北省建设厅编著：《湖北近代建筑》，北京：中国建筑工业出版社，2005年，第37、46、134页。

图 91　石格司设计的汉口俄租界基督教信义公所大楼旧影。具有德式建筑风格的屋顶现已被加层改造为平顶，失去了原貌

楼高耸，马路纡环"[1]。珞珈山新校舍建设工程，也由此正式开始。

　　由于武汉大学新校舍选址于此前毫无开发建设的乡村地带，建筑基地又皆为丘陵山地，因而工程开工之初，首先必须完成开山平基和修路等基础工作，而这些工作皆由汉协盛承担。此外，大量工程机械设备和数百名工人齐聚新校址工地，水电供应等后勤保障工作，也需要一并配套进行。根据1930年6月22日《国立武汉大学周刊》上所刊登的《珞珈山新校舍工程近况》一文的记载，我们可以窥见当时工程量之浩大：

---

① 《珞珈山新校舍工程近况》，《国立武汉大学周刊》第64期，1930年6月22日，第1版。

一、开平基地　学生宿舍三〔四〕大栋，建筑于狮子山南面腰部，依山之倾斜度，内部成梯形状，外观之则为四层高大之楼房。此项工程，业由汉协盛将所有基地开坪，计已完成百分之九十。

二、下脚　此项工程浩大，基址须特别坚实，现照工程师规定，就本山开出之石子，合以灰沙，砌下深二尺五寸、宽五尺之墙脚，业已完成百分之八十强。

三、开山　第一期标包之饭厅一大栋，系建筑于狮子山之西头，该地全属石块，第一步工程，须将石块坪开。现由汉协盛招包开山工人，用炸药开挖，计已完成百分之七十强。第二期建筑之文、理两院教室，系建筑于狮子山之东部及顶部一带，该地最高部分高出水平面一百九十五尺，照工程师规定，须将山顶高度，截去三十尺。此项坪山工程，理学院教室基地已开去百分之五十，文学院教室基地开去百分之三十。

四、凿井　新校址滨沿东湖，湖水澄清，固可取用。然于饮料上，尚觉不甚适宜。乃拟凿自流井两处，以供饮料。现经工程师暨李委员长择定狮子山北土质优良之处，用最新方法开凿，已开入计深六十余尺。

五、建桥　新校址东滨东湖，沿湖则辟为湖滨马路，现于水道汇流之处，建山石大桥一座，以连接湖滨马路。此桥兴工多日，尚须二星期可以完成。

六、建筑办公房屋　新校舍各项工程，既热烈进行，关于监工及办事人员，当亦随有增加，原有工程处房屋一栋，不敷应用。乃于珞珈山北中部添建房屋一栋，现已完成百分之六十。[①]

　　由于汉协盛所承建的几项建筑都位于狮子山上，在建筑工程施工之外，又首先需要用炸药来开山平基，这便增加了很大一笔开支。根据沈中清的回忆，"狮子山是石头山，开山是人工打炮眼灌进炸药爆炸。采取包工办法，人工、工具、炸药均承包在内，开出来的石头就地码放，每平方米包价为3.5元。据统计，狮子山开出来的土石方约五万余立方米……建筑运动场开挖一万立方米土方。人工挖土运土包括工具在内，平均运距50米，每立方米土方包价为0.50元"。此外，"第一期工程因为没有电源，不能使用机械。施工用水，在山下大水塘旁边安装一台抽水机，用柴油机拖动，将塘水抽上狮子山，在山上设置了许多储水大木桶……钢筋混凝土工程的施工，用人工搅拌和人工浇筑，钢筋制作亦用人工……施工设备颇为简陋，完成这样巨大的工程，工作是相当艰苦的"。[②]（图92）

　　不巧的是，工程进展到第二年，即1931年时，武汉遭遇了前所未有的特大洪涝灾害，这场洪灾不仅严重干扰了珞珈山新校舍的建设，也给汉协盛带来了致命的打击。当年7月底，武昌、汉口沿江堤防相继溃口，市区全部被水淹没。由于青山武丰堤和武丰闸的溃决，长江水倒灌进入东湖，使得湖水猛涨，武汉大学珞珈山新校址内地势相对较低的沿湖地带也悉数被淹。因洪水来势凶猛，加之国民党省市

---

① 《珞珈山新校舍工程近况》，《国立武汉大学周刊》第64期，1930年6月22日，第1版。
② 沈中清：《工作报告：参与国立武汉大学新校舍建设的回忆（国立武汉大学新校舍建筑简史）》（1982年3月），武汉大学档案，4-X22-1982-6，武汉大学档案馆藏。

图92 1930年建造施工中的男生宿舍。建筑基地位于狮子山南坡，整栋宿舍依山而建
来源：《良友》，1931年6月，第58期。

地方当局的腐败无能，事前准备不足，事中玩忽职守，事后救灾不力，导致灾情极为严重。这年秋季，武汉大学推迟至10月方才开学。在新学期开学第一天，校长王世杰便讲到了大洪水对新校舍工程的影响。他说道："依建筑设备委员会的计划，本应该在十月内本校就全部搬去新校址，但是水灾一来，经费感到困难尚属其次，而材料的来源也断绝了。加以汽车路的毁坏和灾民的占住都成为问题。好在全部工程已于上月半完全恢复，建筑设备委员会正加紧工作，务求寒假中可以搬过去。水电厂为水所淹，亦已开始整修，这些也要谢谢建筑设备委员会和工学院各教授。"[①]

---

① 《本校开学日王校长讲词》，《国立武汉大学周刊》第103期，1931年10月12日，第1版。

对武汉大学来说，洪水自然对于新校舍建设造成了极大的干扰，相关建设经费的拨款因为水灾也受到了影响。而更加不幸的是，次年初的"一·二八"事变发生后，国民政府的教育拨款受到了严重冲击。据王世杰1932年3月在珞珈山新校舍的第一次总理纪念周讲话中所说："关于教育，一个多月以来的大学教育，简直令人不忍谈到……自从事变以后，政府的财政困难达于极点，北平仅仅是一个依赖美国庚子赔款的清华开了学，其余有五六个国立大学近数月来都在停顿中。上海方面，不惟各校不能开学，而且如同济、复旦、中公、持志等校，连校舍都被炮火毁掉了。南京的唯一的中央大学，亦已经费无着未能开学。本校方面，十二月份、一月份、二月份的经费俱未领到，在上星期六，才仅仅领到财政部一万多块钱的维持费。照这种情形，本校也是不能开学的。但校务会议同人体念到在这边不开学，那末既成的建筑和设备，以及已经在进行中的工程等等，都会归于乌有，因此便想办法在汉口银行界借了几万块钱，以两个星期为限，才有三月三日的开学。"[①] 在这种局面下，武汉大学虽然完成了第一期新校舍工程，先行搬入了珞珈山新校园，但尚未进行的多项后续校舍建设工程，也只得暂告中辍。

对于汉协盛而言，水灾和时局的演变所带来的打击当然更加巨大。如前所述，汉协盛承包武汉大学新校舍工程时，已经将报价压得很低，又要开展大量的前期基建工作，还要赠送水塔等项建筑，本已很难赚钱。据沈中清等人的回忆，沈祝三在投标时，对开山平基和土

---

① 《王校长纪念周演说辞》，《国立武汉大学周刊》第119期，1932年3月12日，第1—2版。

石方运输等项工程的估价出现较大偏差，导致其本来便要亏损。而在长江大水灾后，不仅物价飞涨，运输成本和人力成本皆大幅增加。淹水和灾民占住等状况，也给新校址工地本身带来了很大损失，道路桥梁被冲毁、发电厂和水厂被淹没，这些皆进一步推高了工程成本。到1932年春天汉协盛完成各项工程时，已背负了很大债务。王世杰曾说道："（沈祝三）他的出身原很微贱，在汉口经营建筑事业有数十年之久，汉口的大部分主要建筑，如汇丰银行等都是他造的。可是现在他的目盲已有十多年了。他每天自早至晚，都坐在他的小办公室的桌边接应电话，指挥珞珈山及其他部分的工人从事工作。我们真抱歉得很！在他投标之后，金价大涨，而他所用的材料中，外货又甚多，因此据他交工的时候的估计，亏本有二十四万元之多。他的估计是不是十分精，我们虽不得而知，而他的亏累却是无可置疑的事实。可惜本校的经费也在十分困难中，无法补偿他。可是无论如何我们应该感谢他，当时肯以比较低廉的标价，担任这个巨大的而且困难的工事。"①

面对在武汉大学工程上出现的巨额亏损，沈祝三执意不愿申请破产，而是通过抵押房产和阜成砖瓦厂获得贷款，坚持将武大的工程按原计划保证质量地完工。最终，其积欠的贷款利滚利达100万元之多，直至武汉沦陷时期才最终还清。汉协盛从此一蹶不振，再也不复当年的雄风，而沈祝三也于1941年在汉口逝世，终年64岁。②

总的来看，尽管遭遇了严重的困难，汉协盛营造厂仍可谓较为出色地完成了相关工程的施工建设。不过在这过程中，武汉大学建筑设

---

① 《王校长纪念周演说辞》，《国立武汉大学周刊》第119期，1932年3月12日，第2版。
② 参见宁波市政协文史委员会编：《汉口宁波帮》，第87—106页。

备委员会和汉协盛之间也依旧难免会遇到一些状况。如前所述，由于开尔斯不能前来武汉，他的设计图纸实际交由石格司负责全权解释和把关。沈中清曾回忆其中一件小事："理学院工程，在图纸上注明和施工说明书中规定：门厅两侧主墙的基础要求用1∶3∶6水泥混凝土建筑，而汉协盛营造厂用1∶3∶6石灰三和土建筑。这项工程和如此的情况，应该由 Kales 的代表 Sachse 负责，但他到工地检查时未发现这一问题。当时缪恩钊监造工程师因病假未上班，只好由我代表执行监造工程师的职责和权力，向王世杰校长当面报告这一事件。王校长和秘书叶雅各审阅了图纸和说明书之后，叶秘书习惯地用英语说：很清楚（Very Clear!），王校长立即请叶秘书写信通知 Sachse，措词首先提了理学院基础工程施工错误的问题，之后接着写道：'请 Sachse 先生不要随便修改设计，如必要修改时必须首先征得我们委员会的同意'。第二天一大早，Sachse 便上了山，指令汉协盛营造厂将石灰三和土基础即日全部挖掉返工，按照图纸用1∶3∶6水泥混凝土完成基础工程。"沈中清又曾回忆道："汉协盛承造的第一期工程，由于承包标价过低，施工中途经济困难，几乎陷入半停工状态，偷工减料的情况在所难免。例如大屋顶钢筋混凝土屋面板不用水泥砂浆抹面，即行盖瓦；铺底瓦用的石灰砂浆，砂子是东湖边挖的泥砂，而不是采购的标准砂，尔后绿瓦屋面上生长小树杂草，都是泥砂在起作用。又如一区教授住宅，墙体砌筑砂浆，也是用的泥砂。每月工终不能按时发放工资，工人有意见有情绪，影响操作质量。例如理学院外墙面水泥砂浆粉饰工程，不按工艺操作规程施工，而是抹灰一次成功，房子交工不久，外粉饰即起壳龟裂，屋面则漏雨浸水。"① 如果从结果来看，这些施工过程中的微小细节，固然可说是瑕不掩瑜，但对于一向极为看重建筑质量和工程信誉的汉协盛营造厂而言，也是颇不寻常的。从这些历史细节之中，我们也不难想见当时汉协盛所遭遇的困难之巨大。

除了汉协盛，珞珈山新校舍建设的一期工程中，还有许多基础性工作和附属建筑的工程是由建筑设备委员会工程处承担和进行的。据沈中清回忆，工程处负责的具体工作，除了前文提到的土地征收和分户测量、总平面的受理以外，还包括新校址内绿化造林设计施工、市政工程设计施工、主要校舍工程质量技术监督、教学辅助用房和生活用房设计等工作。造林和市政工程的施工，工程处分别招募工人成立了造林大队和筑路大队。造林大队由农林技士张传琮和职员郎星照负责具体组织。② 张传琮是叶雅各在湖北省建设厅工作时的同事和下属，也是优秀的农林技术人员，在1928年夏叶雅各组织开展武昌县农村调查时，张传琮也是其中的一名调查员。③ 叶雅各来到武汉大学工作后，便将张传琮也带来参与珞珈山新校舍的建设工作。新校舍的造林工作，事实上是叶雅各进行总体设计和部署，并亲自参与指导完成的。在选址珞珈山之初，武汉大学新校址范围内"多属童山濯濯，毫无林木点缀风景"④。全校范围内，"除狮子山北面石星川山地上有松

---

① 沈中清:《工作报告：参与国立武汉大学新校舍建设的回忆（国立武汉大学新校舍建筑简史）》(1982年3月)，武汉大学档案，4-X22-1982-6，武汉大学档案馆藏。

② 沈中清:《工作报告：参与国立武汉大学新校舍建设的回忆（国立武汉大学新校舍建筑简史）》(1982年3月)，武汉大学档案，4-X22-1982-6，武汉大学档案馆藏。

③ 叶雅各审编，赵学诗计算:《武昌县农村调查统计表说明书》，《湖北建设月刊》第1卷第4号，1928年9月。

④ 《珞珈山新校舍工程近况》，《国立武大学周刊》第64期，1930年6月22日，第1版。

林约20亩，落驾山北面刘公庄园有松林约15亩外，其余大片丘陵都是茅草荒野"①。在叶雅各的设计指导之下，大规模的植树造林活动从1929年春季起便迅速在珞珈山新校址内展开。

1930年3月12日，是南京国民政府确定以孙中山逝世的3月12日为每年国家法定植树节后所大规模开展植树宣传和实践活动的第一个植树节。武汉大学也积极响应植树节号召，在3月13日由校长王世杰带队，率领全校师生前往珞珈山新校舍，开展植树活动。"珞珈山距城甚远，学校因特备汽车数辆，分载师生。然以是日参加者极形踊跃，以致向隅者多。校长乃亲率四百余同学徒步前往，师生郊叙，乐也融融，诚本校空前未有之盛况。计自午前十时起至下午四时止，共植树二万株以上。"②从这规模空前的全校植树活动中，我们不难感受到当时全校师生对于珞珈山新校舍建设的极大热情和对其早日完成的殷切盼望。根据1930年6月的统计，当时新校址内已经种植的林木包括"松苗五十万株、柏树三万五千株、梧桐五百株、洋槐五百株、苦楝五万株、公孙树一百株、棕树二百五十株、楸树一百株、针叶杉一百株、榆树一百株、白杨一百二十株、广叶杉一百株、石楠五十株、柳条五千株、千头柏二百五十株、喜树二百四十株……林园树苗如紫荆、山茶、银杏之类四十五种，约二十五万株，花卉七十五种。其他如直接造林者，计有乌柏二百五十亩、麻栎六百亩、樟树三百亩、苦楝一百亩"③。曾经童山濯濯的珞珈山一带，从此开始成为整个民国时

---

① 沈中清：《工作报告：参与国立武汉大学新校舍建设的回忆（国立武汉大学新校舍建筑简史）》（1982年3月），武汉大学档案，4-X22-1982-6，武汉大学档案馆藏。
② 《本校植树盛况》，《国立武汉大学周刊》第50期，1930年3月16日，第2版。
③ 《珞珈山新校舍工程近况》，《国立武汉大学周刊》第64期，1930年6月22日，第1版。

期武汉地区造林绿化最佳的地区之一（图93）。

图93　武汉大学教职员在新校址内植树

来源：《国立武汉大学民二三级毕业纪念册》，1934年。

　　珞珈山新校区内的道路建设工程，大部分也由工程处进行设计，由其下设的筑路大队负责施工修筑。对比开尔斯绘制的新校舍总平面图中的路网设计与工程处实际修筑的校园道路，我们可以发现，为了节省经费以集中财力先完成主要校舍建设工程，工程处在新校舍工程的初期，对校园道路和园林景观建设方面可谓因陋就简。工程处舍弃了开尔斯图纸上那些规划整齐、轴线分明的密集路网设计，而只是根据工程施工和学校教学生活所必需的交通需求，修筑了最基本的道路。在濒临东湖的湖滨路，工程处于侧船山北侧跨越湖汊处，以当地山石修筑了一座石桥，成为湖滨一景（图94）。

图94 东湖之滨侧船山下的湖滨路石拱桥

来源:《国立武汉大学民二三级毕业纪念册》, 1934年。

　　校区内道路的提前建设, 给校舍工程建设过程中的机械和材料运输提供了便利。但由于武大新校址离城近五公里远, 大量建筑材料要运到新校址工地, 仍然颇费周章。物资运来珞珈山的路线, 主要分水陆两条: 路上线路是自武昌汉阳门、平湖门一带码头起坡, 用汉协盛自备的卡车沿公路运来; 水路则是"由长江水运, 在青山闸翻堤进入东湖, 札木排运到珞珈山湖边起坡, 再用人力肩负上山。民国廿年涨大水, 青山堤坝决口, 长江东湖连成一片, 小火轮也驶进了东湖, 那时运木料更方便, 自汉阳鹦鹉洲将木排直放珞珈山湖边"[①]。

　　1932年2月, 除女生宿舍尚在施工外, 珞珈山新校舍一期工程已基本完工, 学校于当月底开始迁入新校舍, 3月3日在珞珈山正式开始春季新学期上课。至当年10月女生宿舍完工, 珞珈山新校舍一期工程始全部完成。一期工程中所有工程如表5所示。

---

① 沈中清:《工作报告: 参与国立武汉大学新校舍建设的回忆 (国立武汉大学新校舍建筑简史)》(1982年3月), 武汉大学档案, 4-X22-1982-6, 武汉大学档案馆藏。

表5 国立武汉大学珞珈山新校舍一期工程主要项目一览表

工程名称	照片	建筑设计师	承造厂商
珞珈石屋		缪恩钊 沈中清	武汉大学建筑设备委员会工程处
听松庐		缪恩钊 沈中清	合记营造厂
男生宿舍		〔美〕开尔斯 〔美〕李锦沛	汉协盛营造厂
女生宿舍		〔德〕石格司	永茂隆营造厂
文学院		〔美〕开尔斯 〔德〕石格司 〔美〕李锦沛	汉协盛营造厂
理学院（一期）		〔美〕开尔斯 〔德〕石格司	汉协盛营造厂
学生饭厅及礼堂		〔美〕开尔斯 〔德〕石格司 〔美〕李锦沛	汉协盛营造厂
第一教职员住宅区		〔德〕石格司	汉协盛营造厂

工程名称	照片	建筑设计师	承造厂商
运动场		缪恩钊 沈中清	不 详
生活服务用房		缪恩钊 沈中清	合记营造厂
汽车站		缪恩钊 沈中清	合记营造厂
附属小学		缪恩钊 沈中清	永茂隆营造厂
水塔、清洗塔、 机房及沉淀池		缪恩钊 沈中清 〔德〕石格司	汉协盛营造厂 合记营造厂
工学院 实习工厂		缪恩钊 沈中清	汉协盛营造厂
发电厂		缪恩钊 沈中清	合记营造厂
校门木牌坊		缪恩钊 沈中清	不 详

资料来源：武汉大学档案馆。

三

六合建筑公司与新校舍二期工程

经过一年多的中辍，1933年底图书馆大楼工程的开工，标志着国立武汉大学珞珈山新校舍二期工程得以继续展开。由于汉协盛营造厂在一期工程中严重亏损，无力再参与后续工程的建设，因而退出了二期工程的竞标。首先开始进行的图书馆工程，"指定上海、芜湖、汉口各殷实厂家投标……经两次开标，选定上海六合公司承包"①。后续的工学院、法学院、体育馆三项工程，也由六合建筑公司（图95）得标承建。此外理学院扩建实验楼工程由袁瑞泰营造厂（图96）承建，华中水工试验所由胡道生合记承建，其他一些次要建筑工程，则由永茂隆营造厂、协昌华记营造厂等公司承建。

与汉协盛一样，上海六合建筑公司同样是"宁波帮"的企业。该厂的老板李祖贤出生于镇海小港，其家族为宁波近代著名的"小港李氏"。李祖贤1912年考入清华学校，1914年赴美国纽约州特洛伊城兰思勤工学院攻读土木工程专业，1918年毕业后在美国桥梁公司实

---

① 《国立武汉大学为呈送本校与上海六合公司订定建筑总图书馆合同一份恳祈鉴核由呈教育部文》，国立武汉大学档案，6-L7-1933-XZ011，武汉大学档案馆藏。

图95　图纸上的"六合公司之章"与"国立武汉大学建筑设备委员会之章"钤印
来源：武汉大学档案馆。

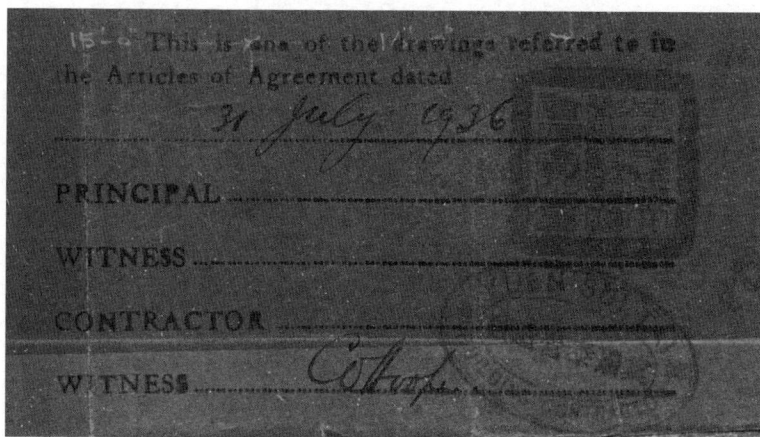

图96　图纸上的"袁瑞泰营造厂"与"国立武汉大学建筑设备委员会之章"钤印
来源：武汉大学档案馆。

习。1921年李祖贤回国，随后在上海创办了六合建筑工程公司。他与缪恩钊一样，都是清华庚款留美生，在美留学时即已相识。据沈中清所述，"上海六合公司是缪恩钊监造工程师介绍"[1]。与出身手工工匠，自学钻研成才的沈祝三不同，李祖贤是留美的土木工程专业科班出身，对现代建筑工程技术颇为精通。在包建图书馆工程时，李祖贤对于外籍结构工程师所绘制的结构图纸提出异议，认为阅览大厅屋顶结构的支撑柱截面不够，将会导致出现斜裂缝，结果建成后果然出现了裂痕，最终按照李祖贤提出的方案进行了补强才达到验收要求（图97）。[2] 对于拿下武汉大学这样关注度极高的重点工程，六合公司与汉协盛一样也是势在必得。沈中清曾回忆道："工学院工程，六合公司原来的标价较高，无得标希望。在开标之际，该公司派一位业务员来会议室，探听得一点风声，便使巧计，向委员会作了口头申明说：我们上海公司来电，最近物价跌了，因而我们的标价也可以降低，愿意按最低标价承造。由于六合公司的施工技术和设备较其他厂商高超一等，二家同样的标价，建委会肯定愿意选中六合公司承造。"[3]（图98）

在原始档案中，留有一份1933年11月8日武汉大学与六合建筑公司签订的"建筑图书馆承包合同"的誊录本。根据这份合同可知，图书馆大楼的建筑工程工期为320天，总造价为22.9万元，工程款在开工后根据工程的进度分30期支付，另留尾款1.5万元在完工后4个

---

[1] 沈中清:《工作报告：参与国立武汉大学新校舍建设的回忆（国立武汉大学新校舍建筑简史）》(1982年3月)，武汉大学档案，4-X22-1982-6，武汉大学档案馆藏。
[2] 宁波市政协文史委员会编:《汉口宁波帮》，第123页。
[3] 沈中清:《工作报告：参与国立武汉大学新校舍建设的回忆（国立武汉大学新校舍建筑简史）》(1982年3月)，武汉大学档案，4-X22-1982-6，武汉大学档案馆藏。

图97　施工中的图书馆大楼

来源:《图画晨报》第154期，1935年。

图98　施工中的工学院大楼

来源:《图画晨报》第154期，1935年。

月时支付。为了保证工程质量和施工进度，这份合同中还特别做出了一些具体的规定：

　　国立武汉大学（以下简称发包人）与上海六合公司（以下简称承包人）订立双方互守条约，并按照开尔斯、汉口景明洋行代表（以下简称绘图师）所绘各种图样及施工章程完成各部施工。章程内所载各项工程，绘图师负责监工督造。兹特将细条列左：

　　……

　　4．绘图师遇必要时得更改原绘图样，其所更改之处，若未与总包价有百分二十五之差异时，本合同认为有效。其变更工程之价值，以承包人所开之细账为标准；

　　5．承包人自双方签订合同之日起，得管理建筑基地，从事建筑。其工程或增或改，均须于二十三年九月二十四日以前完成，点交发包人验收。若发包人有更改之处，由承包人须用书面申明完工展期时间。若完工逾期，每日应由承包人赔偿发包人损失洋五十元。自工程开始至完成止，其间如遇天灾人祸及遭意外不测，将已成之工程有所损坏，承包人在可能情形内即须进行开工，发包人可命绘图师按开细账计算承包人材料及时间之损失。

　　6．承包人应自从新建造工程完竣一年之内，各部分如有破绽、陷落、崩塌、凹缩、漏水等情，实系工人手术不善而致损坏，承包人应即修复完善，所费工料均归承包人自理。

7．承包人应受绘图师及发包人代表之指挥。若承包人不照图样及施工章程工作，或故意延期，绘图师及发包人之代表以通知书声明；如过四日后承包人仍不遂行，工程师与发包人有权取回未竣之工程而交他人承包，或雇日工完成之。所受损失，应归承包人偿还。

8．监造工程师及绘图师或发包人至代表人，如查见工程上有败劣材料或与图样及施工章程不符之处，得令承包人拆去重造，并将该项材料搬出工场。

9．承包人须架设安全之架板，以便发包人或绘图师随时考察工程之进行。承包人并须雇用可靠工头一人，常驻工场。雇用工头须得绘图师及工程师之同意，如有不规则之工头或工人，工程师与绘图师均有开除之权。

……

12．各项部分工程，未得监造工程师之许可，承包人不得将该工程转包与其他包工。

13．承包人对于本工程之价值，应提出价值洋五万元之担保品或提出经发包人认为有相当价值之保证，交由发包人保管，至完工后，除有不合本合同第六条之规定外，应即交回承包人。

14．承包人如不能或延迟提出前条所开相当之担保品时，承包人承认发包人得由……每次付款中扣除百分之十五，至积有三万元为止。如承包人以后能提出相担保品，则发包人可将扣除之全数交还承包人，否则须俟工程完竣后，发包人认定承包人已完全履行本合同第六条之规定，

始得将该项扣除之款交还承包人。^①

对于一项总工期仅有320天的建筑工程而言，细分为30期付款，平均每十来天就要结一次款，如此细分的分期付款方式，可使施工方无须垫付较高数额的工程款，显然对其较为有利。而对于武大而言，则势必增加了资金结算和工程监工的工作量，同时也要求建委会必须随时保持有充裕的可用资金。通览这份合同，保证施工进度和工程质量始终是校方首要考虑的因素，为了达成这两大要求，校方在合同的规定上也可谓是考虑周全，一丝不苟。如合同第六条所规定的关于工程质量问题的维修和责任认定，在相关工程的后续进展中，便出现了预料中的情况。1938年3月19日，工程处监造工程师缪恩钊在给建委会代委员长邵逸周的一封信中，便提到"自六合公司承包本会图书馆、工学院及体育馆工程完竣以来，有多处磨子地平发生裂缝，大小不一，至今尚未修理。该公司承认，候地平坐沉坚稳，再行修补……再者工学院后加绘图室屋顶，前有多处漏雨，虽该公司已用洋灰将瓦缝间补塞，然经夏季而至冬天，不免再生裂缝。若然，则需全部屋顶翻修，并须加添油毛毡……以上二项修理工程，总计约需洋五百八十元。将来该公司按照以上方法修理满意后，此款仍可付缴该公司。今将此款扣下，以备本会自行修理"^②。建委会随即致函六合公司，表示"贵公司承建图书馆、工学院、体育馆等房屋，亦有多处地平发生裂

① 《国立武汉大学建筑图书馆承包合同》，国立武汉大学档案，6-L7-1933-XZ011，武汉大学档案馆藏。
② 《缪恩钊呈邵逸周函》(1938年3月19日)，国立武汉大学档案，6-L7-1938-XZ062，武汉大学档案馆藏。

缝及房顶漏雨情事，应请即日派工加实修理！其目前不便修理者，可与本会监工工程师妥商其他办法，以利结束"[1]。

在珞珈山新校舍由六合公司承建的全部四项工程中，宋卿体育馆的招标和营建过程，颇为曲折和戏剧化。大约在1935年初，开尔斯完成了体育馆工程的设计绘图，建委会遂于当年3月在上海、武汉两地同时招标，于3月26日开标。然而与此前出现过的情况相类似，开标后建委会"审查各厂家所投标价，均超过原定预算价额太巨，原捐额数，不敷支付。乃商请建筑师开尔斯修改图样，复于廿四年九月，仍于沪汉二处，再行招标，并定于九月十六日开标"[2]。第二次的开标结果，上海方瑞记营造厂所报之115130.15元为最低标价。建委会考虑到超额不大，尚可设法筹款补足，因此于9月25日与方瑞记营造厂签订了建造体育馆的合同。

图99 宋卿体育馆东立面建筑设计图纸
来源:《建筑月刊》第4卷第2号，1936年2月。

① 《国立武汉大学建筑设备委员会致六合公司函底稿》(1938年3月24日)，国立武汉大学档案，6-L7-1938-XZ062，武汉大学档案馆藏。
② 《国立武汉大学建筑设备委员会为方瑞记不履行体育馆合同致国立武汉大学校长王星拱函》，国立武汉大学档案，6-L7-1936-XZ035，武汉大学档案馆藏。

然而，此项合同订立近两个月后的1935年11月，方瑞记仍然没有依照合同规定按时开工建造，而仅在基地上搭建了几座工棚，便再无进展，亦无人员进驻工地。11月22日，建筑设备委员会向方瑞记发函催促开工，而方瑞记未予回复。到了1936年1月，方瑞记方面与其律师顾宪章来到武汉大学，向校方提出加价要求，遭到武大方面拒绝。此后建筑设备委员会分别于2月8日和3月11日再度两次发函催促方瑞记立即到校开工，均无任何回复。至此，武大方面认为方瑞记营造厂声誉破产，不再值得信任，只得又一次重新招标。至5月2日在武汉大学第二次开标，此次以六合建筑公司标价最低，房屋和屋顶钢结构屋架费用合计156200元。显然，六合公司的这一报价与之前方瑞记的报价相比高出许多，"价额过高，无力兴建。复经本校建筑设备委员会委托建筑师与六合公司协商，减去图样装饰部分工程之一部分，计减去工料洋一万一千二百元"。[①]经过这次修改后，上海六合公司的报价降为145000元，建委会也只好予以采纳，并于1936年6月22日与六合公司签订了标包合同。

从1935年3月到1936年6月，宋卿体育馆的工程招标进程持续了15个月。由于方瑞记营造厂的拖延，致使这项工程延误了9个月之久，工程造价也增加了3万元之多。武汉大学倍感愤恨，于1936年5月15日具文呈报教育部，请求咨请上海市政府转饬方瑞记负责人方祥和到校清理有关纠纷并支付赔偿。在收到教育部来函后，上海市政府随即派市公安局人员前去方瑞记调查此事。不料，方瑞记向公安局给出的

---

① 《国立武汉大学校长王星拱致黎重光先生便函》（1936年8月17日），国立武汉大学档案，6-L7-1936-XZ035，武汉大学档案馆藏。

说法，却与武汉大学校方之词大相径庭，俨然成为一出"罗生门"：

> 本厂去年曾与国立武汉大学订立合同，承包建筑体育馆房屋，共计色银十一万五千元。正在开工之际，校方忽然更改图样，范围较前更广，材料靡费亦多，当即另造包价计银十六万七千元，屡向校方声请加价，结果未复只字。本年一月间，曾偕同律师顾宪章到校，再三要求加价，亦置不理，因此暂停工作。惟在基地上建筑工房等，已耗费三千余元，现在校方须本厂赔偿损失，绝难办到。至赴校清理一节，俟必要时，自当前往。[①]

在这些说法中，虽然也有"签订合同"、"偕律师到校要求加价"等项具体内容，整件事情的原委却完全相反，是武大方面"忽然更改图样"造成的价格上涨。武大得知这一情况，立即又具文向教育部逐一反驳，并再次请求教育部咨请上海市政府严饬方祥和到校：

> 兹将方瑞记所声称各节，驳覆如左：
> 一、……查方瑞记于民国二十四年九月十六日，依据工程师开尔士绘制图样及说明书，标得本校体育馆工程，计标价洋十一万五千一百卅元另一角五分，当由方瑞记经理人方祥和在场声明，愿照标定价额承包建造，并于同月

---

① 转引自《国立武汉大学校长王星拱致教育部呈文》(1936年8月3日)，国立武汉大学档案，6-L7-1936-XZ035，武汉大学档案馆藏。

廿五日，由本校与方瑞记凭工程师开尔士及见证人景明洋行三方面到场，签订标包合同。所有该项建筑图样，同时亦经本校与方瑞记双方签字盖章，有图样在卷可查。本校绝无更改图样之事实，该方瑞记捏词搪塞，显然可见。

二、……查方瑞记自二十四年九月廿五日签订标包合同以后，对于建筑工程，迄未兴工。本校曾于廿四年十一月廿二日，第一次函催兴工。本年一月间，该方瑞记曾偕律师顾宪章到校，要求加价。本校当以此项工程，系用公开投标程序，标定价额。既由该方瑞记签订标包合同承建，今于签订合同之后，要求额外加价，于法于理，均有不合，严词拒绝，并限令即日开工。该包工竟不顾信用，潜行回沪。本校于廿五年二月八日发第二次函催，三月十一日又发第三次函催，均有邮局双挂号回单存查。该方瑞记既不来校开工，又无只字见复，现反谓"屡向校方请求加价，结果未复只字"，其丧心失信，殊堪痛恨！

现此项工程，另行招包建筑，其因方瑞记不履行标包契约而发生之损失，为数甚巨，实应责令赔偿。又方瑞记于基地上招工搭盖棚厂，一切纠纷，亦未清理，仍恳钧部咨请上海市政府，严饬方瑞记经理人方祥和到校，赔偿损失并清理一切纠纷，以重公款，而惩奸诈，实为公便！ ①

---

① 《国立武汉大学校长王星拱致教育部呈文》(1936 年 8 月 3 日)，国立武汉大学档案，6-L7-1936-35，武汉大学档案馆藏。

就在武汉大学试图向方瑞记索赔的同时，校园内狮子山西南麓的体育馆工地上，改由六合公司承建的宋卿体育馆工程在历经一年多的波折之后，终于开始动工兴建。依照施工合同，该工程工期为180天，故其竣工时日，应已至1937年初。这项全校师生期盼已久的现代化体育馆刚刚投用不久，国立武汉大学即因日寇侵华而被迫迁川，半年后体育馆亦被侵华日军占据，在沦陷期间被改作日军军官俱乐部。[1]

而武汉大学与方瑞记之间的纠葛，仍然余波未了。1939年1月23日，已经西迁到四川乐山的国立武汉大学，又收到了上海一位"林翰枏会计师"发来的信件。信中写道：

> 方祥和（即方瑞记营造厂主）不能清偿债务，向上海第二特区地方法院声请宣告破产，经裁定应予宣告破产，并选任敝会计师为破产管理人，均经公告在案。查方瑞记营造厂账内，贵校计有欠款五千一百四十八元三角四分，兹特通知，请于函到五日内将欠款汇送敝事务所，掣取收据，以清债务。倘逾期不偿，定当依法诉追。即希查照为荷！此致武汉大学[2]

面对这封突如其来的"索债"通牒，武汉大学立即具文反驳，再次强调了自1935年9月签订合同以来方瑞记如何不履行合同的情形，并声明：

---

[1] 参见汤商皓：《1985年回国重游珞珈母校武大忆往感怀记》，《武汉大学校友通讯》，1991年第1期。

[2] 《会计师林翰枏致武汉大学函》（1938年12月21日），国立武汉大学档案，6-L7-1938-XZ063，武汉大学档案馆藏。

本校以体育馆需用急迫，势难再延，旋于廿五年六月廿二日将原制图样，另行招包建造，由上海六合公司得标，计标价洋一十五万六千二百元，与方瑞记前标包价相较，本校计损失国币四万一千零六十九元八角五分。其他一切损失，为数尚巨。此项损失，均应由方瑞记负赔偿责任。正拟依法诉追，适因沪战发生，遂形搁置。今方瑞记不能清偿债务，声请宣报破产，并选任贵会计师为破产管理人，本校此项债务，亦应在清偿之列。用特将此事经过，及因方瑞记不履行契约，致本校所受重大损失，函复贵会计师，即希查照列为债权人同受清偿。至来函所称"查方瑞记营造厂账内，本校计有欠款五千一百四十八元三角四分"一节，本校殊为诧异：本校并不欠方瑞记分文，自廿四年九月迄今，方瑞记亦无欠账只字函报到校。不知该方瑞记账内所称欠款，系交付本校何人？是否有本校凭证？并请贵会计师详细清查，以杜虚诬，至深切盼！ ①

显然，在兵荒马乱的时局下，所谓"列为债权人同受清偿"，不可能也从没有真正实行。不过，拖延宋卿体育馆工期 9 月之久又最终违约的方瑞记营造厂，不仅很快就宣告破产，而且破产清查过程中，竟又出现一笔数目详细到分的"欠账"，反向武大索债，这一系列事件，实在是颇具戏剧性。与此前汉协盛出现巨额亏损，宁可背负巨

---

① 《国立武汉大学致上海林翰枒会计师便函》(1939 年 2 月 1 日)，国立武汉大学档案，6-L7-1938-XZ063，武汉大学档案馆藏。

图100 建设中的宋卿体育馆

来源：武汉大学档案馆。

额债务也坚持不申请破产，极力保质保量地完成工程相比，在数年后宋卿体育馆招标过程中所发生的这一插曲，则以另一种截然相反的典型，折射出了20世纪30年代中国建筑营造业鱼龙混杂、制度欠缺、监管不力等深层次问题。而国立武汉大学校方及建筑设备委员会方面，尽管蒙受了巨大损失，但始终坚持原则，从未应允任何无理要求，并克服困难完成了体育馆工程。

1937年"卢沟桥事变"爆发时，珞珈山校园内尚有多项工程正在进行之中。从当年9月起由于各项建设拨款均告停止，"本校以应付各包工造价，无法支付，爰致函提请本校建筑设备委员会议决，将农学院未完工程暨其他设备各事项停止进行"①。根据武大1938年在乐

---

① 《国立武汉大学呈教育部文（嘉字第658号）》(1938年9月17日)，国立武汉大学档案，6-L7-1938-XZ062，武汉大学档案馆藏。

山呈报教育部的材料可知，1937年9月武昌珞珈山校舍各项工程仓促停工之时，由袁瑞泰营造厂承建的农学院大楼"建筑第二层楼面，尚有第三层瓦面及内部粉刷各项工程未完成"，理学院北侧扩建的两栋实验室大楼"内部一切装修仍未竣工……尚有实验及研究仪器未添置齐全"。学校还原本计划在学生饭厅南面紧邻男生宿舍西侧的山坡上继续扩建一栋学生宿舍楼，"建筑图样业已绘就，建筑基地亦已开坪，尚未招包建造"。① 此外，包括图书馆扩建书库、总办公厅、大礼堂、生物系大楼、医学院等其他各项建筑，则因经费无着，尚未提上建设日程，仍告阙如。截至1937年9月，珞珈山新校舍全部已建成的校舍建筑，大约占开尔斯总体规划的三分之二强。（图101、表6）

图101　1938年侵华日军空军奥田部队进入武昌时航拍的武汉大学校园全景
来源：王锦思先生供图。

---

① 《国立武汉大学建筑设备委员会廿六年度建设事业进行状况》(1938年9月17日)，国立武汉大学档案，6-L7-1938-XZ062，武汉大学档案馆藏。

表6　国立武汉大学珞珈山新校舍二期工程主要项目一览表

工程名称	照　片	建筑设计师	承造厂商
图书馆		〔美〕开尔斯	六合建筑公司
半山庐		缪恩钊 沈中清	合记营造厂
理学院煤气厂		〔美〕开尔斯	合记营造厂
第二教职员 住宅区		缪恩钊 沈中清	协昌华记营造厂
第三教职员 住宅区		缪恩钊 沈中清	合记营造厂
工学院		〔美〕开尔斯	六合建筑公司
法学院		〔美〕开尔斯	六合建筑公司

工程名称	照　片	建筑设计师	承造厂商
理学院 扩建实验楼		〔美〕开尔斯	袁瑞泰营造厂
华中水工 试验所		〔美〕开尔斯	合记营造厂
宋卿体育馆		〔美〕开尔斯	六合建筑公司
农学院 农艺实验室		缪恩钊 沈中清	蔡广记营造厂
农学院大楼		缪恩钊 沈中清	袁瑞泰营造厂 六合建筑公司
校门钢筋水泥 牌坊		缪恩钊 沈中清	不详

资料来源：武汉大学档案馆。

抗战胜利后，武汉大学成立了由杨端六任主任委员的"复校委员会"，负责学校从四川乐山东还复员的各项工作。复校委员会成立伊始的一项重要任务，便是接收和修缮武昌珞珈山校舍。校园内已停工八年多的农学院大楼，也于1946年底开始重新招标，着手复工。当年11月30日该项工程开标，以六合公司标价最低，但与1937年前主要校舍建筑的招标过程相似，这一最低开标价仍然超出了校方原定底价，于是学校只得"决将屋顶形式，绿瓦改为洋瓦，并将内部材料，亦略予更变"①。经过修改后，六合公司的标价由近7亿元减为近5亿元，随后由复校委员会主任杨端六代表校方与六合公司签订了施工合同，定于1947年6月5日前完工。②

与中山大学石牌新校最早开建农学院建筑相反，武汉大学农学院大楼是民国时期兴建的最后一项主要校舍建筑。作为珞珈山校园"文、法、理、工、农"五大学院之一的农学院，其院本部大楼无疑本应具有与其他四学院大楼等量的设计建造规格及标准。然而这幢建于1947年的建筑，在抗战胜利后民生凋敝、物价飞涨、财政困难、人心浮动的时局之中，注定无法再如最初的计划那般圆满完成了。虽然30年代的各项校舍工程也经历了招标时最低标价仍超过校方预算而不得不修改设计的过程，但武大对农学院大楼所进行的"降格以求"，其修改和缩减程度显然更甚。这幢大楼不仅外观极为朴素，几乎取消了一切装饰图案，更将标志性的绿色琉璃瓦屋顶也改换成了廉

---

① 《国立武汉大学公函（武字第11749号）》(1936年12月31日)，民国审计部湖北省审计处档案，LS023-003-2302，湖北省档案馆藏。
② 《国立武汉大学修建农学院承包合同》(1936年12月30日)，民国审计部湖北省审计处档案，LS023-003-2302，湖北省档案馆藏。

价的青灰色机制平瓦，从而使农学院大楼从外观上看与其他主要校舍形成了较大差别（图102）。这一无奈的"降格以求"，也最终为民国时期珞珈山校园建设画上了一个不无遗憾的句号。

图102　原国立武汉大学农学院大楼，今为武汉大学"雅各楼"。作者摄于2018年5月

第四章

珞珈山新校舍建设的经费来源与支出

一

新校舍一期工程的经费来源

由于建筑设备委员会的经费是自设会计系统独立核算，不与武汉大学的日常办学经费混一的，因此其详细的资金收支情况，并不被记录于学校的经常费账目中。1938年武汉大学西迁四川乐山时，建筑设备委员会的全部会计账目皆未随校运川，而是寄存在了汉口大陆银行保险箱和新泰洋行堆栈中。[①]1940年，这些留存汉口的文书档案皆被日军劫掠，下落不明，这就导致关于珞珈山新校舍建设的经费收支情况，长期以来显得模糊不清，也给后来的研究带来了较大困难。但在现存史料中，仍有不少线索，可帮助我们尽量厘清这笔数额不菲的建设经费的详细收支情况。

如前文所述，刘树杞于1928年6月21日在教育厅召集的武汉大学筹备委员会第一次谈话会上，提出以两湖书院为武汉大学校址。在随后他给李宗仁汇报此次谈话会内容的便函中，也曾提到关于校舍建设经费的计划："……开办费拟定为四十万元，以二十万元为修理校

[①] 《国立武汉大学会计室兼管国立武汉大学建筑设备委员会会计账据寄存汉口法租界大陆银行新泰茶栈清册》，国立武汉大学档案，6-L7-1934-XZ015，武汉大学档案馆藏。按：此卷档案编号中之形成年份（1934）有误，实际应为1938年之移交清册。

舍及购置寻常器具之用,以二十万元购置书籍、仪器。"① 由于在此时刘树杞的计划中,并未打算另建新校舍,而只是计划将原有的两湖书院旧校舍"拨作设立武汉大学之用",仅需对既有房舍加以修理即可,因此其所拟定的关于校园建设方面的经费,数额尚不为巨。

至当年7月初李四光提出在洪山建筑新校舍的计划后,关于武汉大学校舍建设的经费预算,便有了极大增加。如前文所述,蔡元培早在李四光提出新校舍计划之初,便曾专门致函李宗仁,为这笔巨额的新校舍建筑设备费向武汉政治分会请款:"预计建筑设备费约需百万元至百五十万元……此项临时费,势不能不就地筹拨。李君等在武汉时,曾商之政治分会及鄂省政府诸公,均表赞成,并允援助。"② 蔡元培在信中强调国立武汉大学建筑新校舍的经费"势不能不就地筹拨",等于明确告诉李宗仁,南京方面当时无法拿出钱来支持此项宏伟计划,而须从桂系当局控制的两湖地区国税收入中筹拨。从信中语句来看,对于这一耗资不菲的新校舍计划,桂系方面最初在态度上是表示支持的。

李氏晚年曾回忆道:"民国十七年秋间,李四光、王世杰、彭学沛等鄂籍知名教授回到武汉,和我磋商,拨款兴建武汉大学于珞珈山。我亦深觉建国之道,首需人才,故在军费极其支绌之时,慨然先拨二十万元,以资提倡。省府不甘落后,也筹拨相同之数。后来该大

---

① 《刘树杞致李宗仁便函》(1928年6月23日),民国湖北省政府教育厅档案,LS010-006-0166,湖北省档案馆藏。

② 《蔡元培致李宗仁函》(1928年7月13日),高平叔、王世儒编注:《蔡元培书信集》上册,第880页。

学的校舍竟成为全国最壮丽的学府建筑。"① 他的这一回忆，细节上虽有不甚准确之处，但承诺拨款并开始付诸实施一事，确属事实。事实上，从蔡元培信中所说的"李君等在武汉时，曾商之政治分会及鄂省政府诸公，均表赞成，并允援助"来看，早在李四光最初提出这一计划时，桂系当局方面就表示了原则上的认可。

在1928年11月28日建筑设备委员会正式成立并在省建设厅召开第一次常会时，对于这笔新校舍建设款项的具体用途和筹拨办法，便有了明确的计划："甲、经费支配：（1）建筑费一百万元；（2）设备费五十万元，其中分为图书、仪器两项，每项约各占一半……乙、经费筹集方法：（1）由国税项下支给，但在中央国家费支绌时期，暂由湖北省库借拨半数；（2）于建筑设备委员会成立后一月内尽先共拨出四十万元，第二月内共拨二十万元，嗣后每月共拨十万元，按照前条分担比例拨付。"② 代理校长刘树杞随即将这一建筑设备费筹拨方案向武汉政治分会呈报，政分会于12月6日下发指令："呈及附件均悉。经本会第四十五次常会议决，准予备案。"③ 在此之前的11月28日，即建委会第一次会议召开当天的下午，湖北省政府第六十三次政务会议即讨论了关于省政府借拨武大新校舍建筑费一半款项一案，该案议决

① 李宗仁口述，唐德刚撰写：《李宗仁回忆录》，香港：南粤出版社，1986年，第367页。按：彭学沛并非湖北籍，亦未曾参与1928年国立武汉大学的筹建，此处乃李宗仁记忆有误。
② 《国立武汉大学建筑设备委员会第一次会议记录》（1928年11月28日），国立武汉大学档案，6-L7-1928-XZ004，武汉大学档案馆藏。
③ 《中央政治会议武汉分会指令（政字第747号）》（1928年12月6日），国立武汉大学档案，6-L7-1928-XZ004，武汉大学档案馆藏。

"由财政厅设法借拨"，予以通过。[①] 至1929年2月8日，武汉大学向教育部具文呈报，称新校舍建设筹款办法"业经呈请武汉政治分会核准，并分令财政委员会、湖北省政府各照拨第一期建筑设备费贰拾万元在卷"[②]。

与此同时，对于这150万元预算的具体内容，建筑设备委员会也拟出了一份较为详细的"建筑设备费预算概书"，将这150万元的经费，分配到了每一项具体的建设工程中，并将建筑费和设备费分别列出了预算数（表7）。

表7　国立武汉大学建筑设备委员会建筑设备预算概书

科　目	预算数（单位：元）		备　注
大礼堂	120000	建筑费：90000	
		设备费：30000	
办公房屋	60000	建筑费：40000	
		设备费：20000	
图书馆	170000	建筑费：130000	建筑及设备可防火
		设备费：40000	
体育馆	40000	建筑费：30000	含游艺室、音乐室
		设备费：10000	
动力室	60000	建筑费：20000	暂置燃油发电机一台
		设备费：40000	

---

① 《湖北省政府第六十三次政务会议议事录》(1928年11月28日)，民国湖北省政府档案，LS001-001-0032，湖北省档案馆藏。
② 《国立武汉大学为呈报建筑设备委员会组织条例草案及经费筹集支配方法请备案由呈教育部》(1929年2月8日)，国立武汉大学档案，6-L7-1928-XZ004，武汉大学档案馆藏。

科　目	预算数（单位：元）		备　注
自来水塔	40000	建筑费：15000	
		设备费：25000	
煤气场	40000	建筑费：5000	含输气管道费用。每小时可制3000立方英尺煤气
		设备费：35000	
工　场	40000	建筑费：10000	暂置修理配置零件机器一架
		设备费：30000	
操场球场	3000	设备费：3000	
园圃布置	2000	设备费：2000	
教职员共同宿舍	40000	建筑费：30000	约100间
		设备费：10000	
男生宿舍3所	110000	建筑费：90000	每所120间，以20间作公用，每间4人，共约可住1200人
		设备费：20000	
女生宿舍1所	20000	建筑费：15000	可住150人
		设备费：5000	
教职员住宅大小40栋	170000	建筑费：150000	仿新村形式
		设备费：20000	
文学院	100000	建筑费：80000	大小教室20间、教授研究室20间、院设图书馆、学生休息室
		设备费：20000	
理学院	130000	建筑费：70000	大小教室20间、实验室16间、教授研究室20间、标本室5间、仪器室5间、药品室3间、院设图书馆、学生休息室
		设备费：60000	
法学院	100000	建筑费：80000	
		设备费：20000	

科　目	预算数（单位：元）		备　注
工学院	140000	建筑费：60000	大小教室20间、实验室10间、图书室3间、机器实验室10间、教授研究室20间、仪器室5间、院设图书馆、学生休息室
		设备费：80000	
农学院	30000	建筑费：30000	
医学院	30000	建筑费：30000	
修　路	10000	建筑费：10000	
购　地	25000	设备费：25000	在划定区域内，凡学校需用之地，依《土地征收法》购置
测　量	6000	建筑费：6000	
种　树	5000	设备费：5000	
监工工程师费用及其他勘测用度	9000	建筑费：9000	
总　计	1500000	建筑费：1000000	
		设备费：500000	

来源：《国立武汉大学一览（中华民国十八年度）》，1930年。

　　虽然在这份预算概书中，武大暂不打算立即设置的农学院和医学院仅各编列了3万元建筑费，但总的来看，这份总额150万元的建筑设备费预算，还是基本涵盖了国立武汉大学新校舍的全部工程。在这一预算书中，不仅文、法、理、工四大学院和大礼堂、图书馆、体育馆、运动场、男女生宿舍、教职员住宅等主要建筑悉数涵盖在内，而且水电设施、实习工厂、园林绿化、市政建设、购地测量等各类杂项费用也全部囊括其中。

从一些桂系当局要员后来的回忆中不难看出，他们自认为对于国立武汉大学新校舍的创建功劳甚大，也将之视为桂系治鄂期间的一大政绩。如前述李宗仁的回忆录中，便颇为自得地讲到自己当时在武汉"深觉建国之道，首需人才，故在军费极其支绌之时，慨然先拨二十万元，以资提倡"，而时任省政府主席的张知本，后来在台湾接受"中央研究院"近代史研究所的口述访谈时，对此事则更是夸大粉饰道："……兴筑武汉大学，名为国立，实际由湖北出钱，第一次拨款七十万元，第二次一百万元，都在我任内付出，校舍也大部在我任内修筑完竣。"[1] 然而事实上，无论是李宗仁的武汉政治分会还是张知本的湖北省政府，对于拨款建筑武大新校舍一事的态度，绝非如他们后来所说的那般"慨然"。1929年3月16日武汉大学召开的一次临时校务会议上，便提到此前不久校方曾"函湖北省政府，请拨给第二期、第三期建筑设备费拾伍万元，并向财委会催拨"[2]。可见桂系湖北省政府只拨出了第一期20万元经费，后续款项便无下文了。至于中央承担的经费（两湖国税），周鲠生后来曾在一次讲话中回忆道："王世杰先生于民十八年由京辞官来主校政，当时学校尚在东厂口，珞珈山新校舍圈地手续尚未办了，而所谓新校舍之建筑费……实际领到的只有二十万元。"[3] 这里的20万元，所指应为省政府拨出的第一期经费。而

---

① 沈云龙访问，谢文孙、胡耀恒纪录：《张知本先生访问纪录》，第70页。

② 《国立武汉大学第一次临时校务会议记录》，国立武汉大学档案，6-L7-1929-XZ022，武汉大学档案馆藏。

③ 《本校第十九周年校庆暨三十六年度开学典礼校长报告》，《国立武汉大学周刊》第374期，1947年11月1日，第1—2版。

王世杰本人在1930年的一次讲话中，更明确说道："中央定的新校舍的建筑费是一百五十万，一直到现在湖北省政府已付四十多万，中央则只付了六万。"[1] 直到蒋桂战争爆发，桂系在鄂统治垮台，这一应由财政委员会从两湖国税项中拨出的武大新校舍建设经费，事实上始终没有拨出一分钱。

蒋桂战争后，湖北省政局发生变化，蒋介石的南京国民政府重组了新的湖北省政府，并任命蒋的鄂籍亲信何成濬为新任省政府主席。早前几次拒绝与桂系湖北当局合作，亦回绝了蔡元培委其出任武汉大学筹备委员邀请的王世杰，此时对于回鄂参与武汉大学发展建设一事，重新有了兴趣。而早在1929年1月初，刘树杞即以其"本任湖北省政府委员兼教育厅长，综揽全省教育行政，事繁责重，委无余力再兼校长职务"为由，向教育部提出辞去武汉大学代理校长一职。[2] 至3月时，教育部批准刘的请辞，随后国民政府任命王世杰为武汉大学校长。[3] 3月31日，武汉大学部分学生即致电王世杰，促请其早日来校视事，王世杰随后回函道："杰现正解除中央研究院聘约，并设法脱离他务，一面并正向关系方面磋商本校预算经常费费源及新校舍工程等事，但使时局纠纷，不致使大学建设计划陷于无可进行之境地。"[4] 事实上，王世杰最终到校任职，已至5月22日。在南京的这两个月里，王世杰主要的工作，便是四处奔走，落实学校的经费来源，特别是珞

---

[1] 《上周纪念周王校长报告》，《国立武汉大学周刊》第78期，1930年12月14日，第1版。
[2] 《刘树杞为请辞代理校长兼职由呈教育部》，国立武汉大学档案，6-L7-1929-XZ001，武汉大学档案馆藏。
[3] 《王代校长致各教职员函》，《国立武汉大学周刊》第13期，1929年3月18日，第1版。
[4] 《王校长复本校学生函》，《国立武汉大学周刊》第17期，1929年4月15日，第1版。

珈山新校舍建设工程的经费。

如前所述，在桂系治鄂的最后时期，对于早前曾信誓旦旦予以承诺的武汉大学新校舍建设相关拨款，桂系当局便已不断拖延搪塞。其在湖北的统治垮台之后，原先武汉大学校方与武汉政治分会和桂系湖北当局所达成的关于新校舍建设的一切计划，更面临化为泡影的可能性。接手湖北的南京当局，是否仍愿意继承此前桂系所许诺的这一巨额拨款计划，面临着不确定性。周鲠生后来便曾说，当时"省政府已改变，情势变迁，一切皆有落空之象"①。虽然南京政府的最高领导人蒋介石，对于武汉大学珞珈山新校舍建设也颇为支持——这一点从前文提到的王世杰给蒋的信中"夏间杰由宁来鄂时，我公殷殷以完成武汉大学新建筑计画相嘱"一句便可看出——然而当落实到具体的经费筹拨时，王世杰亦曾遇到阻力。王氏晚年在台湾时，对于当年来校前为解决中央拨款部分的新校舍建设经费问题而奔走的过程，仍然记忆犹新。他曾回忆道："时全国财政大权在财政部长宋子文先生手中，我遂亲赴上海见宋，请他照案拨款。事先约定下午五时会谈，一直等到七点钟才得见到，其时他已经要离去了。仓卒间宋仅立谈片语：'目前中央方面，一个钱都没有。'宋态度如此冷漠，毫不热心，我只得再度赴京，求见行政院长谭组庵先生，向他说明此校对将来湖湘子弟，影响最大，而筹款却困难至此。谭先生闻言，立即热忱地说：'你放心，此事全部交给我办好了。'果然不久，宋即答应每月筹款五万元，分十五个月付清，成为定案，才算是解决了经费上二分之一的难

---

① 《本校第十九周年校庆暨三十六年度开学典礼校长报告》，《国立武汉大学周刊》第374期，1947年11月1日，第1—2版。

图103 谭延闿，字组庵

题……如果不是谭先生恳切帮忙，一切辛勤，恐将付之东流。"[1]

早前桂系治鄂时期，武汉政治分会与南京财政部为争夺两湖财税权力而进行了尖锐的斗争，在蒋桂战争前，南京方面始终未能夺回两湖财权。当时所谓由中央承担的武大新校舍75万元建筑设备费，乃是在被桂系实际控制的两湖国税中抽拨，与南京财政部本无关涉。如今桂系垮台，王世杰希望财政部能对这一拨款计划"概括承受"，对于宋子文而言自然是不甚情愿的。幸运的是此事得到了时任行政院长

---

[1] 殷正慈：《谒王校长雪艇先生谈珞珈建校》，《珞珈》（台北）第54期，1977年12月。按：何成濬，字雪竹。

谭延闿的支持。周鲠生在1947年时也曾回忆道："在民十八年王世杰先生由京赴武昌，就本校校长职的时候，湖北政局已变，学校建设经费根本发生问题，谭先生当时长行政院，很热心的协助我们。"[①]此外，根据《申报》的报道，此事亦得到了时任教育部部长蒋梦麟的协助："教育部蒋部长以该校为长江中部唯一文化中心……允宜令其继续发展，俾于最短期间完成其革新计划，一昨特向行政会议提议，拟请由财政部转饬鄂省财政特派员查照原案，按月拨发该校经常费。其由国库担任之建筑费部分，亦勉为设法陆续筹拨，以利文化而利教育。行政会议当可通过照办。"[②]经过王世杰的奔走和谭延闿、蒋梦麟等要员的协助，武大终于还是换来了南京政府对新校舍建设拨款计划的继续承认。

这75万元建筑设备费，后续拨款过程曾一度进展缓慢。蒋桂战争后整整一年时间，财政部都迟迟没有兑现拨款承诺。经过校方一再催促请求，至1930年4月底，行政院方才"核准武汉大学建筑费，由财部令饬鄂财政特派员，自下月起，按月拨给五万元，分十五个月拨足"[③]。而根据王世杰1930年12月的讲话，这笔建筑费截至当时仍仅下拨了6万元。不过从1931年以后，财政部对之前积欠的拨款进行了弥补，最终在1933年暑期以前，这75万元全部拨清。

对于省政府承担的建筑设备费，王世杰曾在1929年的一份给湖北省政府的公函中提到："本年五月，国民政府蒋主席鉴于兹事之重

① 《本校第十九周年校庆暨三十六年度开学典礼校长报告》，《国立武汉大学周刊》第374期，1947年11月1日，第2版。
② 《教部长请筹拨武汉大学经费》，《申报》，1929年4月29日，第7版。
③ 《令拨武汉大学建筑费》，《新闻报》，1930年4月27日，第5版。

要，曾电令贵府继续付款，俾照定案进行"①，这表明在动身来鄂之前，王世杰还曾请蒋介石出面先与省政府方面"打招呼"，最高领导人蒋介石，亦帮助王世杰向省政府方面进行了嘱咐。来到武汉后，王世杰便立即前去拜会新任省政府主席何成濬（图104），以落实应由省政府所当分担的另一半建筑设备费。王氏后来亦曾回忆道："我返武昌后，亲自去见何先生，对他说：'我是一介书生，本无勇气来创办这所规模宏大的大学。如果一定要我办的话，省政府方面，必须遵案筹款，一文钱都不可少，一天也不可拖延。'何先生听了，倒很痛快，立刻找来当时的财政厅长童贯时先生，吩咐他按月支付五万元给我。他说：'无论省政经费如何困难，此款必须优先筹措。'此七十五万元，后亦分十五个月拨清。何雪竹先生对建校十分热心，帮忙很大……尽管雪竹先生为政方面，也许有些弱点，但对国立武汉大学建校计划，确是非常热忱赞助的。对他，也使我终身为之感激。"②从相关原始史料来看，何成濬的湖北省政府的确接受了此前桂系湖北当局所承诺的认拨新校舍建设经费半数的计划。此后随着政局逐渐稳定，上述中央和省政府的建筑设备费拨款，大体都能按时拨付。其间由于新校址迁坟纠纷、1931年武汉大洪水、"九一八"事变等，曾有过数次拖延，但至1932年夏时，最初计划的150万元建筑设备费，已经基本拨付到位。

---

① 《国立武汉大学致湖北省政府公函（第373号）》，国立武汉大学档案，6-L7-1929-XZ024，武汉大学档案馆藏。

② 殷正慈：《谒王校长雪艇先生谈珞珈建校》，《珞珈》（台北）第54期，1977年12月。

图104 何成濬，字雪竹

　　然而，从此时新校舍建设的实际情况看，最初的预算数额显然是严重偏低的。关于这一点，建筑设备委员会和武汉大学校方的主要领导，早在最初的几项校舍工程开标时，势必已心知肚明。如汉协盛承建男生宿舍四大栋的标价总共27万元，而在预算书中仅编列11万元；理学院仅一期工程三大栋，标价即已达17.75万元，但在最初的总预算书中，建筑及设备费一共也仅编列了13万元。[①] 这两项工程的招标和开标，时间都在长江大洪水和"一·二八"事变之前，而工程标价即已大大超过预算数，这无疑表明即使排除掉后来导致物价上涨

---

① 《国立武汉大学民国二十三年度房屋建筑栋数及价值报部填表》，国立武汉大学档案，6-L7-1934-XZ018，武汉大学档案馆藏。

的各种客观因素，1929年的这份150万元总预算，金额也是严重低估的。在此情况下，武汉大学仍然按照开尔斯的建筑计划开始兴工，不能不说是一种大胆的冒险。这其中既有武大创建者们对新校舍宏伟理想的坚持与执着，也可窥见他们对于后续筹款前景的乐观预期。校方从1930年开始，便尝试通过其他途径募集款项，以弥补工程建设的资金缺口。王世杰1930年12月的讲话中曾提到："前不久我们请汉口市政府给我们帮助，结果他们答应了理学院建筑费十七万元。"[①] 根据校方财务账目记载，这笔经费随后分年拨付，在1933年时已全数到位（图105）。

图105　理学院主楼入口处墙壁上镶嵌的"汉口市政府资造"石碑

---

① 《上周纪念周王校长报告》，《国立武汉大学周刊》第78期，1930年12月14日，第1版。

对于1932年一期工程完工时珞珈山新校舍建设所耗经费数额及其来源，校长王世杰当年5月在新校舍落成典礼上曾有一个大概的总结："……建筑设备的经费，原来的预算是一百五十万元，中央及湖北各担负七十五万元。后来因物价增高，文化基金会有少数的津贴，汉口市政府也有十几万元的津贴。同时本校最初二年的结余一共三十多万也挪用于内。省政府的七十五万元已陆续拨清，中央及市府大部分均已付清。据建委会的报告，现在我们已用去的总数，约为一百七十万元，已超过原来的预算，而已完的工程洽［恰］好一半。"① 由这一讲话可知，截至1932年夏天，最初编列的由中央和湖北省财政分担的150万元建筑设备费已经基本拨付完毕，加上校方历年结余款项和汉口市政府捐助款项，1932年时新校舍建设已花去170余万元。然而此时武汉大学事实上只大体完成了新校舍一期工程的主体项目，王世杰所说的"已完的工程洽［恰］好一半"，是有所夸大。从总体规划和全部新校舍建设计划来看，此时新校舍工程仅仅完工了约三分之一。

在这次讲话的最后，面对前来参加典礼的中央和地方党政要员，王世杰也不忘向他们请求继续的支持。他说道："……中央、省政府及各界所给与本校不断的帮助，应特别的感谢……本校的工程，尚只完成一半，此后需要中央及地方的指导与帮助正切。我们的建设不仅是物质的建设，还有最大的精神建设，无论在学术建设方面或文化事业方面，我们都在努力。请大家看我们所走的路是不是中华民族的出

---

① 《本校新校舍落成典礼王校长报告词》，《国立武汉大学周刊》第159期，1932年5月31日，第2版。

路，是不是人类向上的路。这是希望于给我们以物质帮助、精神帮助之外，更希望各界予以匡助的。"①

---

① 《本校新校舍落成典礼王校长报告词》，《国立武汉大学周刊》第159期，1932年5月31日，第2版。

二

新校舍二期工程的经费筹措

在1932年春武汉大学迁入新校舍后，虽然整个工程还远远没有完成，相关建设却足足停滞了一年多时间，其主要原因，便是受制于经费无着。由于原初编列的150万元预算已经全部用完，校方领导只得四处奔走，多方努力，试图为珞珈山新校舍的后续各项建设争取到足够的经费，以使工程早日继续推进。纵观1933年以后珞珈山校园建设的历史，筹款、催款贯穿了数年间工程建设的始终，而经费来源也呈现出纷繁复杂的状况。这一时期校舍建设的资金来源，主要包括国库省库拨款、庚子退款、校外合作协定款项和私人捐款四大类。

（一）中央及湖北、湖南两省财政拨款

作为教育部直属的京外国立大学，武汉大学在1932年面临珞珈山新校舍建设经费不敷的局面时，首先想到的自然是继续依照早前150万元的成例，向中央政府和湖北省政府申请追加财政拨款。早在1932年5月武大举行新校舍落成典礼时，蔡元培便在会上的讲话中称：

"将来建设和设备经费，中央认为应该要用的，总可想法拨给。"① 果然从一年后的1933年5月起，财政部应校方所请，决定向武汉大学追加一笔总额48万元的临时建筑费，每月拨付2万元，为期两年。② 然而至1935年春此款即将拨清时，财政部便无意再延长此案继续拨款了。当年3月，教务长皮宗石在一次总理纪念周上曾说道："本校的临时建筑费，在本年四月就要期满终止……目前还只有计划而未决定实行的建筑，还有待于中央政府的临时经费的继续发给。这次校长到京主要的就是为办这事。我们很急切地希望政府体念本校的特殊情形——还在草创途中的情形——准许我们的请求。"③ 从后来学校的有关财务统计来看，时任校长王星拱此次进京请款并未完全遂愿：财政部虽勉予同意从当年7月起继续追加拨款，但将数额减半，改为每月只拨1万元。④ 1935年度和1936年度，财政部均依照这一数额，每年向武汉大学拨付12万元临时建筑费。1937年度由于时局因素，该款项"本年度七八两月，每月领到洋壹万元，计共领洋贰万元，其余之款，奉令经初次紧缩案内停支"⑤。综合以上各款项，自1933年5月起至1937年8月止，在最初核定的75万元建筑设备费之外，中央财政共向武汉大学珞珈山新校舍工程追加拨付了74万元临时费，大致相

---

① 《武大新校舍落成典礼·蔡元培演说》，《武汉日报》，1932年5月27日，第2张第3版。
② 《国立武汉大学民国二十二年度岁入明细表》，国立武汉大学档案，6-L7-1933-XZ007，武汉大学档案馆藏；《国立武汉大学建筑设备委员会民国二十三年度收支对照表》，国立武汉大学档案，6-L7-1934-XZ018，武汉大学档案馆藏。
③ 《上周纪念周教务长报告》，《国立武汉大学周刊》第225期，1935年3月4日，第1版。
④ 《国立武汉大学建筑设备委员会民国廿四年度收支对照表》，国立武汉大学档案，6-L7-1935-XZ018，武汉大学档案馆藏。
⑤ 《国立武汉大学呈教育部武汉办事处遵令呈报本校建筑设备中途停顿情形恳祈鉴核汇转由》(1938年7月18日)，国立武汉大学档案，6-L7-1938-XZ062，武汉大学档案馆藏。

当于在原初计划的基础上，增加了一倍的拨款。

湖北省方面，何成濬在1932年5月参加新校舍落成典礼时发表的讲话中，也表示"现在中央与地方财力困难，但学校为文化之母，其发展与否，关系一国之盛衰，且大学为科学发明之中心，国家各大学，能潜心研究学问，制造利器，保国家之生存，故地方亦极愿尽力协助"[1]。至1933年时，湖北省政府也应武大所请，同意从次年1月开始，"按月补助本校建筑设备费贰千元"[2]。根据历年武大造具的财务统计表，此项经费大体一直得以持续拨付，偶有个别月份未发，亦会在当年之内予以补齐。唯1935年9月至1936年2月间，此项拨款之数额不知何故被折减为每月1700元，虽从1936年3月起恢复为每月2000元，但此前折减之数额亦未再予补拨。[3]与中央拨款一样，湖北省的此项追加拨款，亦至1937年9月停拨。[4]总计自1934年1月至1937年8月间，湖北省政府共向武汉大学珞珈山新校舍工程追加了8.62万元拨款。

在1929年武汉大学最初的新校舍建设预算中，并无请湖南省政府出资之计划。不过武汉大学虽名为国立，地在湖北，但与湖南省亦关系密切。学校主要创办者、领导人和教授中，诸如周鲠生、皮宗

---

[1] 《武大新校舍落成典礼·何成濬演说》，《武汉日报》，1932年5月27日，第2张第3版。

[2] 《沿革概要》，《国立武汉大学一览（中华民国廿五年度）》，武昌：国立武汉大学，1936年，第10页。

[3] 参见《国立武汉大学建筑设备委员会民国二十三年度收支对照表》，国立武汉大学档案，6-L7-1934-XZ018；《国立武汉大学建筑设备委员会民国廿四年度收支对照表》，国立武汉大学档案，6-L7-1935-XZ018；《国立武汉大学临时建筑设备费概况》，国立武汉大学档案，6-L7-1936-XZ034，武汉大学档案馆藏。

[4] 参见《国立武汉大学呈教育部遵令呈报二十六年度本校建设费收支数目及事业状况恳祈鉴核并转送备查由》（1938年9月17日），国立武汉大学档案，6-L7-1938-XZ062，武汉大学档案馆藏。

石、任凯南、杨端六、袁昌英等人皆为湖南籍，他们在湖南政商学界亦有着较为广泛的人脉，而武大在校学生中，湖南籍亦为数众多，学校之建设发展，对于湖南人才培养亦关系莫大。当武汉大学新校舍建设经费支绌时，校方也决定向湖南省方面求助。1932年10月，王世杰给湖南省教育厅厅长朱经农写信称："敝校校舍初期建筑费，系由中央及湖北省政府各任七十五万元，汉口市政府任十七万元。现在此款业经拨讫，全部工程已完成三之二而弱……目前需继续兴工者，为总图书馆及法学院。此两项工程，即仅就建筑费计算，尚需五十万元（图书馆约三十五万元，法学院约十五万元）。敝校现正竭力筹措此款，以期早日施工……湘省与敝校关系夙密，敝校学生人数，以省份比较，湘生推第一。而贵省府迩来于建设教育，力求进步，对于敝校进行计划，夙荷赞许。以此敝校同人及湘省在校员生，对于贵省政府物质上之援助，尤具热烈之期望。今年暑期中，曾托敝校教授任凯南先生将此意向何芸樵主席及张慕舟厅长恳切面陈，当承慨许担任一种主要建筑物之建造费，并允自下年一月起开始分期拨款，以利进行。敝校全体同人闻之，莫不异常感奋……至于贵省府协助之款，或指作总图书馆建筑费之一部分，而由敝校负责筹集其不足之数，或指作法学院之建筑费，或授权敝校斟酌，作上两项建筑物任一之费用，统由贵省府决定。"[①]

为了说服湖南当局提供赞助，武大方面可谓煞费苦心，不仅派出了曾任湖南大学校长的湘籍教授任凯南亲自前去长沙面见何键、张慕

<hr />

[①]《王世杰致朱经农便函底稿》（1932年10月26日），国立武汉大学档案，6-L7-1933-XZ011，武汉大学档案馆藏。按：何键，字芸樵，时任湖南省政府主席；张慕舟时任湖南省财政厅厅长。

舟等政要，更在送给他们的介绍图书馆和法学院两项工程的"建筑计划节略"中，极力渲染和强调此两项建筑工程与湖南的"密切关系"："（图书馆）大门前有湖南青石大方台阶十余级……底层外墙用湖南青石……全部屋顶均用洋灰铁筋，加盖湖南所产之绿琉璃瓦。"[①]"（法学院）屋顶用铁筋洋灰，加盖湖南绿琉璃瓦，俾符东方建筑之美观。"[②]只是对于武汉大学的这般良苦用心，湖南当局似乎并未回报以很高的热情。尽管如王世杰信中所说，早在1932年暑假时，何键和张慕舟便已口头承诺愿意"担任一种主要建筑物之建造费，并允自下年一月起开始分期拨款"，但事实上直到1934年9月，湖南省政府方才"函知协助本校法学院建筑费国币一十二万元"[③]，而真正开始拨款，则是到了当年11月。根据武大造具的财务统计表，湖南省政府此项拨款，时断时续，周期冗长。1934年度中仅在1934年11月和1935年1月、2月、5月、6月中分别拨付了5000元，共计2.5万元，[④]1935年度则在1935年7月拨款5000元，12月拨款3000元，1936年1月拨款3000元，3月拨款6000元，4月拨款3000元，6月拨款5000元，总计亦为2.5万元，[⑤]到了1936年度，则更是全年未再拨款，余下的7万元款项，曾被武汉大学建筑设备委员会编入1937年度的预算数中。[⑥]但在随后的时

---

① 《图书馆建筑计划节略》，国立武汉大学档案，6-L7-1933-XZ011，武汉大学档案馆藏。
② 《法学院建筑计划节略》，国立武汉大学档案，6-L7-1933-XZ011，武汉大学档案馆藏。
③ 《沿革概要》，《国立武汉大学一览（中华民国廿五年度）》，第10页。
④ 《国立武汉大学建筑设备委员会民国二十三年度收支对照表》，国立武汉大学档案，6-L7-1934-XZ018，武汉大学档案馆藏。
⑤ 《国立武汉大学建筑设备委员会民国廿四年度收支对照表》，国立武汉大学档案，6-L7-1935-XZ018，武汉大学档案馆藏。
⑥ 《国立武汉大学临时建筑设备费概况》，国立武汉大学档案，6-L7-1936-XZ034，武汉大学档案馆藏。

局下，这一预算自然也成为泡影。总计从1934年11月起至1936年6月，湖南省政府共向武汉大学拨款5万元，专作法学院大楼的建筑设备费（图106）。

图106　法学院入口墙壁上镶嵌的"湖南省政府协资建造"石碑

（二）美、英庚子退款

清政府于1901年与列强签订《辛丑条约》，被迫向各国支付本息共计9.8亿两白银的巨额赔款，这一数额已远远超出了国家正常的财政负担能力。为了筹措赔款，清廷向各省摊派"赔款捐"，将这一屈辱而沉重的负担转嫁给全国人民。很快，列强中的一些"开明人士"也逐渐意识到，如此严苛沉重的赔款负担，不仅无助于缓和中国底层人民的仇洋情绪，更可能进一步激化中国社会矛盾，最终不利于维护帝国主义在华既得利益。在清廷驻美公使梁诚的努力下，美国于1909年率先开始向中国退还"过多"的赔款，用于资助中国学生赴美留学。1924年，更决定完全放弃后续的全额赔款，并将这些庚款退还中国，成立中华教育文化基金董事会（简称"中基会"），专门管理和使用美国退还庚款，用以支持发展中国教育文化事业。在美国的带头之下，加之第一次世界大战中，中华民国因参加协约国而成为战胜国，接受庚子赔款的各列强除日本外，也纷纷表示要退还庚款，用以支持中国经济、文化、教育等社会公益事业的发展建设。这其中英国在1930年与国民政府正式换文，成立了"管理中英庚款董事会"。与中基会相比，中英庚款董事会的资金，主要用于支持中国的铁路建设和其他生产事业，而所得利息才用于支持教育文化事业发展。在武汉大学珞珈山新校舍建设中，就有来自上述两个董事会的庚款资助。

　　20世纪30年代国立武汉大学的建设发展中，收到中基会的资助颇多。该会在校园建设、设备扩充、学科发展、学术交流等方面，均对武大给予了不少资金援助。早在1930年7月召开的该会第六次年会上通过的年度资助机关名单和项目中，便包括了对国立武汉大学"理科设备"的资助，该资助计划为期两年，1930年度资助5万元，1931年度资助3万元。[①]这项补助期满后，在1932年中基会第八次年会上，又通过了对武汉大学继续补助3万元的拨款计划，仍用于"增购科学

---

① 《中华教育文化基金董事会第六次年会纪录》（1930年7月2日），国民政府教育部档案，5（2）-126，中国第二历史档案馆藏。

设备"。①

　　同样在这一年，武大还曾向中基会去函，"请求补助该校图书馆建筑费"。该案由大会主席、中基会董事长蔡元培在会上提出讨论，最终决议"本会经济，现在非常拮据，应俟财政稍裕，有力补助新事业时，再予该案以充分之考虑"。尽管如此，蔡元培作为提案人，仍建议此事应"允许于下届年会，尽先考虑"②。果然到了1933年的中基会第九次年会上，便顺利通过了"补助武汉大学图书馆建筑费"5万元的计划。③而随着图书馆工程的持续推进，在1935年中基会第十次年会时，又再次决议对武大图书馆追加拨款5万元。在资助项目的说明中，中基会表示："本年补助费五万元，系为完成图书馆建筑之用……该校现已设置研究院，对于图书馆之需要，尤为急切。新馆能及早落成，殊堪欣幸。"④根据武大校方的账目记载，这笔款项于1934年7月、10月、11月和1935年4月，分四次各拨付了1.25万元。⑤至此，七七事变前中华教育文化基金董事会对国立武汉大学珞珈山新校舍建筑设备费的资助便告一段落。

　　除了作为该会董事长的蔡元培鼎力支持以外，该会董事兼秘书胡

---

① 《中华教育文化基金董事会第八次年会纪录》(1932年7月1日)，国民政府教育部档案，5(2)-126，中国第二历史档案馆藏。

② 《中华教育文化基金董事会第八次年会纪录》(1932年7月1日)，国民政府教育部档案，5(2)-126，中国第二历史档案馆藏。

③ 《中华教育文化基金董事会第九次年会纪录》(1933年7月14日)，国民政府教育部档案，5(2)-126，中国第二历史档案馆藏。

④ 《中华教育文化基金董事会第十次报告》(1935年12月)，国民政府教育部档案，5(2)-126，中国第二历史档案馆藏。

⑤ 《国立武汉大学建筑设备委员会民国二十三年度收支对照表》，国立武汉大学档案，6-L7-1934-XZ018，武汉大学档案馆藏。

图107 中华教育文化基金董事会干事长孙洪芬来武汉大学考察，与部分教职员在听松庐前合影。左起依次为叶雅各、查谦、皮宗石、孙洪芬、周鲠生、陈源

来源：皮公亮先生提供。

适，作为王世杰、王星拱、周鲠生、皮宗石等人的北大老同事和多年老友，也在会中积极协调，为武大得以时间较早、数额较多地获得中基会的上述补助提供了不小的帮助。周鲠生后来曾回忆道："胡先生在许多地方帮助本校，如关于战前中美基金会的捐助。"[①] 从1930年至1935年，中华教育文化基金董事会先后资助武汉大学理学院设备费及图书馆建筑费各笔款项，总计21万元。

---

① 《本校第十九周年校庆暨三十六年度开学典礼校长报告》，《国立武汉大学周刊》第374期，1947年11月1日，第1—2版。

国立武汉大学与英国及管理中英庚款董事会也有着密切的联系。除了建筑设备委员会委员长李四光便是该董事会的董事之一外，西迁乐山前武大的两任校长王世杰和王星拱以及长期代理建委会委员长一职的工学院院长邵逸周三人亦皆为留英背景。因此早在1932年6月，王世杰即致函该董事会，请求对武汉大学予以资金支持。他在信中写道："武昌城外新校舍工程，今春业已竣工，全校均已迁入。惟敝校因受预算之限制，下学年度之发展计划中，尚有两项工作难于实现，校中全体同人，均甚踌躇不安：一为工学院试验室之建筑及设备计划……二为各学院设置特种讲座计划。"随后王世杰提出了请求资助的具体金额和使用途径："（一）工学院试验室建筑费及设备费三十万元；（二）文、法、理、工四学院每院设立讲座三位共十二位，自民国二十一年度起以四年为期，每年讲座经费共六万元（每位讲座约计岁五千元）。"此外王世杰还特别强调："敝校位于长江中部，来学之士，固以鄂、湘、赣、皖诸省为多，而川、陕、豫、滇之大学生，实际上亦咸以敝校为就学之地。窃冀贵会决定庚款用途之时，对于此种情形予以考虑。因庚款为全国负担承受，庚款之津助者，亦或须以在地域上含有普遍性之文化机关为主，此敝校全体同人之愚见。"[①]此函中所称的"工学院试验室建筑"，即指尚未修建的工学院大楼及实验室建筑群。对于武大此次请款，中英庚款董事会回函称："本会成立仅及一载，所借与各机关款项，今年虽开始计算利息，然为数尚微，实难即言分配于文化教育事业之用。一俟本会所收利息达到可能分配时，

---

① 《国立武汉大学致函管理中英庚款董事会请津助工学院建筑设备费三十万元及设置讲座由》（1932年6月2日），国立武汉大学档案，6-L7-1932-XZ012，武汉大学档案馆藏。

当尽先将贵校前函提会讨论。"①

经过一年多的等待，武汉大学于1933年12月时再次致函该董事会，称上次请款"迄今已逾一年，敝校班次逐渐加多，规模亦更扩大，工学院之建筑设备，刻不容缓，而兼负研究责任之讲座亦有设置之亟需。兹值贵会分配利息之期……特函重申前请"②。庚款董事会对此又回函称："统计本会自成立两年来……结算利息者，为数尚属不多。利息之积存，依上月分会计报告，仅国币肆拾余万，而各地教育文化机关之请求补助，截至六月底止，已达伍千万左右，相差过远，挹注实难。"③对于武大此番之再请资助，该会董事长朱家骅还回函王星拱、周鲠生等校方要员，表示该董事会"拟于明年夏季以后开始支配"，而他个人在"将来讨论请款案时，对于贵校事，自当特别注意，并与各董事言之"。④

至1934年7月，中英庚款董事会终于批准了武汉大学的请款申请，同意资助武大工学院建筑设备费，同时先在文学院外文系设立英文讲座。不过资助金额上，与早前武大所请相比，颇有折扣。工学院建筑设备费，武大原请资助30万元，而中英庚款董事会最终仅批准补助

① 《管理中英庚款董事会致国立武汉大学公函（第735号）》（1932年6月8日），国立武汉大学档案，6-L7-1932-XZ012，武汉大学档案馆藏。
② 《国立武汉大学致函管理中英庚款董事会为请津助工学院建筑设备费三十万元及设置讲座每年经费六万元由》（1933年12月5日），国立武汉大学档案，6-L7-1933-XZ008，武汉大学档案馆藏。
③ 《管理中英庚款董事会致国立武汉大学公函（第5070号）》（1933年12月10日），国立武汉大学档案，6-L7-1933-XZ008，武汉大学档案馆藏。
④ 《朱家骅致周鲠生、王星拱等函》（1933年12月23日），国立武汉大学档案，6-L7-1933-XZ008，武汉大学档案馆藏。

"工学院建筑设备费国币十二万元，分三年平均拨付"①。根据武大会计部门造具的经费收支简表，这笔12万元的款项，从1934年11月开始，每年度分两次拨款，每学期拨发2万元。至1937年2月5日，武汉大学向中英庚款委员会发去收据，确认领到最后一笔2万元款项②，至此该项工学院建筑设备费12万元英国庚款资助，皆已如期如数拨付到位（图108）。

从1934年度开始持续三年的这一从中英庚款董事会中获得的赞助，进展十分顺利，而武汉大学方面亦希望到期之后，还能继续维持这一资助。于是在1937年上半年，学校又再次致函该董事会："请补助水工试验所及农艺系设备费十六万元。"对于武大此请，该董事会第四十六次会议议决"补助十五万元，指定以三万元为讲座费，二万五千元为工学院建筑费，六万元为水工试验所设备费，三万五千元为农艺系设备费，自廿六年度起，分三年平均拨给，每年拨五万元"。③即同意自1937年度起再补助武汉大学建筑设备费12万元（另有讲座费3万元），仍分三年拨付。而所津助之项目，除了仍旧包括此前的工学院建筑费外，另有补助华中水工试验所和农学院农艺系的设备费。遗憾的是，此项补助案甫一通过，即爆发七七事变，这项拨款计划亦随即宣告流产了。

① 《沿革概要》，《国立武汉大学一览（中华民国廿六、廿七年度合刊）》，乐山：国立武汉大学，1939年，第10页。
② 《国立武汉大学事务部会计股便笺》（1937年2月16日），国立武汉大学档案，6-L7-1937-XZ032，武汉大学档案馆藏。
③ 《管理中英庚款董事会致国立武汉大学公函（第2355号）》（1937年6月23日），国立武汉大学档案，6-L7-1937-XZ032，武汉大学档案馆藏。

图108 工学院内"纪念中英庚款董事会协助本院建筑设备"石碑

（三）校外合作协定补助款

为了将学术科研与实践实习相结合，积极回馈社会，同时也为了尽可能多渠道地募集新校舍建设款项，国立武汉大学还积极与校外有关机关开展技术合作，从中武大也获得了一定的建筑设备费补助。这一时期武汉大学所开展的这类校外合作，主要有与铁道部平汉铁路管理委员会（局）的技术合作协定，以及与湖北省政府和江汉工程局合作建设华中水工试验所的协定两项。

1932年3月，武汉大学致函铁道部及平汉铁路管理委员会，称"武汉居全国中心，为将来全国铁道网之总枢纽……如贵会愿就近利用敝校理、工两学院之设备与其数十专家之劳力，必能使双方均获得良好之效果"。为此，武大提出请其"月拨敝校津贴八千元，供此两学院随时扩充设备与增设讲座之需"。①此案得到了铁道部的认可，该部回函武大，表示"台函提议各节，为铁道事业与科学合作之先声，互助互利，意至美善……已令饬平汉路管理委员会遵照办理"②。当年4月，武汉大学即与平汉铁路管理委员会签订了此项技术合作协议。③然而，这项协议自签署当月起，便波折不断。甫一签署，平汉路方面便似乎萌生悔意，对于拨款一事不甚积极。当月王世杰即给铁道部部长顾孟余去电，称"该路意欲延数月执行，实则路款现亦月达二百万元，拨此少数之款，决无困难。如该路请示延办，可否仍烦转嘱，照部令即时执行"④。为了促成此事尽快达成，武大还向最高领导人蒋介石求助，蒋于1932年5月12日发电给平汉铁路管理委员会委员长何竞武，表示"闻铁道部已令饬平汉路与武汉大学合作，一面由平汉路月给该校相当津贴，以助该校理、工学院之发展。此事于路、校均有益处，望从速实行为盼！中正。文"⑤经过交涉，平汉路委员会勉强

---

① 《国立武汉大学致汉口平汉铁路管理委员会、南京铁道部驻京办事处公函（第698、700号）》(1932年3月16日)，国立武汉大学档案，6-L7-1932-XZ003，武汉大学档案馆藏。

② 《铁道部致国立武汉大学公函(会字第338号)》(1932年4月15日)，国立武汉大学档案，6-L7-1932-XZ003，武汉大学档案馆藏。

③ 《沿革概要》，《国立武汉大学一览（中华民国廿六、廿七年度合刊）》，第7页。

④ 《王世杰致顾孟余电底稿》，国立武汉大学档案，6-L7-1932-XZ003，武汉大学档案馆藏。

⑤ 《蒋中正电何竞武速实行平汉路与武汉大学合作发展》，"蒋中正总统文物"，002-080200-00053-021，台湾"国史馆"藏。

同意自当年5月起开始拨付此项经费，但仍以"路收欠旺"为由，将拨款数额打折，每月仅拨付5000元，直至1932年10月起，才恢复每月8000元的足额拨款。[1]

在此项合作协定后续的执行过程中，平汉铁路管理委员会（局）始终表现出意兴阑珊的姿态，不断试图拖延甚至终止拨款。就在1932年10月恢复足额补款仅仅三个月，从1933年2月起，"该局藉口华北战事，收入减少，不肯继续照拨"，武大方面"屡次交涉，毫无效果"[2]。为此，武大又求助于蒋介石。当年5月26日，蒋再次发电何竞武，要求平汉铁路管理委员会仍维持原案继续向武汉大学拨款。[3]从相关档案记载来看，蒋介石对此事的这两次介入，确实起到了效果，这笔每月8000元的拨款，很快又予以恢复和补拨。不过，该局事实上对于此项合作，早已有终止之意，故而后续在拨款过程中，仍时常百般刁难。如1934年底该局与武大续签合作协定时，便突然提出要求在合同中附加"本合同效力至廿四年六月底，届时应由双方会同注销之"[4]这一项条款，等于又变相提出了终止合作协定的要求。武大方面为此向教育部求助，教育部部长王世杰、总务司司长雷震等要员

① 《国立武汉大学呈教育部遵令编造二十四年度本校岁出临时概算书恳祈鉴核分别存转由》（1936年2月12日），国立武汉大学档案，6-L7-1936-XZ033，武汉大学档案馆藏。
② 《杨端六函杨永泰请从旁襄助务使平汉铁路局继续援助武汉大学》，1933年5月19日，"蒋中正总统文物"，002-080200-00053-023，台湾"国史馆"藏。按：杨端六此函落款时间原文为"廿一年五月十九日"，即1932年5月19日。然根据该函所述内容判断，此处应为笔误，实际应为民国廿二年，即1933年。
③ 《蒋中正电何竞武原定由平汉铁路局常月津贴武汉大学八千元现闻有停止拨付之意查该项津贴对于造就华中人才关系颇大请维持原案继续照拨》（1933年5月26日），"蒋中正总统文物"，002-090102-00004-074，台湾"国史馆"藏。
④ 《铁道部咨教育部文（计字第421号）》（1935年3月12日），国立武汉大学档案，6-L7-1934-XZ014，武汉大学档案馆藏。

随即与铁道部及平汉局方面沟通，从中斡旋。此案签订以来，武大积极履行协定规定之义务，为平汉铁路局方面进行了关于铁路钢轨、枕木等方面的大量实验，皆有大量原始档案记载证明。而1935年6月时，该局局长陈延炯在给雷震的回函中，竟然声称"查本路前与武汉大学订立技术合同，规定为枕木、机器、油与钢铁之试验，图书之借阅及其他专门研究之技术事项。以上种种试验，自订立合同以来，本路因无需要，迄未有所委办。在本路方面，实无继续之必要"①。对于陈氏如此态度，且出尔反尔，令雷震亦感惊诧。他在随后给武大校长王星拱的信函中写道："平汉路陈局长在京时，曾面允续订下年度技术合作合同。兹接其来函，忽将原议取消。经陈明雪公，奉嘱请吾兄严正交涉……弟当另函陈局长接洽。"② 几经交涉，铁路局方面又勉强答应1935年度继续签订合作协定，每月仍拨付武大8000元津贴。而根据武大校方的财务账目表可知，紧接着的1936年度中，平汉铁路局方面又生变故，将此项津贴数额腰斩，全年度津贴数额从原来的9.6万元，折减为4.8万元。③1937年度以后，此项几经波折、"命途多舛"的津贴也因战争而宣告彻底终止了。总计从1932年5月起至1937年6月，平汉铁路局通过与武汉大学开展技术合作的方式，共津助了武大工学院建筑设备费43.3万元（图109）。

① 《陈延炯致雷震函抄件》(1935年6月5日)，国立武汉大学档案，6-L7-1934-XZ014，武汉大学档案馆藏。
② 《雷震致王星拱函》(1935年6月9日)，国立武汉大学档案，6-L7-1934-XZ014，武汉大学档案馆藏。
③ 《国立武汉大学临时建筑设备费概况》，国立武汉大学档案，6-L7-1936-XZ034，武汉大学档案馆藏。

图109　工学院内"纪念平汉铁路管理局协助本院建筑设备"石碑

　　位于工学院大楼南侧的"华中水工试验所",本不在国立武汉大学最初的新校舍建设计划之中,其创办和建筑经过,亦是与地方政府合作完成的,该试验所的创设,最早来源于湖北省政府1933年在武大设立的水利讲座。是年10月18日,湖北省政府鉴于本省江湖密布,水患频繁,乃决议:"由堤费项下拨款,商请武汉大学特设水利讲座,养成治水专才,以利要政。"[1]武汉大学随即依照省府所请,拟出了此

① 《湖北省政府委员会第五十三次回忆议事录》(1933年10月18日),民国湖北省政府档案,LS001-005-0634,湖北省档案馆藏。

项水利讲座的主要内容范围："（甲）担任工学院之水利课程并计划水利工程试验之一切设备；（乙）举行关于水利之公开演讲；（丙）调查国内各大河流之水利状况；（丁）研究鄂省之水利兴革问题。"而经费方面，则计划"常年经费定为洋壹万贰千元，由湖北省政府分期拨付……遇有特殊水利问题之研究，而感受经费不足时，得详其预算，由大学拨款补助之"。[①] 该项计划经中央核准，于1934年1月起开始按月拨款实施。

水利讲座开办以后，湖北地方水利部门仍认为有必要依托国立武汉大学工学院这一学术研究平台，进一步扩大水利科学研究和技术人才培养。特别是1935年夏季，长江汉水再次爆发特大洪水，江汉平原一片泽国，灾情严重。加强水利科学研究，改善湖北水政已成为当务之急。因此是年9月，江汉工程局呈文湖北省政府称："自德人恩格斯首倡河工模型试验之后，水工科学各项困难问题，均可借此渐谋解决，各国水利巨子闻风兴起，竞相仿效，咸认为确有裨益。"当时北方已设立华北水工试验所（又称中国第一水工试验所），专门研究华北水利问题，南京的国立中央大学也计划建设华东水工试验所，而华中两湖地区"水利问题之复杂与重要，不亚于任何地区，实有单独设立水工试验所之必要"，于是江汉工程局呈请湖北省政府与武汉大学"共同设立华中水工试验所一所"，以研究华中地区水利问题，并联合培养水利科技人才。该案经省政府会议讨论，决议通过。[②]

---

① 《武汉大学拟具水利讲座办法》，民国湖北省政府档案，LS001-005-0634，湖北省档案馆藏。

② 《湖北省政府第一百六十八次会议议事录》(1935年9月24日)，民国湖北省政府档案，LS001-001-0044，湖北省档案馆藏。

华中水工试验所建筑设备经费定为15万元，由湖北省政府和国立武汉大学各分担一半，分三年建设完成，"廿四年度建筑房屋，约六万元；廿五年度建筑水槽、水塔及抽水机、水管等，约五万元；廿六年度……设备河床模型、量速仪器及其他零星设备，约四万元"。[①]在名义上，华中水工试验所并不是国立武汉大学的附设机构，也不是武大工学院所属的实验室，而是由武汉大学和湖北省政府共同设立的一所独立的水利科研实验所，因此其建设事宜，并不由国立武汉大学建筑设备委员会管理，相关经费亦不划入建委会账目，而是由湖北省和武汉大学另外共同成立了一个"华中水工试验所建筑设备委员会"，"负责申请建筑设备计划，办理招标及购买机械仪器等事项"。[②]根据该所建委会会议记录可知，该试验所建设计划所拟定的第一笔经费，即"廿四年度建筑房屋"的6万元款项，事实上直到1936年度时才开始拨付。湖北省政府于1936年8、9两月分两次拨足了2.5万元，国立武汉大学方面则于1936年8月和12月亦分两次拨付了2.5万元，一期拨款所计划的5万元款项，至此全部到位。根据建筑合同，华中水工试验所大楼的工程造价为44285元[③]，故所得拨款已足完成大楼建筑工程。

---

① 《华中水工试验所章程》，民国湖北省政府建设厅档案，LS031-004-0332，湖北省档案馆藏。

② 《华中水工试验所建筑设备时期办法》，民国湖北省政府建设厅档案，LS031-004-0332，湖北省档案馆藏。

③ 《华中水工试验所建筑设备委员会建筑华中水工试验所承包合同》(1936年6月20日)，民国湖北省政府建设厅档案，LS031-004-0332，湖北省档案馆藏。

图110 建设中的华中水工试验所

来源：武汉大学档案馆。

　　在当年12月29日的华中水工试验所建筑设备委员会第八次常会上，曾有委员提出"本会房屋行将完工，各项设备现正着手进行一切，急需款项如何筹付"一案，该案决议"由杨、陈、李三委员签具理由，向湖北省政府催拨二十五年度协助经费，并由邵、陆、熊三委员向武汉大学催拨二十五年度经费，以应需用"。[①] 由于在水工所大楼竣工后半年即爆发全面抗战，相关建设工程即告中辍。在1937年上半年里，华中水工试验所第二期的设备采购费，省校双方是否予以拨付，

---

① 《华中水工试验所建筑设备委员会第八次常会开会纪录》(1936年12月29日)，民国湖北省政府建设厅档案，LS031-004-0332，湖北省档案馆藏。

未见文献记载。不过从前文提到的1937年夏季武大另向中英庚款董事会申请补助华中水工试验所设备费6万元一事来看，原本应由湖北省政府和武汉大学共同承担的5万元设备费，恐怕未能拨付到位。

（四）黎氏兄弟捐款

从以上各款的来源和拨发过程中不难看出，由于经费筹集捉襟见肘，1933年以后的武汉大学，校园建设推进较为缓慢，几经努力所争取到的有限经费，都只能集中于学校办学最紧需之工程上使用，即优先建设图书馆、教学楼、实验室等教学用房。因此，尽管早在1929年的新校舍建设计划和预算中即已编列体育馆一项，但武大一直无力开工兴建此项工程。这一状况，在1934年突然有了转机。是年3月，武汉大学收到了已故的前大总统黎元洪之子黎绍基、黎绍业兄弟自天津寄来的一封信，内称："先君在世，鉴于武汉最高学府之缺乏，曾拟创办'江汉大学'于武昌，收容有志求学之士以期造就。筹款十万元，购中兴煤矿公司股票一千股（计十万元）作为基金。遭时多故，事未竟而先君弃世。绍基等于先君遗志，不敢辄忘，每思继作，而力感不足。贵校创办以来，惨淡经营，成绩昭著。拟将此项基金转移贵校，用以培植人才，藉了先君心愿。尚祈将此款用途及保管方法见示，并望派员莅津，商量手续，是为至幸！"[1]

此信中所说的"江汉大学"，乃是黎元洪最早于1921年时所发起的一项兴学计划。晚年的黎元洪寓居天津，大举进军工商业，在全国

---

[1] 《黎绍基、黎绍业致国立武汉大学函》(1934年3月16日)，国立武汉大学档案，6-L7-1934-XZ012，武汉大学档案馆藏。

各地进行了大量投资，其投资领域涉及银行、矿产、木材、纺织、食品、机械、证券、保险等众多行业，成效卓著，获利颇丰，使其成为20世纪20年代中国著名的实业家之一。为了协助在武汉筹办大学，黎元洪将其名下的中兴煤矿公司（今山东枣庄煤矿）十万元股票，划作大学创办基金。由于这所"江汉大学"在黎元洪生前一直未能如愿办成，该笔建校基金也便始终未有动用。1928年黎元洪在天津病逝，灵柩暂厝容安别墅。数年后黎氏遗孀亦在天津逝世，黎家子女遂遵照父亲生前遗愿，于1933年4月扶父母灵柩回到武昌，开始准备安葬事宜。黎氏兄弟在武昌为父亲寻找墓址时，曾希望在武汉大学珞珈山新校园内建设陵墓，但为校方所拒绝，因为武大建校之初即确定了珞珈山校址内今后永不建设新坟的原则。对此，黎家最终亦予以谅解。

图111　1935年举行黎元洪国葬典礼时的武昌洪山宝通寺
来源：《良友》第112期，1935年12月。

而对于父亲生前在汉创办大学的计划，黎氏兄弟虽感无力完成，但对于留在中兴煤矿公司里的这笔十万元建校基金，仍希望以恰当的形式发挥价值，以告慰父灵。当时国立武汉大学创办已历数年，声名鹊起，黎氏兄弟认为将此项基金捐给该校，亦可视为对黎元洪生前遗愿的一种合理可行的完遂之途，因此便有了1934年春天的这封信函。

　　黎府所捐赠的这笔款项，是武汉大学珞珈山新校舍建筑费中唯一一笔私人捐款。此款并非为校方主动募集，校方事先并无计划。而当珞珈山校园内规划要修建的各项主要校舍建筑中，体育馆、大礼堂、总办公楼等建筑尚因经费无着而没有动工，而其中又尤以体育馆的需求最为急切。因此这笔从天而降的捐款，遂被武大决意用作建设体育馆。校方在收到黎府来信后，很快便将有关用途和具体计划回函予以告知：

　　　　兹将宋卿前大总统生前筹集之江汉大学基金——中兴煤矿公司股票一千股（计票额洋十万元），由其哲嗣重光、仲修先生转移本校，特拟具用途及保管办法如左：

　　　　一、中兴公司股票票额洋十万元过户后，由校抵借现金，用以建筑体育馆，颜其额曰"宋卿体育馆"。

　　　　二、在宋卿体育馆内，特辟一适当部分为"宋卿前大总统纪念堂"，即在堂内设辛亥首义文献保存处，由校指定专人，负责采集编纂辛亥首义史实刊行。

　　　　三、中兴公司股票十万元之股权，由学校委托黎重光先生或黎仲修先生，及另一经校指定之一代表，共同行使之。

四、上述用途及保管办法，双方请凭李仲揆、李介如先生作见证人。[1]

对于武大校方所拟的这四项办法，黎氏兄弟回函武大，认为"甚属妥善"并同意"照来示原议进行一切"，同时当面将有关股票交给熊国藻带回。[2] 至4月7日，武大致函中兴煤矿公司，商议股票过户事宜。武汉大学在上海银行另开新股票，共计股金十万元。[3]

1937年初，宋卿体育馆工程完竣，在体育馆东侧大门内，校方依照早前承诺，于墙壁上镶嵌了一块刻有"宋卿体育馆"五字的石碑，使得这座体育馆成为民国时期武汉大学珞珈山校园内唯一一座以人名命名的建筑。根据体育馆的原始建筑图纸可知，建筑师开尔斯依照武汉大学的要求，在馆内预留了一座"纪念堂"（Memorial Hall），其具体位置位于体育馆地上一层东北角的一间"L"形房间内（图113）。此外，在体育馆东门外的小广场中央，开尔斯还设计了一座圆形的"纪念喷泉"（Memorial Fountain），可能也与纪念黎元洪或辛亥革命的主题有关。[4] 不过，除体育馆的命名以外，包括设立"宋卿前大总统纪念堂"、"辛亥首义文献保管处"以及在大门外建设纪念喷泉等各项计划，均因七七事变爆发而未能实现。

---

① 按：黎元洪，字宋卿；黎绍基，字重光；黎绍业，字仲修；李钦，字介如。
② 《黎绍基、黎绍业致武汉大学函》（1934年3月26日），国立武汉大学档案，6-L7-1934-XZ012，武汉大学档案馆藏。
③ 《国立武汉大学为函送大德堂、孝义堂转让股票请查找过户致中兴煤矿公司公函》，国立武汉大学档案，6-L7-1934-XZ012，武汉大学档案馆藏。
④ 参见《国立武汉大学体育馆及游泳池示意图》，《建筑月刊》第4卷第2号，1936年2月。

图112　宋卿体育馆二楼看台的铁栏杆图案中，隐藏着汉字"宋"的笔画。作者摄于2018年1月

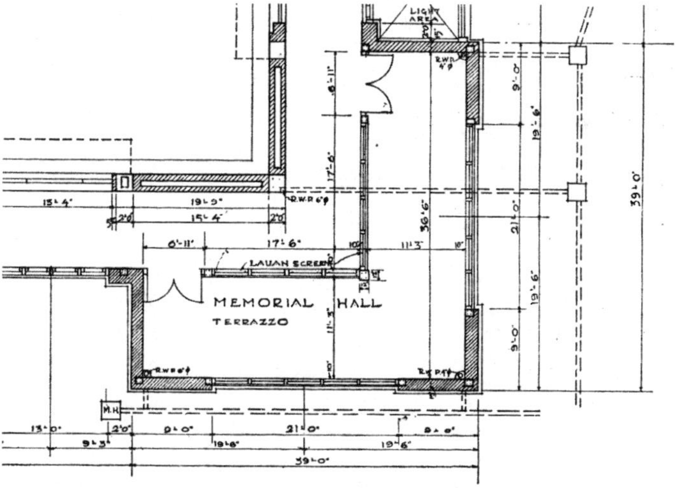

图113　宋卿体育馆一层平面图东北角局部，可见该房间标注为"纪念堂"（Memorial Hall）
来源：《建筑月刊》第4卷第2号，1936年2月。

三

惨淡经营：珞珈山校园建设经费的收支状况与筹款困境

关于西迁乐山前国立武汉大学珞珈山校园的建设工程总共花费的资金数额，王世杰1977年在台湾接受校友访问时曾回忆称："到了抗战初期，建校费用，约已用去四至五百万元。"[1] 而沈中清1982年的回忆也称截至1937年7月共花费了400万元。[2] 二者所述之数目，大致相同。截至1937年底，珞珈山新校舍建设全部花去的总费用，应该在400万元至500万元。

那么，本章前述的各项不同来源的经费，其总和之数与这400余万元的工程开支数额又是否吻合呢？根据前文所列各项经费，笔者开列简表如下：

---

① 殷正慈：《谒王校长雪艇先生谈珞珈建校》，《珞珈》(台北)第54期，1977年12月。
② 沈中清：《工作报告：参与国立武汉大学新校舍建设的回忆(国立武汉大学新校舍建筑简史)》(1982年3月)，武汉大学档案，4-X22-1982-6，武汉大学档案馆藏。

表8　1929—1938年武汉大学珞珈山新校舍建设各项经费来源统计表

款项名称	应到金额（万元）	实到金额（万元）	实到金额占实到总额的百分比
中央政府承担建筑设备费	75.00	75.00	21.84%
湖北省政府承担建筑设备费	75.00	75.00	21.84%
汉口市政府资助理学院建筑设备费	17.00	17.00	4.95%
中央政府追加临时建筑设备费	84.00	74.00	21.55%
湖北省政府追加临时建筑设备费	10.80	8.62	2.51%
平汉铁路管理局技术合作协定补助款	49.60	43.30	12.61%
湖北省政府承担华中水工试验所建筑设备费	7.50	2.50	0.73%
湖南省政府资助法学院建筑设备费	12.00	5.00	1.46%
管理中英庚款董事会资助建筑设备费	24.00	12.00	3.49%
中华教育文化基金董事会资助建筑设备费	21.00	21.00	6.11%
黎绍基、黎绍业兄弟捐助体育馆建筑设备费	10.00	10.00	2.91%
总　计	385.90	343.42	100%

说明：各款项应到金额与实到金额的差异情况分别是：（1）中央政府追加临时建筑设备费，1937年度仅拨7、8两月即停拨，表中应到金额以至1937年度截止足额拨满计算；（2）湖北省政府追加临时建筑设备费拨款，每月应拨款额为0.2万元，1935年9月至1936年2月间每月仅拨0.17万元，1937年度仅拨7、8两月即因七七事变爆发停拨，表中应到金额以至1937年度截止足额拨满计算；（3）平汉铁路管理局技术合作协定补助款，每月应拨款额为0.8万元，1932年5—9月间每月仅拨0.5万元，1936年度全年

每月仅拨0.4万元，表中应到金额以至1936年度截止足额拨满计算；（4）湖北省政府承担华中水工试验所建筑设备费，应为3期共7.5万元，实际仅拨付首期2.5万元，后续款项因七七事变爆发停拨；（5）湖南省政府资助法学院建筑设备费，应拨12万元，实际仅拨5万元，后续款项因七七事变爆发停拨；（6）管理中英庚款董事会资助建筑设备费，表中应到金额包括第一次协议资助工学院建筑设备费12万元，第二次协议资助工学院建筑费2.5万元、水工试验所设备费6万元、农艺系设备费3.5万元，实际仅拨第一次协议12万元，第二次协议各款因七七事变爆发停拨。

从上表不难看出，由于1937年七七事变的骤然爆发，珞珈山新校舍建设的各项资金来源皆旋告中断。至1937年9月时，武汉大学实际收到的各方所拨建筑设备费，总额仅为343.42万元，距离当时实际已花费的工程款数额间，尚有约100万元的差额。不过，从1930年工程正式开工起至1937年7月前，武大从未在任何一项工程上拖欠任何一笔工程款、材料款或设计费。这总计约100万元的资金缺口，皆由武大校方以各种方式努力补齐了。

校方弥补建设经费缺口的主要办法，首先是以学校经常费的结余来挹注。1930年度《国立武汉大学一览》便曾记载："本校十七、八年度结余款项，经部核准拨用者，共约二十六万元。"[①] 此后历年，武大都通过节约学校开支，从中央财政每年下拨的办学经常费中节余出部分资金，转入建筑设备委员会作为新校舍建设经费。不过1930年时校方能够有20余万元之多的经常费结余款项转入建委会，乃因学校开办之初，所获之开办费拨款较多使然。在往后的年份中，这一挹注的金额就极为有限了。1931年以后各年度，武大挹注建委会资金缺

---

① 《本校新校舍建筑设备概况》，《国立武汉大学一览（中华民国十九年度）》，第125页。

口的筹款途径，则主要是存款利息、杂项收入和借款三类。如1931年度建委会的岁入各款中，便有12024元的利息收入[1]，1933年度上学年有5144.81元利息收入等[2]。杂项收入，则包括学校从事各类农林副产品、图书期刊等出版物的生产销售、东厂口旧校舍的出租等所获得的收入，其来源纷繁复杂，但总额为数较小。在一些工程依照合同需予付款，而建委会当时账目上又存款不足时，校方也会通过借款的方式来暂时弥补。

纵观1929年至1937年间珞珈山新校舍建设各项资金来源的筹拨过程，有许多值得注意之处。第一，我们可以发现，最初武汉大学所编制的以150万元建筑设备费完成整个珞珈山新校舍建设的预算，与日后建设过程中的实际经费数额间，显然存在极为悬殊的落差。在1937年秋因七七事变爆发而工程中辍之时，珞珈山新校舍全部工程，尚仅完成约三分之二强，而经费则已耗去400余万元。假使没有日本全面侵华，再经过两三年时间而使全部工程得以完工的话，最终结算的总费用，恐将达到600万元左右，是最初预算的4倍。虽然在开工后的头两年里，新校舍工程建设便接连遭逢世界经济大萧条、内战、严重洪灾、"九一八"事变、"一·二八"事变等一系列事件，以致物价飞涨，建设成本大幅提高，但即使抛开这些客观因素亦不可否认的是，武大建委会最初所拟的包含新校舍建筑及设备的150万元总预算，显然也存在十分严重的低估。这种悬殊的偏差，无疑反映出校方人士

---

[1] 《民国廿年度国立武汉大学岁入明细表》，国立武汉大学档案，6-L7-1931-XZ009，武汉大学档案馆藏。

[2] 《国立武汉大学民国二十二年度岁入明细表》，国立武汉大学档案，6-L7-1933-XZ007，武汉大学档案馆藏。

对工程建设的预算编制缺乏经验，对工程实施过程中的实际困难和各种意外估计不足的事实。有趣的是，国民政府时代的另一项主要的国立大学校园建设工程——国立中山大学石牌新校的建设，也同样出现了预算与实际开支悬殊的状况，不过却是完全相反的悬殊。正如本书前文所述，1933年春邹鲁所拟的石牌新校舍六年建设计划中，三期工程总预算高达2000余万元，而至1938年迁校停工前，新校舍三期工程实际总耗资为600余万元，假如没有日寇全面侵华战争的到来，三期工程全部按计划完工，总耗资也应在800万元以内，不及最初预算的一半。正如前文所述，武汉大学珞珈山新校舍的几乎每一项工程在招标时，参与投标者所报出的最低标价，都高于武大的本来预算，以致这些工程不得不修改设计而多次投标。而中大石牌校区的情况，则与此完全相反，例如第二期工程，开标后各项工程的报价，竟然还低于校方一开始的预算数十万元。从这一高一低而皆估算失准的两份预算中，我们也可以窥见当时中国教育界人士对于大学建设新校舍这样规模庞大的工程缺乏经验，在摸索中前行的创业艰辛。

第二，珞珈山新校舍建设资金的筹集过程，可谓艰困重重。校方主要领导四处奔走，请款催款之事，贯穿了1937年前珞珈山校园建设的首尾，而筹款之不易，拨款过程之曲折，亦始终是这一进程中的常态。在此方面，中山大学石牌新校的建设资金筹集过程，也曾面临过类似的状况，但与武汉大学相比，仍有着很大不同。负责石牌新校舍工程事务的是国立中山大学董事会，该会是中山大学的一种特殊组织，成立于1929年戴季陶长校时期，在当年9月23日国民党中央执行委员会第三十七次常务会议上决议成立并公布董事会规程。[①] 根据这一规程，"由中央执行委员会选举董事九人，组织董事会，担负建设本校之任务……由中央执行委员会指定主任董事一人，其任期与董事同"。而董事会最主要的职责，便是"建筑校舍，增置财产，筹画经费，扩充设备"以及"决定本校预算，监查本校之财产及出纳"。[②] 由此不难看出，虽然名为中山大学董事会，但这一机构事实上完全由国民党中央直接控制，其董事和主任董事都由国民党中央执行委员会产生，所选举或任命的成员，都是国民党中央的元老和要员。以第一届董事会为例，中央执行委员会选任蒋介石、胡汉民、谭延闿、宋子文、古应芬、孙科、陈铭枢、朱家骅、戴季陶九人为董事，戴季陶为主任董事，这些人在国民党内的身份和地位不言而喻。"虽然政府的财政处于极端困窘之地步，然凭这些董事在中央的人际关系，终能获得政府拨款，逐步完成迁校计划并逐渐充实该校设备，董事会实在发挥了相当大的功能。"[③] 董事会在筹款方面的巨大作用，不仅体现在持续争取和保证国家财政拨款的发放方面，事实上石牌新校第一期工程面向海外华侨所进行的大规模募款活动，也同样是董事会发起和开展的。董事会的设置，是当时国立中山大学在组织架构上高度捆绑和附庸于国民党的体现，但也正是其与国民党的这种特殊密切关系，为其新校舍建设募款造就了莫大便利，这可以说是石牌新校舍在如此短时间内得以基本建成国民政府时代规模最大之国立大学新校舍的根本保

---

① 黄福庆：《近代中国高等教育研究：国立中山大学（1924—1937）》，第45页。

② 《抗战前之高等教育》（革命文献第56辑），台北：中国国民党史料编纂委员会，1971年，第239—240页。

③ 黄福庆：《近代中国高等教育研究：国立中山大学（1924—1937）》，第47页。

证。而在武汉大学，负责珞珈山新校舍工程的建筑设备委员会名义上虽然也独立于学校管理机构以外，委员长李四光非武大校方教职员，委员中亦有来自湖北地方政府的官员，但该会的日常运作实际上仍然是武大校方人士主导一切事务。与中山大学董事会相比，武大建委会没有任何政治上的"特殊背景"，完全是一个事务性的机构。因此，在经费筹措的过程中，特别是在争取国家财政拨款方面，建委会自然不如中大董事会那般"神通广大"，筹款的难度和过程的延宕程度，也就相应提高了。

第三，作为一所国立大学，武汉大学建设珞珈山新校舍工程的资金来源中，出自中央财政的拨款数额却十分有限，这与国家财政拨款占多数的国立中山大学石牌新校建设有很大不同。在武汉大学来自校外拨款、捐助的总额343.42万元的资金中，中央政府的拨款数目，尚不及总额半数。若再加上武大校方所挹注的款项，则在1937年前珞珈山校园建设工程的实际花费资金中，中央财政拨款所占比重仅约三分之一。从数字上我们不难看出，尽管当时国民政府和国民党高层对建设武汉大学珞珈山新校园一事，皆持认可和支持态度，但在资金方面，所给予的实际支持却十分有限。这其中，湖北省政府为这所国立大学的新校舍建设，承担了相当数目的建筑设备费。正如前文所述，最初的150万元预算，其所拟筹集方法本为"由国税项下支给，但在中央国家费支绌时期，暂由湖北省库借拨半数"，而省府不仅始终未能由国库得还这笔"借拨"的75万元款项，后来更进一步对武大追加了十余万元的拨款。尽管这些拨款的过程曲折反复，但这些来自省府的资金客观上对珞珈山新校舍的建设无疑是至关重要的。而从1933年开始的后续各项工程，其经费来源更加呈现极为复杂的面貌，国家财政的追加拨款、各方面的补助捐赠、校方各种款项的挹注等混杂在一起，可谓"东拼西凑"，惨淡经营。倘若仅凭国家财政的资金，珞珈山新校舍的建设绝无可能得以在七七事变前大体建成，甚至可能中途夭折。经费上的掣肘，无疑是珞珈山新校舍工程的工期长于中山大学石牌新校舍，规模却反倒不及石牌的根本原因。但这项"国立"工程在"国立"资金如此有限的情况下，最终仍然得以与中山大学一样，成为国民政府时代中国仅有的两处在1937年前大体建成的国立大学新校舍案例之一，这在民国时期中国国立大学的校园建设史上，可以说是难得的奇迹。对武大来说，这一奇迹得以造就，主要当归功于以王世杰、王星拱、邵逸周、叶雅各、皮宗石、周鲠生、熊国藻等人为代表的武大领导层多年来的辛劳付出，以及对这一宏伟建设事业所始终抱持的坚定决心。不过从另一方面来看，与邹鲁所领导的中山大学在募集石牌校舍建设资金的过程中，积极向社会各界公开募捐并取得良好成效的情况相比，武大校方在整个20世纪30年代争取校园建设经费的主要对象，始终局限在以政府机关和庚款基金会为主的相对较小和封闭的圈子里。这或许是与当时学校主事者的性格特质、经历背景等因素有关，但无论如何，其在客观上的确极大限制了武大新校舍建设的资金募集效果，从而也最终影响了新校舍的建设速度，这也不能不说是一种遗憾。

第四，纵观20世纪30年代珞珈山新校舍建设各来源款项的筹拨过程，其情形亦各不相同。在全部各款项中，唯有英、美两国退还庚款，以及黎氏兄弟私人捐款这三笔款项，由于是"专款专用"，故而其拨款过程较为平顺。特别是两笔庚款的拨款过程，程序严谨规范，体现出两会在组织运作、制度设计、项目管理、资金审核等方面较为完善和健全。投入武大珞珈山校园建设的这两笔庚款，不仅事前协定详细具体，明确规定了款项的具体用途，而且在协议签订后均按照预定的拨款日期准时足额拨付，从无延期拖欠或金额扣减。在拨款协定运作的过程中，两个董事会皆有一套较为严格的审计机制，武大作为受助方，每笔款项皆要向董事会回报详细的审计报告。与此相比，同时期来自中国政府和有关机关的数项拨款，则呈现出完全相反的状况。包括中央政府拨款、湖北省政府拨款及承担华中水工试验所工程款、平汉铁路局技术合作协定拨款、湖南省政府资助法学院大楼工程款等项目，无论数额大小，其拨款过程皆可谓一波三折。即使有白纸黑字的协议签署，相关机构无故拖延搪塞、刻意刁难生事、随意扣减金额的状况，在1937年前珞珈山校园近十年的建设历程中，皆一再发生，贯穿始终。从这些曲折的历史进程中，我们也不难看出国民政府时期教育经费依然筹集困难，教育建设仍举步维艰的不争事实。

第五章

珞珈山校园的建筑语汇和文化意涵

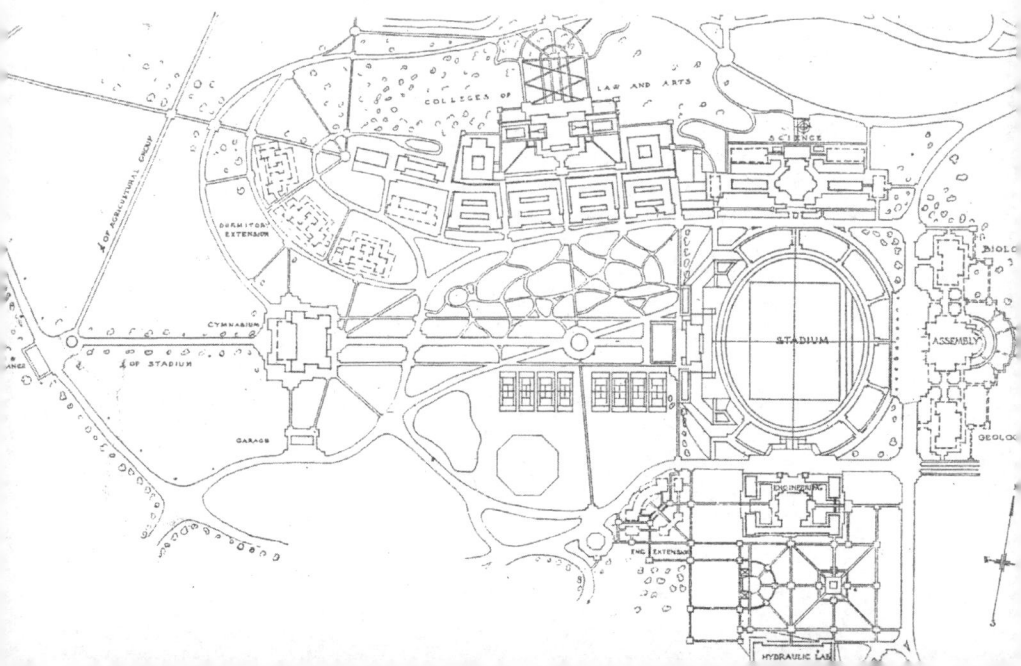

一

珞珈山校园的总体规划及空间布局

　　如前所述，美国建筑师开尔斯的到来，首先带给武大新校舍工程的变化便是选址从珞珈山南到山北的微调。这一微调除了使校址更加亲近东湖以外，其背后事实上是新校舍规划思路的根本改变。关于这一点，我们有必要再来看看 1929 年 11 月 28 日在建筑设备委员会第一次会议上所讨论通过的武汉大学新校舍建筑计划大纲：

　　建筑计划大纲：

　　（1）地点：卓刀泉东湖嘴一带

　　（2）建筑物：以宏伟、坚牢、适用为原则，不求华美

　　（3）建筑内容：

　　　　（子）教室房屋二座

　　　　（丑）实验室房屋二座

　　　　（寅）寄宿舍三座（学生二座、教职员一座）

　　　　（卯）教职员住宅（以新村形式组织之）

　　　　（辰）发动机厂

　　　　（巳）小机器厂

（午）自来水

（未）煤气厂

（申）图书馆

（酉）演讲厅

（戌）办公厅

（亥）陈列所 [①]

上面的建筑计划大纲，是武汉大学建委会关于新校舍建设最早的一份初步计划，此时新校舍的选址尚为珞珈山南的东湖嘴到卓刀泉之间，而总建筑师人选亦尚未确定。从这一建筑计划大纲所开列的新校舍预定建筑项目中我们不难窥见，虽然已经拟出了具体的建筑名目，但在请来建筑师开尔斯之前，建筑设备委员会对于新校舍建筑的规划并无清晰的概念。尤为值得注意的是，这一大纲中关于教学楼建筑部分，仅列有"教室房屋二座"一项，显然是计划作为全校的公共教学楼。这一校园模式，大体依旧脱胎于武大在东厂口旧有校舍的概念中。从武昌高师以来，东厂口校园的基本格局没有发生重大变化，大致仍是沿袭清末以来形成的传统院落式格局。在此校园中，受到空间和格局的限制，学校的教学区没有也不可能出现各自相对独立的按学院分区，只能是全校各院系共同使用有限的几栋公共教学楼。在建委会成立之初，尽管委员们对于东厂口的旧有校舍极为不满，但他们只是希望在城郊山水秀丽、面积广袤的新校址建设一个新校园，而对于

[①] 《国立武汉大学建筑设备委员会第一次会议记录》(1928 年 11 月 28 日)，国立武汉大学档案，6-L7-1928-XZ004，武汉大学档案馆藏。

这个新校园的具体形态，并无清晰的、脱胎换骨的新概念。尽管没有确切文献记载，但从"教室房屋二座"这寥寥几字背后，我们或可窥见，在开尔斯出现以前，建委会委员们的脑海中隐约浮现出的那个模糊的新校舍图景，不过是一个东厂口老校园的放大升级版。

而到了1929年初，开尔斯的到来令一切发生了快速的变化。经过乘坐飞机高空盘旋俯瞰和实地登山查看，这位美国建筑师对于珞珈山一带的地形和环境有着非常立体的认知。他对于山南东湖嘴到卓刀泉这片平淡无奇的地块并无好感，却对山北这片冈峦林立、地势起伏的丘陵地带产生了浓厚兴趣。他注意到在这片丘陵中，狮子山居于中心位置，体量相对较大，而在狮子山的周边，环列着数座相对矮小的山头。在狮子山东头与珞珈山中段之间，又有一段山梁相连，由此在狮子山南坡形成了一个向西敞开的 U 形谷地。这样一个层次丰富、极具立体感的地貌，激发了建筑师开尔斯的灵感。就在当天，站在他第一次登上的珞珈山上，开尔斯颇为激动地向众人讲出了他的构想，这便是前文提到的沈中清的回忆："次日登山查看，开尔斯对于落驾山的地理形势极为赞赏，并提出了粗略想法：拟在落驾山北麓以狮子山为主要校舍建筑中心，各院系教学楼分别建筑在各小山上。落驾山南麓为住宅区，西边杨家湾为商业服务区。"①

与之前武大建委会第一次会议上提出的建筑计划大纲相比，开尔斯的想法从纯粹的纸上开列清单，开始落实到新校址的具体形貌。而在这一过程中，最大的变化在于原先的"教室房屋二座"变成了"各

---

① 沈中清：《工作报告：参与国立武汉大学新校舍建设的回忆（国立武汉大学新校舍建筑简史）》（1982年3月），武汉大学档案，4-X22-1982-6，武汉大学档案馆藏。

院系教学楼分别建筑在各小山上"。这一变化的实质，是开尔斯提出了全新的规划理念：新校舍教学区的建筑布局，将不再设公共教学楼，而是改为以文、法、理、工、农、医各学院为单位，各自形成组团式布局。开尔斯的这一构想，得到了建委会的认可，前文提到的新校舍建筑设备预算概书，便已是按照各学院分别建设独立建筑群的规划来编制的了。

　　大约在1929年夏，开尔斯绘制出了第一份珞珈山校园总平面规划图（图114）。从中我们不难看出，其设计完全循着"在落驾山北麓以狮子山为主要校舍建筑中心，各院系教学楼分别建筑在各小山上。落驾山南麓为住宅区"的最初构想而展开：饭厅、文学院、图书馆、男生宿舍、理学院等建筑沿狮子山东西向一字整齐排列，法学院、工学院则在对面的火石山，分别与图书馆、理学院相对应。而连接两山的那道山梁，则布置了生物大楼、大礼堂和行政楼。与大礼堂相对的是体育馆及其西侧的游泳池和网球场。而体育馆、理学院、工学院、大礼堂合围的谷地，就是校园内的大操场。医学院被放置在理学院北面的廖家山南坡，农学院则偏居校园最西北角的濒湖地带。"以新村形式组织"的教职员住宅区，位于珞珈山东南麓的山坡上，而在其旁边的珞珈山东山头，则准备建设女生宿舍。在这一布局中，一横两纵的三大轴线十分清晰：由游泳池、体育馆、大操场至大礼堂的东西轴线（以下简称横轴线），由医学院、理学院至工学院的东侧南北轴线（以下简称东轴线），以及由图书馆、男生宿舍、网球场、游泳池至法学院的西侧南北轴线（以下简称西轴线）。三大轴线的确定，标志着原先那个模糊不清的新校舍建筑计划大纲，与东湖之滨这片冈峦林立的荒郊野岭之间，从此开始了实实在在且不再动摇的结合。尽管这份轴线严谨、布局方正的最早规划，似乎有些脱离了珞珈山新校址的实际地形地貌，不可能完全照此规划实施，在后来的数年间，建筑计划也的确一再发生了远超最初预想的巨大变化，最初三大轴线的长短也各有伸缩，但从这份规划中所建构起的"一横两纵"的骨架，却再未有根本改变。

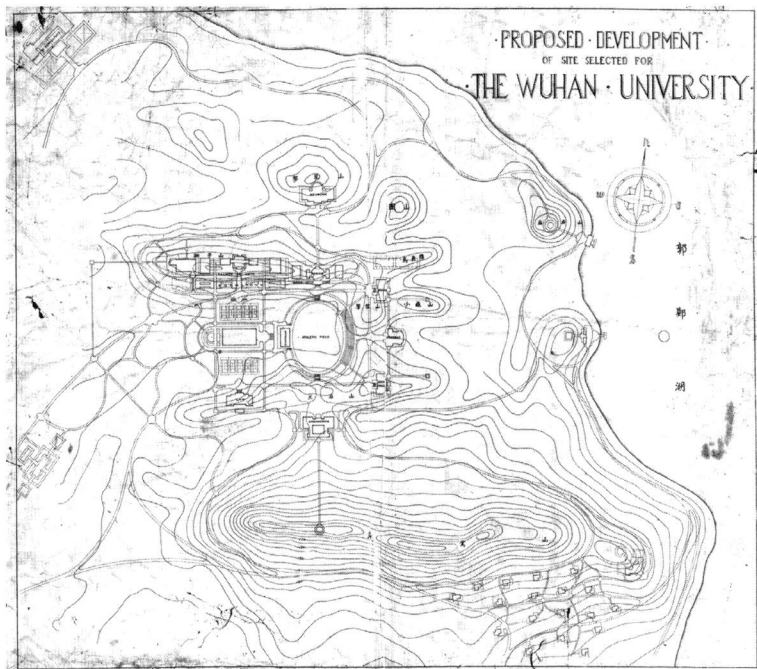

图114　1929年夏国立武汉大学珞珈山校园总平面规划图
来源：武汉大学档案馆。

1929年度《国立武汉大学一览》中所收录的《新校舍设计平面总图》（图115），是目前已知的第二张总平面设计图，绘制时间为1929

年11月。与之前那张建筑排列纵横整齐的规划图不同，这张图里的校舍建筑布局应地形变化而曲折起来。原先的东轴线大为缩短，医学院不再被设置在这条轴线上。狮子山上西起学生饭厅，东到理学院的横排建筑群，也不再严整排列在同一水平线上，而是顺着山势的弯曲呈一个微微曲折的"S"形。校园的西边，为了顺应地形及道路的走势，球场也不再延续横轴线的严格东西向排列，而改为东北—西南向。此外，男生宿舍被增加为六大栋，向西一直排列到狮子山的西头。

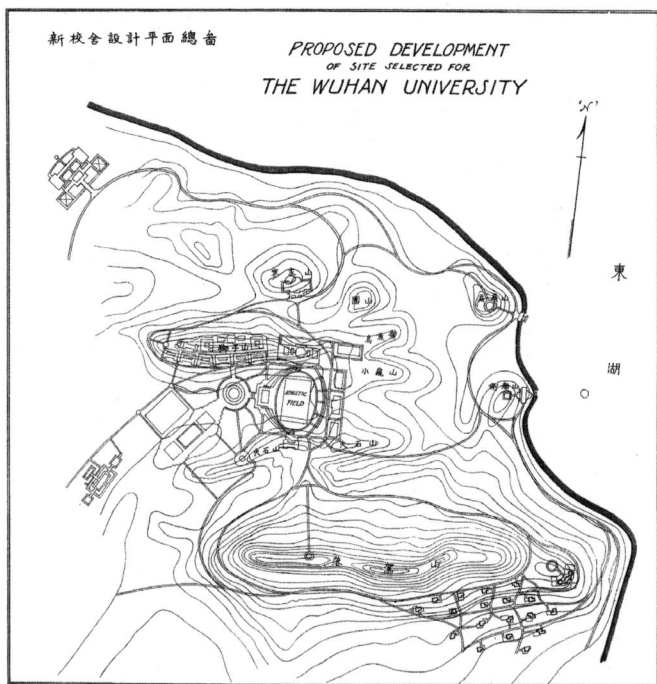

图115　1929年底开尔斯、李锦沛设计的国立武汉大学《新校舍设计平面总图》
来源：《国立武汉大学一览（中华民国十八年度）》，1930年。

武汉大学档案馆还保留着这一版规划方案校园核心区域的详图（图116），从中我们可以进一步了解这一规划的详细情况。由落款可知，此图由开尔斯和李锦沛两位建筑师共同设计绘制。与此前的第一版规划相比，许多建筑的位置都进行了重新调整：大礼堂（Assembly）由操场东面移到了西侧谷地的中央，并且被改为了一座平面为圆形的建筑；原先被布置为大礼堂所在地的操场东面中央，改为建造行政大楼（Administration）；法学院（Law）被移往行政大楼南侧，即原行政大楼地块。此外，大礼堂南面火石山上的八角形建筑为天文台或气象台（Observatory），大礼堂西南侧则为球场、游泳池和花园。

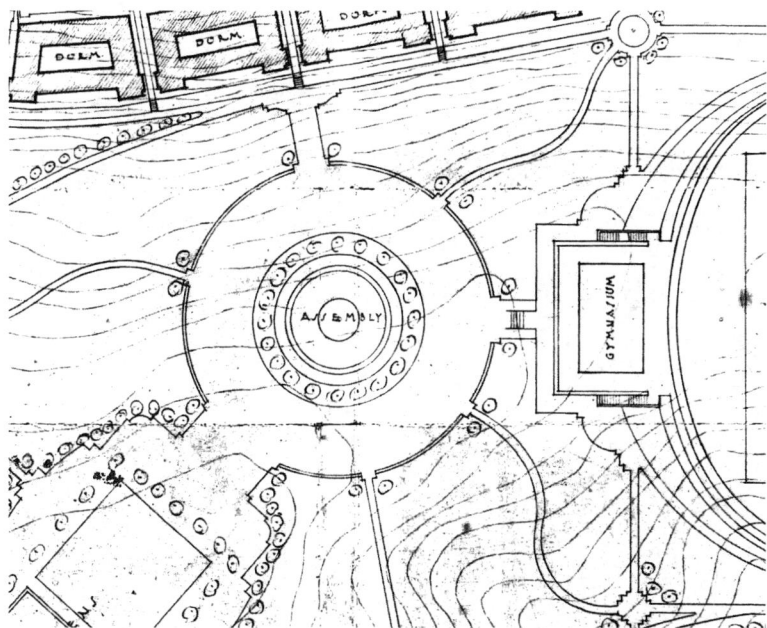

图116　1929年11月开尔斯、李锦沛绘制的珞珈山校园核心区总平面规划图中的大礼堂和体育馆
来源：武汉大学档案馆。

由李锦沛参与设计的这一版总平面规划，最大亮点在于将大礼堂设计为一座圆形平面建筑，置于狮子山南面谷地中，并特别突出了其作为校园中心建筑的重要地位。这种规划布局，在美国建筑师茂飞设计的几个大学校园总体规划方案中都能清晰地看到。在福建协和大学的早期规划方案中，茂飞计划在闽江边的山麓平地建设一座希腊十字平面的中式攒尖顶教堂，而主要校舍建筑则环绕于以教堂为中心的圆形广场周围（图117）；在燕京大学早期的规划图中，茂飞也计划以未名湖湖心岛为校园中心，并在该位置建设一座十字平面的宏伟建筑。显然，1929年11月的这份珞珈山校园总平面规划图，其思路和手法与茂飞的上述作品如出一辙。正如前文所述，李锦沛曾供职于茂飞在纽约的事务所并参与了燕京大学的规划设计工作，因此这一规划方案的调整，极有可能是由于李锦沛的参与而对茂飞的规划手法进行了借鉴和移植。

图117　福建协和大学校园早期总平面规划效果图中的教堂及周边区域
来源：赖德霖：《中国建筑革命：民国早期的礼制建筑》，台北：博雅书屋有限公司，2011年，第190页。

不过，与福建协和大学、燕京大学等校一样，一度出现在早期规划图纸中的这一校园中央的圆形大礼堂，很快又被建筑师从校园核心区给拿掉了。1930年度的《国立武汉大学一览》中所附的《新校舍设计平面总图》，是目前所见新校舍一期工程落成以前的最后一张规划图（图118）。在这一版的规划中，虽然校园中心依然保留有一个圆形广场，但大礼堂已被重新移回最初规划的操场东端位置；法学院被移到狮子山上，与文学院分别布置在图书馆的两侧。大礼堂的重新东移，使得校园核心位置的狮子山南坡谷地一带，从此未再规划建设大型建筑，这一调整对日后珞珈山校园中心区的建筑格局和环境景观产生了深远影响。大体量校舍建筑的退出，使校园中央的这片谷地成为建筑上的"留白"，乃至逐渐成为校园中心的一个大花园。与此同时值得注意的是，在这个版本的规划图中，校园东侧东湖边的设计有了极大丰富。开尔斯似乎是看到校园西侧受到田地和村舍的限制，难以施展，于是计划将横轴线向东延伸到东湖边，利用侧船山、半边山（亦名"扁扁山"）一带的湖汊布置花园水景和校舍建筑，使得校园规划与东湖更加亲近。从开尔斯的这种规划设计倾向上，我们似乎颇能看出早前19世纪的美国以奥姆斯特德（Frederick Olmsted）为代表的崇尚"自然为上"和"如画风景"的大学校园规划思路的影子。[①]1930年春天开始动工的新校舍工程，基本便是按照这一规划进行的，只是对个别建筑的位置进行了调整，如女生宿舍由珞珈山东山头移往更靠近教学区的团山。

---

① 参见〔英〕库尔森、〔英〕罗伯茨、〔英〕泰勒著，张宜嘉、胡洋译：《大学规划与校园建筑》，北京：电子工业出版社，2014年，第11—13页。

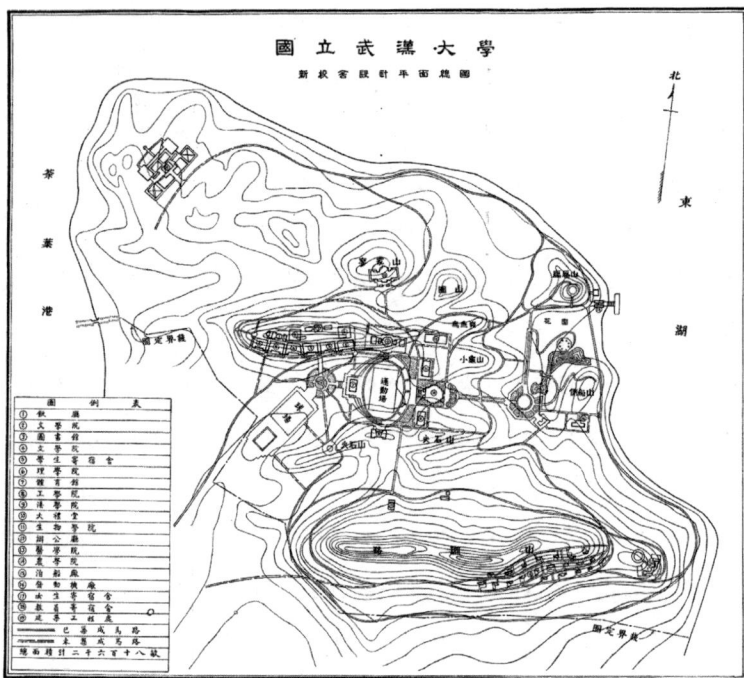

图118 1930年国立武汉大学《新校舍设计平面总图》
来源:《国立武汉大学一览(中华民国十九年度)》,1931年。

1936年发表于《建筑月刊》杂志上的珞珈山校园核心区总平面图,是目前所见开尔斯绘制的最后一版总平面图(图119)。由于校园面积的扩展,体育馆被移到狮子山西山头下,但开尔斯仍希望强调从体育馆穿过大操场到大礼堂的这条横轴线,为此他依然保留了从体育馆到大操场西侧的道路,以及其与西轴线交汇处的中心花园。此外大礼堂南侧的原行政大楼规划地,改拟建设地质系大楼(Geology)。只可惜由于七七事变爆发,珞珈山新校舍的建设戛然中辍,大礼堂以及大操场看台的建设都化为了泡影,而由体育馆向东的这条笔直的马路,以

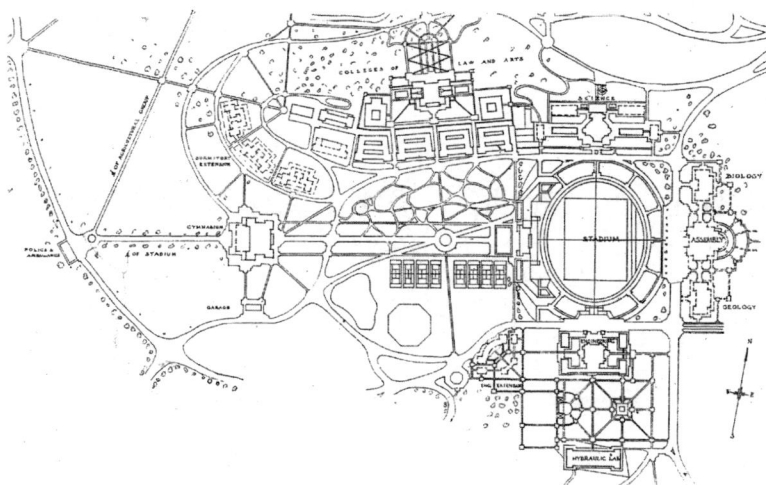

图119　1936年国立武汉大学校园核心区设计平面总图

来源:《建筑月刊》第4卷第2号，1936年。

及其上的中心花园，也都未能实现。在开尔斯脑海里的横轴线，最终只有宋卿体育馆一座建筑孤零零地矗立在狮子山西山脚，与其他校园建筑之间显得有些疏离。

　　总的来看，开尔斯对武汉大学珞珈山校园的规划，带有诸多鲜明的时代特点。他将以学院为单位、按照不同学科门类对教学建筑进行分区组团规划的思路带到珞珈山，彻底改变了武大老校园的传统校园格局，符合现代大学学科发展的内在要求，体现了现代大学的规划发展理念。而他对湖畔半岛和丘陵地势的偏好，在总体规划中对严肃学院派布局的变通扬弃，也显示出他对于如画风景和湖山环境的喜好。对现代大学理念的贯彻、对自然湖山风景的追求，可视为开尔斯在珞珈山校园总体规划中始终坚持的两大原则。

二

"南北"与"东西"：珞珈山的建筑风格与校园格局

在国立武汉大学建筑设备委员会第一次常会上所通过的建筑计划大纲中，关于珞珈山新校舍建筑物的总体设计和建造原则，尚要求"以宏伟、坚牢、适用为原则，不求华美"。[①]不过，从后来李四光寻找建筑师的过程，以及美国建筑师开尔斯设计新校舍建筑的实际情况来看，所谓的"不求华美"，显然绝非对建筑物的外观风格毫无要求。1930年，副校长兼教务长王星拱便曾讲道："武汉为全国的中心，为工业上商业上政治上重要的地点，为全国四大学区之一，难道不需要一个宏伟美丽的大学，替我们国家一壮观瞻吗？所以即便不从实质上讲而从形式讲，武汉大学也应该有一个很好的新校舍。"[②]在武大创建者的心目中，新校舍是要承担"替我们国家一壮观瞻"这一使命的，那么它们显然不可能只是朴实无华的。校长王世杰1932年5月26日

---

① 《武汉大学建筑设备委员会第一次会议》（1928年11月28日），国立武汉大学档案，6-L7-1928-XZ004，武汉大学档案馆藏。

② 《上周纪念周副校长王星拱先生演讲》，《国立武汉大学周刊》第53期，1930年4月6日，第1版。

在新校舍落成典礼上的讲话中曾特别提到："当设计之初，建委会有三个条件，曾向工程师建议：（一）坚固：我们所造房屋，不止三十年五十年，而要有永久性的；（二）避免奢华：我们知道学校是非讲究也不应讲究奢华的地方；（三）在以上二条件下，充分求美术性表现。普通，大学的美术性可以代表民族。只看一国的大学如何，大致可以判断他们民族的美术性。"[①] 由此看来，所谓"不求华美"，其实是指"避免奢华"，而在建筑风格上，武汉大学新校舍依然要"充分求美术性表现"，并且要是"可以代表民族"的美术性。这种"代表民族"的美术性，也就是当时中国建筑界方兴未艾的"中国固有之形式"风格。显然，这种对建筑风格总基调的预设，也是建委会决定聘请开尔斯的主要原因：尽管这位美国人此前在参与中山陵方案竞征过程中所展现出的对中国传统建筑艺术的理解程度和驾驭能力，在今天看来并不成熟和高明，但在对于什么是"中国建筑"这一问题尚无深入研究和系统理论建构的20世纪20年代末，开尔斯的这种演绎能力，已经足以吸引李四光等建委会人士，给予他舞台来充分发挥他的"中国想象"了。

在前文中，我们已经大致了解了开尔斯这位美国建筑师早年的生平经历。从他1925年所设计的中山陵"金刚宝座塔"方案中我们也已看出，那时的开尔斯对中国传统建筑艺术与历史的理解，虽然较一般外国建筑师而言要丰富许多，但事实上仍然较为肤浅和局限。不过参与中山陵设计方案的竞征，给予了开尔斯一次重要的学习机会，使他得以在这一举世观瞻所系的著名建筑设计活动中，更加直观和全面地

---

① 《本校新校舍落成典礼王校长报告词》，《国立武汉大学周刊》第129期，1932年5月31日，第1版。

体悟了解中国传统建筑的装饰语汇、文化意涵及其与中国历史和政治文化之间的关系，同时也结识了许多中国建筑界的朋友。正如前文所述，吕彦直的好友兼合伙人、中山陵后续工程的建筑设计师李锦沛，在1929年至1930年间也作为开尔斯在上海的重要助手，参与了文学院、学生饭厅、男生宿舍等主要建筑的设计工作，以及1929年的珞珈山校园总平面规划工作。

通过参与中山陵方案竞征及与上述这些建筑师的交流互鉴，开尔斯在1925年后的数年间，在对中国建筑文化的理解和演绎能力上，无疑取得了明显进步。不久之后在珞珈山的建筑设计中，我们便可看出此时的开尔斯已非昔日"吴下阿蒙"了。通盘检视他在珞珈山所设计的全部建筑，与中山陵设计竞征时以"中国塔"作为演绎中国古建筑主要表现形式的模式不同，在珞珈山校园里，开尔斯没有在任何一座校舍建筑的设计中——无论建筑整体还是局部造型——再采用"中国塔"的形式。珞珈山校园里唯一一座被称为"塔"的中式风格建筑——珞珈山水塔，并不是由开尔斯本人设计，且这座水塔事实上只有两层高，外观上更接近于一座攒尖顶八角亭。对比珞珈山校园和中山陵方案，我们不难看出此时开尔斯对中国建筑的认识和理解里，"中国塔"的重要性已经下降许多。这种过去数百年间在西方人认知中最具代表性的中国建筑符号，曾几何时也曾经是开尔斯脑海中代表中国建筑的核心元素。然而经过了中山陵方案竞征后三年的沉淀和进一步深入学习，在此时的开尔斯看来，"中国塔"已然不再是设计一组中国风格的建筑群所必须要附带上的"标配"了。在珞珈山的校舍建筑中，我们可以看到他有着许多"中国塔"以外的现实灵感来源：中国古城墙与城门、宫殿、寺庙、民居等。

正如前文所述，在珞珈山校园规划和建筑设计的早期，建筑师李锦沛曾深度参与其中，这使得武大新校舍的建筑设计，进一步受到了中山陵建筑风格的深刻影响。吕彦直逝世后的1929年6月1日，孙中山灵柩奉安大典在中山陵举行，当时整个建筑群仅完成了祭堂、墓室和大台阶等主体工程。后续的博爱坊、陵门、碑亭等附属建筑，都是在奉安大典以后，由李锦沛根据吕彦直的设计初衷和遗留下的图纸而继续完成详细设计绘图并督建完工的。这些后续建筑，在风格上与祭堂一脉相承，浑然一体，体现出李锦沛对吕彦直设计风格的深度理解和娴熟把握。

就在李锦沛进行南京中山陵三期工程设计和监造的同时，他又加入到了珞珈山新校舍的设计工程中来。正如我们在本书第三章所提到的，他的参与很可能是因为身在上海的开尔斯突患重病，无力单独完成珞珈山校园的设计工作。正如后来校长王世杰所说的，"在从事于理学院建筑的一月以前，他（开尔斯）因为过度辛苦的工作，竟然在上海病了，这一病下来就有两年之久，到现在还未完全痊可，病中几几乎危急不起"。[①] 有鉴于此，我们有理由推断，这些李锦沛署名"助理建筑师"的工程，事实上主要都是由他在进行实际设计。尽管李锦沛在1929年冬天所提出的那个在狮子山南面谷地建设圆形大礼堂，并以之作为整个校园中心建筑的总体规划方案，最终并未付诸实施，但他在1929—1930年对珞珈山新校舍设计工程的参与，给这座国立大学新校园所带来的深度影响，仍是我们分析和理解民国时期珞珈山校园的建筑设计时不容忽视的一条重要线索。他在南京紫金山与武昌珞珈山之间搭起

---

① 《王校长纪念周演说辞》，《国立武汉大学周刊》第119期，1932年3月12日，第2版。

了一座桥梁，将中山陵的一些设计理念和装饰风格，悄然带到了武昌珞珈山，使得武汉大学新校舍成了中山陵建筑风格的一次重要的外溢。

　　丰富的色彩和装饰图案，是中国古代建筑的一大重要特征。早在马可·波罗的描绘中，五光十色的琉璃和彩绘就已经是中国古建筑中最吸引他的审美焦点之一了。在1926年茂飞的总结中，也明确把"华丽的彩饰，不管是内部还是外部"列为中国建筑的五大要素之一。[①]不过在1925年吕彦直设计中山陵的建筑方案时，这一以继承和弘扬"中国古式"为最高原则的近代建筑，已对中国传统建筑的色彩语汇进行了大的改造。中山陵的建筑外部，没有施加任何彩绘，通体除了屋顶琉璃瓦的深蓝色以外，就只有水泥和花岗岩天然的灰白色了。吕彦直摒弃了清代官式建筑在雀替、额枋、斗栱等处的华丽彩绘，但仍保留了这些部位的装饰图案，只是没有施以任何油彩，而仅以浮雕形式勾勒出原来彩绘图案的轮廓。这样的处理方式，在保留了中国传统建筑装饰艺术美感的同时，也使得建筑外观更为简洁纯净、庄严肃穆。虽然我们无法从现存唯一的一张黑白效果图中确定开尔斯当年所设计的中山陵方案建筑外观是否打算采用油漆彩绘，但在珞珈山的校舍设计中，我们可以看到大量与吕彦直在中山陵设计中相似的手法。30年代珞珈山的全部中式复古建筑，外部皆没有施加任何彩绘，梁柱、斗栱、檐椽等部位皆为素色，但在额枋、雀替等处，仍以水泥浮雕线条勾勒了传统清式彩绘的图案轮廓，这种做法与中山陵的装饰语汇高度相似（图120）。

---

①　Henry K. Murphy: "The Adaptation of Chinese Architecture", Journal of the Association of Chinese and American Engineers 7, No.3 May 1926.

图120 国立武汉大学文学院顶层柱间额枋装饰图案，以水泥线条勾勒出传统中式彩绘
图案的大致轮廓。作者摄于2018年5月

　　除了对传统彩绘的扬弃之外，我们还可以从珞珈山校舍建筑的设
计中看到其他一些来自南京中山陵的移植与借鉴。文学院大楼是珞珈
山校园内建成的第一栋教学楼，也是李锦沛在珞珈山参与的第一项设
计工程。这幢平面为"口"字形的方形建筑，各面墙的两端皆设置了
一对突出墙面的大方柱造型作为装饰。这一对对"大方柱"，虽然仅
为外墙装饰而无实际上的结构功能，但在视觉上丰富了建筑外立面的
造型，且增加了大楼四角在视觉上的敦实稳重感。而这一造型，与中
山陵祭堂四角的大方柱极为类似。在后来开尔斯设计法学院大楼时，
仍在建筑外墙沿用了这一构图手法。

　　更为明显的例子是男生宿舍大圆拱门的设计。该建筑群也是由李
锦沛作为助理建筑师和开尔斯共同署名的，其南面所设置的三个大圆

拱门，下部基础采用了简化的须弥座造型，而上方圆拱处则装饰以花草锦带纹路的浮雕。这一设计，无论整体造型还是细节装饰图案，均与中山陵碑亭的门洞高度相似。碑亭是中山陵的第三期工程项目之一，是在奉安大典完成后方才建造的，其详细的建筑设计，正是主要由李锦沛实际进行的，而时间则是在1929年下半年，与他作为开尔斯的助手参与武汉大学男生宿舍的建筑设计几乎同时。显然，武大男生宿舍这三个大门洞的整体造型和装饰细节，正是对同时期南京中山陵碑亭门洞造型的移植，而这种移植无疑是因为李锦沛的参与而发生的，这又是武大建筑因李锦沛的参与而受到中山陵建筑风格深刻影响的一处力证（图121、图122）。

对中国传统建筑风格的改造与变通，是近代中国建筑发展历程中一个重要的命题。正如本书第一章所述，近古以来的中国建筑实践中，在华外国传教士和建筑师们很早便开始了对中国传统建筑装饰语汇改造与变通的探索实践，而在国民党时代的"中国固有之形式"运动中，这种改造更被赋予了政治的含义。1925年中山陵设计方案竞征中获得第三名的杨锡宗方案，其计划说明书中曾明确提到："此屋之装饰点缀，皆从中国古代建筑中采取。凡于清代联想有关之装饰，如龙之类，以其与孙博士改革之主张相违背，皆屏不用。"[①] 杨锡宗的设计方案，虽然最终并未为葬事筹备处采用作为中山陵的建筑方案，但其所提出的关于中国传统建筑中的龙形装饰图案"于清代联想有关"，"与孙博士改革之主张相违背"而应弃用的观点，显然得到了葬事筹备处和国民

---

① 杨锡宗：《孙中山先生陵墓计划说明书》，孙中山先生葬事筹备委员会编：《孙中山先生陵墓图案》，第18页。

图121 中山陵碑亭门洞

图122 1929年11月武汉大学男生宿舍初版设计方案中的门洞装饰细节

来源：武汉大学档案馆。

党官方的高度认可，这一点可以从吕彦直方案后来的修改微调中看出。在确认获得头奖并被选中为中山陵工程建筑方案后，吕彦直曾对方案细节进行了几次修改。对比其参与竞征时所提交的最初版本和最终的修改版本，除了根据凌鸿勋在评判报告中提出"正面略显狭促，祭堂内部地位亦似略小"这一意见而取消了门廊，将三扇门直接移至外墙以外，吕彦直在装饰细节上所做的一项重要修改，在于将原来方案中歇山屋顶的正脊鸱吻和戗脊上的戗兽、走兽等传统清代官式做法的神兽形构件，一律改为几何云纹图形（图123）。这一修改，显然与杨锡宗所提出的想法高度契合，极有可能是葬事筹备处要求吕彦直进行的。①

　　作为中山陵后续工程的实际建筑设计师，李锦沛在1929年下半年以后陆续建造的碑亭、陵门等附属建筑中，延续了吕彦直的设计思路和手法。这些建筑的脊兽等装饰构件，与祭堂一脉相承，风格一致。而在同年11月由开尔斯、李锦沛共同署名的武汉大学男生宿舍第一版设计图纸中，我们可以发现其三座门洞上方的歇山顶阁楼，屋顶装饰细节与中山陵各建筑的屋顶高度雷同。以中山陵祭堂为例，将其立面图与武汉大学男生宿舍门楼第一版设计的立面图对比，其歇山顶上各种几何抽象化的鸱吻、脊兽、仙人等装饰构件，图案造型几乎如出一辙，这些图案显然极大可能都是李锦沛自中山陵所带来的移植（图124）。虽然男生宿舍设计方案在招标后受工程预算限制而依照校方要求进行了修改，但在最终的设计图纸中，依然保留了以抽象几何化的手法简化传统脊兽的设计。

---

①　参见赖德霖：《探寻一座现代中国式的纪念物——南京中山陵设计》，《中国近代建筑史研究》，第280页。

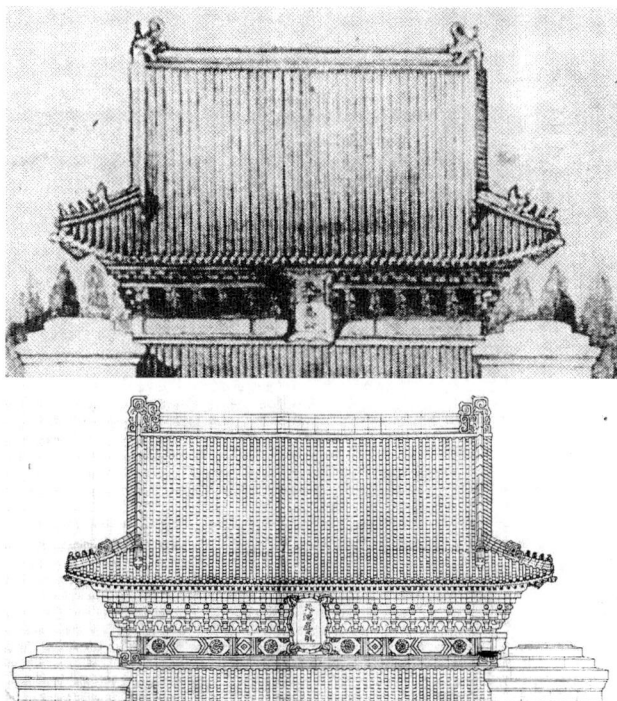

图123　吕彦直设计的中山陵祭堂最初方案屋顶细节（上）与修改后的屋顶细节（下）

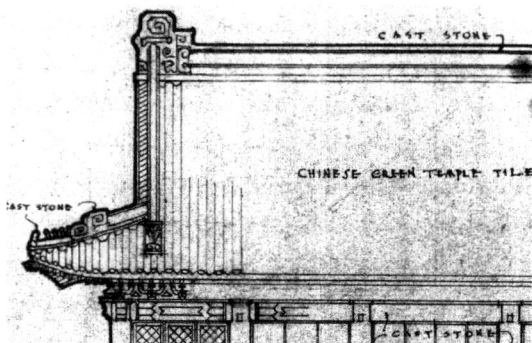

图124　1929年11月武汉大学男生宿舍初版设计方案中的屋顶阁楼

来源：武汉大学档案馆。

由李锦沛带来珞珈山，并在男生宿舍屋顶阁楼的屋角设计上最先实践的这一套"中山陵法则"，很快为开尔斯所消化吸收。他本人作为曾经参与过中山陵设计方案竞征的建筑师，对于国民党当局在这座著名建筑的设计活动中所表现出来的对建筑装饰图案的政治解读，或许也有所了解。他随后便将这套为国民党当局认可的对传统建筑兽形装饰构件的处理手法，运用在了珞珈山新校舍的其他建筑设计中。通过原始图纸我们可以发现，除了男生宿舍以外，理学院、文学院、学生饭厅等最先进行设计的几座校舍建筑中，所有的中式大屋顶，其鸱吻、檐兽等部件，均和中山陵类似，被改成了云纹、水波纹等几何图案，或者干脆取消了屋角上的走兽（图125）。

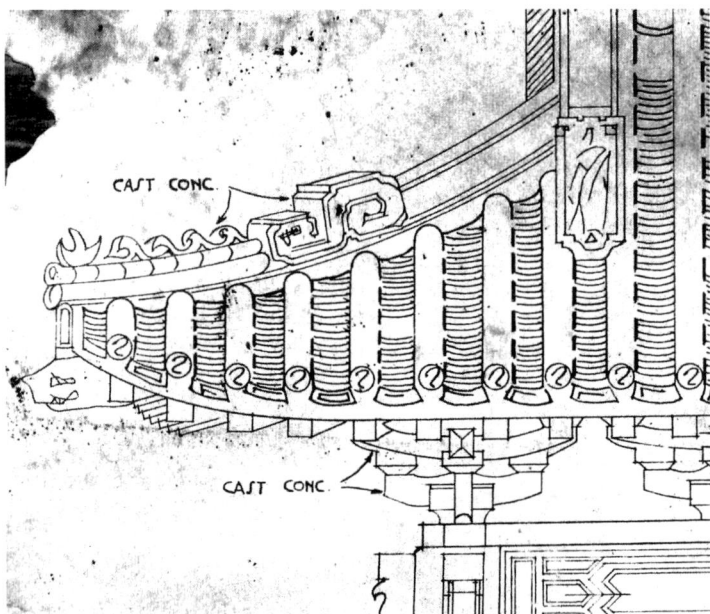

图125　男生宿舍门楼设计图纸中的屋角细节

来源：武汉大学档案馆。

只不过，在汉协盛营造厂实际施工的过程中，在建造这些细节构件时，都没有完全照图施工。其中体量较大的鸱吻、垂兽、戗兽等部位，尚且照图做成了几何云纹形状，但对于较为细小的屋檐走兽，则出现了令人啼笑皆非的"自由发挥"：汉协盛所承建的男生宿舍和学生饭厅两项建筑，歇山顶的戗脊走兽，都被工匠完全抛开图纸，做成了狗的造型，且尺寸过大，比例明显失调。檐角下的套兽，亦没有被照图做出（图126）。汉协盛虽为当时武汉本地实力最强、规模最大、经验最丰富的营造厂，但此前所承建的工程，绝大多数为西式洋房和住宅，对于用水泥建造中式大屋顶，显然并没有多少经验可言——事实上对于当时武汉地区的任何一家营造厂而言皆是如此。而汉协盛营造厂本身，从老板沈祝三到主要的技术工匠，皆来自浙江宁波。他们中的许多人，都是江南传统手工匠出身，其对中国传统建筑的建造经验，皆出自江南风格建筑，对于北方官式建筑，则显然并无经验，甚至不甚了解。而屋檐走兽这种装饰形式，在清代建筑中主要是北方官式建筑的装饰语汇，在江南十分稀见，更非民间建筑所能随意僭越修造。再加上开尔斯出于健康原因不能前来武汉的工地实地监工，而他的驻汉全权代表石格司，对于中国传统建筑则几无认识，因而在脊兽这样的末梢细节上，汉协盛的工匠们用水泥捏出的这些颇显滑稽的"小狗"，也就先后爬上了男生宿舍和学生饭厅的屋脊。

　　这些"小狗"的登场，显然辜负了建筑师的一番匠心。而在这一过程中，开尔斯也察觉到武汉大学建委会方面对这些细节似乎并不是特别在意，这与中山陵设计过程中相关图案被国民党官方赋予高度政治意涵的情况截然不同。于是，在随后的二期工程中，包括图书馆、宋卿体育馆、工学院、华中水工试验所等建筑，开尔斯又将所有大屋

图126　实际建成的男生宿舍门楼歇山顶屋角走兽样式。作者摄于2011年5月

顶的脊兽，重新设计成了更接近清代官式建筑原初样貌的走兽和仙人造型。当然，相信20世纪30年代的美国人开尔斯，不可能读过《大清会典》或《工程做法则例》一类的中国古籍，也并不真正了解这些形态各异的脊兽背后的文化意涵。仔细观察我们便会发现，在开尔斯后来所设计的这几个大屋顶的脊兽中，鸱脊和仙人之间的走兽，无论数量多少，一律都是造型完全相同的狮形蹲兽。

　　其实在珞珈山校园的一期工程中，汉协盛营造厂在建设过程中出现细节未照图施工的地方，还不止屋脊上的"小狗"这一处。在狮子山顶图书馆两侧的文学院、法学院这两栋姐妹楼，外观上一个显著的不同，便是东侧的文学院屋角出挑较远，起翘角度较大，而西侧的法学院屋角则较为平缓（图127）。过去曾有观点认为这是设计师的有意为之，如《武汉大学早期建筑》一书，便称"文学院位于图书馆的左侧，其建筑屋顶采用翘角，寓意文采飞扬……翘而尖的南方式飞檐，与西边法学院平而缓的北方式飞檐遥相呼应……（法学院）四角飞檐平而缓，更显端庄稳重，寓意法理正直、执法如山"①。这一说法流传甚广，听起来也似乎言之有理而饶有趣味，令人不禁要佩服开尔斯这位美国人，竟然会对中国传统文化有如此深刻的理解。但是仔细观察后我们不难发现，除文学院之外，附近的学生饭厅和男生宿舍的琉璃瓦歇山式大屋顶的屋角也是起翘较高的南方式，而居中的图书馆，以及工学院、宋卿体育馆、华中水工试验所等建筑的大屋顶檐角，则是与法学院一样的北方式。这样看来，所谓"文采飞扬"或"法理正直"似乎难以自圆其说。

图127　屋角起翘明显的国立武汉大学文学院大楼

来源：《国立武汉大学一览（中华民国廿二年度）》，1933年。

---

① 李晓虹、陈协强编著：《武汉大学早期建筑》，第27—28页。

沈中清后来对此事曾有专门的回忆。他说道:"中国民族形式大屋顶的屋角,大致可分为二种款式:一是南方式,屋角飞翘得比较高而尖,如南方庙宇的屋角;一是北方式,屋角飞翘得比较平而圆,如北京的宫殿屋角。文学院、学生饭厅、学生宿舍亭子楼的屋角都做成南方式,是没有照图施工,F.H. Kales 很有意见,但已建成,脚手架也拆卸下来了,也就算了……打这以后,法学院、体育馆、工学院等等都是做的北方式屋角。"[1]

由沈氏的回忆来看,所谓"文采飞扬"和"法理正直"之说,纯属穿凿附会。原始设计图纸透露出的信息也印证了这一点:在开尔斯的设计中,包括男生宿舍和文学院在内的珞珈山校园内所有采用了中式大屋顶的校舍建筑,其屋顶造型的设计,的确都是清代北方官式的。虽然开尔斯对鸱吻、走兽等装饰构件进行了简化,但屋顶的整体造型,特别是檐角的出挑深度和起翘角度,都显然是以清代北方官式建筑为蓝本的(图128)。从沈中清寥寥数语的描述中,我们不难想象,1932 年春天从上海抱病来到武昌的开尔斯——原本怀着激动喜悦的心情,急切地想一睹自己在华的最大设计作品——在珞珈山现场看到新近落成的校舍建筑的第一眼时,是如何瞬间皱起眉头的。

事实上,以明清北方官式建筑风格作为"中国古式"或"中国固有之形式"的"正统代表"这一设计思路,从民国初年的司斐罗、茂飞等人开始,便已逐渐成为在华外国建筑师演绎"中国风格"的一种套路。1914 年茂飞初来中国承接湖南长沙湘雅医学院的项目时,就已

---

[1] 沈中清:《工作报告:参与国立武汉大学新校舍建设的回忆(国立武汉大学新校舍建筑简史)》(1982 年 3 月),武汉大学档案,4-X22-1982-6,武汉大学档案馆藏。

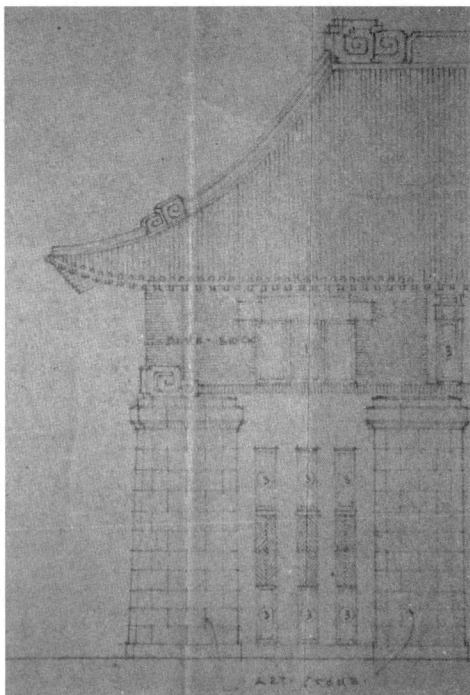

图128 开尔斯、李锦沛绘制的文学院大楼设计图纸中的屋顶檐角造型

来源：武汉大学档案馆。

敏锐地察觉到雅礼会方面尽管想要一个具有中国建筑风格的新校园，但出于节约预算和追求更加简洁的现代建筑形式等因素考虑，他们对湖南本地装饰繁缛的中国南方建筑风格并不偏爱，而是更倾向于以北方官式风格为校舍建筑设计基调。[①] 虽然当时的茂飞事实上对中国建筑还并没有什么真正深入的认识，但作为一名随适性极强的商业建筑

---

① Jeffrey W. Cody: *Building in China: Henry K. Murphy's "Adaptive Architecture" 1914-1935*, Hong Kong: Chinese University Press, 2001, p. 44.

师，他随即在湘雅医学院的建筑设计上附和了业主的这种偏好，在中式大屋顶的造型上采用了这种"更加紧缩"的北方官式。[①] 此后，茂飞更将中国南北建筑风格的这种差异，以及他对二者的取舍，进一步演绎成他对中国传统建筑风格复兴路径的"独到见解"。即使是他早期在中国所设计的诸如福建协和大学这样尚不成熟的作品中，我们也可以从屋顶的造型上看出他在尽力模仿北方官式屋顶，而力避南方地域建筑中繁缛的装饰和夸张的弧线。显然，茂飞对中国建筑南北风格之间的这种好恶，以及他所做出的这些更加"地道"和"正统"的大屋顶，使得他看起来似乎比其他在华外国传教士和建筑师对中国建筑的理解与研究更加"深入"一些。而他所推崇的这种愈加格式化的"中国式样"，也为后来的国民党当局所接受和欣赏。1925年设计中山陵建筑的吕彦直，在留美期间以及回国后，就曾先后在茂飞设于纽约和上海的事务所里工作过。吕彦直在设计广州中山纪念堂和南京中山陵建筑的过程中所展现出的对中国清代官式建筑风格的了解和运用能力，主要便是来自在茂飞的事务所从业的经历之中。而正如前文所述，从中山陵工程开始，"中国固有之形式"运动在国民党当局的推动下于全国范围内开展起来，茂飞本人也被国民政府聘请为建筑顾问，参与制定了著名的《首都计划》。可以说，茂飞及其事务所的建筑师们所演绎出的"中国风格"版本，奠定了"中国固有之形式"运动的风格基调，成为这一时期建筑师建造中式复古风格建筑时所竞相模仿的样本。显然，在这一时代浪潮之中，开尔斯在设计武汉大学新校舍建筑时，也是同样推崇这种北方官式的"正统中国风格"的。

---

① "Yale-in-China", *The Far Eastern Review*, vol. 11, No. 2 (July 1914).

然而，"中国固有之形式"运动最为风起云涌的城市，并非这种官式建筑风格本身原发的北京和其他中国北方城市，而是像上海、南京、广州这样的江南、华南城市，这实在是一个有些尴尬的事实。官式的大屋顶造型和梁柱间的华丽彩绘，与这些城市原有的地方建筑语汇之间毫无关联。建造这些"固有形式"建筑，对于江浙一带的营造厂而言无疑成了一个考验，在一些工程中出现"画虎类犬"的结局，似乎难以避免。事实上，汉协盛在武汉大学的大屋顶屋角形状上所犯的错误，与之前那些滑稽的"小狗"背后的问题如出一辙。对于这些出身江南，操着一口宁波话，习惯了江南建筑造型的工匠而言，对"中国屋顶"的演绎，他们显然更倾向于依照自己的习惯，而不是写满英文的图纸，两者之间便隐含着细微的裂痕。在武汉这种处在"中国固有之形式"运动中心之外的内陆城市，以及建筑师开尔斯本人不能前来工地监工的武汉大学这一案例中，这种裂痕也就更加明显地呈现在最终落成的建筑之上了。

在当时的武汉，类似这样的案例并非武大仅有。出现在武汉大学建筑屋顶上的问题，也类似地出现在了同时期的汉口商业储蓄银行大楼上。该大楼由上海的陈念慈建筑师设计，汉协盛营造厂（一说汉兴昌营造厂）承建，1933年始建，次年竣工。从登载于1933年《建筑月刊》杂志上的设计图纸来看，大楼顶层的中式阁楼，屋顶是一个线条平直的简化的北方式屋顶（图129）。[①] 然而从大楼落成后的老照片（图130）来看，这个顶层阁楼却被建成了一个完全的江南式屋顶：无论是上翘的屋角，两侧升起的屋檐还是山墙、鸱吻、檐角的装饰造型，

---

① 陈念慈：《汉口商业银行——剖面图（乙）》，《建筑月刊》第1卷第9/10期，1933年8月。

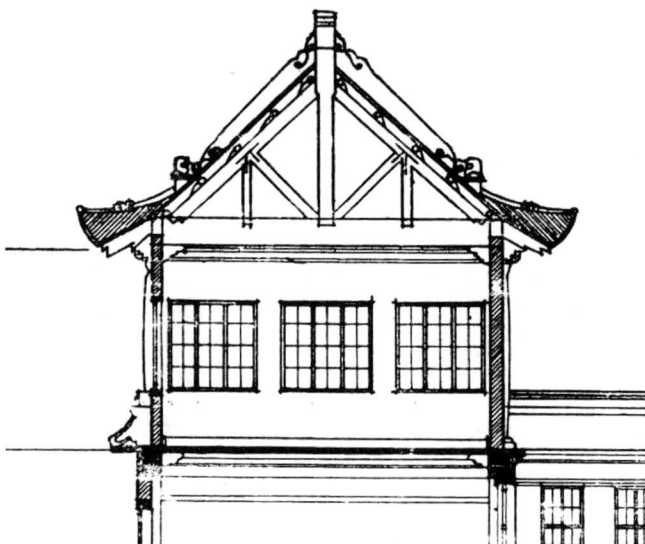

图129 汉口商业储蓄银行大楼设计图纸中的屋顶阁楼造型
来源:《建筑月刊》第1卷第9/10期,1933年8月。

图130 实际建成的汉口商业银行屋顶阁楼造型。该屋顶抗战期间被炸毁,重修后已非原貌
来源:民国时期老明信片。

都具有浓郁的江南建筑风格。其与设计图纸的相异程度，远甚于汉协盛在武汉大学的几个屋顶上所出现的偏差，可以说完全是抛开了图纸另起炉灶。文献中没有记载陈念慈建筑师此后对这个走样的屋顶有无异议，作为比开尔斯更了解中国实际的本土建筑师，他对于这类"画虎类犬"的结局，或许早就做好了心理准备。

不过，美国人开尔斯显然并不打算默默地接受这个事实。他不仅对汉协盛的不照图施工"很有意见"，而且有着对原本设计方案的执着坚持。他在后来几项校舍建筑的设计中仍坚持大屋顶要采用北方官式屋角的造型，即便以狮子山建筑群之间屋顶造型不统一为代价，也要在后来的图书馆、法学院建筑上纠正回北方官式屋角造型的做法。单就他在大屋顶屋角造型这一问题上的执着态度来看，开尔斯似乎与他的同胞茂飞一样，对于中国古代建筑的北方、南方风格差异，有着明显的好恶取向。从金陵女子大学校园规划设计开始，茂飞的"中国风格"版本已基本形成固定的套路。在屋顶的式样上，主要校舍建筑基本都使用歇山顶，其次是庑殿顶。且茂飞设计的这些歇山顶和庑殿顶，外形上都是极为"标准"和"纯粹"的，"不论其构图方式的变化，凡调用的构图元素一律以中国官式建筑为蓝本，极少再出现夸张或变形的处理手法……基本上摒弃了圆拱和弧形的西方建筑特征，尽可能在外部形象上淡化西方建筑的显性痕迹"。[①]

然而开尔斯在珞珈山的各建筑设计中，关于中国屋顶的想法却与茂飞有明显不同。开尔斯并不那么在意屋顶的形状要整齐划一，也并没有受制于任何既有的"模式"。珞珈山纯粹的传统歇山顶，仅在男

---

① 董黎:《中国近代教会大学建筑史研究》，第150—151页。

生宿舍门洞上方的三座小阁楼、理学院北面的煤气厂以及工学院附楼这三处小型附属建筑中采用。而在其他主要校舍建筑的屋顶造型上，开尔斯则做了许多尝试：学生饭厅和礼堂、水工试验所、图书馆等建筑，虽然采用了歇山顶，但都进行了各自不同的变形改造或组合拼接；理学院两翼实验楼采用了单檐庑殿顶，工学院主楼则采用了重檐攒尖顶。而同为歇山顶，工学院附楼的屋顶坡度明显小于男生宿舍阁楼，且分别以山墙和檐墙面为正立面。这些造型各异的屋顶，充分说明了在开尔斯的脑海中并没有一个明确、清晰的关于中国屋顶的法则和模式。他在屋角造型上对北方官式的坚持，不过只是细节上的个人偏好而已。

事实上，开尔斯对于中国建筑整体风格上的南北差异，恐怕也都没有深入的认识和明确的好恶。目前通过文献记载确认开尔斯到过的中国城市，全部都位于南方，如香港、上海、南京、芜湖、武汉等，更早前他还长期在东南亚从事建筑活动。在游历这些东南亚和中国南方城市的过程中，开尔斯应当也对当地建筑进行了细致观察和记录，在珞珈山的建筑中，我们也的确可以看到他运用了许多南方建筑的装饰母题。如学生饭厅西侧的厨房，其南北两侧的墙面，特别是烟囱两侧曲线形的封火山墙造型，带有浓郁的中国南方民居风格。在开尔斯的最初设计中，厨房西边的院墙，还开有一座江南园林风格的月门（图131）。又如开尔斯在珞珈山所设计的绝大部分中式柱子皆为方柱，特别是它们的柱础造型带有浓郁的南方风格，与广东、福建一带祠堂寺庙中的柱础样式甚为相似。即使是大屋顶造型上，除开他对于屋角起翘的在意以外，我们仍可在其他地方看到他自觉或不自觉地采用了南方元素。1936年开尔斯所做的水工试验所第一版设计方案中，他在中央部分的屋顶上，显然也设计了一个具有浓郁华南建筑特色的造型来（图132）。

图131　学生饭厅厨房南立面图

来源：武汉大学档案馆。

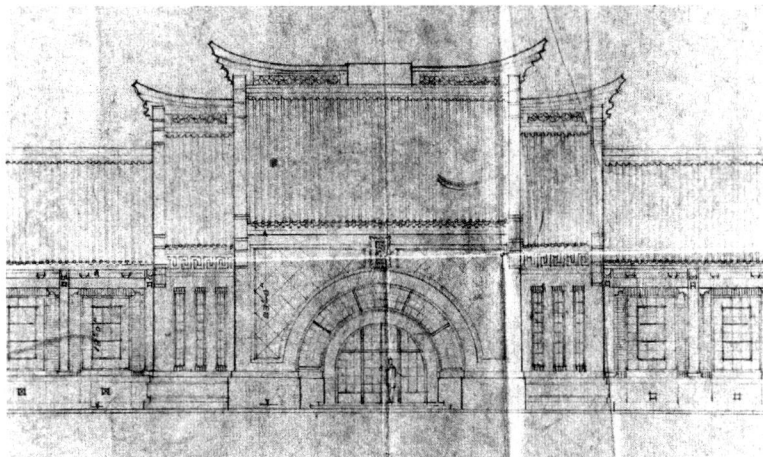

图132　水工试验所初版设计方案中的中部屋顶造型

来源：武汉大学档案馆。

开尔斯在设计图书馆大楼屋顶时所采用的造型方案，也是一个值得关注的例子。虽然图书馆工程1933年方才开工兴建，但开尔斯早在1930年设计男生宿舍和文学院大楼时，就已对作为整体的狮子山建筑群中的核心建筑——图书馆的外观造型进行了初步设计。从1930年开尔斯所绘制的整个狮子山建筑群的南立面图中我们可以看到，当时在他的初步构想中，居中的图书馆被设计成一主二从三座中式阁楼组成的建筑群。其中，副楼为东西对称的两座重檐歇山顶书库楼，而居中的主楼，则是一座四方形的攒尖顶阁楼（图133）。

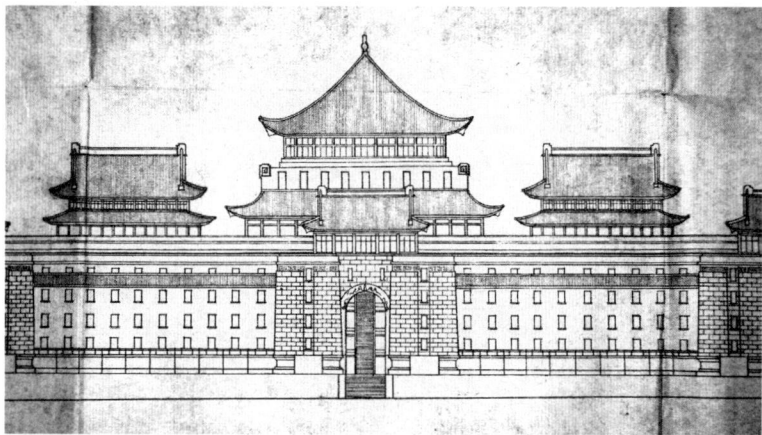

图133　1930年开尔斯关于武汉大学总图书馆的设计构想
来源：武汉大学档案馆。

不过，在1932年实际开始进行图书馆大楼的建筑设计时，开尔斯对图书馆的设计方案进行了较大改动。由于学校的预算限制，工程的建筑规模有所缩减，两侧的副楼被暂时取消，而只先期建造中央主楼。修改设计后的图书馆大楼，外观造型显得更为复杂，平面呈一个倒写的"工"字形，而中央塔楼也改为了八边形平面（图134）。在八边形平面上建筑攒尖顶，中国古代和近代建筑中有很多经典案例，如北京颐和园佛香阁、广州中山纪念堂等。然而开尔斯在武大图书馆的屋顶设计上却又决定另辟蹊径，放弃了之前的攒尖顶方案，而重新设计了一个颇为独特的"八角歇山顶"：在一个传统歇山顶的基础上，增加了四条戗脊，形成一个八边形的平面。此外，屋顶正脊中央，还加设了一座尺寸颇大，造型脱胎自塔刹相轮的脊刹（图135）。

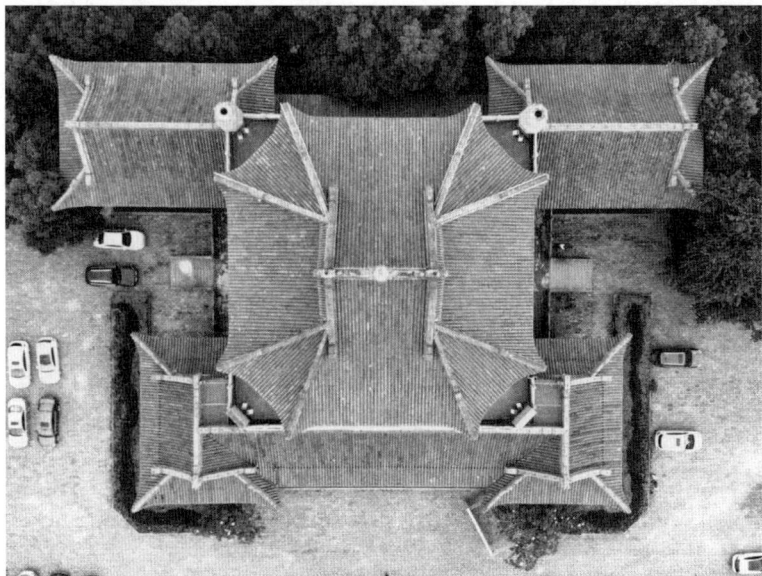

图134 平面呈倒"工"字形的国立武汉大学图书馆大楼。作者摄于2018年5月

这种八角歇山顶，在中国古建筑中十分稀见。在武汉大学图书馆建成以前，著名建筑中仅有厦门南普陀寺大悲殿采用了类似造型的屋顶。南普陀寺为厦门最大的寺庙，也是整个华南地区的著名佛寺，始

图135　图书馆中央塔楼的屋顶为造型独特的八角歇山顶。作者摄于2018年5月

建于五代。清康熙二十三年（1684年）施琅平定台湾明郑后返回厦门，"因感念观世音菩萨的灵感，在原普照寺的废墟上重建寺院，于大雄宝殿后的高坡上特建一座专门供奉观世音菩萨的大悲殿，突出寺院为观音道场"，并改名为南普陀寺。[①]大悲殿中供奉有一尊四面四十八臂的观音菩萨像，故又名观音殿，是全寺的大殿和核心建筑，也是晚清民初时期厦门的地标性建筑之一。作为中国近代最早的通商口岸之一，厦门是西人较为了解和熟悉的中国城市。在晚清以降外国旅行家在厦门拍摄的老照片，以及近代各种厦门风光明信片中，我们时常可以看到这座屋顶造型独特的大悲殿的影像。

　　据1933年2月南普陀寺住持太虚法师所述，"十七年夏历九月

[①]　参见厦门南普陀寺编:《南普陀寺志》，上海：上海辞书出版社，2011年。

二十三日之夕，殿中忽起火，殿乃被毁……旋由本寺邀集厦门各界洪晓春、陈少梧诸绅耆，组筹募重建委员会，别设会计，经营建筑，不敷时由库房支济。八角三层之式仍旧贯，而放大加高，俾可与前之二殿相称，历时四年有余始成"。[①] 火灾后重建的大悲殿，外观上仍保留了原先覆盖绿色琉璃瓦的八角歇山屋顶造型，但改为钢筋水泥结构的仿古建筑，尺寸也有所放大。值得注意的是，这座具有厦门著名地标性质的佛殿重建的时间，恰与开尔斯设计武汉大学图书馆建筑的时间相重叠。抛开官式建筑与闽南地域建筑在屋脊、装饰等细节上的造型差异，武大图书馆屋顶整体的八角歇山式形制，以及正脊中央设脊刹的装饰造型，均与南普陀寺大悲殿屋顶相似，其中或许有着借鉴关系（图136）。

图136　厦门南普陀寺大悲殿的八角歇山顶。作者摄于2013年6月

---

① 太虚：《南普陀寺重建大悲殿记》，《厦门南普陀寺志》，1933年，"文艺"第127—128页。

以上种种线索皆使我们看出，与茂飞鲜明地推崇以北京故宫为代表的清代皇家官式建筑风格作为"中国固有之形式"唯一代表和蓝本的审美取向不同，开尔斯虽然在屋顶的屋脊、檐角等处的造型上坚持采用北方官式，对于汉协盛在这些细节上没有严格照图施工还表示愠怒，但在武汉大学的建筑设计过程中，他实际上又大量吸收和运用了中国南方地域建筑的造型和装饰元素。这种看似矛盾的现象，事实上反映出开尔斯对中国建筑艺术理解的局限性。在屋顶造型之下中国建筑南北地域之间深层次的结构逻辑差异，以及在不同风格细节构件与装饰图案的背后所体现的中国古代政治与文化上的多样意涵，显然不是当时一位普通的美国建筑师所能理解的。开尔斯在演绎"中国民族形式"的过程中，更多的还是依照个人的审美喜好，将其脑海中多年来积累的各种"中国元素"糅合在一起而已。以斗栱为例，开尔斯与早年的茂飞一样，也没有真正理解斗栱的结构逻辑：在多个建筑中，他都将柱子直接伸到屋檐处，而将原本的柱头斗栱拆成两半，放在柱子的两侧。

　　在杂糅拼贴各种"中国元素"，以极力营造"代表民族的美术性"之余，开尔斯在珞珈山的校园规划和建筑设计中，还有着许多"中国固有之形式"以外的元素。若单就主要校舍建筑采用琉璃瓦中式大屋顶的造型风格这一点来看，我们似乎可以把开尔斯和茂飞等人都归为近代来华演绎中国建筑风格的一批美国建筑师。然而开尔斯在珞珈山的校园规划模式，与茂飞在金陵女子大学、燕京大学等校的设计思路，事实上有着很大的区别。茂飞在金陵女子大学和燕京大学的校园整体布局规划中，借鉴了北京故宫殿堂沿中轴线布置、建筑相互组合合围成封闭或半封闭庭院的模式。开尔斯在珞珈山的设计中，则既没有一个明确的"中轴线"，主要校舍也不合围成相对封闭的庭院。与茂飞在金陵女子大学和燕京大学规划中借鉴中国传统宫殿规划布局手法，营造"先抑后扬"、"庭院深深"的气氛所不同，开尔斯规划的珞珈山校园，呈现出一种完全不同于中国传统宫殿院落的开放式布局。他将主要校舍都建筑在校区内的各山头之上，一走进校园，远远地就能将核心区的全部校舍建筑一览无余。与"先抑后扬"的中国传统建筑审美体验不同，开尔斯在珞珈山显然意在营造一种开放、恢宏、壮丽的建筑美感。建筑师刘既漂在参观珞珈山校舍后便表述了自己的这种体验："未到武大一里之前，远远望见形如宫殿、宏壮若山的大建筑，初次接目确能使你拜倒！"[①]

珞珈山校园的这种开放的建筑布局，与稍早前的中山陵设计颇有异曲同工之处。李恭忠在其关于中山陵的研究中归纳总结道："实际建成以后的中山陵，对于谒陵者而言，空间布局上最强烈的感触……是陵墓空间结构的开放特征……整个中山陵显得开阔、明朗而宏壮。谒陵者走进墓区，首先是一个开阔的扇形广场，广场北端矗立着一座磅礴大气的四楹三门冲天式牌坊。走到牌坊底下，整座陵墓便迎面呈现在眼前……中山陵仿佛是一个安坐的巨人，正敞开胸怀欢迎谒陵者的到来。特别是在陵墓刚建成不久时，甬道、石级石阶两旁种植的树木还未成林，这种开阔感更加显著。"[②] 事实上，开尔斯在中山陵设计方案竞征时所提交的塔形方案，在陵墓整体布局上也同样体现出这种开放性：居于山顶、高耸挺拔的塔型祭堂和墓室，显然是极为醒目，

---

① 刘既漂：《武汉大学建筑之研究》，《前途》第1卷第2期，1933年2月，。

② 李恭忠：《中山陵：一个现代政治符号的诞生》，第192—194页。

远远即可望见的。

　　在珞珈山校园的规划中，开尔斯显然延续了这一思路。珞珈山校园规划所体现出的这种以纵横交叉的多轴线布局校舍建筑，突出核心单体建筑，不以建筑合围封闭院落，不设置中轴线的设计思路，与中国传统建筑的格局毫无关涉，而更多体现的是经典的欧美大学校园规划模式。与金陵女子大学、燕京大学的规划相比，开尔斯的这一规划思路，显然更接近茂飞早期在华建筑实践中所设计的福建协和大学、厦门大学等校的校园规划思路与设计手法。

　　于是乎，在20世纪20年代的中国建筑界，当美国建筑师茂飞经过多年的实践，逐渐摒弃了自己早年所做的带有"西体中用"味道的规划模式，转而摸索出一条"在'中国化'中走向'宫殿化'"[①]的"中国固有之形式"大学校园规划路径时，他的同胞开尔斯稍晚时在武汉所主持设计的珞珈山校园，却并没有附和他所开辟出的这一似乎更加"中国"的道路。这或许是开尔斯对中国传统建筑的"研究"并没有茂飞那么"深入"使然。不过从另一个角度看，今天我们所做的这些挑剔的评价，或许都是多余而无趣的。在当时的历史情境之中，开尔斯在珞珈山所营造出的这种开放、恢宏、壮丽的审美体验，至少在视觉上是成功的，并足以使人忘记去计较这种格局是否足够"中国"了。

　　除了总体布局上对西方规划模式的沿用，珞珈山各校舍的建筑风格，在"中国民族形式"的总基调之下，也夹杂有西式建筑风格。这些西式元素的混入，既有建筑师的主动为之，也有不知不觉间的流露。如在学生饭厅、图书馆、工学院附楼、华中水工试验所等建

---

①　董黎:《中国近代教会大学建筑史研究》，第121页。

筑中，开尔斯在外墙所使用的中式柱子，皆为两根并排的双柱（图137）。双柱与中国传统木结构建筑的结构逻辑不合，是不见诸中国古代建筑的做法，而在欧洲古典主义建筑中却是一个非常常见的母题。显然，在雀替、柱础等中式外衣之下，这看起来似乎颇为"中国"的一对对双柱，仍然是出自西方古典主义建筑的设计思路。

图137　学生饭厅一层外廊的双柱
来源:《国立武汉大学一览（中华民国廿二年度）》，1933年。

　　在开尔斯所设计的珞珈山各校舍中，唯一以西式风格为主的建筑是理学院中央主楼。理学院建筑群由前后两期工程构成，共一主四从五栋楼。其中，居中的中央主楼，平面为一个经典的希腊十字，外观则是一个拜占庭风格的穹顶建筑。这种拜占庭式的穹顶，在近代以来美国的大学校园规划设计中颇为常见，如著名的弗吉尼亚大学圆厅图书馆、哥伦比亚大学洛氏纪念图书馆（图138）等。由茂飞主持设计的清华学校校园中，也设计了一座类似建筑风格的大礼堂。在某种程度上，带有拜占庭穹顶的大楼，在当时已成为美国式现代大学校园的

图138　美国哥伦比亚大学图书馆

一种符号。或许正是受到这一影响，开尔斯在珞珈山演绎"中国固有之形式"之余，也决定在其中加进一个拜占庭穹顶，以强化珞珈山作为一个大学校园的气场（图139）。在室内部分，开尔斯更在内柱造型上，使用了古埃及的纸莎草柱式和莲花柱式。这或许与他早年游历埃及的经历有关，但更主要的目的，相信是为了进一步增加这座教学楼的古典主义气质。当然，在此之余，为了与珞珈山校园总体的中式建筑风格相协调，他也不忘在大楼细部加上一些中式装饰。刘既漂就曾对此揶揄道："在无可奈何之中，在圆顶之下四角凹形之一小部分加上一片中国琉璃瓦，总算在混成公式之上加点中国酱油。"[①]

① 刘既漂：《武汉大学建筑之研究》，《前途》第1卷第2期，1933年2月。

图139 国立武汉大学理学院中央主楼

来源：武汉大学档案馆。

有趣的是，以珞珈山为界，山南山北的校园建筑呈现出截然不同的两种风貌：山北是碧瓦飞檐的"中国宫殿"，山南却是一幢幢欧式洋楼，看不到一片琉璃瓦（图140）。事实上，珞珈山校园非核心区的附属建筑物，多数都没有采用中式风格。这其中固然与校方的经费预算有限有很大关系，但细究这些没有采用中式风格的建筑，也颇有耐人寻味之处。虽然今天我们知道，珞珈山南坡上的这些教授住宅，并不是出自开尔斯的设计，但从刊登在1929年度《国立武汉大学一览》上的一张由开尔斯手绘并署名的"新校舍教职员宿舍风景图"上我们可以发现，开尔斯在一开始也曾对珞珈山南坡的教授住宅有过设计构想，且这些住宅的建筑风格与山北的主要校舍一样，也是中式风格的大屋顶建筑（图141）。这些画在图画中的大屋顶别墅之所以没有成为现实，或许与开尔斯的健康问题、校方的经费预算等诸多因素有关，

图140　珞珈山南坡的第一教职员住宅区建筑群

来源：武汉大学档案馆。

新校舍教职員宿舍風景圖

图141　1929年开尔斯手绘的珞珈山南坡教职员住宅设计效果图，图中可见盖有中式大
　　　　屋顶的教授别墅

来源：《国立武汉大学一览（中华民国十八年度）》，1930年。

但独独在教职员别墅的建筑上，放弃大屋顶的中式风格而改为建造欧式别墅，其背后恐怕与校方的主观意愿也有密切关系。虽然正如王世杰校长公开讲的那样，武汉大学的主要校舍建筑要"充分追求代表民族的美术性"，但教授们每日夕阳西下时所要回到的山南的这些住宅，显然就不再被赋予"追求民族美术性"的诉求了。对于这些海外留学归国的近代中国先进知识分子们而言，他们固然多是具有强烈民族主义思想的爱国者，但生活方式的西化也使得他们在面对教职员住宅的建筑风格选择上，更加倾向于现代、实用且符合他们生活习惯的西式别墅。从20世纪30年代留在珞珈山南北两面的这两种截然不同的建筑风格之中，我们不难窥见轰轰烈烈的"中国固有之形式"运动背后一些隐隐的异音。

三

现代大学校园与复古建筑形式的折中碰撞

　　如前文所述，1932年5月26日王世杰在新校舍落成典礼上的讲话中，曾提到武大新校舍建筑设计建造的"坚固"、"避免奢华"、"充分求美术性表现"三项原则。他特别强调武大的建筑"不止三十年五十年，而要有永久性"，显然对于建筑材料、工艺和施工质量的标准是很高的。从1930年开始，武汉大学在七七事变前所建设的一系列主要校舍建筑，全部采用了钢筋混凝土框架结构，这在当时中国的大学校舍建筑中，无疑是颇为前沿的。钢筋混凝土框架结构在中国建筑的实践中很早便有运用。1908年建造的六层高的上海电话公司，是中国第一座钢筋混凝土框架结构建筑。[①] 到20世纪20年代时，包括汉口在内的中国大城市中，五层以上的高层建筑，已普遍采用钢筋混凝土框架结构。然而30年代以前，中国无论教会大学还是官办大学，其校舍建筑均尚未大规模采用钢筋混凝土框架结构。因此，武汉大学在珞珈山营建的校舍，是中国历史上最早的一批钢筋混凝土框架结构大学校舍建筑，在中国近代大学校园的建筑技术史上，无疑具有划时

---

① 　潘谷西主编：《中国建筑史》，北京：中国建筑工业出版社，2009年第6版，第376页。

代的意义。此外，在珞珈山校园的一些需要较大室内空间的建筑中，还普遍采用了钢结构。如图书馆阅览大厅和顶层展览大厅、华中水工试验所实验大厅及工学院主楼的玻璃屋顶，均采用了钢桁架结构。宋卿体育馆的圆拱屋顶，还采用了三铰拱结构，这些在当时中国的大学校园中，也是最为先进的。

由此观之，如此现代的建筑结构，使得珞珈山校舍在古典的外表之下，似乎也流露出强烈的现代气息。然而对于复古形式与现代功能的调和这一老问题，武大事实上并非处理得天衣无缝。早在一期工程完工不久，前文提到的中国建筑师刘既漂（图142）在参观珞珈山校园时，便已对这一问题进行了一番较为深入的探究和尖锐的批评。

图142　建筑师刘既漂

来源：《旅行杂志》第3卷第4期，1929年4月。

刘既漂出生于广东兴宁，早年就读于上海中华艺术大学学习绘画，后考取官费留法，先后在巴黎国立美术专门学校及巴黎大学建筑系学习。1926年回国，与梅州同乡和留法同学林风眠共同在杭州筹备成立"国立杭州艺术专科学校"。他1927年便在《东方杂志》撰文，对中国建筑的发展方向提出了自己的看法，认为"中国古式建筑好的地方自属不少，但缺点之处，亦颇有之……古式作风是古人的，现代人去模仿他，便是现代人不长进。艺术本身是进化的，革命的。如果失却进化和革命的精神，时代上决不会凭空生产出有价值的新艺术来！"[1]可见刘既漂对于当时以茂飞为代表所主导的复古主义建筑风格并不十分认同，但也并非主张中国建筑应全盘西化或放弃对艺术性的追求。留法期间对欧洲新艺术运动及建筑艺术新发展的观察研究，使得刘既漂推崇"美术建筑"的风格。概括来说，他主张建筑工程和技术上以西方现代体系为原则，在建筑风格上充分吸收中国本民族的美术价值，表现民族个性，但也反对机械复古的"大屋顶"。1929年在杭州西湖北岸举办的"西湖博览会"，给了刘既漂大规模实践他的"美术建筑"理念的一大机会。西湖博览会是国民政府时代中国首次举办的大型综合博览会，刘既漂为这次展会设计了入口大门、各展馆入口、西湖博览会纪念塔、问讯处、一号码头等。从这些建筑中，我们可以看出他对于改造中国传统建筑艺术以使之走上现代化道路所做的尝试。在这些建筑的设计中，刘既漂一律抛弃了整体外形上传统中式建筑的"大屋顶"，而是简化为简单的几何形体，但在装饰上，又大量融合了经过简化的中国传统装饰元素。"流线型的转角、阶梯状的

---

[1]　刘既漂：《中国新建筑应如何组织》，《东方杂志》第24卷第24号，1927年12月。

形体、圆弧形的造型、自然题材的运用、本土及埃及等异域建筑形式的融合以及中国古典元素的几何装饰化处理，在各馆入口的设计中都有体现，具有明显的'装饰艺术'派特色。"① 同样在这一年，刘氏还积极为民国新都南京的大型公共建筑设计建言献策，并发表了自己关于国民政府、中央党部、国民革命军纪念堂（图143）等重要建筑的设计方案。

图143　刘既漂设计的国民革命军纪念堂效果图
来源：《良友》第35期，1929年2月。

1932年9月3日，刘既漂由南京来到武昌，经由张治中介绍而得见王世杰，随后由王世杰安排"该校监工专员的助手某君"带领参观

---

① 郑红彬：《调和中西以创中国新建筑之风——刘既漂的"美术建筑"之路及其解读》，《南方建筑》，2013年第6期。

了珞珈山新校舍。回到南京后不久，刘既漂便写下了一篇针对武大新校舍建筑的评论文章，发表在《申报》和《前途》等报刊上。在这篇文章中，刘既漂从美观、实用、经济三个方面，对当时珞珈山已经建成的主要校舍建筑进行了一番较为全面的分析，并提出了许多自己的看法。

前面提到的理学院，是武大最早落成的教学楼建筑之一。正如前文所述，其中央主楼拜占庭式的穹顶，很自然地让人联想起稍早前茂飞在清华大学所设计的风格类似的大礼堂。然而，外观的相似并不能使走进其中的人们忽略这两栋楼内部结构的截然不同，初次参观此楼的刘既漂，便写下了其对这栋建筑内部结构的讶异："……理化教室在宿舍的东面，两个小宫殿夹着一块洋火腿，表面上望去，谁都以为它是大礼堂，当中那个圆顶是素来表现礼堂仪采之用。然而事实到底是事实，我们理想的大礼堂，在里面分成很多不等边的教室与办公处……这一部建筑完全不合建筑原则，建筑师未免过分玩视职业……"[1] 的确，理学院这个"谁都以为它是大礼堂"的拜占庭式主楼，其内部并非一个统一贯通的大空间，而是上下隔成了四层楼：一层是三间面积较大，层高较高的的阶梯式演讲厅；二层和三层被分割成若干大小不等、形状各异的小教室和办公室；四楼则是穹顶下的一个圆形厅室，被设计为标本陈列室（图144）。显然，这幢楼实际上是一座四层高的教学楼，其内部功能与外观上"谁都以为它是大礼堂"的形式是完全脱节的。这些演讲、教学、办公和陈列的功能，被塞进这座总高度十分有限的主楼内，显然是"削足适履"，从而出现

---

[1]　刘既漂：《武汉大学建筑之研究》，《前途》第1卷第2期，1933年2月。

了许多使用上的问题。一是各层建筑层高都显得较为压抑，一楼的三间大阶梯讲堂需要较高的层高和阶梯的落差，北侧的一间尚可以顺狮子山北坡自然下降的山势而建，但东西两侧的两间大厅，则不得不向地下开挖，使得这两间演讲厅都变成了半地下室。二是二、三楼的空间被分隔为若干小教室和办公室，由于建筑总平面是一个形状复杂的十字形，被分割后的各小房间也便皆呈异形，不仅室内课桌椅的摆设很成问题，许多教室内部甚至有立柱遮挡视线，在一些座位上无法看见讲台和黑板。半地下或异形的教室格局，无疑也会严重影响室内采光，刘既漂便认为理学院一楼的三间阶梯演讲厅"光线之坏，不堪设想"[1]，教育部在1934年派员视察武大后给学校发布的训令中，也批评"该校理学院教室，光线多欠充足"[2]。

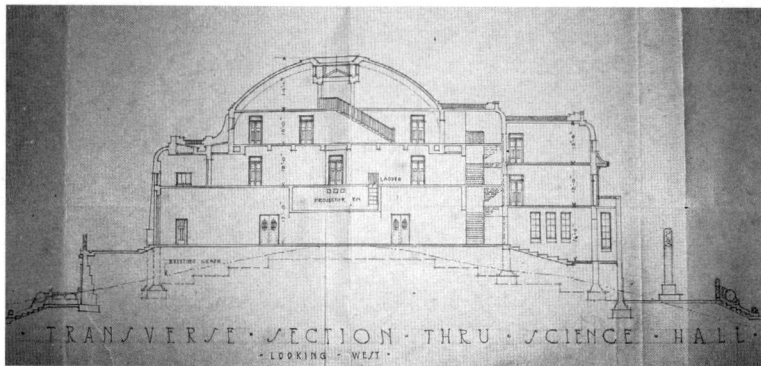

图144　理学院中央主楼南北向剖面图，拜占庭式穹顶之下的大楼内部被分隔成四层楼
来源：武汉大学档案馆。

---

①　刘既漂：《武汉大学建筑之研究》，《前途》第1卷第2期，1933年2月。
②　《教育部训令（第8815号）》，中国第二历史档案馆编：《中华民国史档案资料汇编》第5辑第1编，南京：江苏古籍出版社，1994年，第202页。

不仅中央的拜占庭主楼存在这种"削足适履"的状况，即使是两侧中式庑殿顶的副楼，也同样未能幸免。理学院的东西两翼是物理系和化学系的实验室，两栋楼平面都是规整的矩形，与中央主楼相比，倒是不会有异型房间的困扰。然而，采光问题似乎依然没有很好地解决。刘既漂对这两座翼楼评论道："我们现在知道洋火腿的底子，再来研究两傍宫殿式的物理、化学两大教室吧。天理良心，这两傍的光线非常之好，我们几乎以为另出一手……可惜美中不足的是这两傍建筑的下一层，大约占全部百分之五十，因为外表美观的关系，窗子开得非常之小，而且很少，这种牺牲我认为等于三大课堂的不良构造。"[1]刘氏的这一评论，准确点出了这两栋副楼在设计上的要害缺陷。这两栋实验楼上下采光截然不同的原因，依旧在于建筑外观形式的限制：在这两座楼中，开尔斯将一、二层的外观设计成了一座类似城台式的基础，而到第三层才是城台上的中式楼阁本身。于是一、二层为了尽量保持"城台"状基础的敦实厚重感，其窗户便只能做成细长的形状，这自然便极大影响了室内采光的效果。仅从采光一点来看，大概整个理学院一期工程的三座大楼，也仅有两座实验楼的三层实验室这一小部分，是相对较为良好的。教育部针对该楼群所批评的"光线多欠充足"，确实所言不虚（图145）。此外，由于实验室所在的这两栋楼，是中央拜占庭式主楼的副楼，从高度、体量上势必不能"喧宾夺主"而超过主楼，因此这也决定了这两座实验楼的规模受到不小的限制。教育部对此便明确批评"各实验室亦嫌狭小"[2]，而为了弥补实

① 刘既漂：《武汉大学建筑之研究》，《前途》第1卷第2期，1933年2月。
② 《教育部训令（第8815号）》，中国第二历史档案馆编：《中华民国史档案资料汇编》第5辑第1编，第202页。

验室面积的不足，武大后来也不得不在这两栋楼的北侧，再行扩建了
两栋实验楼。

图145　理学院东翼实验室，一、二两层均受制于建筑外形，只能开细长窗户。三层虽
　　　　然开窗较大，但在大屋顶出檐的遮挡下，采光亦受到一定影响。作者摄于2011
　　　　年5月

　　理学院一期建筑是开尔斯在武大最早设计的几栋建筑之一，代表
了开尔斯在这项宏伟工程的最初所进行的摸索。若单纯以使用功能而
论，把教学楼和实验楼做成这样一个异形的十字平面拜占庭穹顶加两
边造型同样古怪的中式楼阁的样子，实在是显得毫无道理。显然，这
个案例的尝试并不成功，乃至成了众矢之的而饱受批评。

　　与理学院同时设计的男生宿舍，因其依山而筑的设计构思，形
成气势磅礴的视觉效果而历来为人称道，以至在今日常被冠以"樱花

城堡"、"武汉的布达拉宫"等美誉。其实"布达拉宫"说虽然与开尔斯的设计初衷毫无关系，但二者在视觉效果上的某些客观相似性，早在民国时期便被人津津乐道了。比如刘既漂写道："最妙是排在一座枕木式的山上，换而言之，把整个山变成一个伟大的建筑物，这一点十分值得赞美，好像西藏拉麻庙之危立悬崖一样……无论如何，我认为这是武大全部建筑最精彩之一点。"[1]似乎他对男生宿舍在外观上的出彩设计给予了不错的评价。然而对于这看似匠心独具的设计，刘氏紧接着又开始了直白的数落："四排连成一个很大的平顶屋面，好像把原有的尖形小山筑成平顶小山，给学生们散步是再妙没有，可怜住在平顶底下一层的寄宿生，在暑天将必受着高度热力的虐待……男生宿舍的构造，我在前面说过了，全部都是坐北向南的，实际上坐北向南的房间仅有百分之四十，其余百分之六十的房间都被前者遮闭，筑在山坡上的宿舍都过着天井生活。在这天宽地阔，空间不值钱的地方过那天井生活是最不合算的。美国建筑师以为前排宿舍提高可以显得伟大，而不顾及后面宿舍之惨无天日，这是他的大缺点。要知，舍却这个方式之外，还有许多方式可以使它伟大而同时全部宿舍又可以得到南向的光线，这一点，完全观乎建筑师学识不同之处而运用其技能吧，我很替这位美国建筑师抱憾！"[2]耐人寻味的是，在男生宿舍的建筑上，教育部的看法又与刘既漂达成了一致："宿舍门窗向壁设置，未能利用天然美景。"[3]顶层宿舍夏季的酷热难耐，绝大多数宿舍限于

---

[1]　刘既漂：《武汉大学建筑之研究》，《前途》第 1 卷第 2 期，1933 年 2 月。

[2]　刘既漂：《武汉大学建筑之研究》，《前途》第 1 卷第 2 期，1933 年 2 月。

[3]　《教育部训令（第 8815 号）》，中国第二历史档案馆编：《中华民国史档案资料汇编》第 5 辑第 1 编，第 202 页。

天井之内而与周围的湖山美景无缘，确实是男生宿舍的两大缺陷（图146）。

图146　"在这天宽地阔，空间不值钱的地方过那天井生活是最不合算的。"——刘既漂语。作者摄于2018年5月

　　与此形成鲜明对比的是由石格司设计的女生宿舍。正如前述，从此前石格司在汉口的从业背景来看，他对中国传统建筑风格并不了解，也从未做过中式风格的建筑设计。在1931年4月他拿出的第一版女生宿舍设计方案中，这座楼的外观是一个简洁而纯粹的西式风格，外墙为清水砖墙，整体风格与他在珞珈山南麓设计的"十八栋"教授别墅一致（图147）。不过到了6月，他又拿出了修改后的第二版方案，与两个月前的初稿相比，除了楼层由四层减为三层以外，最突出的变化在于建筑外立面的装饰。除了将外立面清水墙改为水刷石以外，石格司又将这座楼中央和两端的三座门楼，比照男生宿舍三座圆拱门的样式做了修改，加入了须弥座、卷草纹等中式元素，使这座原本纯粹

西式的建筑，也带上了些许中国味道。显然，这一修改的主要目的，是为了与珞珈山校园核心区的主体建筑，特别是男生宿舍的建筑风格相协调（图148）。

图147　1931年4月女生宿舍立面图局部（南翼）
来源：武汉大学档案馆。

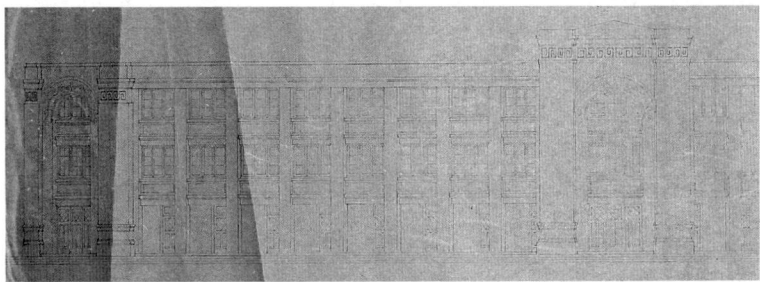

图148　1931年6月的女生宿舍立面图局部（南翼）
来源：武汉大学档案馆。

从外观上看，女生宿舍没有建造琉璃瓦的中式大屋顶，总体规模也较男生宿舍小很多，只有一排建筑，显得不太起眼。不过，这栋被称为"蝶宫"的宿舍楼，建筑在校园东部临近东湖的团山上，四周开阔，不仅通风和采光良好，且湖光环抱，景色优美，许多曾住其中者皆留下了美好的宿舍生活回忆（图149）。1934年武大首次开放男生入内参观女生宿舍时，曾有学生记者写道："女宿舍位湖山环抱之处，净几明窗，青翠照眼，仅是天然背景，已令人心旷神怡……女学士诚可谓为得天独厚！"[①] 久居天井宿舍里的男生，第一次走进明亮的女生宿舍，只觉"净几明窗，青翠照眼"，足见两幢建筑室内采光条件之差异。

图149 濒临东湖、视野开阔的民国时期武大女生宿舍"蝶宫"
来源：《国立武汉大学一览（中华民国廿三年度）》，1934年。

事实上，采光问题是开尔斯设计的珞珈山一期工程中绝大多数建筑均不同程度存在的一个问题。梳理这些建筑的外观造型特点我们可以发现，仅在建筑顶层模仿中国古代殿堂的梁柱屋架结构，而将以下各层做成平面稍大一些的、颇具"敦实厚重"感的"城台"状外形，

---

① 《本校第一次整洁日男女同学宿舍之巡礼》，《珞珈月刊》第2卷第2期，1934年10月。

是开尔斯演绎其"中国风格"过程中所惯用的一种手法。除了前文提到的理学院两翼实验楼，男生宿舍、文学院、法学院等建筑中也是类似的构图。这种同一栋楼上下间两半不同造型的外观，固然获得了外形富于变化的良好视觉效果，但势必造成顶层和以下各楼层房间的开窗形状大小迥然相异。受制于"敦实"的造型，顶层以下各楼层的开窗尺寸和形状往往受到很大限制，从而对室内采光效果造成了影响。

对于所有这些问题，刘既漂总结道："武大建筑的整个设计的原则，应该是由内部分配的设备为主，外表的美观应为客，换而言之，先把使用的问题解决后然后再谈美观。武大的建筑，正得其反，内部一切分配，都跟着外表美观而迁凑，这一点，为最大的错误。"[①] 教育部的训令也同样明确提出："以后新建筑固须注意美观，但同时犹须顾及实用方面。"[②] 事实上，回到新校舍工程开始建设之初，建筑设备委员会所定下的建筑物设计建造原则，本就是"以宏伟、坚牢、适用为原则，不求华美"[③] 的。但校长王世杰在1932年新校舍落成典礼上的讲话中再次提到这些原则时，就变成了"坚固"、"避免奢华"、"充分求美术性表现"，且他在讲话中用了相当篇幅来诠释何谓"充分求美术性表现"。可见，在建委会和武大校方人士这里，1928年底所确定的新校舍建筑强调适用、不求华美的原则，并没有得到十分忠实的贯彻，因此当开尔斯拿出理学院、男生宿舍等建筑的这套设计方案

---

① 刘既漂：《武汉大学建筑之研究》，《前途》第1卷第2期，1933年2月。

② 《教育部训令（第8815号）》，中国第二历史档案馆编：《中华民国史档案资料汇编》第5辑第1编，第202页。

③ 《武汉大学建筑设备委员会第一次会议记录》（1928年11月28日），国立武汉大学档案，6-L7-1928-XZ004，武汉大学档案馆藏。

时，其恢宏华丽的外表得到了建委会的充分认可，而在实用方面存在的问题，并没有在第一时间引起建委会的注意。

即使是1933年开工的二期工程第一项建筑——图书馆大楼，在此方面显然也依旧没有予以特别的修正。在民国时期武汉大学珞珈山校园全部校舍建筑中，图书馆大楼是内外装饰最为华美繁复的一座。为了追求"宏伟"的观瞻，其阅览大厅贯通三层，高达10米，而顶层八角歇山屋顶下，也同样设置了一个层高逾6米的展览大厅。然而作为一座大学图书馆，这栋观瞻宏壮、造价不菲的大楼，其藏书空间却并不充裕，其还未落成之时便已有不敷使用之虞。早在大楼尚未完全竣工的1935年2月，教务长皮宗石在一次总理纪念周上的讲话中便说道："图书馆的中心房屋虽然不日即可完工，但因依过去本校添加图书的速度来看，恐怕在三、四年后，中文书库至少又要发生收藏不下的恐慌。"[①] 此外，屋檐和大屋顶下的空间如何解决采光和通风问题，历来是中国近代史上这些水泥筑成的中式复古大屋顶建筑所共同面对的难题。在这一问题上，开尔斯在武大图书馆上的处理手法也并无任何高明之处。图书馆入口门厅上方的房间，因为正处于大屋顶下的屋檐处，只能在斗栱与斗栱之间开几扇异形而狭小的气窗以勉强采光，造成这些房间极为阴暗幽闭（图150）；四角的书库和办公楼顶层的四座歇山式屋顶下的四个房间，为了解决采光问题而又不破坏大屋顶的完整性，只能将屋面上每隔一段距离开一个一片瓦大小的矩形采光孔，并安装玻璃。从远处看，这些小玻璃"天窗"很难被发现，倒是隐藏得很巧妙，不过其清洗和维修无疑成为大难题，而夏季毒辣的

---

① 《上周纪念周教务长报告》，《国立武汉大学周刊》第225期，1935年3月4日，第2版。

阳光从屋顶直射其内，顶层房间之闷热亦不难想象。一方面是图书馆未及建成便已有使用空间不足之虞，另一方面大楼的设计中却还大量充斥着这类无用的浪费空间，从此种种细节中，我们不难窥见图书馆的建筑设计过程中，"适用"原则显然依旧是让位于"宏伟"和"华美"二者的。

图150　图书馆门廊上方房间在檐下斗栱间所开的异形小窗。作者摄于2011年5月

　　到1934年7月教育部训令中针对武大新建筑的这些问题特别提出批评后，校方显然与建筑师开尔斯进行了沟通，提出了相应的新要求。于是在接下来的几项工程中，我们可以明显感觉到开尔斯做出了调整。与理学院在同一轴线上南北相对的工学院，于1934年11月开工，1936年1月竣工。《国立武汉大学周刊》曾记载道："工学院房屋开工后，为谋切合实用计，于原来设计颇有增改，以故不能如原定时期完成。"[①] 这一建筑群由中央主楼（教学及办公楼）和四周的副楼（实验室）共同构成，主楼为一栋平面为正方形的重檐攒尖顶建筑。工学

---

① 《工学院新屋落成》，《国立武汉大学周刊》第256期，1936年1月27日，第4版。

院坐落于珞珈山北麓，坐南朝北，南面被珞珈山较为高大的山体遮挡，建筑基地的自然采光条件相较于狮子山上的理学院、男生宿舍等建筑更为不佳。不过，经过开尔斯修改后的设计，在采光问题上有了很大进步：虽然开尔斯在工学院主楼的设计中，仍然沿用了顶层以下设计为"城台"状外观的惯用手法，但这座"城台"的东、西、南三面皆设置了贯穿整个墙面的大飘窗，而大楼内部设计更为一个从屋顶至地下一层上下贯通的共享中庭，中庭上方的屋顶，也就是大楼重檐攒尖顶的第二重屋面，没有覆盖琉璃瓦，而是改为透明的玻璃屋顶，使阳光可以照射进大楼内部，从而无论中庭、走廊还是各教室房间，室内采光较之先前的理学院都有了极大改善。

从工学院大楼开始，开尔斯对于中式大屋顶的造型上，更加趋于简化和随建筑具体实用功能而变化。工学院建筑群无论主楼的攒尖顶还是副楼的歇山顶，其屋面的坡度较此前其他的几个建筑的大屋顶都更为平缓，且屋面不再有举折，而是直接做成平直的斜面，屋角也几乎没有起翘。1936年在理学院北侧扩建的两栋实验楼的设计中，开尔斯更干脆取消了大屋顶，将两幢楼设计成了平顶的"方盒子"，仅在屋檐、窗台等细部略施中国元素进行装饰（图151）。前后几年间这些不同建筑在屋顶造型上的演变，充分反映出开尔斯在形式与功能的矛盾中所做的选择，逐渐发生了微妙的变化。

同样是1936年开工的宋卿体育馆，其造型设计上更可以典型体现出开尔斯的这种转变。早在1929年，开尔斯就已经对体育馆的建筑有了初步的构想，当时他计划将其建在紧邻大操场西侧的中间位置，并在当年他所绘制的一张校园核心区效果图中，描绘了这座体育馆的大致外形：一座中国古代"城门楼"，下方为开有三个圆拱门

图151 前后两期建成的理学院东翼楼（右侧建筑）和东北楼（左侧建筑）。作者摄于
2018年8月

洞的城台，上方为一座单檐歇山顶阁楼（图152）。在武汉大学档案
馆，还保存有一张署名石格司建筑师，绘图时间为1931年4月的体育
馆建筑设计剖面图。从图中建筑的样式看，正是开尔斯手绘效果图中
的那座"城门楼"造型的体育馆，可见这座体育馆并非只存在于开尔
斯1929年的最初构想中，而是一度由石格司在1931年进行了具体的
建筑设计（图153）。通过这张仅存的剖面图我们可以知道，这座外观
为单檐歇山顶的中国"城门楼"体育馆，其下方"城台"部分，室内
东西两侧设有阶梯状的看台，中间是球场，而其上反曲屋面的中式歇
山顶，则由钢桁架支撑。这样一个看起来中规中矩的方案，建筑外观
风格与珞珈山其他建筑较为协调一致，特别是屋顶样式，做出了较为
"标准"的中国模样。但显然，这座由两侧阶梯状看台组成的敦实的
"城台"，以及其上那个被琉璃瓦完全覆盖的传统中国屋顶，将会导
致其中球场的通风采光受到极大限制。

图152 1929年开尔斯所绘珞珈山校舍核心区鸟瞰图，方框中的建筑即体育馆
来源：《国立武汉大学一览（中华民国十八年度）》，1930年。

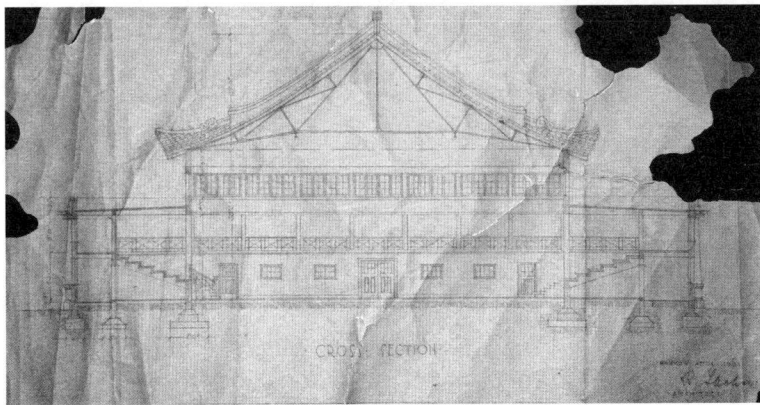

图153 1931年石格司所绘武汉大学体育馆建筑设计剖面图
来源：武汉大学档案馆。

　　到了1934年开尔斯实际开始进行体育馆的建筑设计时，这一原先的构想便已发生了很大的调整。除了选址西移以外，建筑的整体造型也发生了很大变化。开尔斯不仅放弃了那座看起来厚重敦实却影响室内通风采光的"城台"，更在体育馆主体建筑本身的造型上也做了

极大修改：虽然宋卿体育馆的屋顶仍然脱胎于歇山顶的样式，但开尔斯没有再模仿传统歇山顶有举折的反曲屋面，而是顺应钢三铰拱的走势将屋面做成了圆拱形，并在其上开了两排气窗。这样的做法显然不符合"中国固有之形式"的造型逻辑，视觉效果上也显得有些古怪，但从实用角度看，却与体育馆建筑的功能相适应（图154）。毫无疑问，在宋卿体育馆的设计上，开尔斯已将通风、采光、空间等要素牢牢摆在了首位，而外形的艺术表现，则退而成了前者基础上的附随。

图154　20世纪40年代的宋卿体育馆
来源：武汉大学档案馆。

同时期在广州进行的国立中山大学石牌新校的校舍建设中，也经历了与武大相类似的这种转变。1934年由郑校之设计的文学院大楼，与西边对称分布的法学院大楼相比，屋顶形式更为简洁，只在中央主楼做了琉璃瓦大屋顶，而两侧的副楼则取消了大屋顶，改为平顶，只在檐部以一小圈琉璃瓦坡檐装饰。而到了1936年由余清江、关以舟设计的体育馆，则更是完全抛弃了大屋顶，仅在装饰细节上呼应中国传统。[①]武汉大学和中山大学新校舍建设中不约而同出现的这种转变，也可视为国民政府时代中国国立大学新校舍建设在"中国固有之形式"探索过程中的某种理性回潮。

不过，二期工程里的这些经过了"改进"的设计作品，也并非没有破绽。即使是看起来简洁明快、现代气息十足的工学院大楼，开尔斯似乎也还是在一些地方回到了之前的逻辑上。工学院主楼北侧主入口前的两侧，被设计建造了一对天文。这两个天文台建筑安排在这里，显然毫无道理：用于天文观测的天文台，自然需要建在海拔较高，周边没有建筑遮挡和灯光污染之地，如同时期的南京紫金山天文台建在城外紫金山顶，国立中山大学天文台也建在石牌校园北部的山岗之上。武大校园内坐拥珞珈山，开尔斯不将天文台布置在珞珈山顶，而是放在了紧邻工学院大楼的北侧，其周边被高大的建筑物包围遮挡，完全无法进行天文观测。况且在整个民国时期，武汉大学均没有设置天文系，并不需要建设天文台——事实上这两座天文台里，也从未安装过天文仪器，而其建筑面积和内部空间狭小逼仄，亦难以另作他用，从而沦为整个建筑群里的一对"鸡肋"（图155）。

---

① 彭长歆:《现代性·地方性——岭南城市与建筑的现代转型》，第233页。

图155　原国立武汉大学工学院主楼北门外的两座天文台。作者摄于2018年8月

第六章

藏修息游焉：珞珈湖山风景与大学校园生活

一

武昌东湖：由荒郊野泽走向近代风景游憩地

　　自三峡以下，长江在湖北境内的南北两岸，孕育了星罗棋布的无数大小湖泊，而尤以江汉交汇处的武汉三镇最为密集，武汉因此号称"百湖之城"。在这之中，武昌城东郊外的东湖，与其他湖泊相比，从天然地理上看并无多大不同。虽然这里也流传有屈原行吟泽畔、刘备磨山祭天、关羽卓刀为泉等传说故事，但在古代相当漫长的一段时间里，东湖事实上只是武昌城东的荒郊野泽而已，其周边地区人迹罕至，是一片近乎原生态的天然水域。直到近代以前，这片浩淼的湖水和沿岸地区荒凉的景象，也没有发生过多大改变。对于数里外明城墙内的武昌城居民而言，东湖不过是环绕在这座城市周边无垠碧波之中的一段朦胧无奇的天际线罢了。湖上偶尔飘过的点点渔舟，也无关文人雅士的风骚情怀，而只不过是周边村民的谋生手段罢了。

　　明初名臣杨士奇，曾长期寓居武昌。在他的《东里文集》中，收录有一篇游记散文《游东山记》。由于"东山"为武昌洪山古称，过去通常将这篇文章视为洪山的一篇游记。然而细读此文之描述，我们便会发现杨士奇这次的武昌东郊"东山"之游，其所到之处并非洪山。杨氏在文中写道："洪武乙亥，余客武昌……是岁三月朔，余三人者，携童子四五人，载酒肴出游……天未明，东行过洪山寺二里许，折北穿小径可十里，度松林，涉涧，涧水澄澈，深处可浮小舟，傍有盘石容坐十数人，松柏竹树之阴，森布蒙密。时风日和畅，草木之葩烂然，香气拂拂袭衣，禽鸟之声不一类。遂扫石而坐。坐久，闻鸡犬声，余招立恭起，东行数十步，过小冈，田畴不衍弥望，有茅屋十数家，遂造焉……已而岁阳距西峰仅丈许……恐晚不能入城，度涧折北而西，取捷径，望草埠门以归。"① 根据这些描述我们可以大致确定，杨士奇在文中提到的"深处可浮小舟"之"涧"，就是东湖茶叶港，而文中的"小冈"，则应是狮子山。换言之，这篇游记所记述的游览地，正是 500 多年后的国立武汉大学珞珈山校园一带。杨士奇笔下的明初珞珈山地区，或涧水澄澈，或松竹繁茂，或花香袭人，或禽鸟啼鸣，呈现出一幅远离尘嚣的天然图画。而其间人烟稀少，在当地所遇之人，或为修仙道士，或为隐居长者。从这篇游记中我们可以看出，明初的东湖南岸丘陵地带，依然是一片原生态的乡野景象，尚无任何名胜景观，可资为湖山增色。不难想象，杨士奇在 1395 年春天所看到的景象，和民国初年美国人马栋臣在洪山之巅向东拍摄的珞珈山东湖一带的那张照片里的景色，几无多大不同。

不过，东湖的水文状况，在清末时悄悄发生了变化。原先东、沙两湖之水北流汇成白洋湖，经青山矶下自然流入长江。每逢汛期，江水自此倒灌，东湖沙湖便随之大涨，湖滨尽成一片泽国。1899 年，湖广总督张之洞在青山矶下筑起武丰闸，并在该闸两侧修筑了武惠堤和

---

① 杨士奇：《游东山记》，《东里文集》，北京：中华书局，1998 年，第 1—2 页。按：着重号为笔者所加。

武丰堤（今武青堤）。1913年黎元洪主政湖北时予以重修，将闸址后退数百步，修成单孔石拱闸。[①] 这一闸两堤的修建，使得夏季江水不再由青山港倒灌，昔日与大江一样桀骜不驯的东湖，从此相对平静了下来，这是东湖周边地区水文历史上的一个重要转变。1929年夏，湖北省建设厅工程师汤震龙在前往武大新校址前为街口头至珞珈山马路勘测选址时，曾就路基是否可能在夏季被上涨的湖水淹没一事感到担忧，"但震龙询问该处人民，则云自张文襄公将沿江堤修成后，江水不能流入该处，未曾淹没"。[②] 可见，武昌沿江堤防和武丰闸的修建，为民国以后东湖地区的开发建设，打下了十分必要的基础。

图156　位于武汉市青山区的武丰闸旧址，图中的马路即为武青堤（武丰堤），近处拐弯路口处即为武丰闸原址，闸内渠港现已辟为"武丰闸湿地公园"。作者摄于2018年8月

---

① 武汉市防汛指挥部办公室编：《武汉堤防志》，内部资料，1986年，第45页。
② 《汤震龙呈湖北省建设厅厅长文》(1929年8月30日)，民国湖北省政府建设厅档案，LS031-015-0818，湖北省档案馆藏。

伴随着水文条件的改善，东湖长期以来"养在深闺"的状态，在近代开始发生改变，而最早"发现"东湖并开启其作为一个风景区历史的，是民初的一位客居武昌的浙江"隐士"。此人名叫任桐，字琴父，浙江永嘉人。就在张之洞建成武丰闸后的第二年，任桐来到了湖北，在武昌商埠局任职。他自幼便嗜游历山水，"每与山水为缘分……遇一丘一壑必纵览而必登"。民国后他归隐田园，在武昌城北郊沙湖（任桐称之为"小沙湖"）西北岸建筑了武汉近代史上著名的私家园林——琴园。琴园的建设自1917年开始，一直持续到30年代，任桐在其中倾注了大量心血。园内小桥流水，山石嶙峋，花木繁茂，建筑中西合璧，美轮美奂，是民国时期武昌最著名的私家园林。琴园曾留下了许多近代名人的文化足迹，谭延闿曾为该园题字，康有为曾题写楹联。武汉大学的前身武昌高师，曾组织师生前往该园野游（图157），而当时在校任教的国学大师黄侃，亦曾与门人同游琴园并作诗留念。

图157 国立武昌高等师范学校师生游览琴园

来源：《国立武昌高等师范学校同学录 No.6》，1923年。

不过，沙湖畔这座精美的琴园，只是任桐个人的一处隐居之所，而他的目光还远远不局限于此。事实上，早在其来汉不久的清末时期，任桐就已经发现了武昌郊外更加广阔的湖山风景。他曾自述道："清光绪庚子，宦游来鄂。一旦闲步，出武胜门外，沿东北行至沙湖。远望洪山、灵泉、九峰诸山，星罗棋布，各效其奇。其中有一衣带水，若隐若现，掩映于诸山之间者，曰沙湖，旧名歌笛湖，即楚藩种芦取膜为簧处，故今湖侧犹多芦。其水清而浅，周围约三十里，仿佛浙之西湖。虽无楼台亭榭，然天然之秀质，固不以榛莽而掩者。"[①] 任桐这次在城外"闲步"所发现的这个"沙湖"，就是武昌东湖。对风景情有独钟的任桐，敏锐地发现了这片尚未开发建设的湖水的风景价值，认为其"天然之秀质，固不以榛莽而掩盖者"。于是在琴园之外，任桐也开始在水域更广阔的东湖之滨从事建设开发："癸亥秋，建'湖山第一'于待驾山，又建'引胜桥'以利交通。就湖中原有之胜，略加补葺，计十六处，名之曰'十六景'。又有所谓'永嘉别墅'、'望书亭'、'白鸥亭'、'念西居士林'，此皆余所添置者。沿湖满种芙蓉垂柳，中蓄红鱼。时而泛舟，时而步月，时或共二三朋友题诗饮酒，笑谈啸傲于其间。是岁冬，余因比年经营武昌商埠计划市区，以致经济困难，除夕索偿者满座，而余心固犹睠睠于此湖，始终未尝稍馁也。"[②] 为了开发沙湖与东湖，任桐进行了必要的市政建设，初步改善

① 《沙湖记》，任桐：《沙湖志》，1926年，中国国家图书馆藏本。按：任桐此处将武昌东湖称为"沙湖"，并称其"旧名歌笛湖"，实为舛误。沙湖之名历来皆指武昌城北武胜门外之湖（即任桐书中所称之"小沙湖"），从未指称武昌东郊之东湖，"歌笛湖"则为武昌城内另一湖泊之名，亦非沙湖或东湖之别名。参见夏增民：《任桐〈沙湖志〉之"沙湖"指谬》，《武汉文史资料》，2017年第6期。

② 《沙湖记》，任桐：《沙湖志》。

了大东湖地区的交通。他曾说："昔此湖交通不便，游人皆视为畏途，故成一荒僻处所，人迹不到。琴父从沟口商埠辟一路至引胜桥，为'琴园路'，由引胜桥至待驾山为'湖山路'，于待驾山建设'歌笛村'、'湖山第一'为游人憩息之所，自是湖光山色，顿易旧观，车马往来，始称便利。"[1]任桐所进行的这些建设，为后来沙湖和东湖风景区的发展奠定了初步基础。今天武昌的"秦园路"（临江大道至友谊大道段），就是当年任桐所建的"琴园路"（"文革"期间改为今名）。

仅以任桐个人之力，固然不可能像经营琴园那样在整个广阔的东沙湖水系里建设一个完善的大风景区，但他仍通过收集资料和实地寻访，率先编写了一本《沙湖志》，在其中提炼出"沙湖十六景"，并详细介绍了大东湖水系周边的自然风光、名胜古迹、历史人物、寺观村庄等。任桐的这本《沙湖志》中所述范围广泛，不仅以东湖为主体，还包括了周边的沙湖、晒湖、南湖、汤逊湖、青菱湖、梁子湖、严东湖、严西湖等武昌郊外众多湖泊群。这些大大小小的湖泊，共同构成了一个面积广阔的大风景区（图158）。尽管该书的记述存在诸多错误与不足，但作为武汉东湖历史上首本专门的志书，对日后东湖风景区的开发建设仍有参考价值。在任桐所归纳的十六景中，有九处都位于东湖周边一带，它们分别是"琴堤水月"、"雁桥秋影"、"寒溪渔梦"、"金冢桃花"、"东山残碣"、"卓刀饮泉"、"泉亭松韵"、"沟口夕阳"、"鸥岛浴波"，其中的许多处，在日后的东湖风景区建设中已然实现，如琴堤水月即今贯穿湖心的沿湖大道，雁桥秋影即该大道上的二十三孔桥，鸥岛浴波即东湖落雁岛等。

---

[1] 《湖景·沙湖》，任桐：《沙湖志》。

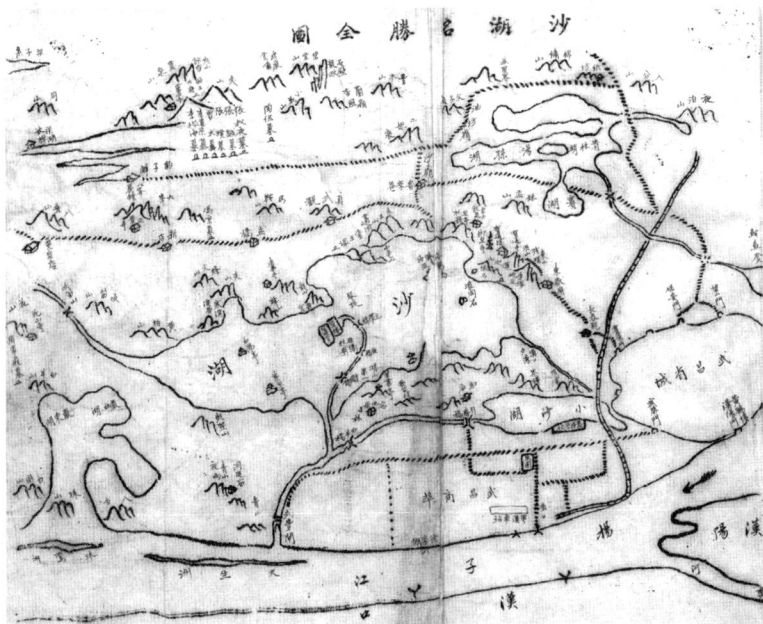

图 158 任桐所绘《沙湖名胜全图》

来源：任桐：《沙湖志》，1926年，中国国家图书馆藏本。

在这其中，"金冢桃花"一景，正是位于日后武汉大学校园所在的珞珈山。《沙湖志》记载道："逻迦山之阳，民国初年女伶金月英葬此，性贞烈，墓畔多桃花，游人过此，有人面桃花之感。琴父拟联：人面已成无色相，桃花还结有情缘。"[1]此处的"逻迦山"，即日后的珞珈山。为了配合烘托此景意境，任桐还将附近侧船山伸入东湖的山崖命名为

---

[1] 《沙湖十六景·金冢桃花》，任桐：《沙湖志》。按：此处称金墓在"逻迦山之阳"有误。根据《沙湖志》中其他有关记载及该书所附"沙湖名胜全图"之标识，金月英墓大致位置应在珞珈山以北的侧船山下湖滨一带。

"恨石"，以"为金月英抱恨题此"。① 金月英是清末民初汉口戏剧界的名伶，自幼父母双亡，由养母金氏抚养。后来，其继父张谷樵打算将金月英招为儿媳，金"秉性高洁……以母命未敢违，而心实不愿，忧愤成疾"②，于1914年不幸病逝，年仅21岁。金月英死后，被埋葬在珞珈山北的东湖之滨，墓前遍植桃花。虽然当年的金月英墓在后来武汉大学建校征地过程中未见提及，很可能当时即已为无主坟，后来也便消失无踪了，但在20世纪30年代，桃花确实曾经是珞珈山一带每年春日最引人注目的花卉。如1938年3月24日王世杰日记便写道："今日偕李仲揆渡江，赴珞珈山，校园中桃花盛开，鲜艳无比。"③ 民国时期珞珈山的校园诗歌中，也常见桃花的身影，如"春至知何处？山桃着几分"、"石前流水响淙淙，两岸桃花带雨浓"等。④

　　遗憾的是，由于民初的社会动荡和自然灾害等，任桐在《沙湖志》中所描绘的大东湖风景区建设构想，最终只停留于纸上空想。连他在沙湖之滨精心建筑的琴园，也不断遭到摧残，乃至完全毁于抗战期间。而任桐这一建设东湖的未竟之梦，在20世纪30年代终于迈出实践的步伐。国立武汉大学正是在东湖边开展大规模建设的先行者，而几乎与武汉大学珞珈山新校舍建设同时间的，在东湖西岸，一处名为"海光农圃"的公园也如火如荼地在进行建设开发。

　　"海光农圃"的建设者为近代武汉著名银行家周苍柏。周苍柏出

---

①　《名胜古迹·恨石》，任桐：《沙湖志》。

②　《金月英传》，任桐：《沙湖志》。

③　《王世杰日记（手稿本）》第1册，第217页。

④　亦沤：《春日湖居杂咏》，《珞珈月刊》第1卷第5期，1934年3月；颖名：《山居即事》，《珞珈月刊》第2卷第5期，1935年1月。

生于武汉近代的一个工商世家，其祖父周庆春在汉阳开办的"周恒顺机器厂"，是近代武汉著名的民营机器制造厂之一。周苍柏自幼接受良好教育，早年就读于武昌文华书院，后入上海南洋公学就读，1909年赴美留学，在纽约大学攻读银行系，获商学士学位。1917年回国后，在上海商业储蓄银行工作，次年被委派来汉负责该行汉口分行的组建，1924年升任上海银行汉口分行行长。周苍柏思想开化，同时热爱故乡。他慧眼识珠，与武汉大学的创建者们不约而同地关注到了武昌东郊的东湖地区，决心在湖滨地带建设一个风景优美的城市公园。1929年，也就是湖对岸国立武汉大学圈定珞珈山新校址并开始征地的同一年，周苍柏也开始着手在东湖西岸一带购置土地，到第二年便创设了"海光农圃"。海光农圃的范围南起今东湖宾馆，北达今东湖海洋世界一带，东濒东湖，西以今沿湖大道为界，面积540余亩。周苍柏创建海光农圃的目的，既是将其作为一个城郊湖滨公园，为市民提供一个休闲郊游的好去处，同时也作为一处农林试验场所。他聘请了许多专业的农林技术人员管理和经营农圃，为首的郎星照，同时也是国立武汉大学建筑设备委员会工程处的职员，负责珞珈山校园的绿化造林施工。[1] 在他们的努力下，园内各项农林事业蒸蒸日上，除了各类苗木外，农圃内还办有养蜂场、养猪场、养鸽场、碾米厂等。据1933年底的一篇游记记载，农圃"办有园艺、养蜂、养猪、哺鸽诸种经营，并附设有碾米厂一所，近更筹备设一养鸡场。踏实务农，周君润一有心人也"。[2]

---

① 沈中清：《工作报告：参与国立武汉大学新校舍建设的回忆（国立武汉大学新校舍建筑简史）》（1982年3月），武汉大学档案，4-X22-1982-6，武汉大学档案馆藏。
② 绿君：《海光农圃参观记》，《农村旬刊》第1卷第7期，1934年1月。

图159　海光农圃建在东湖岸边的石牌坊，正面书"海光农圃"四字，反面书"疑（拟）海
　　　　听涛"。原物已拆除，此牌坊为东湖听涛景区近年所重建。作者摄于2018年5月

　　周苍柏十分重视海光农圃内的苗木和牲畜育种。他曾先后向金陵
大学农场、华南农场、镇江森牲园等国内著名农场以及日本等外国购
买引进名贵花卉良种和果木、乔木树苗，农圃内的养猪场亦引进外国
优良种猪。[1] 在周苍柏的努力之下，30年代的海光农圃已声名远扬，
前来参观者络绎不绝。而海光农圃本身，也成为武汉东湖风景区建设
的先驱，标志着东湖从一片原始的天然水域，开始成为一个有规划有

---

[1]　涂文学主编:《东湖史话》，武汉：武汉出版社，2004年，第183—184页。

建设的近代城郊风景名胜区。1949年后，周苍柏将海光农圃无偿捐给国家。农圃的一区后来成为东湖宾馆，四区成为湖北省博物馆，二区一部分现为翠柳村客舍，而二区的大部分和三区，则辟为东湖公园，也就是今天东湖听涛景区（图160）。如今，海光农圃的历史建筑基本已无迹可寻，但其作为东湖沿岸最早建设的城市公园，对东湖风景区的建设无疑具有重要的拓荒意义。

图160　建在海光农圃原址上的东湖听涛景区。作者摄于2018年5月

　　20世纪30年代曾任湖北省政府主席的鄂籍军人夏斗寅，也是东湖风景区早期开发的重要推手。夏斗寅早年曾参加辛亥革命和北伐战争，1932年担任湖北省政府主席，但很快遭到蒋介石猜忌，次年即辞职下野。早在省政府主席任上时，夏氏便对东湖开发建设态度积极。据其自称，"以前在鄂省府主席任内，以总司令蒋驻鄂剿匪，功德在民，徇地方伸〔绅〕商之请，于武昌珞珈山东湖湖心，建筑'中正亭'

一所，俾资纪念，而垂永久"①。这座"中正亭"虽然是夏氏为讨好蒋介石而做的"献礼"，但客观上也不失为点缀湖山、增添风景之美事。此亭地处珞珈山北面，居于东湖湖心沙洲之上，四面环水，其地即当年任桐所规划的"琴堤水月"一景所在。"亭共三级，每级阁数间，预备将来分设茶座者……亭之四周，虽无楼台花木点缀，而湖之中心，孤耸一亭，亦足以壮大观。"②1949年后，此亭更名为"湖光阁"，至今仍是武汉东湖绿道上的重要景观建筑（图161）。

而夏斗寅在东湖风景建设上的实践，还不止此一小品建筑。他对东湖南岸的湖山风景情有独钟，在珞珈山东面更远处购买了一大片土地，建起了自己的庄园，取名"养云山庄"。赋闲后，他更是常年寓居其中，并不断增饰修葺，苦心经营。1934年到访该园参观游览的陈兴亚，曾对园内布局和建筑景观有过较为详细的记述："园跨山阴山阳，三面临湖。余之意在登山，乃由东茶馆上山，山半一亭曰'澄翠'。再上山顶三，各有一亭，西曰'卧龙'、中曰'绿野'、东曰'十桂'。其别墅亦有三，南曰'中和村'、'丰乐园'，北有'养虎山庄'，为夏君斗寅常居之所。花木甚多，因旱多枯萎，惟湖光山色，可涤尘襟，朝晖夕阴，不生暑气。倘再遍山种树，尤显清幽，可称武昌城外第一佳境……夏家花园之西山，山亦筑一'鉴心亭'。"③夏斗寅除了在园中广建亭台楼阁，还在滨湖一带进行了景观建设，"红墙围绕之中，花木扶疏，景物甚丽。湖边停一画舫，结构颇见玲珑"④。该园建成后，

---

① 《本路捐助中正亭建筑费》，《铁路旬刊：粤汉湘鄂线》第52期，1934年2月。

② 陈兴亚：《楚豫赣纪游》，北平：华昌制版局，1935年4月，第3页。

③ 陈兴亚：《楚豫赣纪游》，第2—4页。

④ 蒋星北：《珞珈游记》，《交行通讯》第7卷第6号，1935年12月。

图161 武汉东湖湖光阁。作者摄于2018年6月

与珞珈山、海光农圃、中正亭一道，成为民国时期东湖沿岸的主要景观和游览地。1938年武汉抗战期间，蒋介石也曾到该园游览，如10月2日，正当武汉会战进入最后时刻时，仍身在武昌的蒋介石，曾于当日中午"到养云山野餐"[①]。遗憾的是，这处"养云山庄"，今已无建筑遗存，难觅其踪了。

图162　20世纪50年代在珞珈山顶向东拍摄的照片，近处为珞珈山水塔，远处丘陵即当年养云山庄所在的封都山、猴山一带

来源：武汉大学档案馆。

①　萧李居编辑：《蒋中正总统档案·事略稿本》第42册，台北："国史馆"，2010年7月，第379页。按：《事略稿本》1938年9月27日亦曾记载："正午，到珞珈山东岛上卧云亭，与夫人野餐。山明水秀，足以消愁自适。"此处"珞珈山东岛"似亦指养云山庄，"卧云亭"或即陈兴亚所记之"卧龙亭"。

二

武汉大学与东湖风景区

如前所述，海光农圃的建设，几乎与国立武汉大学珞珈山新校舍工程是同步进行的。这两处隔湖相望的"公园"和"校园"之间，看似各自为政，几无关联，实则曾经有着密切的互动。特别是武汉大学对于海光农圃的建设发展，产生过重要影响。国立武汉大学与海光农圃，都是20世纪30年代武汉东湖早期开发建设的先行者。武大与东湖的密切关联，对东湖开发建设所产生的深远影响，亦不应被忽视。

从空间距离上看，东湖距离武昌城不过四五公里，相隔并不十分遥远。然而长期以来东湖开发建设滞后，人迹罕至的主要原因，一是交通不便，二是湖水通江，沿湖地区常年饱受洪水侵扰。洪水问题，在清末张之洞修筑武昌沿江堤防及青山武丰闸，民初更进一步加固后，已得到了极大缓解。而交通问题，虽然在民初任桐的努力下，前往东湖的道路曾有过初步的建设，但其所修筑的引胜桥、湖山路，在琴园荒芜以后也逐渐湮废。而且从武昌北郊徐家棚一带引路通往东湖的这条线路，本身距离城区就已较远，仍然十分不便。东湖交通条件的真正改善，是从武汉大学修筑街口头至珞珈山的马路"大学路"后发生的。这条"大学路"修筑通车后，汽车可以从武昌城内一路开到

湖滨的珞珈山校园内，武汉大学由此成为民国时期东湖旅游的交通枢
纽：从城内前往东湖游玩的市民游客，都通过这一路线，先乘车到达
武汉大学，再从武大湖滨一带转乘小船前往东湖各处游玩。事实上，
湖对岸的海光农圃，其出入的主要交通方式，也同样是借由武汉大学
这一"交通枢纽"而完成的。前文提到的那篇《海光农圃参观记》中，
便记载了前往海光农圃游览的交通方式和路线："余等于三十日上午
十一时廿分由汉口江边启程，乘渡轮渡扬子江，可一刻钟，到武昌；
更趋阅马厂搭武豹长途汽车直抵武汉大学，该校即在东湖边也。下车
后再划船渡东湖，而达海光农圃。"① 由武豹汽车公司负责运营的武昌
城汉阳门至武汉大学校园内的这趟班车，本是武汉大学为方便师生往
来城区和珞珈山而商请商家开办，但在20世纪30年代，这趟"校车"
事实上也承担了东湖旅游巴士的功能。前往东湖游憩的市民游客，也
成了汽车公司盈利的一大客源（图163）。

图163　20世纪30年代的大学路，最远处的汽车即由武豹汽车公司运营的武汉大学至城
　　　区的巴士
来源：《国立武汉大学一览（中华民国廿二年度）》，1933年。

---

①　绿君：《海光农圃参观记》，《农村旬刊》第1卷第7期，1934年1月。

正如前文所述，中学和大学时代辗转在几个风景如画的湖畔校园里学习生活过的美国建筑师开尔斯，对东湖情有独钟，从而促使武大新校舍选址向北微调，选择在了珞珈山以北的这一被东湖水三面环抱的湖畔半岛上。虽然或许是出于防洪考虑，开尔斯将主要校舍建筑在了山上而没有临湖布置，但从他早期所绘制的不同版本规划图来看，开尔斯对于武汉大学湖滨一带皆有功能和景观上的建设规划构想。除了将农学院和动力室建在临湖地区外，开尔斯还特别针对校园东北部的半边山、侧船山一带湖滨地区有过景观和建筑规划。半边山和侧船山皆为紧邻湖滨的低矮山丘，侧船山山头还伸入东湖水中，而东湖则有一个半月形湖汊由两山之间深入校园内。山石嶙峋、湖岸曲折的自然特征，使得这里成为武汉大学珞珈山校园滨湖地带中自然风景最优美的地段。而这一带，恰恰也就是七八年前任桐在《沙湖志》中所构想的"金冢桃花"、"恨石"等景观的所在地。开尔斯与任桐，在珞珈山一带湖滨景观的构想上，可谓不谋而合。从1930年度《国立武汉大学一览》中所收录的《新校舍设计平面总图》中可以看到，开尔斯计划在半边山上建筑一个圆形建筑，山下湖滨建设一个"泊船厂"，而环绕半边山、侧船山之间的湖汊，则辟为一个曲径通幽、小桥流水的"花园"（图164）。

虽然30年代武汉大学受制于经费，只能将有限的资金集中于主要校舍的建设，而未能建设开尔斯所构想的这个湖滨花园，但仍在新校舍工程的最开始，便修筑了沿湖的湖滨路。根据《国立武汉大学周刊》的记载，"新校舍马路，计有环校路、湖滨路、半山路、珞珈山马路……湖滨路系沿东湖边，长计三余里，全校风景以此处为最

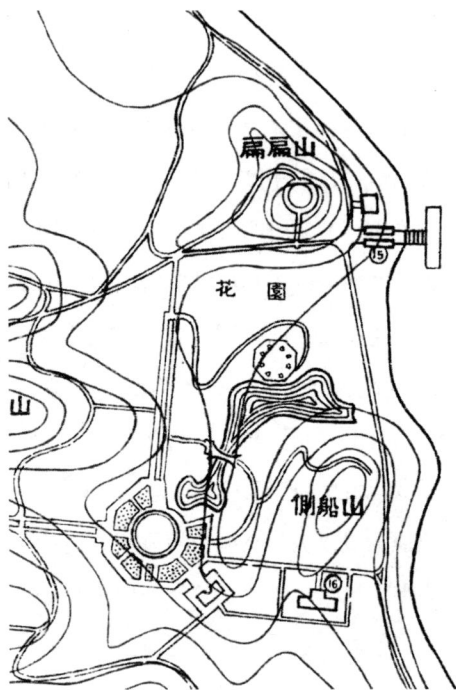

图164　1930年珞珈山校园规划设计总图中的半边山、侧船山一带
来源:《国立武汉大学一览(中华民国十九年度)》,1931年。

佳"①。珞珈山校园内的主要校舍建筑,均并非建筑在东湖边,为何校方首先便要修筑沿东湖的湖滨路呢? 除了"全校风景以此处为最佳"外, 更重要的原因乃在于交通运输的需要。1930年新校舍工程开工时, 从武昌城大东门出城至珞珈山的马路刚刚修通, 而宽度和承载力有限。珞珈山校舍工程宏大, 建筑体量雄伟, 又大量使用预制的钢结构, 同时还需要许多重型机械设备。因此, 建筑设备和材料的运

———————————

① 《珞珈山新校舍工程近况》,《国立武汉大学周刊》第64期,1930年6月22日,第1版。

输，并不完全依靠陆上的汽车运输。有一些建筑材料，是通过水路运输到珞珈山的。根据沈中清的回忆，水路运输路线"由长江水运，在青山闸翻堤进入东湖，札木排运到珞珈山湖边起坡，再用人力肩负上山"[①]。这里所说的"青山闸"即武丰闸。由长江进入武丰闸后，沿东湖港而上，便可进入东湖并最终到达珞珈山校园岸边。筑成湖滨路后，由水路运输的建筑材料，方能上岸装卸和运输，因此此路的修建，也就成为新校舍建设工程最初完成的基础建设项目之一。

图165　今日武汉大学濒临东湖的侧船山、半边山一带。作者摄于2018年5月

由于湖滨路沿湖而建，要跨过半边山、侧船山间的湖汊，就必须在此筑桥。根据1930年6月《国立武汉大学周刊》的记载，"新校址东滨东湖，沿湖则辟为湖滨马路。现于水道汇流之处，建山石大桥一

---

① 沈中清：《工作报告：参与国立武汉大学新校舍建设的回忆（国立武汉大学新校舍建筑简史）》(1982年3月)，武汉大学档案，4-X22-1982-6，武汉大学档案馆藏。

座，以连接湖滨马路"①。这座桥为一座单拱石拱桥，桥拱部分为"阜成"红砖砌成的拱券。拱券以上，则是就地取材，用珞珈山本地遍布的黄褐色山石所垒砌起来的桥身。在桥面两侧，也用山石垒砌了两面矮墙作为护栏。这座桥风格简朴，并无刻意的装饰，而其所自然呈现出的原始、质朴之感，反映出了武大建校初期珞珈山东湖一带的城郊泽畔的山野之趣，具有返璞归真的风景之美。拱桥与侧船山山谷和山崖、山下的游泳场及湖心浪淘石一起，互相点缀增色，共同构成了东湖南岸别具一格的景点（图166）。

图166 "东湖之滨"

来源：《国立武汉大学第二届毕业纪念册》，1933年。

---

① 《珞珈山新校舍工程近况》，《国立武汉大学周刊》第64期，1930年6月22日，第1版。

在20世纪50年代东湖周边开始大规模建设以前，湖东南岸的珞珈山校园，是唯一建成了沿湖公路的地区，因而在20世纪30年代，侧船山一带事实上就是整个东湖风景区的景观核心。而对于每日朝夕生活于东湖之滨的武大同学而言，侧船山下的湖滨地带也成为最常前往驻足的一处胜地。武大一位学生"亦沤"曾撰文回忆1932年夏天她与朋友"平"在此留下的风景记忆：

> 那确是一个晴爽的下午，我们在下汽车略事休息之后，便顺着那条往湖滨去的大道前进……玻璃似的镜面，正有几只小帆船儿在这镜面上轻轻的溜过，这便是人们口中所传赞的"东湖"了。这景象给与平的是新奇，柔美，她欢喜得跳了起来，一面拭着汗，一面提议要找处地方坐下，好来静静地领略这湖山佳趣。

> 经过了短短的石桥，便是一座中断的山岩，那断口恰好做成了一条去山前的门径。就在这峥嵘的悬崖下，浅碧的湖滨，懒卧着一堆瘦得可怜的白石。我们便烦劳了它，暂时负一负这两条疲倦的身躯。

> 我几乎很少入到过那种境界，自从回武汉以来。那是如此的恬静，幽美。轻柔的微波，触着石骨，发出一声声细响，温柔得像母亲口里唱的催眠曲。我们都有点陶醉了！①

---

① 亦沤：《山居杂记》，《珞珈月刊》第1卷创刊号，1933年11月。

无疑，搬来珞珈山新校园后，东湖的风景为武汉大学校园文学提供了极佳的素材，也激发了多愁善感的年轻学子们吟咏的灵感。在20世纪30年代珞珈山的校园文学中，东湖迅速成为标志性的意象与符号。这其中，有现代诗：

> 看见湖心
>
> 有个
>
> 摇摇的月亮
>
> 看见"湖心"的飘荡
>
> 夜的树
>
> 压上团团的露
>
> 飞了啼鸟
>
> 轻轻数脚步声
>
> 谁在夜游
>
> 引出人无限的孤独
>
> 多少青年人
>
> 三年里曾经来
>
> 独对这溪桥流水
>
> 听夜莺啭出宛宛的情歌
>
> 而回忆也惆怅了
>
> 几对情人　遥遥地
>
> 遥遥地跑来了温柔的慰问
>
> 轻轻的杨柳枝下

已非是昔年的同游了

年年湖心

有个

摇摇的月亮

伴着"湖心"的飘荡

只老了黄脸的女舟人

少了

浪花的圈子[①]

也有古体诗：

暇日生幽兴，扁舟泛湖间。

白日照碧水，浮云接青山。

目随飞鸟远，心似春风闲。

留恋清虚景，日暮竟忘还。[②]

　　不仅是青春年少、多愁善感的年轻学生，即便是对于武大教职员而言，东湖的美景也同样令他们赞叹和留恋。中文系教授苏雪林晚年在台湾时，仍对珞珈山与东湖的风景念念不忘。她曾写道：

---

① 芜名：《残诗一束·湖滨》，《珞珈月刊》第 2 卷第 2 期，1934 年 10 月。
② 孙介君：《五言古诗二首·乙亥春二月日泛东湖》，《珞珈月刊》第 2 卷第 7 期，1935
年 3 月。

珞珈山是国立武汉大学的所在地。自从民国二十年我
到武大教书以后，便在这风景秀丽，环境幽静的大自然的怀
抱里，开始我一段极有意味的生涯。那银墙碧瓦，焕若帝王
之居的建筑；那清波潋滟，一望无际的东湖；那夹着蜿蜒马
路，一碧参天的法国梧桐；那满山满岭，郁如浓黛的松林；
那亭榭参差，繁花如锦的校园，使得珞珈成为武汉三镇风景
最美之区。每逢春秋佳日，游人如织，都自那烦嚣杂乱的都
市，涌向这世外仙源，抖落十斛襟尘，求得几小时灵魂解放
之乐……珞珈风景最诱惑人的当然是那个有名的东湖。杭州
的西湖，我嫌她太小，水又太浊。东湖要比她广阔几倍，水
是澈底的清。朝霞夕晖，光彩变化，月夜则沧涟闪烁，银波
万顷，有海洋的意味。有风的时候，一层层的波浪，好像刻
削过的苍玉，又像是蓝色的水晶，刀斩斧截，全属刚性线条，
但说是凝固的，却又起伏动荡不已。[1]

显然，东湖珞珈山的美景，从武大校园建成伊始，就已然超出了
"校景"的范畴。国立武汉大学在珞珈山一带的校园建设，除了极大改
善了东湖旅游的交通条件，成为由武昌市区前往东湖海光农圃、夏家花
园等处游玩的必由之路和交通要津外，其本身也早已成为东湖最重要的
风景名胜。在这一方面，珞珈山甚至超过了海光农圃、夏家花园等处，
成为30年代整个东湖地区的主要风景地，乃至"武昌名胜中之最著者"[2]。

---

[1] 苏雪林：《怀珞珈》，《珞珈》（台北）第35期，1972年7月。
[2] 黄笃植：《珞珈山游记》，《道路月刊》第47卷第1号，1935年5月。

1935年湖北省建设厅技正张延祥对《申报》记者谈湖北省各项建设事业发展情况时，曾特别提到"武昌东湖珞珈山，风景幽秀，足比杭州之西湖。今省府已设立东湖建设委员会，尽力辟为风景及文化区，亦为新武昌之一优点"[①]。这一由省政府牵头设立的"东湖建设委员会"，由时任建设厅厅长李范一任主任委员，而武大教授杨端六、邵逸周也是该委员会的委员，足见当时武汉大学之于东湖风景建设开发的重要性，及珞珈山一带在当时武昌东湖风景区的核心地位。[②]这种风景核心的地位，直至新中国成立初期东湖风景区开始大规模新建设以前都未曾改变。如1952年落成的东湖九女墩纪念碑，由董必武撰写的碑文中，也说此处"是对东湖，珞珈山增加光彩不少的"[③]。事实上，位在东湖北岸的九女墩，至南岸珞珈山直线距离也有5公里之遥。显然，这里所说的"对东湖，珞珈山增加光彩"，是将珞珈山放在整个大东湖风景区的范围内而提及的。在时人眼中，讲到东湖之风景，自然就是以珞珈山为主景而无他。

武汉大学对珞珈山地区的开发建设，对东湖沿岸地区产生了点石成金的外溢效应，逐渐吸引不少达官富豪及社会名流前来湖岸一带修建花园别墅。除了前文提到的夏斗寅的养云山庄为规模最大者外，在珞珈山南麓毗邻校界的地带，还有其他一些公馆洋房，如武汉著名糕饼老字号"曹祥泰"曹家所修筑的"种因别墅"（俗称"曹家花园"）等。在珞珈山声名鹊起的20世纪30年代，在校园周边建设别墅，一度成为当时武汉上流社会的一阵风潮（图167、图168）。

---

① 《张延祥谈湖北建设进展》，《申报》，1935年3月11日，第12版。
② 参见涂文学主编：《东湖史话》，第185页。
③ 董必武：《九女墩碑记》，1952年12月。

图167　珞珈山东南麓毗邻武大教授别墅群的"曹家花园"及其他洋房别墅

图168　1935年合记建筑厂刊登的在珞珈山承建别墅公馆的广告

来源:《国立武汉大学民二四级毕业纪念刊》,1935年。

从刊载于30年代报刊中的各种武汉地区的旅行杂记和游记类文章中我们不难发现，珞珈山在当时就已成为当时武汉旅游的必到景点。而武汉本地的许多大中小学、企业团体、政府机构等，也会时常组织学生或职工前往珞珈山一带开展旅行。在这一过程中，珞珈山校园也留下了许多名人足迹，他们参观后的所思所感，成为那个时代珞珈山校园在世人心目中印象的最佳注脚。

　　早在武汉大学搬进珞珈山不久，这座还在建设中的大学新校园，便吸引来了一群国际要员的关注目光。1932年1月，国际联盟派出一个由英、美、法、德、意五国代表组成，以英国人李顿爵士（Victor Bulwer Lytton）为团长的调查团，先后到日本和中国的东北及长江流域开展调查。调查团来武汉的本意，是为了考察1931年夏季长江大洪水后华中地区的赈灾和灾后重建工作，而在武汉时听说"武昌近郊珞珈山武大新校区之伟大现代化工程……情况至为突出，尤以此一工程设计新颖，费用节俭（涓滴归公），而规模宏壮，代表中国之新气象，咸认为有一实地参观与考察的必要"。于是，"该团遂向我官方表示欲往珞珈山一游，我方自表欢迎，佥以此举对我方极为有利，其关系我国荣誉自必重大"。[①]

　　李顿爵士在参观武大当天的日记中，简单提到了这日在珞珈山的行程："我们开车去乡下约20英里远的地方，参观一所刚刚建立的大学。它的位置极好，群山环抱，湖光山色，风景宜人。我们与教授们交谈了一番，回答了他们的提问，并收下了精制茶叶。在我们访问的

[①]　汤子炳：《记李顿调查团参观珞珈山》，《珞珈》（台北）第51期，1977年3月。

藏修息游篇：珞珈湖山风景与大学校园生活　**449**

途中，挤满了好奇的村民。"① 他在随后对《申报》记者发表的谈话中，也称赞"武汉大学诚为最完备之学府，其建设尤为美观而坚固"，并表示"我们此次到汉口来，及在上海、南京等地的观察，觉得贵国已经在积极着手于物质方面的建设，一切的一切，皆给我以事实上的证明"。②（图169）

图169　1932年4月国际联盟李顿调查团成员与武大部分教职员在文学院门前合影
来源：刘保熙女士提供。

同样是1932年，在王世杰、周鲠生、皮宗石等北大旧友的一再邀请下，胡适于11月27日南下武汉，次日参观了武大新校园（图170）。他在当天的日记中写道："上午与雪艇、皓白同去参观武汉大学。计看过的地方有工场、小学、女生宿舍、文学院、理学院、图书馆、男生宿舍……在招待所吃饭，下午与雪艇、邵逸舟［周］、王抚五去

<hr />

① 王启华译，金光耀校：《李顿赴华调查中国事件期间日记》，《民国档案》，2002年第4期。
② 《调查团在汉第二日》，《申报》，1932年4月8日，第7版。

图170　1932年11月胡适与武汉大学部分教职员在珞珈山听松庐前合影
来源：皮公亮先生提供。

游东湖。坐汽油小艇，来往约两点钟，仅游湖的一部分而已。此湖比
西湖大，水清，湖底为沙地，又为活水，可通长江，皆胜西湖。"对
于这天参观武大校园和游览东湖的感受，胡适在日记中不无感慨地写
道："雪艇诸人在几年之中造成这样一个大学，校址之佳，计画之大，
风景之胜，均可谓全国学校所无。人说他们是'平地起楼台'；其实
是披荆榛，拓荒野，化荒郊为学府，其毅力真可佩服。看这种建设，
使我们精神一振，使我们感觉中国事尚可为。"① 与1925年南下武汉时
在日记中直斥"武汉的教育最不行"相比，胡适此时对武汉大学的建

---

① 　胡适：《南行日记（Nov. 25, 1932-Dec. 7）》，《胡适的日记（手稿本）》第11册，台北：
远流出版事业股份有限公司，1990年。按：皮宗石，字皓白；王星拱，字抚五。

设成就，则可谓是毫不吝惜地给予高度赞美。除了在日记中留下这些文字以外，他也在公开场合对武大的校园建设给予过类似的褒扬。1947年周鲠生在校庆讲话中便曾说道："学界上对于本校最有认识的，要推胡适先生。他认为武汉大学珞珈山校舍设备是国内最值得称许和赞助之一个新建设。他曾经对一位在北平的美国朋友说，你如果要看中国怎样进步，可以去到武昌看看珞珈山武汉大学。那位朋友有一年果然到本校参观了。"[①]

事实上，从1932年武大迁入珞珈山新校舍开始，这座风景优美、建筑伟丽的新校园，就成了吸引各界人士前来参观的重要"景点"。毫无疑问，这其中的许多政界、军界人士前来珞珈山，并非进行学术活动，而是慕名前来，想一睹这座知名度颇高的新式大学校园（表9）。

表9　七七事变前参观珞珈山校园部分知名人士及团体一览表

时　间		到访者	备　注
1932年	4月5日	国际联盟李顿调查团	
	7月2日	刘峙、蒋锄欧	国民党军官
	7月19日	蒋介石	
	8月14日	吴稚晖	国民党元老
	9月3日	刘既漂	著名美术家及建筑师
	10月10日	蒋介石	
	10月15日	罗文干	司法行政部部长兼外交部部长

① 《本校第十九周年校庆暨三十六年度开学典礼校长报告》，《国立武汉大学周刊》第374期，1947年11月1日，第2版。

时　间		到访者	备　注
	11月9日	宋子文、戴季陶	宋为财政部部长，戴为考试院院长
	11月28日	胡　适	北京大学文学院院长
	11月29日	顾孟余	铁道部部长
	12月1日	蒋介石、宋美龄	结婚五周年纪念日出游
	12月4日	堤工察勘团	
1933年	4月21日	杨虎城、刘镇华	国民党军官
	8月28日	中国工程师学会	在珞珈山召开当年度年会
	9月23日	孙桐岗、王祖文	著名空军飞行员
	10月8日	陈文麟、潘鼎新	陈为著名飞行员，潘为著名报人、记者
	10月16日	山本五十六	日本海军将领
	10月23日	杉村阳太郎	日本驻国际联盟代表、国际奥委会委员
	10月29日	何　键	时任湖南省政府主席
	11月3日	全国民营电业联合会	在汉开会
	11月8日	杨树庄、方声涛	福建政要，皆曾出任福建省政府主席
1934年	1月11日	曾养甫	浙江省建设厅厅长、闽浙赣皖四省边区公路处长
	6月14日	韩复榘	山东省政府主席
	夏季	张学良	时任"三省剿匪总司令部"副总司令
	10月8日	蒋介石	
1935年	2月26日	蒋介石、宋美龄	
	10月27日	日本经济视察团	

时　间		到访者	备　注
1936年	1月2日	全国医师联合会代表	在汉召开第四次代表大会
	3月29日	居 正	司法院院长兼最高法院院长
1937年	2月9日	吴世昌	著名学者、红学家
	2月27日	沈鸿烈	海军将领
	3月4日	何 键	
	3月13日	许阁森、默想	前者为英国驻华大使，后者为英国驻汉口领事
	3月22日	林 森	国民政府主席
	4月19日	程 潜	国民政府军事委员会参谋总长
	5月17日	张伯苓	南开大学校长

资料来源：《申报》、《国立武汉大学周刊》、《蒋中正总统档案·事略稿本》、《蒋中正总统五记·游记》等。

　　与上表所列的许多"过客"不同，在20世纪30年代前来珞珈山校园参观游览的人群中，蒋介石可谓是一位"常客"。早在武大刚刚搬来珞珈山不久的1932年6月底，蒋介石来到武汉坐镇指挥所谓"豫鄂皖三省剿匪"时，便"因厌尘嚣，拟二十九日晨，赴武昌珞珈山武汉大学新校址一游，或设为分邸，就彼处办公"①，而"该处已由省府布置就绪，备蒋长驻办公"②。不知是否学校方面予以了婉拒，蒋把"剿匪"总司令部搬到大学里来"长驻办公"的这一打算并未得以实现。不过他在军政繁忙之余，仍对珞珈山校园有着强烈的好奇心：7月19

---

① 《蒋中正召集将领会议》，《申报》，1932年7月1日，第11版。
② 《蒋中正开始在汉办公》，《申报》，1932年6月30日，第7版。

日傍晚，他还是第一次来到了珞珈山校园参观。[1] 从此往后，蒋介石每当身在武汉时，便会时常抽暇前来珞珈山一游，有时还偕夫人宋美龄一同前来。如1932年12月1日为蒋介石夫妇结婚五周年的纪念日，他在当天"下午与夫人往游洪山东林，在林中作野餐，以为结婚纪念。餐罢，同观武汉大学及省府碎石山，傍晚乃回汉口"。[2] 1934年10月8日上午，蒋从汉口渡江前往武昌出席"三省总部扩大纪念周"，"十时散会……蒋即往游珞珈山"。[3] 1935年2月26日，蒋在处理完当天的一些军政要务之后，又在"下午偕夫人渡江游珞珈山，晚仍返汉"。[4]

而到了1938年，武汉成为事实上的战时首都，国民政府军事委员会在武大校园内举办了珞珈山军官训练团，其后更将其升格为中央训练团，蒋介石亲任该团团长，并时常在傍晚训练结束前亲临团中，对高级军官点名训话（图171）。因此在这一年里，蒋介石更加频繁和长时间地前来珞珈山居住。由蒋介石日记所辑录而成的《蒋中正总统五记·游记》中，便有大量蒋介石与宋美龄这年中在珞珈山活动的记载："二月二十一日，傍晚，到武汉大学附近散步"；"三月十七日，游珞珈山野餐"；九月"二十七日午，游珞珈山东岛，登卧云亭，野餐，曰：'山明水秀，消愁自适'"；"十月一日上午，往珞珈山听松庐憩息，下午，登山眺望，傍晚，散步东湖湖滨，晚宿听松庐，曰：'战中偷暇，乐中有忧也'；二日午，游养云山野餐毕，回听松庐……八

---

① 吴淑凤编注：《蒋中正总统档案·事略稿本》第15册，台北："国史馆"，2004年，第528页。

② 王正华编注：《蒋中正总统档案·事略稿本》第17册，台北："国史馆"，2005年，第502—506页。

③ 《三省总部扩大纪念周蒋委员长出席训话》，《申报》，1934年10月9日，第10版。

④ 《蒋昨游珞珈山》，《申报》，1935年2月27日，第3版。

图171　1938年蒋介石在武汉大学宋卿体育馆内对珞珈山军官训练团参训人员点名
来源：《政治通讯》第2期，1938年6月。

日晚，往珞珈山听松庐宿，静坐观月，曰：'军事倥偬之中，得此休息，此非图乐，乃是消愁，然而此心仍不能略忘战况也'"。[1]直到武汉沦陷前夕，蒋介石仍然在珞珈山驻留。1938年10月16日下午，他"与夫人在东湖边眺望，湖光秋色，别有风景，顿增西湖与故乡之感。江山未复，军民交瘁，言念国情，凄怆万千"。[2]

　　对蒋介石而言，1938年的珞珈山除了给予他"忧中之乐"外，更是他政治权力生涯中一个重要的巅峰时刻。这年4月1日晚，他在于武汉大学校园内召开的中国国民党临时全国代表大会上，被选为国民党"总裁"，从此成为国民党永远的"蒋总裁"，这一称谓直到今天仍

①　黄自进、潘光哲编：《蒋中正总统五记·游记》，台北："国史馆"、世界大同文创股份有限公司，2011年，第106—107页。
②　萧李居编辑：《蒋中正总统档案·事略稿本》第42册，第440页。

被保留在国民党党章之中。而这次在国民党党史上颇为重要的临全代会，其会址便选择在了珞珈山校园内最宏伟壮丽、装饰精美的核心建筑——图书馆内举行。会前负责会址选择与会场布置的国民党中央监察委员王子壮，曾在日记中记载其经过实地考察后，决定"以学校正中建于山巅之图书馆为会场，庄严伟丽，极富东方建筑美……墙壁均为洋灰之本色，而有各式古代之图案浮雕，故其象庄严，其气雄浑，而可经久不变，较诸北京之各大学建筑，可为青出于蓝者，国内有数之伟大作品也"①。事实上，国民党本打算借武大礼堂召开此会②，然而王子壮等人在实地查看后，却选择了图书馆阅览大厅作为会址，个中考虑，显然是看中了图书馆"其象庄严，其气雄浑"的气派。对于将要决定国民党一系列重大改革的这次全国代表大会而言，王子壮等人显然认为需要一座"庄严雄浑"的会场建筑与之相称，而图书馆大厅是武大校园中最具有这种"气场"的建筑。对于简单布置后的会场，王称"一入其中，极逞肃穆庄严之境象也"，由此不难看出其选择会场的标准（图172）。

珞珈山校园对武昌东湖的深远影响，在以后的历史中愈加得到体现响。在20世纪30年代的东湖沿岸，珞珈山校园毫无疑问是最为宏伟壮丽的建筑群。这些碧瓦飞檐、观瞻甚伟的复古建筑，从一开始便奠定了整个东湖周边地区的建筑风格基调。30年代在珞珈山东南麓的

---

① 《王子壮日记（手稿本）》第4册，台北："中央研究院"近代史研究所，2001年，第426页。

② 按：1938年3月14日国民党中执委曾致函武大，称"关于开会会场，拟即暂行借用贵校礼堂"。参见《中国国民党中央执行委员会武汉办事处公函（中武字第228号）》，国立武汉大学档案，6-L7-1938-XZ036，武汉大学档案馆藏。

图172 民国时期的武汉大学图书馆阅览大厅

私家园林"曹家花园"内的湖中凉亭，以及东湖对岸湖中沙洲上夏斗寅所建的"中正亭"（今名"湖光阁"），都采用了与武汉大学校园建筑风格相类似的绿色琉璃瓦中式复古建筑样式，且在装饰细节上，也具有很高的相似性。而从50年代开始，东湖风景区范围内的新建建筑，如在原"海光农圃"旧址上建设的"东湖公园"（今东湖听涛景区）内的行吟阁、长天楼、屈原纪念馆、濒湖画廊、先月亭、可竹轩等，磨山景区内的朱碑亭，中科院武汉植物园科普楼等建筑，都一律采用了绿色琉璃瓦屋顶的中式复古建筑风格（图173）。此外，新中国成立初期环绕武汉大学周边地区新建的一些高等学校，如华中师范学院、武汉体育学院等，其最初的核心校园建筑，也都采用了中式复古建筑

图173　东湖听涛景区行吟阁。作者摄于2018年5月

风格，并且屋顶都采用了绿色琉璃瓦。特别是武汉体育学院内兴建于
20世纪50年代初期的体操馆及排球馆两座建筑，除屋顶没有覆盖琉
璃瓦而仅在檐部装饰少量绿色琉璃瓦，主入口设在山墙面以外，无论
从平面布局、整体造型还是细节装饰等各方面看，这两座体育馆建筑
都与武汉大学宋卿体育馆高度相似，几乎可以说就是对后者的缩小复
刻（图174）。环东湖沿岸的这些"绿屋顶"，都可视为30年代珞珈山
校园建筑风格的外溢，由此不难看出民国时期珞珈山校园建设对武汉
东湖周边地区的风景开发、建筑景观等方面所产生的深远影响。

图174　武汉体育学院体操馆。作者摄于2017年5月

三

民国时期珞珈山的校园生活

　　1932年5月，在刚刚搬进珞珈山新校舍不久的一次总理纪念周上，法学院教授周鲠生（图175）在演讲中谈到了乡村建校的问题。这位从武大筹备伊始便全程参与新校舍建设工作的创校元老，似乎对于在郊外建设新校舍有着不同的想法。他说道："中国早年有些教会大学，如北方的燕京大学特别设立在郊外乡村间，建筑宏大的校舍；又如国立的清华大学，也建设在乡村中间；近来本校也在这郊外珞珈山从事建设。这种在乡村建设大学的趋势，很引起学术界和教育界的注意，都以为一个大学，必要有新的环境，在山明水秀的地方，才合条件……从前蔡孑民先生在北京大学当校长的时候，也曾计划预备搬到西山区，并在西山买了一块很大的地皮……再如南京的中央大学，也曾有迁往中山陵的议论，前年在本校教过书的罗家伦先生就是极力主张的一个，本校王校长也是如此主张。大家都好像以为大学办在乡村里，乃是天经地义的原则；但我个人却很反对，这种议论愈盛，我的反感便愈深。"

　　对此主张，周鲠生进一步解释说，大学的重要使命之一便是"影响社会，要做社会改造的动力"，因此不能脱离社会。燕京大学是外

图175　周鲠生

来源:《国立武汉大学民二五级毕业纪念刊》，1936。

国教会所办，清华大学则最早是留美预备学校，这两所大学的性质决定了它们可以不用建在市中心。但是如果国立的北京大学"早年就搬到西山区了，也许学生的物质生活可以比较安适，而它对于社会的影响恐怕就没有那么大"。而"现在南京成贤街的中央大学，立于首都的中心，地方也很大，附近尚可以充分发展，一般社会人士可以随时参观听讲，如果一搬到中山陵去，那末就只有坐汽车的人们才能去瞻仰，普通的人就不免向隅了"。因此，周鲠生明确表示他尤其不主张国立大学设在郊外。①

---

① 周鲠生:《大学之目的——五月卅日纪念周周鲠生教授演讲》，《国立武汉大学周刊》第130期，1932年6月7日，第1版。

然而接下来，他却话锋一转：

　　然而武汉大学之在郊外新辟校址，我却又是主张最力
的一个。理由有两点：第一，因为我们旧校舍的物质设备
太不好，地方又狭窄，不能发展，而且环境太恶，我们的
大学系新创，基础未固，恐怕不惟不能影响社会，还会被
社会同化，这是我们要迁移的第一个目的。第二，如李四
光先生等都是这样主张，以为中国现在太没有建设的工作，
尤其是教育方面，因陋就简。外国人办的学校是那样注重
物质的设备……而国立学校则适得其反，对于建筑设备，
多不注意。这样相形之下，更见中国教育建设之没有计划。
就武汉本地而言，前清时代张之洞在这里的建设工作，是
不容否认的。虽然他是一个官僚，但湖北大部份的建设，
都是他的手创。民国革命而后，便没有什么建设可言了。
不惟不建设，而且连旧有的建设还破坏很多。现在我们要
努力建设这个武大，就是要做一个榜样给国人看，让国人
认清楚，建设并不是不可能或太难的事。再干脆说一句，
我们就是为建设而建设。但是武大现在虽然建设在离开社
会的山野，我们究竟不是与现实社会绝缘，我们不要忘记
了我们社会的使命。①

────────────

① 周鲠生：《大学之目的——五月卅日纪念周周鲠生教授演讲》，《国立武汉大学周刊》
第130期，1932年6月7日，第1—2版。

周鲠生对燕大、清华城郊建校的不屑，和对北京大学、中央大学打算在城郊另建新校舍计划的反对，与他对武汉大学珞珈建校的赞成，在逻辑上似乎难以自圆其说。他所说的对于赞成武汉大学在城郊建校的理由，更多是为了回应外界的质疑。正如前文所述，从1928年6月李四光在国立武汉大学筹备委员会第二次谈话会上提出在洪山下建设新校舍的提议开始，关于武汉大学要走出武昌市区一段距离，在城郊山明水秀、隔绝尘嚣之地另建新校园这一原则便已牢固确立。而这样一个理想的实践，比起刘树杞等人最初计划沿用城内两湖书院旧校舍的想法，其必然要付出的代价，便是建设成本的大大提高。在1929年新校址迁坟纠纷的过程中，愤怒的当地坟主控告武汉大学及校长王世杰的"罪状"，便有"开山填壑，虚靡国帑"一项。[①] 面对这种质疑，武大的创建者们自然需要为这耗资不菲的城郊新校舍计划给出合理的理由。事实上，早在新校舍建筑开工不久的1930年春天，时任副校长兼教务长的王星拱（图176）在一次总理纪念周上也曾谈起武大建新校舍"为什么要跑到乡下去"的问题。在这次讲话中，他总结出在乡村地区建设新校舍的三大好处："能够领略自然的美；可以观察自然的秩序；可以领受自然界的清洁。"前面两点，分别针对人文学科和自然学科的学生而论，比较具体。但事实上王星拱认为的在乡村建校最主要的考虑，是在第三点上。对此他详细解释道：

---

① 《湖北省政府公函（府字第3693号）》（1929年11月6日），国立武汉大学档案，6-L7-1929-XZ024，武汉大学档案馆藏。

物质上的清洁，自然是乡村比城市好，尤其是市政未曾完美的城市，更不能和乡村相比较。还有精神上的清洁，也不是在城市里所能领受得着的。我们试看看骄奢淫逸的风俗，欺哄吓诈的行为，以及政治上社会上一些不正当的运动，都是发生于城市之中。我们在这种环境里面，受了耳濡目染的影响，渐渐是如入鲍鱼之肆，久而不闻其臭了。学校若是建筑在乡村里边，那么，我们天天所接触的，是非世情的白云，无恶意的流水，和视［真］挚的师友，悠韵的图书，以及天真烂漫忠实诚恳的乡下人，倒是有益于我们的身心的修养，人格的培植。当然，也有许多人说：我们负着改革社会的责任，我们是不应该离开社会的。佛家说："我不入地狱，谁入地狱？"这个道理，自然是对的。但是要入地狱，先要成佛。不是佛而入地狱，恐怕要混入魔鬼一道而不自知。我们也是一样的，要改革社会，先要立定脚跟，不然不但改革不良社会，反来与不良的社会同化了。所以就修身养性、培养人格讲起来，也是把学校建筑在乡村里是好很多。①

王星拱在这一讲话中所说的"要改革社会，先要立定脚跟，不然不但改革不良社会，反来与不良的社会同化了"的想法，与两年后周鲠生所说的"我们的大学系新创，基础未固，恐怕不惟不能影响社会，

---

① 《上周纪念周副校长王星拱先生演讲》，《国立武汉大学周刊》第53期，1930年4月6日，第2版。

图176　王星拱

来源:《国立武汉大学民二五级毕业纪念刊》，1936。

还会被社会同化"如出一辙。包括武汉大学建筑设备委员会委员长李四光，对此也持有类似的看法。他曾在1932年武大新校舍落成典礼上的讲话中说道:"从前武大设在城内，现在已迁珞珈山……我们现在要忍痛一时，暂与旧社会绝交，待我们有了经验时，再与旧社会复交，来感化他，并创造新社会。"① 概括说来，这些创校元老们认为，新生的武汉大学需要脱离城市的尘嚣，到山野郊外中去发展起来，才能保证不受污染，而在初创阶段暂时保留这种"纯洁"的最终目的，还是要反过来影响社会。

　　周鲠生所强调的"武大现在虽然建设在离开社会的山野，我们究竟不是与现实社会绝缘，我们不要忘记了我们社会的使命"这层意

① 《武大新校舍落成典礼·李四光演说》，《武汉日报》，1932年5月27日，第2张第3版。

涵，在几年之后的武大校歌中亦得到了体现。这首1939年在抗战烽火中诞生于四川乐山的校歌，歌词中依旧是对已陷于敌寇的珞珈湖山的无限眷恋，以及对在此湖山之中藏修息游的珞珈学子仍当"风雨如晦，鸡鸣不已"，努力成才，以期改造社会，报效国家的殷切寄望：

> 黄鹄一举兮，知山川之纡曲；
>
> 再举兮，知天地之圆方。
>
> 试选珞珈胜处，安置百亩宫室，
>
> 英隽与翱翔。
>
> 藏焉、修焉、息焉、游焉，
>
> 鸡鸣风雨，日就月将。
>
> 念茫茫宙合，悠悠文物，
>
> 任重道远，来日亦何长。
>
> 努力崇明德，及时爱景光。①

不过不可否认的是，在1937年前的珞珈山，师生们的校园生活某种程度上确实是"与现实社会绝缘"的。苏雪林在《怀珞珈》一文中所说的"每逢春秋佳日，游人如织，都自那烦嚣杂乱的都市，涌向这世外仙源，抖落十斛襟尘，求得几小时灵魂解放之乐"，便一语点

---

① 《国立武汉大学校歌》(何淑英提供)，《珞珈》(台北)第29期，1971年1月。按：台北《珞珈》第28期曾刊载由袁恒昌校友回忆的另一版本歌词(无曲谱)，与何淑英校友所提供之带曲谱校歌版本，歌词的个别字句略有不同。另，何淑英所提供之歌谱，词句顺序有所错乱，现已根据歌谱记谱规律并比对袁恒昌版本歌词，予以调整改正。袁恒昌版本歌词，参见《珞珈》(台北)第28期，1970年10月。

明了当时世人乃至武大人自己印象中珞珈山与"烦嚣杂乱"的武昌市区间的关系。远离市区的地理位置和依照现代大学校园功能需求及城市新区模式而进行的规划设计与建设，使得民国时期珞珈山的校园生活，成为同时代武汉三镇中一个别样的"孤岛"天地。每当夜幕降临，这样一种观感便会更加突出：在20世纪30年代的武昌地区，只有武胜门外大堤口的竟成电灯公司向市区供电。城外村郊地方，入夜后全然一片漆黑，但唯有东湖南岸的珞珈山，呈现出一派灯火通明的夜景。武汉大学在湖滨的侧船山南麓自行建造了发电厂，先后安置了柴油和蒸汽发电机组，供应全校用电（图177）。珞珈山校园由此成为东湖沿岸乃至武昌东郊最早点亮灯光的地方，而湖边那轰鸣的发电机声响，在带来现代生活方式的同时，无疑也进一步凸显了这华灯璀璨的新校园与周边村郊荒野的截然分野。1938年短暂寓居珞珈山校园的郭

图177　20世纪30年代国立武汉大学动力室内安装的内燃发电机组
来源：《国立武汉大学一览（中华民国二十年度）》，1932年。

沫若，在其回忆录《洪波曲》中，也明确说："实在一点也不错，武汉大学那个区域，的确是武汉三镇的一个物外桃源。"①

与20世纪50年代中国若干大学校园规划中教学科研区和学生生活区截然分隔开来的模式不同，开尔斯在珞珈山所设计的这座校园，在学习和生活的空间界线上，是模糊不清的。在主要校舍建筑所集中的狮子山上，既有学生宿舍和饭厅，也有图书馆和教学楼。至于男生与女生之间，东厂口时代按东院、西院划分的界线，在珞珈山则更是消失无形了。平日里男女同学共同上课早已是常态，男生宿舍因为毗邻图书馆、主要教学楼和饭厅礼堂，女生们每天在校学习生活，必然要从其中那三个贯通的门洞里穿行，或是在男生宿舍楼顶上驻足（图178）。

图178 "姗姗其去"——走下男生宿舍阶梯的女生
来源:《国立武汉大学民二三级毕业纪念册》，1934年。

---

① 郭沫若:《洪波曲》，郭沫若著作编辑出版委员会编:《郭沫若全集》第14卷，北京：人民文学出版社，1992年，第163页。

相对而言，女生宿舍独处校园东端，不在前往教学楼、实验室和图书馆的必经之路上，不那么容易被男生打扰。不过与东厂口时代庭院深深的"西院"相比，珞珈山的女生宿舍"蝶宫"（又称"东宫"），在男生心目中也渐渐不再蒙着厚厚的神秘面纱了。自1934年起，珞珈山校园每年都会举行一到两次"宿舍开放日"活动，亦称"整洁日"，在这天里男女生宿舍同时互相开放参观一天。当时的在校学生施应霆，多年后依然记得1935年春天参观女生宿舍的情景：

> 女生宿舍开放一天，欢迎男生前往参观，好事者喜形于色，奔走相告，平静的生活涟漪中，搅起片片浪花。次日晨光初上，不少男同［学］提前起床，有的刮胡子，有的擦皮鞋，有的哼唱着"几时归来呀！伊人呀"的优美歌曲，熙熙攘攘，好不热闹。早餐后纷向"东宫"进发……进到宫内一看，窗明几净，整整齐齐，每个房间的书桌上、书架上都各就各位，床铺上的棉被、床单和枕头都朴素，有的房间还挂着有两张八开面大的地图，一张中国全图，一张世界全图，这说明我们女同学并非死啃书查讲义，也关心国事、天下事。书架上除专业书籍外，一般都有些文学作品，著名作家的小说、散文、诗集等。她们追求美的享受，并努力充实自我。①

---

① 施应霆：《珞珈忆往》，《珞珈》（台北）第126期，1996年1月。

图179 "她们的寝室是要整洁些!"

来源:《国立武汉大学民二三级毕业纪念册》，1934年。

"Where are
you going?
the East-
palace?"

图180 "你要去哪？东宫吗？"

来源：《国立武汉大学民二五级毕业纪念刊》，1936年。

在武大校友的记忆中，女生宿舍是一个自成一体、温馨美好的大家庭。这个家庭的家长，便是美称"南开皇后"的女生指导顾如。施应霆回忆道："负责女生宿舍管理工作的是顾如（号友如）老师。她曾留学美国，有英语教学能力。据闻顾师是天津南开大学出身，在校攻读时，因姿容健美，仪态万方，荣获'南开皇后'之桂冠头衔。'女王陛下'来珞珈东宫掌政后，作风民主，从不干涉女同学的内政、外交，政通人和，确保女生学习生活的宁静与稳定。"[①] 30年代在女生宿舍生活的学生殷正慈，对顾如领导下的"东宫"，更有着无限美好的回忆：

> 当我第一天进入母校，第一次踏上女生宿舍的石阶，第一位遇见的师长，就是顾友如老师。她丰神绰约，玉立亭亭，正在大厅的中央，指挥着工友们搬运什物。她举起眸向我宛然一笑，问清楚我这位"新鲜人"的姓名后，就说："我已经将你编住在三楼某室。"回身指着几位工友，向我一一介绍："这位是门房老方，这位是杂役老姚，这位是清洁女工王嫂，这位是……右首是餐厅，左手是阅览室，前面是会客室，后进是琴室，再后进是……"寥寥数语，就将女生宿舍描绘出一个大概的轮廓，使我了然于怀……我不禁喜欢她的精明干练，洞察人情，也喜欢她的衣饰发型，步态翩翩。她穿着一身剪裁合度的旗袍，韵致高雅。一举手、一投足，都使人觉得舒坦潇洒。[②]

---

① 施应霆：《珞珈忆往》，《珞珈》（台北）第126期，1996年1月。
② 殷正慈：《兹心随笔·悼顾友如师》，《珞珈》（台北）第53期，1977年9月。

图181　在女生宿舍自习的女生们

来源：《国立武汉大学民二四级毕业纪念刊》，1935年。

　　除了顾如，"东宫"里的两位男工，也是组成和维系这个"大家庭"的重要成员：

> 　　老方职司看门……每天下午，到了会客时间，便是老方最忙的时刻，时常看到他佝着腰、喘着气，踏着沉重的步伐，蹒跚地爬上二楼或三楼，轻轻地敲响门房，然后探首入室，悄声地说："某先生，有客会。"同时高举起他手中的一张"会客条"，让你看清楚上面龙飞凤舞的签名式……
>
> 　　老姚司职打杂……除了胸襟开朗，克苦耐劳之外，还有一大创出，就是记忆力特佳。每天下午，当他采购的时间到了，他就挨室敲门，探首悄问："某先生，你要买什么东西吗？"

"我要买花生米、牛肉干。"

"蓝墨水一瓶、练习簿两本。"

"合作社有菊花茶卖吗？给我带二两回来。"

……

我不知道老姚所受的教育程度如何，但我认为他是读过书，识得字的。因他称呼每位"先生"的姓名，都很清晰利落。不过，我从未见他当场拿出纸笔来，记录下这些零碎的差便。只是"嗯"了一声，点头而退，到时候，他从老远的合作社挑担回来，就又笑吟吟地逐室分送，各物点交，账目清楚，从未见他出过差错或纰漏。像这样可惊的记忆力，谁能比得了？[1]

图182　20世纪30年代武汉大学的合作社、邮局、银行等
来源：《国立武汉大学一览（中华民国廿二年度）》，1933年。

---

[1]　殷正慈：《兹心随笔·忆女生宿舍》，《珞珈》(台北) 第45期，1975年9月。

除却在生活上对各位女同学们无微不至的关怀照顾，顾如领导的"东宫"，更指导女生们"要守秩序、遵时间、爱清洁、培礼貌、敬业乐群……种种诚意、正心、修身的基本功夫，顾师以言教、以身教，使我们潜移默化，在和煦的春风中，真正享受着大学之道"①。

图183 20世纪30年代的武大女生宿舍生活场景
来源：《国立武汉大学第二届毕业纪念册》，1933年。

---

① 殷正慈：《兹心随笔·悼顾友如师》，《珞珈》（台北）第53期，1977年9月。

女生宿舍一楼虽有一间小"餐厅"（图184），但全校学生的一日三餐，主要仍在狮子山西山头的那座饭厅里解决。这座伫立山头的醒目建筑，也成为30年代武大学生们心中最为深刻的校园印象之一。在伙食的安排和经营上，可以充分体现出当时武汉大学在学生校园生活方面的"自治"："因为同学们是来自全国四面八方的，口味不同，就各就自己的口味，分别组成各种伙食团……自己选举伙食团长，每月或每个学期改组，轮流买菜。"[①] 这种学生分团自办伙食的模式，直到抗战胜利后依然延续。

图184 "努力加餐饭"——女生宿舍内的餐厅
来源：《国立武汉大学民二四级毕业纪念刊》，1935年。

---

① 刘定志：《珞珈忆旧》，于极荣等：《学府纪闻·国立武汉大学》，第251页。

1933年春季一开学，学校便公布了一份《国立武汉大学组织自办伙食厨房通则》。该通则规定："每学期开始时学生组织自办伙食厨房，除面食厨房外，可以成立三组，每组至少须有十五桌人数始能开办，至多以三十桌为限，如逾此限，得拒绝加入。"[①]每月参加学生需缴纳伙食费八元，每个伙食团由学校分配餐厅内的厨房和用餐区域。虽说是依各地口味而组团，但以当时武汉大学生源籍贯的分布，自然是以来自长江流域的学生人数最多，因而代表长江流域口味的两大伙食团，也就成为队伍最壮大者。在1936年的毕业同学录中，学生们甚至幽默地总结了大学生活中五件最担心的事——"面食自办的人来揩油、微生虫逃出显微镜、上海银行没有钱、校医配错药方、被先生括胡子"[②]（图185）。不难想见，做此归纳者定是南方学生伙食团，而由此揶揄，似乎也可窥见面食团的伙食质量，是无法满足入伙学生的胃口的。

> 伙食团中最具有权威者是"湖南"团体，因为长江流域川湘鄂赣口味相差无几，这几省的人多势大，当然食客最盛……其次是"江浙"团体，不能吃辛辣者纷纷投靠……这两大团体因为人多好办事，所以伙食真不赖。仿佛记得川湘团体受湖北团体影响之故，菜并不太辣。武昌鲫鱼尺来长一条，牛肉花生米更是价廉物美，若遇月底有结余，牙祭之丰可以上到六道菜。江浙伙食团的掌锅好像是安徽人，

---

① 《国立武汉大学组织自办伙食厨房通则》，《国立武汉大学周刊》第153期，1933年2月13日，第1版。
② 《国立武汉大学民二五级毕业纪念刊》，1936年。

其菜甚甜，所谓"夹沙肉"者，两块肥肉中夹砂糖，在今日流行减肥者视之，当不啻毒药，而当时也吃得津津有味。

这两大势力因为人多，所以办得好；因为办得好，所以人越来越多。如此循环，几乎将所有小伙食团体都打倒。[①]

图185 "担心的事：面食自办的人来揩油！"
来源：《国立武汉大学民二五级毕业纪念刊》，1936年。

---

① 佚名：《珞珈山上的伙食团》，《珞珈》(台北)第38期，1973年7月。

对学生来说，参加伙食团并不只是每天坐享其成地到点用餐，而是要亲自参与伙食团的经营管理。根据学校的规定，每个伙食团成立后，都要由参加学生选出一个负责经理人，而厨房的厨师和伙计也由学生自行招募雇用，对学校仅需将雇用人员名单交给事务部备案即可，学校也仅仅扮演监督角色，一般不介入伙食团的具体经营运作事务："各组厨房雇佣厨工，应有学校令具铺保备查，所有公共清洁、卫生、纪律事项，须受庶务、斋务两股指导。如有不受约束者，轻则通知该组经理惩罚，其情节较重者，事务部得随时开除，但须事先通知负责之经理，另雇其他厨工使用。"此外，除了学生自备个人的餐具碗筷外，后厨需用的炊具厨具，都由学校统一提供。[①]除了学生"经理"负责总理伙食团事务，团中还有轮值的学生代表，跟随炊事师傅一同前往城区买菜，直接决定菜肴的种类，监督食材采买的财务和质量。对于"总经理"和学生代表，食堂的师傅们是要努力讨好巴结的，因为他们将决定自己能否在这个伙食团继续掌勺下去，而学生们对自己每天伙食事业的关心，其热情也颇为高涨：

> 第四节不一定有课，十一点半一过，口里清水浸润，就想往食堂跑。碗筷是自己带，沿途颇有以鼓盆为节者，叮叮当当，零零落落，经图书馆，过法学院，而汇聚于食堂。
>
> 斯时大司伕正在调和鼎鼐，蒸馒头的蒸笼热气直喷，炉中煤火正旺，菜锅中吱吱有声，先到的食客不期而集于

---

① 《国立武汉大学组织自办伙食厨房通则》，《国立武汉大学周刊》第153期，1933年2月13日，第1版。

厨房，以大司伙为中心，平章软脆，商略咸酸，各抒己见。大司伙一面炒菜，一面还得适应各方：现任经理的指示自然要听从，前任经理的意见也该尊重；已经当选，尚未视事的下个月经理有所表示，更得巴结一番；尚有一些社会贤达七嘴八舌，也一个都不能开罪，因为说不定是下下个月的总经理人选。而且食客离心，团体可能解散，于大司伙面子有关。[1]

图186 民国时期的武汉大学学生饭厅

来源：武汉大学档案馆。

---

[1] 佚名：《珞珈山上的伙食团》，《珞珈》（台北）第38期，1973年7月。

当时武汉大学的学生对于学生自治的伙食制度，都颇为满意，而食堂师傅们，似乎也没有什么意见："伙食物美价廉，每月仅六、七元……既可口，又营养。因为是同学自己办的，主办人固然不会动脑筋，厨司亦揩不到什么油，每月月初月中，还要打牙祭加菜。不过剩饭剩菜，是厨师工友们的专利品，他们有这些收益，也心满意足了。"[1]

　　在杨家湾生活服务区内，学校还开办了一家"消费合作社"。武大在校学生和教职工均可入股，每股股价十元，每人最多可持有五股。消费合作社事实上是一家小型百货商店，经营范围包括燃料、服装、食品、烟酒、茶叶、文具、五金、化妆品、日用品等。除了以较为低廉的价格向入股社员出售商品，便利生活以外，"年终清账时本社如有盈余，得酌分红利"[2]。店内还备有冰箱，夏季时出售冰汽水和冰啤酒。[3]1933年春季开始，消费合作社"为便利消费人及游客期间，特设饮食部，发售茶点小食、新鲜水果，每逢星期日，并有汤面、炒饭，定价低廉，卫生经济"。[4]这一饮食部（图187），事实上成为学生们"开小灶"以及周末聚餐的校内小餐馆。

①　刘定志：《珞珈忆旧》，于极荣等：《学府纪闻·国立武汉大学》，第251页。
②　《消费合作社启事》，《国立武汉大学周刊》第122期，1932年4月12日，第4版。
③　《消费合作社公告（第二号）》，《国立武汉大学周刊》第130期，1932年6月7日，第4版。
④　《消费合作社通告》，《国立武汉大学周刊》第159期，1933年3月27日，第4版。

图187 消费合作社饮食部

来源:《国立武汉大学民二三级毕业纪念册》,1934年。

地处荒郊乡野地带的珞珈山,一下子云集了上千人,自然形成了巨大的消费市场,这也吸引周边村民前来做些小生意。"早晨……乡间妇女篮装鸡蛋候于饭厅门口,采记账式,每元一百个……既新鲜、便宜又营养。"[1] 在消费合作社隔壁,更开设有小商店,出售各式食品点心。

事实上,武大自己也生产农副产品。在狮子山以北湖滨地带的农学院区域,校方便建有鸡房。此外,更有牛羊猪房,饲养牲畜,这些都是农学院院长叶雅各的主意。农学系主任李先闻曾回忆道:"(农学院)那时还没有学生,我就同叶院长谈谈他办农学院的宗旨与目的……他似乎提到珞珈山应该大规模的栽果树,满山都是山羊与鸡

---

[1] 刘定志:《珞珈忆旧》,于极荣等:《学府纪闻·国立武汉大学》,第251页。

群，东湖湖上饲养的鸭群，代替满湖的野鸭群。我觉得他似乎在想办一个大农场，我就投其所好向他建议说：'那么在大都市旁（汉口）办一个经济的农场，如想要赚钱的话，似乎应当种花及养牛。'我不过信口开河，当时一无经验，更没有仔细地考虑过。叶立刻就频频点头：'好！好！'于是就派我东下去买乳牛。"① 《国立武汉大学周刊》亦曾特别报道此事："本校农学院筹备处，于最近一年间……喂养优种牲畜数十种，成绩甚为良好。最近复派教授李先闻先生赴沪选购高级纯系品种荷兰乳牛多头，及瑞士乳羊十数头，均经沪上血清制造所所长程绍迥博士负责检验，担保全数健康，绝无肺痨等任何疾病，已于日前搭由三北长兴轮转运抵校矣。关于榨乳、消毒、装瓶等等设备，均极完全，凡购用此种乳汁，饮时可无须煮沸，如此则生活素无变化，其滋补效力更大。"② 于是从1935年开始，校内师生便开始享用这种自产的优质牛奶和羊奶了（图188）。当然，这幸福而近乎"奢侈"的鲜牛羊奶并没有喝上多长时间，很快日寇进犯，学校西迁，不久农学院也告停办。抗战胜利复员珞珈山后，武汉大学农学院也没能完全恢复1937年前这种欣欣向荣的农副产业生产景象。1946年随学校第一批复员回汉的外文系大四学生齐邦媛便曾回忆，这年里她和同学"周末常常搭渡轮由武昌到汉口去，在沿长江边的大街上地摊买美军军用剩余罐头，最常买大罐的冰淇淋粉，回宿舍冲开水喝，代替比较贵的牛奶"。③ 此情此景，与之前每日鲜牛奶送至宿舍楼下的日子相比，

---

① 李先闻：《垦荒时代的武汉大学》，《传记文学》(台北) 第15卷第6期，1969年12月。
② 《农学院筹备处购大批纯种乳牛乳羊》，《国立武汉大学周刊》第247期，1935年10月28日，第3版。
③ 齐邦媛：《巨流河》，台北：天下远见出版股份有限公司，2009年，第266页。

图188 农学院筹备处及各类牲畜栏舍
来源:《国立武汉大学一览（中华民国廿三年度）》，1934年。

已然是恍如隔世。

无疑，30年代珞珈山校园里的"吃"一方面，在当时中国是幸福乃至近乎"富贵"的，不能不引人羡慕。在众多学生的回忆中，都会提到每日一至饭点，学生携带各自餐具，纷纷急切地赶往食堂的难忘场景。不难想象，对于地处荒郊野岭的珞珈山校园而言，各式的美食成了一种重要的大学生活情趣，聊以丰满略显干涩的校园生活。而在其背后更重要的是，在每日享用自办的伙食，饮用农学院自产的鲜奶，每学期从消费合作社领取分红的过程中，无论对学生还是教职员，校园大家庭的和睦情谊与作为珞珈山主人翁的价值感，无疑得到了极大的增强。这种其乐融融的自成一统，多少年后依然是经历过那个年代的武大师生校友们难忘的美好记忆。

在珞珈山校园里，除了"吃"以外，"玩"的乐趣也是使人津津乐道的。对于这座湖畔校园而言，东湖无疑是武汉大学最广阔也最有特色的"游玩"天地。湖畔散步是最简单和常有的消闲："晚饭后，我们照例每天要往湖边走一趟，有时我们三五成群的沿湖兜圈子，风儿会送来阵阵醉人的野香味儿，那时真是心旷神怡了。"① 而泛舟其中，感受湖上风光，更不是什么稀罕事："湖上之乐，乐在泛舟。当你与三五良朋，言笑晏晏，载沉载浮，有的剖着雪藕冰梨，有的嚼着花生瓜子，有的吹奏口琴，有的高唱'大江东去'……水云乡里，捞月、摘星、织梦，一任轻舟悠然自远，其乐虽南面王不易也。"②

图189 "坐坐船，散散心"

来源：《国立武汉大学民二五级毕业纪念刊》，1936年。

　　这种泛舟湖上的出游趣乐，并非只是年轻学生们的爱好，在珞珈山的教授们，也同样乐此不疲。只不过有些教授们，会有更"高级"的玩法。农学院教授李先闻曾回忆其与文学院英籍外教朱利安·贝尔

① 幼真：《我们生活的断片》，《珞珈月刊》第1卷第5期，1934年3月。
② 殷正慈：《兹心随笔·忆东湖》，《珞珈》(台北)第45期，1975年9月。

教授的一次"东湖历险记":"东湖一带野鸡、野鸭、獐子等等很多……我常和一位住在第一区的外文系英国教授（独身，三十多岁）同去打猎。他百发百中，见到要猎的动物，弯着腰，举枪比准，慢慢打出，总是可以打中目标……这位英国教授，是英国世家，父亲兄弟姐妹一门都是文学家。他是诗人，有六呎二吋高……有次，我们想去东湖的湖心亭打野鸭，因为每天都有成群的野鸭，在那里栖息。我们两人黄昏前就坐船去亭中埋伏，谁知野鸭比我们更聪明，就是不进来，远远的叫个不停，害得我们白等了许久。回来叫船过岔道，本来只是几分钟的事，就过去了，那晚北风紧，船划了一小时才回到西岸这边。那位英国教授早将皮靴脱下，准备随时下水。好不容易划到岸以后，蹒跚地走回各人的住处……我十二时过了才空手回来，留下一个惊险的回忆。"[1] 显然，在泛舟东湖的乐趣背后，也潜藏着危险。出于安全考虑，校方对于学生乘船游湖，也进行了一番苦口婆心的教导。虽然湖上游船并非学校经营管理，似乎鞭长莫及，但武大体育部在搬来新校舍不久，还是制订公布了一份"游船应注意事项"，内称："东湖划船甚小，至多以乘六人为限，否则易出危险；两船在湖中切勿互相换载，恐防失足；除规定比赛外，不得作任何竞赛，更不得作其他战斗游戏，恐遭倾覆；本校游船者，至迟在下午七时（春季时间）以前一律靠岸，以防意外。"[2]（图190）

① 李先闻：《垦荒时代的武汉大学》，《传记文学》（台北）第15卷第6期，1969年12月。
② 《游船应注意事项（体育部订）》，《国立武汉大学周刊》第132期，1932年6月21日，第4版。

图190　20世纪30年代的东湖游船
来源:《国立武汉大学民二三级毕业纪念册》，1934年。

　　当然，"行吟泽畔"或泛舟湖上，对于想要更进一步与东湖亲密接触者而言，都还是不过瘾的。迁入珞珈山后，游泳运动在武汉大学迅速发展起来。就在侧船山山崖的南侧湖滨地带，武汉大学修建了一座天然游泳场："游泳池就设在东湖边，用木架围一圈，以示游泳池的范围。靠外边，设高架，安放跳板，水清波平，确实是一所天然最好的游泳池。"[1] 随后不久，校方聘请了从德国柏林体育大学留学归国的游泳教师袁浚担任体育老师和体育部主任。袁浚1901年出生于湖南岳阳洞庭湖上的一个船工家庭，自幼熟悉水性。[2] 1916年至1923年间，他先后在教会创办的岳阳湖滨书院中学部和大学部就读，并担任

---

① 　刘定志:《珞珈忆旧》，于极荣等:《学府纪闻·国立武汉大学》，第256页。
② 　朱茂松:《老而弥坚的体坛耆宿——记袁浚教授六十年体育生涯中的片断》，《湖南体育史料》第4辑，1984年12月。

体育助教，随后考入国立东南大学，于1926年毕业并获得体育系教育学学士学位。1931年，袁浚又考入德国国立体育大学学习军事体育，后转入德国国家警察体育学校游泳训练班，并因成绩优异而被吸收为德国游泳联合会和游泳救生会两会的会员。[1]1932年他学成回国，次年2月即受聘来武汉大学任职。[2]武大学生施应霆曾回忆道："袁师体健肤黑，双目有神，开朗健谈，易和同学打成一片，同学们也乐与之接近。"[3]在他的努力下，武大体育教学有声有色，得到了教育部褒扬，特别是游泳成为一大特色，被列为必修课，游泳达标也成了武大学生毕业的必要条件。

图191 国立武汉大学游泳队

来源：《国立武汉大学民二五级毕业纪念刊》，1936年。

---

[1] 岳阳市地方志办公室编著：《岳阳市志·人物卷》，北京：中央文献出版社，2004年，第439页。

[2] 《第一百八十九次校务会议记录》，《国立武汉大学周刊》第135期，1933年2月13日，第1版。

[3] 施应霆：《珞珈忆往》，《珞珈》（台北）第126期，1996年1月。

1934年，身在武昌的张学良，曾到武汉大学参观并得以结识袁浚。在汉期间，张学良常向袁浚学习游泳技巧，并前来武大东湖边游泳。[①]从此往后，游泳运动在武汉大学更加广泛地开展起来，加之东湖湖水清澈、水域浩淼，风景和气象自然远非人工开挖的小游泳池可比，在东湖游泳很快也就成了武汉大学校园的一种风气和传统。学生王道曾回忆："凡是在珞珈校园住过的同学，很少不会游泳的，假若住在珞珈而不会游泳的话，那太辜负这东湖的水。我在国内去过很多美好的游泳地方。我国最好的游泳地方莫过于青岛，青岛的海水泳场可容万人，那漫长的一片黄沙海滨，再配上'青岛珈琲'的音乐，确实是一个醉人的地方。但是没有东湖那样的宁静，那样清白，那样的恬淡。不仅是那山光水色使人有温存甜蜜的感觉，就是那水，如果你在游泳时含在口里，或是吞在肚里，也有无限的甜蜜意味。"[②]

不仅是女学生，包括教授的太太和子女们，也同样享受着击水东湖的乐趣。杨静远曾回忆，周鲠生的夫人黄本春"是珞珈山上最热心最能干的教授夫人……她也是太太们中第一位学会游泳的，我们这批孩子学游泳，都是由她手把手教的"。[③]武汉大学在侧船山下修建的这一泳场，是整个武昌东湖湖滨最早人工修建的游泳场。泳场建成后，不仅供武汉大学师生使用，更吸引周边市民也前来游泳，特别是每逢暑假，学生大多离校，游泳池就更成为市民的水上乐园了。每当

① 岳阳市地方志办公室编著：《岳阳市志·人物卷》，第440页。按：张学良1934年春方因就任"三省剿总"副司令一职而前来武昌，其在东湖游泳及结识武大体育部主任袁浚，应为在此之后。该书及其他一些论著，将这一年份写为1933年，乃有误，此处径改。
② 王道：《忆珞珈》，于极荣等：《学府纪闻·国立武汉大学》，第266页。
③ 杨静远：《一个小女孩眼中的战前珞珈山》，《珞珈》(台北)第117期，1993年10月。

此时，场内每日皆人声鼎沸，水花四溅，场面热闹至极。文学院教授苏雪林便曾回忆道："游泳时，浮拍波面，或潜身水底，各有妙趣，难以尽述。每遇夏季，居住珞珈的人固然要把每天一半光阴消磨在东湖里，三镇居民也成群结队而至，在那柔美湖波里，寻觅祛暑的良方。所以湖滨茶寮酒馆，鳞比栉次，热闹的景况抵得北戴河和青岛的汇泉浴场。"[1] 假期留校的学生，对此也同样是印象深刻："一到暑假，武汉三镇来游的人，多半要到东湖游泳池来玩玩，水光山色，红红绿绿的男女，浴波其中，为东湖增色不少。"[2]（图192）除了自发前来的市民外，武汉地区一些企业机关团体还会专门组织同人前来珞珈山泳场游泳，如1937年夏季，地处武昌徐家棚的粤汉铁路局便"苦无游泳运动之设备，本路体育促进会……拟组织游泳团，赴珞珈山东湖练习游泳"[3]。

图192 民国时期武汉大学东湖泳场夏季游泳盛况

来源：武汉大学档案馆。

---

[1] 苏雪林：《怀珞珈》，《珞珈》（台北）第35期，1972年7月。

[2] 刘定志：《珞珈忆旧》，于极荣等：《学府纪闻·国立武汉大学》，第256页。

[3] 《体育会发起组织游泳团——拟赴珞珈山东湖练习游泳》，《路向》第5卷第1期，1937年7月。

当时清澈见底的东湖，除了作为娱乐和运动的场域，其对于上千人集中在此生活学习的珞珈山校园而言，更是学校的水源地。20世纪30年代的东湖，水质颇为清洁，略加沉淀过滤即可直接饮用。因此，校园内各建筑物的生活用水，皆由东湖取水。校方在珞珈山东山头湖滨建有一座取水泵房，将湖水抽至珞珈山北坡半山腰上位于听松庐东面的沉淀池进行初步沉淀，随后又抽至山顶的滤水机房过滤，再由旁边的珞珈山水塔，分南北两根主水管，向山南山北各建筑供水。山顶滤水机房的西面，还建有一座清洗塔，定期清洗维护滤水机房内的过滤设备（图193）。

图193　珞珈山顶的供水建筑，由近及远依次为水塔、滤水机房、清洗塔
来源：武汉大学档案馆。

水塔以下在珞珈山南山坡上依山而建的第一教职员住宅区，俗称"十八栋"，是国立武汉大学最高等级的教授住宅，因最初兴建有18栋别墅而得此俗称，但事实上经过随后的扩建，在1937年前已有21栋楼，30多户人家。这些砖木结构的校园别墅外观风格一致，都是欧式小洋楼，灰色清水砖墙，带有厨房、卫生间、采暖壁炉等。而每一栋楼的具体造型又都不尽相同，有些是独栋别墅，有些则是两户联排别墅；有些带有出挑的阳台，有些则没有；有些在主楼之外，还附带有一间独立的储藏室。最初的18栋别墅，入口都设在面对山坡的北侧，南边的一楼事实上是半地下室，为厨房和用人房间。其上为两层楼的住宅，屋顶之下还有一个带气窗的阁楼。此外，学校在珞珈山西山脚下的杨家湾和西南彤云阁下的山麓，又分别陆续修建了第二教职员住宅区和第三教职员住宅区。至于单身的男教授，则在珞珈山北坡正中另有一栋两层西式小楼"半山庐"作为单身公寓（图194）。虽然二区、三区和半山庐较一区"十八栋"而言稍显简朴，但在当时整个武昌地区来说，也依然是颇为优越的了。这种良好的后勤条件，对学校的发展无疑起到了"筑巢引凤"之效果，正如王世杰在武大搬进珞珈山新校园后的第一次总理纪念周上所说的："过去也因为环境及政治上种种的关系，凡来本校服务的，很少有人打算把本校当做他们永久的工作园地的。现在我很盼望大家能够决心在这个学校永久工作下去，对于本校的情感一天浓厚一天，把本校当做终身不可抛弃的一个家庭看待。"[1]

---

[1] 《王校长纪念周演说辞》，《国立武汉大学周刊》第119期，1932年3月12日，第3版。

图 194　半山庐

来源:《国立武汉大学一览（中华民国廿二年度）》，1933年。

　　只不过，在这远离市区的荒郊野外，即便居住在这样条件舒适、环境清幽的湖山洋房里，生活也不免容易使人感觉单调。"战前教授们的生活是悠闲的，但也是简朴单调的。教学研究之余，除侍弄花草，无甚娱乐。没有电影，没有电视，连收音机也属罕见之物。"[1] 曾住在半山庐的史学系教授郭斌佳便曾在一封家书中写道："在此舍教书写稿而外，娱乐甚少。山居生活，毕竟太嫌枯寂！近来添购中西留声唱片不少，课余即以此消遣。"[2] 1937年前武汉大学的全体教员中，只有杨端六、袁昌英夫妇二人都是学校的教授，其余教授们的太太，都只是全职"家庭妇女"。教授们平日白天尚可忙于教学科研，但对

---

① 杨静远:《一个小女孩眼中的战前珞珈山》,《珞珈》(台北)第117期，1993年10月。
② 郭斌佳:《寄琴姊书（杂述旅鄂生活）》,《珞珈月刊》第2卷第3期，1934年11月。

494 珞珈筑记：一座近代国立大学新校园的诞生

于教授太太们来说，就得另想办法，以丰富山居生活的乐趣了。当时武大的教授大多比较年轻，许多家里的孩子年纪尚小。于是，太太们轮流自办的"家庭幼儿园"，便成为十八栋生活的一项重要内容。有些太太们，还会花心思研究做些西式甜点，乃至于在当时颇为稀罕的手工自制冰激淋，在20世纪30年代的珞珈山，已然为武大教授的孩子们尝过鲜。当时虽然没有压缩机制冷的现代冰箱，"十八栋"的别墅里却已配备了以冰块制冷的老式冰箱：这种冰箱的上方为储冰盒，将冰块放在其上，以冷冻下方储物箱内的食物。冰块由汉口的制冰厂生产提供，并负责运送到珞珈山的别墅来。

除了美食，动植物也是教授和太太们闲暇之时聊以为乐的重要伴侣。杨静远曾回忆道："我父亲也是一位园艺迷，课余他唯一的爱好和消遣就是种树栽花。特别是搬到三三二号以后，场地大了，他种下许多名贵花木，如桂花、碧桃、绿梅、紫薇，更不用说各色的蔷薇。他也亲手种瓜果菜蔬，南瓜长到几十斤重，草莓自食馈友绰绰有余，只好做成大批果酱。山上许多人家都种番茄、四季豆、黄瓜之类，我们孩子不懂长辈稼穑的辛苦，总喜欢在番茄半红之际偷吃，有时被逮住一顿骂，也不知害臊。"此外，一些教授家里还饲养宠物犬，"周家养的是哈巴狗……养狗出名的是邵逸周先生家，他们专门养凶猛的大狼犬"[1]。

---

① 杨静远：《一个小女孩眼中的战前珞珈山》，《珞珈》(台北) 第117期，1993年10月。

图195　杨静远（右）与杨家饲养的宠物犬"杨猛"

来源：杨静远女士、严崇女士提供。

　　平日里，"十八栋"的教授在课余之时，偶尔串串门，聊天叙旧。不过有时，也会举办家庭聚会。杨静远便在多年之后，仍然记得自己家中举办聚会的场景："山上的家庭聚会中的游艺节目，无非是击鼓传花，拼人名、地名、动作条子，猜藏着的物品等老一套。汤先生是第一位把交谊舞引来的人。在三三二号我家就举行过这样的晚会。一台手摇落地留声机，几张舞曲唱片，几对学步的舞伴。他曾挽着十二岁的我轻快地旋转，领我迈进现代社交生活的大门。"① 这里所说的汤先生，是理学院生物系的年轻教授汤佩松。汤佩松是清末湖北谘议局议长汤化龙之子，清华留美生，1933年回国，受聘来武大任教，当

---

①　杨静远：《一个小女孩眼中的战前珞珈山》，《珞珈》（台北）第117期，1993年10月。

时年仅30岁。他的到来给珞珈山带来了别样的气息，诚如杨静远所说，"运动员般的健壮体魄，生机勃勃，平易随和，像一股清新的风，很快就吹皱了那一湖静水"。汤佩松确实是一名运动健将，早在清华学校时，他便是校中一位近乎全能型的体育明星，无论田径、足球、棒球、网球或武术都很在行，是全校少数几位获得了"全能奖"的体育运动员之一。[1] 到武大后，对运动的热爱与执着仍然延续，他常与教授和学生们打网球、踢足球，也参与了武汉大学足球队的组建（图196）。学生施应霆曾回忆道：

> ……我多次看到汤老师和同学们一起踢足球，而且奔跑很快，不禁精神为之大振……汤老师饮誉讲坛，又奔驰球场，以身作则，为我们竖立了楷模，令我肃然起敬。记得有一次，我路过学校网球场，又看见汤老师和高尚荫老师在打网球，虽然双方的球艺水平不足以言高，但这种热爱生活，自强不息的精神在高级知识分子当中是很少见的。不记得是哪一个学期……一个风和日丽的下午，汉口著名网球运动员罗光圭先生来校和汤师举行友谊赛，我闻讯前往观战，罗光圭和他的弟弟罗光彩是三十年代武汉男子网球双打冠军，多次代表湖北参加华中及全国运动会，罗的球艺显然高于汤师之上，但比赛时汤师不畏强手，奋力拼搏，屡败屡战，坚持到底，并且看准对方弱点之所在，多次打

---

① 匡廷云、彭德川：《汤佩松》，卢嘉锡主编：《中国现代科学家传记》第4集，北京：科学出版社，1993年，第463页。

到罗君的反手处，使其难以回击，罗频频举手，连呼"Nice
Nice"，汤师亦报以微笑。比赛结果，汤师虽败犹荣……①

本 校 足 球 除

图196　20世纪30年代国立武汉大学足球队合影，后排左一为体育部主任袁浚，左二为
　　　汤佩松

来源：《国立武汉大学民二四级毕业纪念刊》，1935年。

　　自幼长期在美国学习和生活的汤佩松，无疑是十分"洋派"的。
他的热情奔放，活泼开朗，给珞珈山的生活圈带来一股十足的美式气
息。他乐于交际，不忌讳中国人传统的男女之别，与校中许多女教授
和职员交往甚密，一度还曾引来些许闲言碎语。他对苏雪林说："我

---

① 施应霆：《珞珈忆往》，《珞珈》(台北) 第126期，1996年1月。

所采取的是美国社交方式，别人……自己误会，怎能怪我？"[①] 他把交谊舞引入武大教授们的家庭聚会，给当年12岁的小女孩杨静远留下了终生难忘的美好记忆。不过，从另一些细节中，我们也可以窥见这位"洋派"教授的另一面。苏雪林曾回忆道："汤家设备完全中国旧式，挂的是华美的宫灯，陈设的是全堂红木雕花桌椅。汤的公子彼时年约六七岁，过年过节，汤给他戴上一顶红绒结子的瓜皮帽，穿上一套蓝缎团花长袍，外加一件黑缎马褂，当胸一排金钮，耀眼生辉。又不知何处给他订制一双粉底乌靴，将一个活泼蹦跳的小孩，扮成一个'小老头'。他说这是为了保存中国文化，这种古香古色的服装，深合他的脾胃。"[②] 这种看似有些矛盾的爱好，在珞珈山的教授们当中事实上具有某种普遍性。"西化"与"洋派"之下，难掩民族主义的情感，这是民国时期中国知识分子中具有共性的精神面貌。

---

① 苏雪林:《率直任性的汤佩松》，《珞珈》(台北) 第69期，1981年10月。
② 苏雪林:《率直任性的汤佩松》，《珞珈》(台北) 第69期，1981年10月。

结　语

　　大学是中国走向现代化历史进程中所诞生的一种新事物。它的诞生既是中国现代化之路的必然需要，也是近代中国打开国门后中西文化交流碰撞的产物。当古老的中华文明在近代风云激荡的时代变局中面临何去何从的彷徨之时，大学作为精英知识分子的云集之地和前沿思想文化的交汇之所，从一开始便有意或无意地承载了引导中华文明在近代转型之路上前行的历史重任。而在这一过程中，作为大学存在的空间场域——校舍与校园，也从一开始单纯的房舍屋宇，而愈加被赋予了文化的意涵和历史的使命。特别是到了国民政府时代，这些承载于大学校园之上的意涵与使命，更加得到了凸显。国立武汉大学珞珈山校园，正是这一时期所最具代表性的一个案例。梳理珞珈山校园在国民政府时代建设和发展的历程，我们可以从中得到众多启示。

　　自晚清湖北新式教育诞生以来，在长达半个世纪的时间里，武汉地区的近代高等教育经历了起起伏伏、充满曲折的发展历程。而无论教育本身发展状况如何，大学校园建设方面则皆长期处于较为落后的状况之中。国立武汉大学珞珈山校园的建设，根本上改变了武汉在此方面的长期落后局面，在国民政府时代的中国大学校园中堪居最优之列。这样一个后来居上的改变得以实现，有着多方面的原因。武汉作为中国中部的最大都会，其城市地位决定了高等教育发展的必要性。而晚清民初各校校园建设的长期滞后，不仅与武汉的城市地位极为不称，更很大程度上制约了本地区高等教育的发展。与北京、上海、南京、广州等大城市相比，武汉在国民政府时代伊始，开展大规模的新校舍建设，对于高等教育发展而言，具有更加急切的紧迫性，这是国立武汉大学在成立之初便迅速开始新校舍建设工程，从而得以在七七事变爆发前赢得了相对较长的经营时间，来较为从容和充分地完成这一工程的重要前提性因素。1937年七七事变的爆发，造成长城以南中国各大城市相对安定的发展阶段戛然而止，使得其他一些旧有校园条件原本相对优越的国立大学，反而在国民政府时代未能实现大规模的新校舍建设计划，这种无法预知的历史结局，亦是一种令人无奈的意外。

与张之洞时代武汉在强势封疆大吏的统御之下而得以推进宏伟庞大的各项新政，以及北洋时代一度繁荣的民族工商业发展局面相比，国民政府时代的武汉，在政治、经济、文化各方面，都显得并不出彩。在此种局面下，武汉大学的新校舍建设，无疑显得异军突起，而这样一项宏伟建设的实现，显然并不仅仅是有了必要性和紧迫性便可圆满达成的。通过本书的梳理我们可以看到，国立武汉大学改组成立的1928年，湖北省正处于政治上"蒋桂对立"，教育上中央试行"大学区制"改革的背景下。武汉大学在筹备成立的最初，曾有过"省立化"和"地域化"的倾向，而在大学院和蔡元培的直接介入下，才被明确定为高水平国立大学，这是后来武汉大学得以顺利发展，珞珈山新校舍建设得以实现的一项极为重要的条件。蔡元培对武汉大学筹备委员会委员人选的直接介入，带给这所大学的是包括办学规模、学术地位等各方面定位的全面升级，其中也包括对校园建设方面的决定性改变。正是因为由蔡元培所直接委任的筹备委员李四光的到来，才有了武汉大学建设新校舍的明确计划和坚定意志。而得益于国立大学的性质，武汉大学才得以不受湖北地方政局变化的影响而保持独立发展，其规模庞大的珞珈山新校舍建设亦能够获得来自中央政府和高级领导人在政策法规和资金筹拨上的支持，这些都是武汉大学最终得以克服重重困难，排除各种干扰，在七七事变前大体建成珞珈山新校舍的重要原因。

从1929年到1937年，珞珈山新校舍持续近九年的建设过程，充满了重重困难，可谓曲折复杂。从一开始的新校址征地迁坟进程中所引发的激烈纠纷，到校舍建设过程中经费筹拨的历经坎坷等等，珞珈山新校舍建设过程中，曾经历过多次几近流产或夭折的命运。检视这些曲折坎坷，我们在充分肯定和敬佩武汉大学创建者们的卓越贡献之余，也可从中窥见许多国民政府时期历史的细节。作为七七事变前国民政府设在两湖地区的唯一一所国立大学，国民党和国民政府无疑在武汉大学的创办和发展建设过程中发挥了至为重要的作用。而从武大西迁四川前近十年间的历史中我们可以看出，这种作用既有正面积极的效果，也曾产生某些负面消极的影响。毫无疑问，武汉大学的建设和发展，使得民国时期湖北地区的高等教育从胡适口中的"最不行"、"没有教育可说"，短短几年就变成了"使我们精神一振，使我们感觉中国事尚可为"，确实是可谓振衰起弊，脱胎换骨。而这所大学能够建立并发展起来，政治权力的介入无疑是重要因素。在大学建立之初，无论中央政府还是湖北省政府，对于规模宏大的珞珈山新校舍建设计划，在态度上都是表示支持的。面对工程进展过程中发生的问题，在不涉及自身利益，亦无须物质支持的前提下，政府往往也能给予鼎力协助——南京中央政府在1929年迁坟纠纷中对武大的坚决支持便是如此。然而当面对自身利益可能受到影响，或者需要拿出真金白银持续支持时，政府的态度往往就会变成另外一种表现。同样，南京政府在对珞珈山校园建筑设备费的拨款上，自始至终都显得态度暧昧，进展拖延，而湖南省政府和平汉铁路局等单位，则更是态度消极，乃至反复无常。相比之下，湖北省政府虽然在1929年的迁坟风波中因担心地方民情的反弹而发生了动摇，一度给新校舍建设工程制造了严重障碍，但总的来看，在1937年前近十年的建设历程中，省政府在政策和资金上仍给予了武汉大学极大的支持和帮助。对教育的重视和优先发展，从清末以来皆是历届中国执政当局挂在嘴边的政治宣示，国民党当局自然也不例外。然而从民国时期珞珈山校园的建设进程这一案例来看，"口惠实不至"的情形无疑仍是普遍存在的。

由此，我们也可以窥见更深层次的问题，即近代中国教育学术与政治权力之间的复杂互动关系。国民政府时代，无论是中国主持教育行政的领导者，还是国立武汉大学的校方领导，都坚信和秉持教育独立的理念，此自毋庸置疑。但事实同时也证明，在当时中国的历史情境下，大学之于政治权力，绝无可能做到完全的独立。事实上，国立武汉大学从筹备创建之时起，就与政治权力之间产生了复杂的纠葛。这种互动关系，在往后大学的发展历程中，也常常在某些特定的情境下，对大学发展产生关键作用。如1929年的征地迁坟风波，正是依靠中央行政权力的介入，才迅速平息了这一险些导致新校舍建设计划流产的重大事件。这个案例，似乎说明在当时中国的现实环境之下，离开了政治权力这一"保护伞"，教育与学术的发展事实上是脆弱不堪的。而这一局面，对于当时满怀热情从事教育事业建设的自由主义知识分子来说，无疑也是一种令人尴尬的无奈。蔡元培、周鲠生等人对武大的"国立"性质无比看重，也恰恰表明这些自海外归国的精英人士一方面推崇西方大学的独立自由，并同样怀着这一理念建设中国的大学，但另一方面基于中国的现实，他们又时常依靠国家权力来扫清障碍以实现自己的抱负。他们中的许多人士，事实上都游走于政学两界之间，在提倡和宣扬教育与学术独立自由的同时，也与国家权力保持着极为密切的关系，这几乎成为近代中国国家权力与知识分子关系的一种常态。

精英与民众的落差，大学与社会的距离，也是珞珈山校园建设进程中给予后世的重要启示。对于国立武汉大学的创建者而言，其在城郊征收大面积土地建设新校舍的构想固然宏伟，其所憧憬的"启发文化，为天下先"的理想亦可谓美好。但其在实施这一宏大构想的初始阶段，确实一定程度上忽视了与之有直接利益关系的当地底层民众的关切。而这种忽视，也最终使得武汉大学付出了代价，乃至几乎葬送了新校舍建设计划。在这一过程中，建筑设备委员会委员兼秘书叶雅各是校方的一个突出代表。成长于教会家庭，在美国接受西方教育的叶雅各，代表了当时中国受教育程度最高，同时思想也最为西化的精英知识分子。他们视理性、科学、自由的现代性为改造中国所必需的要素，矢志为创造一个现代的新中国而努力。回到国内后，他们便雄心勃勃而急切地希望改造中国。他们带回了先进的知识和理念，也帮助建立起了中外沟通交流的管道，对中国的发展和进步做出了巨大贡献。但另一方面，这批精英人士与中国广大乡村中仍旧在古老文化氛围与社会形态中生活的底层民众之间，已然拉开了巨大的距离。这种距离使他们在实践自己理想抱负的过程中，往往容易忽略甚至不屑身后底层民众的所思所想。事实证明，在中国社会的近代化进程中，对底层民众利益关切的忽视，往往会成为精英人士看似美好的计划屡经曲折乃至失败的重要原因。由此再反观珞珈山新校舍建设之初，多位校方人士屡次谈到的关于乡村建校的原因及武汉大学与社会的关系问题，不免更加令人感慨。从大学创建者的主观意愿来说，他们并非希望"躲进小楼成一统"，脱离社会和民众。然而在近代中国，如何真正跨越精英知识分子与底层普罗大众之间那道巨大的鸿沟，显然也是一个难解之题。在此命题上，整个民国时期的国立武汉大学，可以说自始至终也未能交出一份完满的答卷。

作为近代中国建筑史上的重要建设案例，武汉大学珞珈山校园建筑，同时兼具中国传统建筑风格、外国建筑师、现代建筑材料和工艺等元素，是观察中国建筑近代化道路的一个良好视角。在中国古代文明中，固然有着辉煌灿烂而独具特色的建筑艺术，然而其在中华文明的长河中，却长期只是处于"形而下者谓之器"的地位。近古中西建筑艺术交流戏剧化的潮起潮落，以及晚清民初中国建筑领域全盘西化的过程，促使国民政府时代中国建筑领域出现了文化保守主义和民族主义的空前觉醒，而在此之前在华外国教会在大学建设过程中所进行的中国民族形式建筑复古运动，更为国人自觉的传统建筑复兴打下了基础。国立武汉大学珞珈山校园的形成过程，正是处于这样的历史进程之中。这一工程诞生于官方大力倡导"中国固有之形式"的时代浪潮之中，因而也追随时代的潮流，戴上了复古的琉璃瓦"大屋顶"帽子。然而它究竟是以建设一所新式现代大学校园为目的的一项工程，因而在复古与现代、民族主义与科学理性之间又长期处于徘徊和挣扎的状态之中。它所留下的这些外观美丽的校园建筑，细看之下依然布满了这些历史的细微裂痕。另一方面，作为国民政府时期中国规模最为宏大的建筑工程之一，武汉大学珞珈山新校舍建设的进程持续近九年，先后有汉口、上海等地的七八家营造厂参与其中。这些营造厂中，既有如汉协盛营造厂一般坚守商业诚信、保证工程质量，以至于不惜承担巨大经济损失的优秀企业，也有如上海方瑞记一般"丧心失信"，给工程进程带来严重干扰和损失的不良商家。仅从武汉大学一项工程之中，便可看出当时中国建筑营造业鱼龙混杂的行业生态。

新校园的建设，无疑对大学的教学科研和校园生活都带来了根本性的改变和长远的影响。珞珈山校园以学院为单位组织建筑，将学习和生活区域混合在一起的校园模式，与东厂口旧校舍相比形成了全然不同的新模式。而武汉大学搬离城市中心的老校舍，进入到一个长期远离尘嚣而又山明水秀、鸟语花香的风景区环境之中，对于校园文化氛围的形成，无疑也产生了极为深远的影响。此外，与其他学校相比，武汉大学珞珈山校园，可以说是民国时期中国所有大学校园建设中，与风景最为"有缘"的几处之一了。同时期国立中山大学石牌校区的建设，虽然建筑同样精美，校舍规模还更为宏大，但日后的石牌校园，却并没有如珞珈山一般成为所在城市的风景名胜。从这一点上看，珞珈山与武汉东湖风景区之间的关系，确实是颇为独特的。一方面，武大选址东湖这一山水环抱的天然图画之中，良好的自然条件为大学校园增色不少，而另一方面，武大对东湖风景区乃至武汉市城市格局的深远影响，亦不容忽视。我们可以看出，武汉大学事实上是东湖风景区建设最重要的先驱之一，在东湖由一片平淡无奇的荒郊野泽走向风景游憩地的过程中，这所湖畔大学扮演了至关重要的角色，对风景区的风格基调、文化氛围、交通格局等方面都产生了决定性的影响。从20世纪30年代开始的随后20余年时间里，珞珈山都是东湖成为一个城市近郊风景区的初期，最重要的核心景观和游憩地。从现实的角度看，武汉东湖风景区当前和今后的发展建设，特别是在历史文化内涵的挖掘方面，武汉大学珞珈山校园与东湖的重要历史渊源，应是一个不可忽视的重要方面。

附录一　国立武汉大学珞珈山校园地契信息统计表

编号	卖主	地址	面积（亩）	价格（元）	备注	签订日期
1	潘石氏、潘良文	半边山旁	55.93	160	荒山、坟墓20座	1929.11.21
2	郑德和	火石山尾	1.6	8	荒山	1929.11.26
3	石忠孚、石忠林	火石山	10.41	41.64	荒山、坟墓4座	1929.11.26
4	培心堂	狮子山下及罗家山下	420.04	4340.75	水田、旱地、荒山、谷仓1座	1929.11.29
5	金聘儒	狮子山南面西边	18.25	91.25	荒山	1929.11.30
6	孙运超	火石山	0.4	2	荒山	1929.12.1
7	李少卿	狮子山南面	3.72	14.88	荒山、坟墓30座	1929.12.4
8	刘燕石 植福公司	落驾山、严家湾、半边山	301.02	3966.6	水田、旱地、荒山、房屋3栋、庄屋1栋	1929.12.5
9	陈继义堂	严家湾、罗家山	34.84	593.6	水田、荒山	1929.12.6
10	陈正福	火石山、狮子山	12.26	49.04	荒山	1929.12.7
11	陈兴亮	火石山、狮子山	10.62	42.48	荒山	1929.12.7
12	陈正起	乌鱼岭、火石山	15.93	63.72	荒山	1929.12.7
13	陈黄氏	火石山下	4.19	16.76	荒山	1929.12.7
14	陈兴亮、陈正昌、陈正起、陈正福	火石山	7.1	28.4	荒山	1929.12.7

15	陈正昌	火石山	2.5	10	荒山	1929.12.7
16	陈正华	火石山	3.42	13.68	荒山	1929.12.7
17	陈正斌	狮子山南面	2	8	荒山	1929.12.8
18	陈兴金	狮子山南面	2.4	9.6	荒山	1929.12.8
19	陈正应	狮子山南面	2.2	8.8	荒山	1929.12.8
20	胡义顺	颜家湾团山	16.95	72.8	荒山、松树4株、坟墓35座	1929.12.9
21	朱秀堂	狮子山南面	3.72	18.6	荒山	1929.12.10
22	崔敬恕堂	狮子山南面	1.52	7.6	荒山	1929.12.10
23	薛显发	狮子山南面	9.23	36.92	荒山	1929.12.10
24	陈兴富、陈兴有	狮子山	6.51	26.04	荒山	1929.12.12
25	金聘儒	狮子山南面西头	2.18	10.9	荒山	1930.1.21
26	黄幼卿	严家垅	19.45	680.75	水田	1930.1.21
27	刘明学、刘元宝	落驾山北	4.4	22	荒山、坟墓7座	1930.3.7
28	卢雄记	落驾山脚	25.13	251.3	旱地	1930.3
29	陈仲壁	落驾山脚	29.658	296.58	旱地	1930.3
30	薛祖德、薛显发	狮子山南面	19.73	78.92	荒山	1930.3.8
31	薛显忠、薛显室、薛显清、薛显春	狮子山南面彭家垅	30.04	411.05	水田、旱地、荒山	1930.3.27
32	李德贵	严家垅	4.28	140.05	水田、旱地	1930.3.12

序号	捐献人	地点	地价	地价	地类	日期
33	李祥义	严家垅	21.61	645.66	水田、旱地、荒山	1930.3.12
34	陈兴明	狮子山南	3.6	14.4	荒山	1930.3.8
35	陈正起	狮子山南	4.3	17.2	荒山	1930.4.22
36	张晋侯、张樾阶	东湖边偏偏山	25.42	136.8	水田、旱地、坟墓2座	1930.5.27
37	薛显扬	和山北头中	3.92	19.6	荒山	1930.5.27
38	谢超	狮子山北（土名和山）	39.21	210.65	旱地、荒山	1930.5.27
39	石松柏	严家湾团山下	3.86	145.44	荒山、房屋7间	1930.5.13
40	潘良文	半边山	6.01	33.2	旱地、荒山	1930.6.13
41	薛显安、薛显宾	狮子山北和山	3.66	18.3	荒山	1930.6.18
42	广东医院	落驾山北（土名挟山）	19.53	97.65	荒山	1930.6.6
43	陈继义堂、潘良文、黄幼卿、李德贵	严家湾垅	1.67	58.45	水田	1930.7.5
44	同仁善堂、乐义善堂	落驾山北	216.67	2788.35	水田、旱地、荒山、会馆房屋1栋、披屋1栋、树木若干	1930.9.25
45	张谷仙	落加山东北	11.6	58	荒山	1930.9.26
46	夏德隆	侧船山	8	40	荒山	1930.10.23
47	阳新县同乡会	阳新县公山	12.84	64.2	荒山	1930.10

48	林明高、林明海、林明全、林明胜、林顺清、林明脏	落驾山火石山	11.97	59.85	荒山	1930.10.8
49	陈正怀	扁扁山西	1.12	4.48	荒山	1930.11.6
50	郑应泰	侧船山北沙包山	2.12	10.6	荒山	1930.11.6
51	熊国金	珞珈山南面	8.8	44	荒山	1930.11.29
52	陈天彦	珞珈山南面	6.1	24.4	荒山	1930.11.29
53	金聘儒	珞珈山北面	9.58	47.9	荒山	1930.11.29
54	金聘儒	珞珈山东北	14.7	73.5	荒山	1930.11.29
55	柯长江	珞珈山南面	15.77	78.85	荒山	1930.11.29
56	彭安一	珞珈山	2.73	10.92	荒山，坟墓 10 座	1930.11.29
57	柯易才	珞珈山	41.04	205.2	荒山，坟墓 22 座	1930.11.29
58	柯亨明	珞珈山东北	10.11	55.55	荒山，坟墓 75 座	1930.11.29
59	柯长海	珞珈山南面	6.65	33.25	荒山，坟墓 46 座	1930.11.29
60	易省三	珞珈山东北	16	64	荒山，坟墓 35 座	1930.11.29
61	洪清泉	珞珈山南面	8.73	34.92	荒山，坟墓 31 座	1930.11.29
62	张生荣	珞珈山南面	10.36	51.8	荒山	1930.11.29
63	潘良文、潘光明	严家湾	55.93	400	房屋 6 间	1930.12.11
64	张幸支庄	东乌石垅（罗家山）	11.05	250.55	水田、荒山	1931.2.2

编号	姓名	位置			性质	日期
65	柯亨明	东湖嘴	8.79	188.85	水田、荒山	1931.1.21
66	柯长海	东湖嘴	5.77	143.75	水田、荒山	1931.1.21
67	金大利	东湖嘴	0.77	26.95	水田	1931.1.21
68	陈天燕		6.24	59.1	水田、荒山	1931.1.21
69	金大海	东湖嘴	3.72	130.2	水田	1931.1.21
70	王炎斋	珞珈山东南	10.73	53.65	荒山、坟墓	1931.1.21
71	金大镒	珞珈山南面	23.92	119.6	荒山	1931.1.20
72	柯汉卿	珞珈山南面	14.83	74.15	荒山	1931.1.20
73	戴子寿	珞珈山南面	3.25	13	荒山	1931.1.20
74	周礼学	珞珈山南	6.51	32.55	荒山	1931.2.12
75	谢大兴	侧船山	3.65	18.25	荒山、坟墓9座	1931.6.2
76	张孝友、戴洼礼 柯亨明、金大利 金大海、陈天彦	东湖嘴乌师垅	5.03	50.3	水塘	1931.10.22
77	王职夫	折船山	81.9	0	水田、旱地、树木等皆无偿捐赠	1930.11.13
78	潘良文	团山	0.65	3.25	荒山	1930.6.27
79	杨声溢	落驾山西头	0.19	26	旱地	1932.12.27

80	陈兴富、陈兴权、陈兴颜、陈正福、陈正黄、陈兴金、陈黄氏、陈正华、陈正金	火石山入凤嘴	4.5	42.95	旱地，荒山	1932.12.21
81	李祥义	李家湾	28.48	473.4	水田、旱地、荒山	1933.11.30
82	李德贵	李家湾	10.7	72.7	水田、旱地、荒山	1933.11.30
83	李祥明	李家湾	15.46	243.25	水田、旱地、荒山	1933.11.30
84	李德荣	李家湾	6.57	81.9	水田、旱地、荒山	1933.11.30
85	李忠益	李家湾	5.09	25.45	荒山	1933.11.30
86	李丁头	李家湾	1.1	34.5	水田、旱地	1933.11.30
87	李祥厚	李家湾	21.03	105.15	荒山	1933.11.30
88	李利巴	李家湾	1.93	9.65	荒山	1933.11.30
89	李陈氏	李家湾	7.73	38.65	荒山	1933.11.30
90	薛显东	李家湾	6.11	88.2	水田、旱地、荒山	1933.11.30
91	薛显扬	李家湾	3.98	25.6	旱地、荒山	1933.11.30
92	李润荀	李家湾	4.95	24.75	荒山	1933.11.30
93	李凤兰	李家湾	1.9	9.5	荒山	1933.11.30
94	李德安	李家湾	10.88	54.4	荒山	1933.11.30
95	李和海	李家湾	9.74	48.7	荒山	1933.11.30

	姓名	地点				日期
96	李德桑	李家湾	5.5	27.5	荒山	1933.11.30
97	李刘氏	李家湾	8.03	40.15	荒山	1933.11.30
98	李老五	李家湾	1.1	5.5	荒山	1933.11.30
99	李祥良	李家湾	0.62	3.1	荒山	1933.11.30
100	石三仁	狮子山薛家冲	337.21	4500	水田、旱地、荒山、松树3000余株，水塘17.5亩，坟墓11座	1934.1.11
101	刘明藩	珞珈山庙下路旁	2.37	23.7	旱地	1934.3.30
102	周立蓬	珞珈山庙下路旁	0.37	3.7	旱地	1934.3.30
103	周治安	珞珈山庙下路旁	1.63	16.3	旱地	1934.3.30
104	郑应泰	珞珈山庙下路旁	3.14	17.2	旱地、荒山	1934.3.30
105	陈明银	珞珈山庙下路旁	0.5	5	旱地	1934.3.31
106	李与卿	珞珈山庙下路旁	1.15	11.5	旱地	1934.3.31
107	陈述曾、陈尚曾	落驾山山下	2.85	99.75	水田	1934.4.17
108	李祥义	李家湾		450	房屋3间	1934.1.18
109	李德贵	李家湾		230	房屋2间	1934.1.18
110	李德荣	李家湾		230	房屋2间	1934.1.18
111	薛显扬	李家湾		65	房屋1间半	1934.1.18
112	薛显东	李家湾		65	房屋1间半	1934.1.18
113	李祥义	李家湾		90	房屋2间	1934.1.18

编号	姓名	地点				日期
114	李祥厚	李家湾		550	房屋 3 间	1934.1.18
115	薛显斌	薛家湾		190	房屋 3 间	1934.1.18
116	薛显清	薛家湾		65	房屋 2 间	1934.1.18
117	张传启	薛家湾		80	房屋 2 间	1934.1.18
118	薛杨氏	薛家湾		80	房屋 2 间	1934.1.18
119	薛显安	薛家湾		55	房屋 1 间	1934.1.18
120	薛才保	薛家湾		60	房屋 2 间	1934.1.18
121	薛腊生	薛家湾		60	房屋 1 间	1934.1.18
122	薛显黄	薛家湾		200	房屋 3 间	1934.1.18
123	薛松林	薛家湾		140	房屋 3 间	1934.1.18
124	陈兴道	薛家湾		30	房屋 1 间	1934.1.18
125	薛显年	薛家湾		60	房屋 1 间	1934.1.18
126	薛显忠	薛家湾		125	房屋 2 间	1934.1.18
127	薛陈氏	薛家湾		15	房屋 1 间	1934.1.18
128	薛兴发	薛家湾		45	房屋 1 间	1934.1.18
129	李祥义、李祥厚、李德贵、李德荣、薛显东、薛显扬	李家湾		60	屋基地、水塘	1934.1.18
130	耕心堂	珞珈山西南	50	2000	水塘	1935.1.19

131	杨家祥	茶叶港	1.87	41.85	水田、旱地、荒山	1934.11.1
132	陈哈巴	茶叶港	5.59	181.2	水田、旱地、荒山	1934.10.9
133	黄子纯	狮子山下万家垅	6.31	149.75	水田、旱地、荒山	1934.9.28
134	陈兴旺	茶叶港石家垅	10.06	300.1	水田、旱地	1934.10.6
135	陈兴乾	茶叶港	7.64	107.65	水田、旱地、荒山	1934.10.6
136	石中林	茶叶港	4.37	81	水田、旱地、荒山	1934.10.8
137	陈正福	茶叶港	8.89	173.15	水田、旱地、荒山	1934.10.8
138	陈兴友	茶叶港	11.65	314.2	水田、旱地、荒山、坟墓	1934.10.8
139	陈兴炎	茶叶港	0.67	23.45	水田	1934.10.9
140	陈黄氏	茶叶港	1.28	28.25	水田、旱地、荒山、坟墓	1934.10.9
141	杨孙有	茶叶港	5.19	181.65	水田	1934.10.13
142	陈正华	茶叶港	2.31	64	水田、旱地、荒山	1934.11.1
143	刘明凡	茶叶港	8.73	222.65	水田、旱地、荒山	1934.9.20
144	郑应泰	茶叶港	8.24	175	水田、旱地、荒山	1934.9.20
145	耕心堂	茶叶港	49.43	1637.55	水田、旱地	1934.9.22
146	杨益智	茶叶港	7.36	47.75	旱地、荒山	1934.9.26
147	万德荣	茶叶港	22.23	142.75	水田、旱地、荒山、坟墓	1934.10.6
148	陈兴志	茶叶港	3.05	36.75	水田、旱地、荒山	1934.10.6
149	陈兴金	茶叶港	1.87	65.45	水田	1934.10.6

150	石中学	狮子山西下	1.7	14	旱地、荒山	1934.10.8
151	杨家唐	茶叶港	2.35	28.35	水田、旱地、荒山	1934.10.13
152	陈兴有、陈兴旺	狮子山石家垅	0.94	4.7	水塘2口	1934.10.13
153	陈兴有、陈正福	万家垅	0.33	1.65	水塘1口	1934.10.13
154	杨家信	杨家湾	1.39	13.9	旱地	1934.11.2
155	陈兴权	狮子山西	0.25	1.25	荒山	1934.11.1
156	彤云阁、庙主代表	珞珈山		900	庙基地拆迁费	1934.8.8
157	薛显银	茶叶港	1.19	41.65	水田	1934.9.20
158	刘明之	茶叶港	12.95	393.6	水田、旱地、荒山	1934.9.20
159	刘明发	茶叶港	2.66	90.1	水田、旱地	1934.9.20
160	李祥明	石家垅	1.08	37.8	水田	1934.10.13
161	刘太婆	茶叶港	3.73	99.95	水田、水塘	1934.9.26
162	杨生金、杨生银	茶叶港	4.4	131.5	水田、荒山	1934.9.26
163	郑应明	茶叶港	2.32	81.2	水田	1934.9.26
164	刘明道	茶叶港	1.66	58.1	水田	1934.9.26
165	刘明之	茶叶港	1.35	47.25	水田	1934.9.26
166	刘明学	茶叶港	4.8	134.75	水田、旱地	1934.9.26
167	陈正昌	茶叶港	0.29	2.9	旱地	1934.10.9
168	李希屏、姚舜卿、熊搏九、张传琮	汽车站	2.524	40		1935.1.12

编号	姓名	地点			地类	日期
169	陈兴富	石家垅等	5.46	53.3	水田、旱地、荒山	1934.12.21
170	金聘儒	狮子山	12.22	61.1	荒山、坟墓	1935.1.18
171	胡以略	医院北边	2	10	荒山、坟墓18座	1935.5.27
172	刘明道			49.99	旱地、荒山、屋基地	1935.6.7
173	刘明孚			4.85	旱地、屋基地	1935.6.7
174	刘明志			10.1	旱地、屋基地	1935.6.7
175	刘明发			57.3	旱地、荒山	1935.6.7
176	刘明凡			93.9	水田、旱地、荒山、屋基地	1935.6.7
177	刘明凡经手			34.15	旱地（刘家湾公地）	1935.6.7
178	刘明凡经手			4.8	公稻场	1935.6.7
179	刘福英			3.5	屋基地	1935.6.7
180	耕心堂	珞珈山庄及湖汊埠楼	16.93	4900	稻场11.93亩，水塘2口5亩	1935.6.13
181	石中林	珞珈山北	3.17	15.85	荒山	1935.6.20
182	杨家祥	珞珈山北	6.67	33.35	荒山	1935.6.20
183	宋炳山	珞珈山西南角	4.67	23.35	荒山	1935.6.20
184	陈兴富	珞珈山北	2.88	14.4	荒山	1935.6.20
185	戴经社	珞珈山前三区	17.04	85.2	荒山、坟墓	1935.6.24
186	王全记	珞珈山北	3.02	15.1	荒山	1935.7.2
187	周宾卿	珞珈山杨家湾	0.5	3	荒山、坟墓	1935.7.6

序号	姓名	地点				日期
188	郑应泰	珞珈山前三区	3.72	95.2	旱地、花园、荒山、坟墓	1935.8.24
189	郑先由	珞珈山前三区	2.55	27	旱地、荒山、屋基地	1935.8.24
190	盛支顺	三区郑家湾	0.22	4.45	旱地、屋基地	1935.8.29
191	何文震、黄冀权	郑家湾村左侧	1.5	194.5	园地、花树大小30余株	1935.9.20
192	胡庚甲等	郭郑湖股		475.8		
193	张丙延等	郭郑湖股		336		
194	张寿三等	郭郑湖股		489.6		
195	李筱山	郭郑湖股		1143.11		
196	张传琮	汽车站西首马路下		910	西式平房1栋，厨房2间	1935.1.12
197	刘福英	珞珈山西刘家湾		140	房屋2间	1935.2.22
198	刘明道	珞珈山西刘家湾		280	房屋4间	1935.2.22
199	刘明之			140	房屋	1935.2.22
200	刘明学	珞珈山西刘家湾		140	房屋2间	1935.2.22
201	刘明发	珞珈山西刘家湾		350	房屋4间半	1935.2.22
202	刘明凡	珞珈山西刘家湾		240	房屋3间	1935.2.22
203	杨生乾			210	房屋	1935.2.22
204	朱乾稳	三区郑家湾		210	房屋3间	1935.8.16
205	郑先由	三区郑家湾		210	房屋3间	1935.8.16
206	郑应泰	三区郑家湾		280	房屋4间	1935.8.26

编号	姓名	地点		面积	面积	类型	日期
207	盛支顺	三区郑家湾			140	房屋2间	1935.8.29
208	金大利		东湖嘴乌石垅	5.56	260	水田、荒山、水塘	1934.2.26
209	柯亨明		东湖嘴乌石垅	0.9	54	水田	1934.2.26
210	柯亨昌		东湖嘴乌石垅	1.43	56.8	水田、水塘	1934.2.26
211	金大海		东湖嘴乌石垅	2.35	123.5	水田、旱地	1934.2.26
212	明耕心堂		东湖嘴乌石垅	4.21	294.7	水田	1934.2.26
213	柯亨明		东湖嘴乌石垅	2.85	42.75	水塘	1934.3.2
214	薛显发		狮子山地	3.83		水田	1934.4.19
215	薛显发		茶叶港	32.73	860.35	水田、旱地、荒山、水塘	1934.9.1
216	薛显斌		茶叶港	2.43	85.05	水田	1934.9.1
217	陈天燕、明耕心堂、柯亨明、钱明春		东湖嘴乌石垅	7.06	441.17	水田、水塘	1936.2
218	金大海、金大利、金大昌、柯亨明		东湖嘴乌石垅	10.24	647.19	水田、荒山、水塘	1936.2
219	刘明凡		珞珈山南	3.17	15.85	荒山、坟墓	1936.4.21
220	张先桥		珞珈山前面	7.13	35.65	荒山、坟墓	1936.4.21
221	陈公记、陈明银、陈明彦		珞珈山前面	44.44	223.05	荒山、坟墓、水塘	1936.4.21

编号	姓名	坐落			种类	日期
222	汪国荣 陈大婆	珞珈山前面	1.72	8.6	荒山、坟墓	1936.4.21
223	陈光道	珞珈山南	14.77	73.85	荒山、坟墓	1936.4.21
224	陈大婆	珞珈山南	16.65	83.25	荒山、坟墓	1936.4.21
225	陈显法	珞珈山南	3.4	17	荒山、坟墓	1936.4.21
226	陈显法、陈坤山	珞珈山南	9.13	45.65	荒山、坟墓	1936.4.21
227	李玖卿	珞珈山前	1.45	11.6	旱地	1936.4.21
228	周德安	珞珈山前面	9.55	47.75	荒山、坟墓	1936.4.21
229	陈大婆	东湖中学水塘边	0.16	8.6	水田、树木6株	1936.4.21
230	李玖卿	中学内南	1.85	9.35	荒山、坟墓	1936.4.21
231	陈光道	中学南	16.74	83.7	荒山、坟墓	1936.4.21
232	赵厚均	农学院牛房西山头	1.6	8	荒山、坟墓	1936.4.16
233	郑应泰、郑先由	珞珈山西南角	41.62	214.1	荒山、荒山、树木6株、坟墓	1936.4.22
234	张有芬	三区荒地及一区西连荒山	7.02	39.72	旱地、荒山、坟墓	1936.4.21
235	钱明春	珞珈山小学南边	0.73	7.3	旱地	1936.5.26
236	容家才	珞珈山小学南边	0.44	4.4	旱地	1936.5.26
237	柯草明	珞珈山南路边	1.52	7.6	荒山、坟墓	1936.5.26
238	钱明东	珞珈山南边	0.31	1.55	荒山、坟墓	1936.5.26
239	陈天彦	珞珈山南路边	4.04	20.2	荒山、坟墓	1936.5.26

序号	姓名	位置			类型	日期
240	陈天坤	珞珈山南路边	0.42	3.36	旱地	1936.5.26
241	金聘儒	珞珈山南	2.91	61.1	旱地、水塘	1936.5.27
242	冯少泉	珞珈山南中学内	1.36	6.8	荒山、坟墓	1936.6.1
243	武昌县财务委员会	杨家山、杨家嘴、傅家山	111.92	9000	水田、荒山、旱地	1936.6.6
244	盛支顺	东湖中学内	0.96	7.68	旱地、坟墓3座	1936.7.11
245	李钦清、李钦泰	珞珈山南面中学内	10.15	50.75	荒山、坟墓	1936.8.13
246	陈兴旺	珞珈山南陈家湾	0.62	87.5	屋基地乙等	1936.12.7
247	陈张氏	珞珈山南陈家湾		52.5	屋基地乙等半	1936.12.7
248	陈兴明	珞珈山南陈家湾		40	屋基地甲等半	1936.12.7
249	陈徐氏	珞珈山南陈家湾		120	屋基地甲等	1936.12.7
250	陈兴炎	珞珈山南陈家湾		70	屋基地乙等	1936.12.7
251	同德堂、李忠益 万德荣	珞珈山东湖中学南边	2.89	185	屋基地	1937.1.6
252	周子丰	杨家湾周家垸	12.3	320	坟地、含迁坟费	1936.7.11
253	周克诚	石家湾周家垸	6.6	33	荒山、坟墓	1936.7.11
254	周礼学、陈明银	珞珈山南	4.3	21.5	荒山、坟墓	1936.7.13
255	周礼学、陈明银、李如清	珞珈山南	36	180	荒山，另有各姓坟地1.28亩未卖	1937.7.13
256	杨家祥	杨家湾		240	拆迁费及基地费	1937.9.23

257	杨生有	杨家湾	160	拆迁费及基地费	1937.9.23
258	杨家信	杨家湾	320	拆迁费及基地费	1937.9.23
259	杨家堂	杨家湾	160	拆迁费及基地费	1937.9.23
260	李贤模	杨家湾	25	房屋拆迁费	1937.9.30
261	李贤栋	杨家湾	75	房屋拆迁费	1937.9.30

说 明：
1. 本表据20世纪30年代珞珈山校园购地原始地契（国立武汉大学档案，6-L7-1929-XZ037至XZ297，武汉大学档案馆藏）有关信息整理；
2. 本表统计范围仅限国立武汉大学珞珈山校园，不含东厂口校园、磨山农林试验场等地；
3. 本表所列编号系根据地契原始档案中的编号顺序，地名信息亦根据契约中原始文字照录；
4. 第192—195号为陡连武汉大校园之东湖水域渔权契，原件已于20世纪50年代移交有关部门，现据武汉大学档案馆其他资料补全或径空缺；
5. 部分契约内土地面积、单价、技墓数、附着物、交易时间等信息不全，另据武汉大学档案馆其他资料补全或径空缺。

附录二　国立武汉大学珞珈山校园建筑一览表

建筑名称	落成年代	建筑设计者	结构设计者	营造厂商	建筑简介
国立武汉大学木牌坊	1931	缪恩钊 沈中清	缪恩钊 沈中清	不详	建于街道口大学路起点处，四柱三间庑殿顶木牌楼，施有彩绘，瓦面材质及颜色不详。明间正反两面均题楷书"国立武汉大学"六字。该牌楼立柱纤细，头重脚轻，亦无铰耳，建成次年即毁于风灾。
国立武大木学水泥牌坊	1934	缪恩钊 沈中清	缪恩钊 沈中清	不详	1934年于木牌坊原址重建，四柱三间冲天式钢筋水泥牌坊，檐部略施绿色琉璃瓦，通体水刷石饰面，反面题小篆"文法理工农医"。明间正面题楷书"国立武汉大学"。为毛体"武汉大学"，1983年恢复为楷书"国立武汉大学"。现为全国重点文物保护单位。
文学院	1931	开尔斯 石格司 李锦沛	彦沛记建筑事务所	汉协盛营造厂	位于狮子山顶东侧，楼高五层，平面呈"口"字形，屋顶覆盖绿色琉璃瓦。除作为文学院大楼外，民国时期武汉大学行政办公用房也附于其中。现为全国重点文物保护单位。
法学院	1936	开尔斯 景明洋行	景明洋行	六合建筑公司	位于狮子山顶西侧，整体造型风格与东侧文学院大楼相似，唯北侧突出一部，总平面呈"凸"字形。建筑设备费5万元。现为全国重点文物保护单位。
理学院	1931 1937	开尔斯 石格司 景明洋行	A. Levenspiel H.S.Wang	汉协盛营造厂、袁瑞泰营造厂	位于运动场北面，中央教学楼为拜占庭穹顶，两翼实验楼为中式单檐庑殿顶，此为一期工程，开尔斯、石格司设计，由汉协盛营造厂承建。北侧两栋平顶实验楼为二期扩建工程，由景明洋行设计，袁瑞泰营造厂承建。汉口市政府捐助该楼建筑设备费17万元。现为全国重点文物保护单位。

名称	年代	设计师	业主	营造商	说明
工学院	1936	开尔斯	华懋地产有限公司 H.S.Wang	六合建筑公司	位于珞珈山北坡运动场南面，坐南朝北，与理学院相对。中央教学楼为方形平面，中为共享中庭，下层屋面覆盖蓝紫色琉璃顶，上层屋面为透明玻璃。主楼北面另有两座天台。四周附楼顶层屋面檐为单款歇山顶实验楼，屋顶为重檐攒尖顶。管理中英庚款董事会、平汉铁路管理局捐助该楼部分建设经费。现为全国重点文物保护单位。
农学院	1936 1947	缪恩钊 沈中清	缪恩钊 沈中清	袁瑞泰营造厂、六合建筑公司、蔡广记营造厂	包含院主楼、园艺实验室、筹备处办公室、鸡牛房、孔牛房、耕牛房、猪房、羊房、花房、种子房、农具房、碾米厂等建筑，工字形现存主楼及园艺实验室。主楼位于校园北部郭家山，大楼1937年平面初开工，袁瑞泰营造厂承建，屋顶为灰色平瓦，因七七事变爆发停工，1947年由六合公司续建，因经费拮据而取消了绿色琉璃瓦。园艺实验室位于农学院主楼西南侧，蔡广记营造厂承建，外观风格与主楼相似，1936年建成。两栋楼现均为武汉市优秀历史建筑。
图书馆	1935	开尔斯	华懋地产有限公司	六合建筑公司	位于狮子山顶正中，平面为"工"字形，中央塔楼为八角歇山顶，东北西北两侧为歇山顶，东南西南两侧为歇山顶办公楼。屋顶覆盖绿色琉璃瓦，外墙饰以水刷石，全楼外墙附设有两栋书库，门窗除正门外皆为钢制。大楼东西两侧原规划有两栋铁质书架在沦陷期间被日军掠去。中华教育基金会捐助该楼建筑费5万元。现为全国重点文物保护单位。

建筑名称	年代			营造厂	说明
男生宿舍	1931	开尔斯 李锦沛	李锦沛 石格司	汉协盛营造厂	位于狮子山南坡，依山而建，共分四大栋十六斋，以三座门洞相连，门洞上方各有一座单檐歇山顶阁楼。门洞两端原有铁门，1949年后拆除。宿舍西侧山坡空地在1937年曾动工，计划继续扩建两栋宿舍，因七七事变爆发未能动工。1983年以"六一惨案遗址"名义公布为武汉市文物保护单位。2001年公布为全国重点文物保护单位。
女生宿舍	1932	石格司	石格司	永茂隆营造厂	位于校园东部团山，平面呈"V"字形，别称"碟官"、"月官"、"东官"。坐西朝东，三层平顶，中央主入口处楼仿男生宿舍门洞装饰图案。大楼一层为女生客室、餐厅、商店、自修室、琴房等，二、三层为女生宿舍。1949年后大楼改建为教工宿舍，西侧另扩建一栋相连建筑，各楼层房间在北侧亦有扩建厨房及卫生间。现为校经核定公布为文物保护单位的不可移动文物。
学生饭厅及礼堂	1931 1936	开尔斯 李锦沛 石格司	李锦沛 石格司	汉协盛营造厂	位于狮子山北面山头，主体建筑为一栋两层歇山顶大楼，一层为学生饭厅，二层为礼堂，西侧另有一栋一层饭厅。1936年曾在炊事间西侧扩建有一层礼堂。沦陷期间二层礼堂铁质座椅被日军拆卸，1949年后一层饭厅外廊被砖墙砌实包入饭厅室内。现为全国重点文物保护单位。
宋卿体育馆	1937	开尔斯 景明洋行	A.Levenspiel	六合建筑公司	位于校园西侧狮子山顶的篮球场，半地下一层另有一座钢三铰拱屋顶办公室，坐东朝西，一层为健身房，纪念堂等房间。黎绍基业兄弟捐明该馆10万元建筑设备费，校方遂将该楼以其父黎元洪之字"宋卿"命名。现为全国重点文物保护单位。

名称	年份	设计师	营造厂	简介
华中水工试验所	1937 1947	开尔斯 景明洋行 华穗地产有限公司 A.Levenspiel	合记营造厂	位于珞珈山北坡，工学院大楼正南面，平面呈"H"形，中央为水工实验大厅，东西两侧为办公室及储藏室。该试验所由武汉大学与湖北省政府共同出资建造，仅建成主体建筑，未及完成设备即因抗战爆发停工。战后于1947年恢复施工。20世纪50年代院系调整后不再作为水工试验所使用，内部进行较大改建，已隔为上下两层。现为全国重点文物保护单位。
珞珈石屋	1929	缪恩钊 沈中清	国立武汉大学建筑设备委员会工程处	位于珞珈山北坡正中，一层平房，以山石就地取材建成，为武汉大学在珞珈山新校址兴建的首栋建筑，建成初期作为建委会及其工程处办公房屋及监工处，后曾作为单身教职员宿舍。供部分教职员居住。20世纪70年代拆除，原址现为武汉大学研究生院办公楼。
听松庐	1929	缪恩钊 沈中清	合记营造厂	位于珞珈山北坡工学院东面，其所在地原为珞珈山本地地主刘燕石的庄园，园内遍植松树，大楼为松林环抱，故而得名。此楼为民国时期国立武汉大学设备委员会办公地，亦为当时学校的招待所。胡适、蒋介石、宋美龄、陈诚等人曾在此居住，李四光等人亦多次居住于此。1938年武汉抗战期间此楼被拆除，原址现为珞珈山庄。
半山庐	1932	缪恩钊 沈中清	合记营造厂	位于珞珈山北坡半山腰，因位于半山而得名，为三栋相连的两层住宅楼，是民国时期武汉大学单身教职员住宅。现为全国重点文物保护单位。

名称	年代	设计	绘图	营造厂	说明
第一教职员住宅区	1931 1933	石格司	石格司	汉协盛营造厂、合记营造厂	位于珞珈山东南山坡，为高级教授别墅。1931年由汉协盛营造厂建成一期共18栋别墅，一期合记营造厂扩建3栋别墅，故又俗称"十八栋"。1933年在其西侧由合记营造厂扩建3栋西洋楼住宅。风格有所不同，但皆为西式建筑，风格双户别墅。沦陷期间水格正下方一栋双户别墅被毁，其余建筑保存至今。其中1938年周恩来、郭沫若短暂寓居过的两栋别墅，1983年公布为武汉市文物保护单位，2001年公布为全国重点文物保护单位。
第二教职员住宅区	1932 1937	缪恩钊 沈中清	缪恩钊 沈中清	协昌华记营造厂	位于珞珈山西山头下，分批建成，分为老二区、新二区、特二区等，独栋天井式住宅、独栋天井式住宅等各建筑居住形式，层高2至3层。2006年起各建筑陆续分批拆除，原址现为武汉大学新图书馆。
第三教职员住宅区	1933 1936	缪恩钊 沈中清	缪恩钊 沈中清	合记营造厂	位于珞珈山西南山麓，分批建成，分为老三区、新三区等。老三区为一层平房住宅，新三区为两层天井式公寓楼，现仅余新三区一栋两层楼住宅建筑，原址住宅拆除，位于今武汉大学附属幼儿园院内。1949年后一层陆续拆除。
生活服务用房	1931	缪恩钊 沈中清	缪恩钊 沈中清	合记营造厂	位于珞珈山山头下，二区北侧，包括邮局、银行、消费合作社、洗衣房等建筑。1949年后陆续改建等建筑，原址现为万林艺术博物馆、汉大新图书馆。
汽车站	1931	缪恩钊 沈中清	缪恩钊 沈中清	合记营造厂	位于宋卿体育馆南面，一层平房，包括汽车停车库及车室等，已拆除，原址现为李四光雕像。

名称	年代			营造厂	说明
煤气厂	1933	开尔斯	开尔斯	合记营造厂	位于理学院北侧山坡，包括一座煤气储气罐和制气房，制气房为一座中式风格建筑，屋顶为绿色琉璃瓦，整体风格与珞珈山主要校舍建筑一致。沦陷期间原煤气厂建筑被拆毁，20世纪70年代化学系曾利用胜利后在原址重建一座西式风格的煤气厂，抗战胜利后该系搬迁至原址后该大楼废弃，2004年武大修建网球场及道路时拆除。
实习工厂	1931	缪恩钊 沈中清	缪恩钊 沈中清	汉协盛营造厂	位于校园东部东湖岸边的侧山南麓，为一栋砖木结构一层西式建筑，已拆除，原址现为武大经济管理学院。
动力室	1931 1935	缪恩钊 沈中清	缪恩钊 沈中清	汉协盛营造厂、合记营造厂	位于实习工厂北侧，厂内装有一台蒸汽发电机和两台小型柴油发电机组，为全校发电。原建筑已拆除。
游泳场	1931	缪恩钊 沈中清	缪恩钊 沈中清	不详	民国时期校园东湖岸边共有一大一小两个游泳场，较大一处位于珞珈山东山头下。较小一处位于珞珈山东南麓，泳场岸侧建有更衣室等附属建筑。原泳场建筑设施已不存，山下大泳场原址1949年后另建有一座新泳场，水泥栈桥今存。
供水建筑	1931 1932	石格司 缪恩钊 沈中清	石格司 缪恩钊 沈中清	汉协盛营造厂、合记营造厂	包括湖边起水机房、珞珈山北坡沉淀池及起水水塔、滤水塔、清洗塔等建筑，1931—1932年陆续建成，珞珈山北坡沉淀池及起水水塔，1949年后在供水管网改建及城市建设过程中陆续拆除，今仅珞珈山水塔尚存。

建筑名称	年代				说明
六一纪念亭	1948	缪恩钊	缪恩钊	不详	位于汽车站南面，单檐六角攒尖顶，覆绿色琉璃瓦。1947年六一惨案后，死难三生棺木被校部分学生强行下葬于此，后被校方移葬校外狗头山。1983年原址为武汉市文物保护单位，2001年公布为全国重点文物保护单位。原址立有纪念碑一座。
<u>附属小学</u>	1931	缪恩钊 沈中清	缪恩钊 沈中清	永茂隆营造厂	位于一区十八栋南面珞珈山麓，毗邻曹家花园，为一栋西式两层教学楼建筑，1949年后曾改为武大印刷厂车间，今已拆除。
东湖中学	1935	缪恩钊 沈中清	缪恩钊 沈中清	不详	位于珞珈山西南麓第三教职员住宅区西侧，为武汉大学与地方合作兴办的一所私立中学。洪山北麓的庚子革命军公墓原为庚子烈士公墓。校园内该校校舍为该校捐助部分资金。1938年珞珈山军训教官团将校园内教学主楼命名为"庚子烈士纪念馆"。1949年后原有建筑陆续拆除，今仅余庚子烈士纪念馆，位于武大第一附属小学校园内。校园原址一带后临续兴建的教工住宅区，亦名"东中区"。

注：建筑名称带横线者为已全部拆除建筑，带虚线者为已部分拆除建筑。

附录三　民国时期珞珈山校园规划设计主要建筑工程师一览表

姓名	照片	简介
开尔斯		Francis Henry Kales，美国建筑工程师，1882年出生于伊利诺伊州芝加哥市，少年时代在森林湖学院、菲利普斯·埃克赛特学院和圣保罗中学接受高中教育，1900年至1903年就读于威斯康星大学，1903年至1907年就读于麻省理工学院。1913年至1915年在香港工作，1916年起赴上海从业，其间多次前往日本、东南亚等地。1925年参与南京中山陵设计方案竞征，获得名誉奖第三名。1929年初被李四光聘请为武汉大学新校舍总建筑师。他在武大新校园的最终选址过程中发挥了重要作用，并在1929年至1937年间，主持了珞珈山校园总体规划设计及大部分主要校舍的建筑设计。
石格司		Richard Sachse，德国建筑工程师，早年在青岛德国租借地服兵役，后回国就读建筑专科学校，毕业后来到汉口德租界从业，并在汉阳赵家台与德籍建筑师韩贝合伙开办砖瓦厂。民国初年进入汉口景明洋行工作，后亦曾独立开设建筑事务所，在汉口期间曾设计基督教信义公所、洛加碑路公寓、立兴洋行等建筑。1930年加入武汉大学珞珈山新校舍工程，作为开尔斯的助手和驻汉代表，协助其完成了文学院、理学院的建筑设计，并独立承担了女生宿舍、第一教职员住宅区等建筑的设计。

李锦沛		Poy Gum Lee，美籍华裔建筑工程师，1900年生于纽约，祖籍广东台山，曾在纽约普瑞特艺术学院、麻省理工学院、哥伦比亚大学、纽约州立大学等校就读，1923年曾供职于茂飞在纽约的事务所，同年底来到上海从业，1928年加入吕彦直的彦记建筑事务所，1929年吕彦直病逝后接替其完成南京中山陵和广州中山纪念堂设计工作。在华期间，还曾先后设计了多地的基督教青年会会堂建筑，以及南京新都大戏院、上海吴淞国家检疫局等建筑。1945年回到美国，曾在美国各地唐人街设计了许多带有中式风格的建筑。在珞珈山校园工程上，李锦沛协助开尔斯完成了最初的校园总平面规划，以及男生宿舍、文学院、学生饭厅及小礼堂等建筑的设计。
缪恩钊		1893年生于江苏武进，1914年毕业于上海圣约翰大学，后考取清华庚款留美，1918、1919年先后在麻省理工学院和哈佛大学获得学士学位。回国后历任南洋大学教授及湖北华洋义赈会、亚细亚火油公司汉口分公司、美国美孚石油公司汉口分公司工程师。1928年底受留美同学刘树杞之邀前来武汉大学担任珞珈山新校舍监造工程师及领导建筑设备委员会工程处的各项工作，1939年后执教于武汉大学工学院。珞珈山校园内除由开尔斯等外方建筑师设计的主要校舍外，其余绝大部分建筑皆由缪恩钊及其助手沈中清主持设计。20世纪30年代他还与沈中清共同设计了武昌城内的湖北省立图书馆等建筑。
沈中清		1909年生于上海浦东，祖籍浙江鄞县。1925年到汉口，跟随德商韩贝建筑事务所工程师陈伟学徒，次年进入英商永年洋行任绘图员。1929年经陈伟介绍认识缪恩钊并成为其学徒，旋入国立武汉大学建筑设备委员会工程处担任绘图员，参与珞珈山新校舍的测量制图及部分建筑设计工作。抗战期间在四川曾离校独立从业，1946年重回武大参与珞珈山校园的修复工程，并在汉口承接一些设计任务。新中国成立初期曾设计武汉大学两栋新宿舍楼（今梅园一、三舍），院系调整中调往华中工学院。

参考文献

一、文献资料

（一）未刊档案

1. 武汉大学档案馆

国立武汉大学珞珈山校舍建筑图纸，4-JJC01-025，4-JJC02-001、002，4-JJC04-001，4-JJC05-001，4-JJC06-001、022，4-JJC07-018、021、4-JJC08-006，4-JJC11-024、025、026、027、028、030，4-JJC12-002，4-JJC13-001。

武汉大学（1949—2000年）档案，4-X22-1982-6。

国立武汉大学档案，6-L7-1928-XZ001、XZ002、XZ004，6-L7-1929-XZ022、XZ023、XZ024、XZ025、XZ030、XZ031、XZ136、XZ523，6-L7-1930-XZ007、XZ008，6-L7-1931-XZ009，6-L7-1932-XZ002、XZ003、XZ005、XZ012，6-L7-1933-XZ007、XZ008、XZ011、XZ012，6-L7-1934-XZ012、XZ014、XZ015、XZ018，6-L7-1935-XZ018，6-L7-1936-XZ003、XZ033、XZ034、XZ035，6-L7-1937-XZ032，6-L7-1938-XZ036、XZ06、XZ063。

2. 湖北省档案馆

民国湖北省政府档案，LS001-001-0032、0033、0044，LS001-005-0634、1182、1183。

民国湖北省政府教育厅档案，LS010-006-0159、0164、0165、0166、0224。

民国审计部湖北省审计处档案，LS023-003-2302。

民国湖北省政府建设厅档案，LS031-004-0331、0332，LS031-015-0455、0818。

3. 中国第二历史档案馆

教育部档案，5（2）-126。

4. 台湾"国史馆"

国民政府档案，0010461000004，001000004053A。

"蒋中正总统文物"，00208020000053，00209010200004，00208020000095。

"教育部"档案，019000000569A，019000000570A。

"外交部"档案，0201016000098。

"交通部"档案，017000016412A。

赔偿委员会档案，121000000562A。

5. 英文档案

Charles William Wason, Views of Amoy and Surrounding Country, 1880, ASWA_0011_0056, Kroch Asia Rare Materials Archive, Cornell University Library, NY.

Frederick G. Clapp Collection, 1913-1915, cl000615-000628, American Geographical Society Library Digital Photo Archive, WI.

Francis Henry Kales, July-September, 1900, Admissions Papers, Series 19/12/2/1, University of Wisconsin-Madison Archives, WI.

Passport Application Form of Francis Henry Kales, January 13, 1905, Passport Applications, 1795-1905, Roll 667, 1 Jan 1905-16 Jan 1905, National Archives and Records Administration, D.C.

Passport Application of Francis Henry Kales, October 2, 1916, Passport

Applications forTravel to China, 1906-1925, Box 4427, Vol. 14: Emergency Passport Applications: China, National Archives and Records Administration, D.C.

Passport Application Form of Francis Henry Kales, August 12, 1922, Passport Applications, January 2, 1906-March 31, 1925, Roll 2081-Certificates: 211726-212099, 12 Aug 1922-14 Aug 1922, National Archives and Records Administration, D.C.

Emergency Passport Application of Francis Henry Kales, April 10, 1923, Emergency Passport Applications, Argentina thru Venezuela, 1906-1925, Box 4491, Vol. 008: Shanghai, National Archives and Records Administration, D.C.

Certificate of Marriage of Francis Henry Kales, January 13, 1921, Marriage Reports in State Department Decimal Files, 1910-1949, 59, General Records of the Department of State, 1763-2002, 2555709, A1, Entry 3001, Series Box 481, 133/1849. National Archives and Records Administration, D.C.

List of United State Citizens for the Immigration Authorities, August 22, 1928, Microfilm Serial T715, Roll 4331, Line 11, Page Number 93. National Archives, D.C.

（二）中外报刊

《教育世界》，1904年。

《东方杂志》，1904—1927年。

《学部官报》，1906—1911年。

《湖北农会报》，1910年。

《湖北官报》，1911年。

《教育杂志》，1912年。

《中华教育界》，1913—1930年。

《教育周报》，1913—1916年。

《教育公报》，1914—1918年。

《学生杂志》，1915年。

《新闻报》，1921—1928年。

《新教育》，1922年。

《申报：教育与人生周刊》，1923—1924年。

《申报》，1916—1935年。

《厦大周刊》，1926年。

《汉口民国日报》1927年1月11日。

《国民政府公报》，1928年。

《大学院公报》，1928年。

《中央政治会议武汉分会月报》，1928年。

《湖北省政府公报》，1928—1932年。

《湖北教育公报》，1928年。

《湖北建设月刊》，1928—1931年。

《良友》，1928—1937年。

《旅行杂志》，1929年。

《教育部公报》，1929—1934年。

《国立武汉大学周刊》，1928—1948年。

《审计院公报》，1930年。

《南浔铁路月刊》，1931年。

《武汉日报》，1932年。

《中国建筑》，1933年。

《建筑月刊》，1933—1936年。

《前途》，1933年。

《珞珈月刊》，1934—1935年。

《农村旬刊》，1934年。

《图画晨报》，1935年。

《国立中山大学日报》，1935年。

《道路月刊》，1935年。

《路向》，1937年。

《政治通讯》，1938年。

《珞珈》(台北)，1964—2009年。

《传记文学》(台北)，1969年。

《长江日报》，1983年。

《湖南体育史料》，1984年。

《武汉文史资料》，1986—1988年。

《武汉大学校友通讯》(内部发行)，1983年。

《武汉大学校友通讯》，1991年。

The Wisconsin Alumni Magazine, 1905.

The Far Eastern Review, 1913-1914.

The New York Times, 1926.

Asia, 1928.

St. Paul's School Alumni Horae, 1952-1957.

(三)其他文献资料

Jean Nieuhoff: *L'Ambassade de la Compagnie Orientale des Provinces Unies vers L'Empereur de la Chine*, Leyde: Marchand Libraire & Graveur de la Ville d'Amsterdam, 1665.

William Chambers: *Designs of Chinese Building, Furniture, Dresses, Machines and Utensils*, London: No Publisher, 1757.

John Moses & Joseph Kirkland: *History of Chicago, Illinois*, Volume II, Chicago & New York: Munsell & Co., Publishers, 1895.

La Chine à Terre et en Ballon, Paris: Berger-Levrault et Cie, 1902.

The Badger for 1903, Madison: The Badger Board of the Junior Class of the University of Wisconsin, 1903.

Downer, Geo. F. (ed.): *The Wisconsin Alumni Magazine*, Vol. 6, No. 5, 1905.

The Technology Architectural Record, Boston: The M.I.T. Architectural Society, 1907.

Senior Portfolio: *Being That of the Class of Nineteen Hundred and Seven of the Massachusetts Institute of Technology*, Boston: The M.I.T. Architectural Society, 1907.

Directory and Chronicle for China, Japan, Corea, Indo-China, Straits Settlements, Malay States, Siam, Netherlands India, Borneo, the Philippines, etc., Hong Kong: Hong Kong Daily Press Office, 1910.

Edwin J. Dingle: *China's Revolution 1911-1912: A Historical and Political Record of the Civil War*, New York: McBride, Nast & Company, 1912.

Harriet Weeks Wadhams Stevens: *Wadhams Genealogy, Preceded by a Sketch of the Wadham Family in England with Illustrations*, New York: Frank Allaben Genealogical Company, 1913.

Harry Inigo Triggs: *Garden Craft in Europe*, London: B.T. Batsford, 1913.

Register of Former Students with an Account of the Alumni Associations, Boston: Massachusetts Institute of Technology, 1915.

佚名：《湖北方言学堂一览》，出版年不详（约1909—1910），中国国家图书馆藏本。

《国立武昌高等师范学校同学录（民国五年第一班）》，1916年。

《湖北外国语专门学校同学录》，1916年。

《国立北京大学廿周年纪念册》，1918年。

王大祺等编辑:《国立武昌高等师范学校己未同学录》，1919年。

《湖北公立法政专门学校庚申同学录》，1920年。

《国立武昌商业专门学校第二次同学录》，1920年。

《湖北公立法政专门学校第七班同学录》，1923年。

《国立武昌高等师范学校同学录No. 6》，1923年。

《国立武昌师范大学同学录No. 7》，1924年。

《国立武昌商科大学第六次毕业同学录》，1924年。

《国立武昌师范大学乙丑级同学录》，1925年。

孙中山先生葬事筹备委员会编:《孙中山先生陵墓图案》，上海：民智书局，1925年。

《湖北省立法科大学第十班毕业同学录》，1926年。

任桐:《沙湖志》，1926年，中国国家图书馆藏本。

《国立武汉大学大学部、专门部、师范部毕业同学录》，1928年。

国立武汉大学秘书处编:《国立武汉大学一览(中华民国十八年度)》，武昌：国立武汉大学，1930年。

国立武汉大学编印:《国立武汉大学一览(中华民国十九年度)》，武昌：国立武汉大学，1931年。

《国立武汉大学第一届毕业纪念册》，1932年。

国立武汉大学编印:《国立武汉大学一览(中华民国二十年度)》，武昌：国立武汉大学，1932年。

《国立武汉大学第二届毕业纪念册》，1933年。

国立武汉大学编印:《国立武汉大学一览(中华民国廿一年度)》，武昌：国立武汉大学，1933年。

国立武汉大学编印:《国立武汉大学一览(中华民国廿二年度)》，武昌：国立武汉大学，1933年。

虞愚、释寄尘:《厦门南普陀寺志》，1933年。

《国立武汉大学民二三级毕业纪念册》，1934年。

伍联德编：《中华景象》，上海：良友图书印刷有限公司，1934年。

张掖编：《国立中山大学成立十周年及新校舍落成纪念特刊》，广州：国立中山大学出版部，1934年。

国立武汉大学编印：《国立武汉大学一览（中华民国廿三年度）》，武昌：国立武汉大学，1934年。

《国立中山大学现状》，广州：国立中山大学出版部，1935年。

《国立武汉大学民二四毕业纪念刊》，1935年。

国立武汉大学编印：《国立武汉大学一览（中华民国廿四年度）》，武昌：国立武汉大学，1935年。

《国立武汉大学民二五级毕业纪念刊》，内部发行，1936年。

《国立武汉大学欢迎新同学特刊》，武昌：国立武汉大学欢迎新同学会，1936年。

国立武汉大学编印：《国立武汉大学一览（中华民国廿五年度）》，武昌：国立武汉大学，1936年。

国立武汉大学编印：《国立武汉大学一览（中华民国廿六、廿七年度合刊）》，乐山：国立武汉大学，1939年。

高乃同编著：《蔡子民先生传略》，赣县：商务印书馆，1943年。

邹鲁：《回顾录》，重庆：独立出版社，1946年。

《国立武汉大学第十六届毕业纪念刊》，1947年。

张继煦：《张文襄公治鄂记》，武昌：湖北通志馆，1947年。

《国立武汉大学民三七级毕业纪念刊》，1948年。

《国立中山大学成立五十周年特刊》，台北：国立中山大学校友会，1974年。

国立中山大学校友会编：《邹鲁全集》，台北：三民书局股份有限公司，1976年。

《万耀煌将军日记》，台北：湖北文献社，1978年。

于极荣等:《学府纪闻·国立武汉大学》,台北:南京出版有限公司,1981年。

王泳等:《学府纪闻·国立河南大学》,台北:南京出版有限公司,1981年。

李素等:《学府纪闻·私立燕京大学》,台北:南京出版有限公司,1981年。

方兆骥等:《学府纪闻·私立辅仁大学》,台北:南京出版有限公司,1981年。

〔意〕鄂多立克著,何高济译:《鄂多立克东游录》,北京:中华书局,1981年。

《金陵大学》,台北:金陵大学校友会,1982年。

李宗仁口述,唐德刚撰写:《李宗仁回忆录》,香港:南粤出版社,1986年。

陈学恂主编:《中国近代教育史教学参考资料》,北京:人民教育出版社,1987年。

《武汉人物选录》(《武汉文史资料》1988年增刊),武汉:武汉市政协文史资料委员会,1988年。

王世杰:《王世杰日记(手稿本)》,台北:"中央研究院"近代史研究所,1990年。

胡适:《胡适的日记(手稿本)》,台北:远流出版事业股份有限公司,1990年。

郭沫若:《洪波曲》,郭沫若著作编辑出版委员会编:《郭沫若全集》第14卷,北京:人民文学出版社,1992年。

中国第二历史档案馆编:《中华民国史档案资料汇编》第5辑第1编,南京:江苏古籍出版社,1994年。

沈云龙访问,谢文孙、胡耀恒纪录:《张知本先生访问纪录》,台北:"中央研究院"近代史研究所,1996年。

杨士奇：《东里文集》，北京：中华书局，1998年。

本书编纂委员会编辑：《武汉历史地图集》，北京：中国地图出版社，1998年。

苏雪林：《苏雪林作品集》日记卷第1册，台南："国立"成功大学，1999年。

政协武汉市委员会文史学习委员会编：《武汉文史资料文库（1—8卷）》，武汉：武汉出版社，1999年。

中国人民政治协商会议湖北省委员会文史资料委员会编：《湖北文史集粹》，武汉：湖北人民出版社，1999年。

高平叔、王世儒编注：《蔡元培书信集》，杭州：浙江教育出版社，2000年。

王子壮：《王子壮日记（手稿本）》，台北："中央研究院"近代史研究所，2001年。

杨静远：《让庐日记》，武汉：武汉大学出版社，2003年。

徐正榜、陈协强主编：《名人名师武汉大学演讲录》，武汉：武汉大学出版社，2003年。

王正华编注：《蒋中正总统档案：事略稿本》第17册（民国二十一年十月至十二月），台北："国史馆"，2005年。

〔德〕尤莉克·奥斯特塔格：《我的外祖父石格司》，未刊手稿（吴骁采访记录），2005年。

国都设计技术专员办事处编，王宇新、王明发点校：《首都计划》，南京：南京出版社，2006年。

〔意〕马可波罗著，冯承钧译：《马可波罗行纪》，北京：东方出版社，2007年。

侯仁之：《燕园史话》，北京：北京大学出版社，2008年。

齐邦媛：《巨流河》，台北：天下远见出版股份有限公司，2009年。

叶健青编辑：《蒋中正总统档案：事略稿本》第41册（民国二十七年

一月至六月），台北："国史馆"，2010年。

萧李居编辑：《蒋中正总统档案：事略稿本》第42册（民国二十七年七月至十二月），台北："国史馆"，2010年。

姚锡光：《姚锡光江鄂日记》，北京：中华书局，2010年。

〔英〕马戛尔尼著，刘半农译，李广生整理：《乾隆英使觐见记》，天津：百花文艺出版社，2010年。

中华世纪坛世界艺术馆、秦风老照片馆编著：《残园惊梦——奥尔默与圆明园历史影像》，桂林：广西师范大学出版社，2010年。

孙建秋编著：《金陵女大（1915—1951）：金陵女儿图片故事》，桂林：广西师范大学出版社，2010年。

皮公亮：《我的父亲皮宗石》，未刊手稿，2011年。

皮公亮：《记先父皮宗石和他与蔡元培的友谊》，未刊手稿，2011年。

黄自进、潘光哲编：《蒋中正总统五记》，台北："国史馆"、世界大同文创股份有限公司，2011年。

解舒匀、陈果嘉编：《孙中山荣哀萃影》，上海：上海锦绣文章出版社，2011年。

王象之编著，赵一生点校：《舆地纪胜》卷66，杭州：浙江古籍出版社，2012年。

林美莉编辑校订：《王世杰日记》，台北："中央研究院"近代史研究所，2012年。

〔英〕马戛尔尼、〔英〕巴罗著，何高济、何毓宁译：《马戛尔尼使团使华观感》，北京：商务印书馆，2013年。

中国社会科学院近代史研究所中华民国史研究室编：《胡适往来书信选》，北京：社会科学文献出版社，2013年。

〔英〕威廉·亚历山大著，赵省伟、邱丽媛编译：《中国衣冠举止图解》，北京：北京理工大学出版社，2016年。

二、今人论著（以出版时间排序）

（一）著作

武汉大学校史编写小组:《武汉大学校史大事记》，未刊送审稿，1972年。

本书编辑委员会编印:《国立河南大学校志》，台北:国立河南大学校友会，1976年。

苏云峰:《张之洞与湖北教育改革》，台北:"中央研究院"近代史研究所，1976年。

李素:《燕京旧梦》，香港:纯一出版社，1977年。

苏云峰:《中国现代化的区域研究·湖北省(1860—1916)》，台北:"中央研究院"近代史研究所，1981年。

顾长声:《传教士与近代中国》，上海:上海人民出版社，1981年。

武汉大学校史编辑研究室编:《武汉大学校史简编(1913—1949)》，内部发行，1983年。

梁山、李坚、张克谟:《中山大学校史(1924—1949)》，上海:上海教育出版社，1983年。

湖北省李四光研究会、中国地质学会地质力学专业委员会编:《李四光学术研究文集》第1册，北京:地质出版社，1984年。

陈群、张祥光、周国钧、段万倜、黄孝葵:《李四光传》，北京:人民出版社，1984年。

〔日〕伊东忠太著，陈清泉译补:《中国建筑史》，北京:商务印书馆，1984年。

〔美〕杰西·格·卢茨著，曾钜生译:《中国教会大学史(1850—1950年)》，杭州:浙江教育出版社，1987年。

本书编辑委员会编辑:《湖北旅台人物志》第1集，台北:台北市湖北同乡会，1988年。

黄福庆:《近代中国高等教育研究:国立中山大学(1924—1937)》，

台北："中央研究院"近代史研究所，1988年。

本书编辑委员会编辑:《湖北旅台人物志》第2集，台北：台北市湖北同乡会，1989年。

武汉市地名委员会编:《武汉地名志》，武汉：武汉出版社，1990年。

洪永宏编著:《厦门大学校史》第1卷，厦门：厦门大学出版社，1990年。

武汉市地方志编纂委员会主编:《武汉市志·文物志》，武汉：武汉大学出版社，1990年。

武汉市地方志编纂委员会主编:《武汉市志·教育志》，武汉：武汉大学出版社，1991年。

中国科学技术协会主编:《中国科学技术专家传略·农学编·林业卷》，北京：中国科学技术出版社，1991年。

陈天明编著:《厦门大学校史资料》第8辑，厦大建筑概述（1921—1990），厦门：厦门大学出版社，1991年。

王宗华主编:《中国现代史辞典》，郑州：河南人民出版社，1991年。

董丛林:《龙与上帝——基督教与中国传统文化》，北京：生活·读书·新知三联书店，1992年。

李传义、张复合、〔日〕村松伸、〔日〕寺原让治:《中国近代建筑总览·武汉篇》，北京：中国建筑工业出版社，1992年。

河南大学校史编写组编:《河南大学校史 1912—1992》，开封：河南大学出版社，1992年。

傅朝卿:《中国古典式样新建筑》，台北：南天书局有限公司，1993年。

卢嘉锡主编:《中国现代科学家传记》第4集，北京：科学出版社，1993年。

吴贻谷主编:《武汉大学校史（1893—1993）》，武汉：武汉大学出版社，1993年。

刘双平编著:《漫话武大》,武汉:武汉大学出版社,1993年。

杨天宏:《基督教与近代中国》,成都:四川人民出版社,1994年。

高时良:《中国教会大学史》,长沙:湖南教育出版社,1994年。

谭双泉:《教会大学在近现代中国》,长沙:湖南教育出版社,1995年。

李瑞明编:《岭南大学》,香港:岭南(大学)筹募发展委员会,1997年。

武汉地方志编纂委员会主编:《武汉市志·城市建设志》,武汉:武汉大学出版社,1997年。

龙泉明、徐正榜编:《老武大的故事》,南京:江苏文艺出版社,1998年。

武斌:《中华文化海外传播史》第2卷,西安:陕西人民出版社,1998年。

梁思成:《中国建筑史》,天津:百花文艺出版社,1998年。

武汉地方志编纂委员会主编:《武汉市志·人物志》,武汉:武汉大学出版社,1999年。

李珠、皮明庥主编:《武汉教育史》,武汉:武汉出版社,1999年。

皮明庥、吴勇主编:《汉口五百年》,武汉:湖北教育出版社,1999年。

徐正榜主编:《武大逸事》,沈阳:辽海出版社,1999年。

湖北省地方志编纂委员会编:《湖北省志·人物》,武汉:湖北人民出版社,2000年。

〔美〕杰若米·欧特金著,张琰译:《北京辅仁大学创办史——美国本笃会在中国(1923—1933)》,台北:辅仁大学出版社,2001年。

沙永杰:《"西化"的历程——中日建筑近代化过程比较研究》,台北:田园城市文化事业有限公司,2001年。

苏云峰:《从清华学堂到清华大学(1911—1929):近代中国高等教育

研究》，北京：生活·读书·新知三联书店，2001年。

杨秉德：《中国近代中西建筑文化交融史》，武汉：湖北教育出版社，2002年。

河南大学校史编写组编：《河南大学校史》，开封：河南大学出版社，2002年。

涂勇主编：《武汉历史建筑要览》，武汉：湖北人民出版社，2002年。

肖东发、李云、沈弘主编：《风骨：从京师大学堂到老北大》，北京：北京图书馆出版社，2003年。

《汉口租界志》编纂委员会编：《汉口租界志》，武汉：武汉出版社，2003年。

张安明、刘祖芬：《江汉昙华林——华中大学》，石家庄：河北教育出版社，2003年。

徐以骅、韩信昌：《海上梵王渡——圣约翰大学》，石家庄：河北教育出版社，2003年。

王国平编著：《东吴大学——博习天赐庄》，石家庄：河北教育出版社，2003年。

张安明、刘祖芬主编：《百年老照片》，武汉：华中师范大学出版社，2003年。

马敏、汪文汉主编：《百年校史1903—2003》，武汉：华中师范大学出版社，2003年。

岳阳市地方志办公室编著：《岳阳市志·人物卷》，北京：中央文献出版社，2004年。

孙邦华编著：《辅仁大学——会友贝勒府》，石家庄：河北教育出版社，2004年。

谢必震编著：《香飘魏岐村——福建协和大学》，石家庄：河北教育出版社，2004年。

张丽萍编著：《相思华西坝——华西协合大学》，石家庄：河北教育出版社，2004年。

孙海英编著：《金陵百房屋——金陵女子大学》，石家庄：河北教育出版社，2004年。

易汉文主编：《钟灵毓秀：国立中山大学石牌校园》，广州：中山大学出版社，2004年。

涂文学主编：《东湖史话》，武汉：武汉出版社，2004年。

崔勇：《中国营造学社研究》，南京：东南大学出版社，2004年。

张复合：《北京近代建筑史》，北京：清华大学出版社，2004年。

董黎：《岭南近代教会建筑》，北京：中国建筑工业出版社，2005年。

王东杰：《国家与学术的地方互动：四川大学国立化进程（1925—1939）》，北京：生活·读书·新知三联书店，2005年。

张连红主编：《金陵女子大学校史》，南京：江苏人民出版社，2005年。

湖北省建设厅编著：《湖北近代建筑》，北京：中国建筑工业出版社，2005年。

赖德霖主编，王浩娱、袁雪平、司春娟编：《近代哲匠录：中国近代重要建筑师、建筑事务所名录》，北京：中国水利水电出版社、知识产权出版社，2006年。

梁思成：《建筑文萃》，北京：生活·读书·新知三联书店，2006年。

陈宁宁编著：《黉宫圣殿——河南大学近代建筑群》，开封：河南大学出版社，2006年。

吴定宇主编：《中山大学校史（1924—2004）》，广州：中山大学出版社，2006年。

涂文学主编：《武汉通史》，武汉：武汉出版社，2006年。

张奕：《教育学视阈下的中国大学建筑》，青岛：中国海洋大学出版社，2006年。

赵辰：《"立面"的误会：建筑·理论·历史》，北京：生活·读书·新知三联书店，2007年。

苏云峰著，吴家莹整理：《中国新教育的萌芽与成长（1860—1928）》，北京：北京大学出版社，2007年。

李晓虹、陈协强：《武汉大学早期建筑》，武汉：湖北美术出版社，2007年。

中国圆明园学会主编：《圆明园》，北京：中国建筑工业出版社，2007年。

骆郁廷主编：《乐山的回响：武汉大学西迁乐山七十周年纪念文集》，武汉：武汉大学出版社，2008年。

骆郁廷主编：《烽火西迁路：武汉大学西迁乐山七十周年纪念图集》，武汉：武汉大学出版社，2008年。

武汉市武昌区地方志编纂委员会编：《武昌区志》，武汉：武汉出版社，2008年。

邓庆坦：《中国近、现代建筑历史整合研究论纲》，北京：中国建筑工业出版社，2008年。

高介华主编：《中国建筑文化之西渐》，武汉：湖北教育出版社，2008年。

赵厚勰：《雅礼与中国：雅礼会在华教育事业研究（1906—1951）》，济南：山东教育出版社，2008年。

邓庆坦：《图解中国近代建筑史》，武汉：华中科技大学出版社，2009年。

宁波市政协文史委员会编：《汉口宁波帮》，北京：中国文史出版社，2009年。

李恭忠：《中山陵：一个现代政治符号的诞生》，北京：社会科学文献出版社，2009年。

潘谷西主编：《中国建筑史》，北京：中国建筑工业出版社，2009年第6版。

许小青：《政局与学府：从东南大学到中央大学（1919—1937）》，北京：中国社会科学出版社，2009年。

陈平原、郑勇编：《追忆蔡元培》，北京：生活·读书·新知三联书店，2009年。

广州市中山纪念堂管理处编著：《广州中山纪念堂历史图册》，广州：广东人民出版社，2009年。

BIAD传媒《建筑创作》杂志社主编：《伟大的建筑——纪念中国杰出的建筑师吕彦直逝世八十周年画集》，天津：天津大学出版社，2009年。

常跃中、周红：《嘉庚建筑》，北京：光明日报出版社，2009年。

薛毅：《王世杰传》，武汉：武汉大学出版社，2010年。

〔美〕费慰梅著、成寒译：《林徽因与梁思成》，北京：法律出版社，2010年。

董黎：《中国近代教会大学建筑史研究》，北京：科学出版社，2010年。

徐苏斌：《近代中国建筑学的诞生》，天津：天津大学出版社，2010年。

苗日新：《熙春园·清华园考》，北京：清华大学出版社，2010年。

程斯辉：《中国近代大学校长研究》，北京：人民教育出版社，2010年。

陈功江：《精神符号与个性彰显——民国时期知名大学校训研究》，武汉：华中科技大学出版社，2011年。

汉宝德、吕芳上等著：《中华民国发展史》教育与文化（上、下），台北："国立"政治大学、联经出版事业股份有限公司，2011年。

赖德霖：《中国建筑革命：民国早期的礼制建筑》，台北：博雅书屋有限公司，2011年。

祝勇：《纸天堂：西方人与中国的历史纠缠》，北京：生活·读书·新知三联书店，2011年。

梁思成：《图像中国建筑史》，北京：生活·读书·新知三联书店，2011年。

魏枢：《"大上海计划"启示录——近代上海市中心区域的规划变迁与空间演进》，南京：东南大学出版社，2011年。

陈晓恬、任磊：《中国大学校园形态发展简史》，南京：东南大学出版社，2011年。

庄景辉：《厦门大学嘉庚建筑》，厦门：厦门大学出版社，2011年。

厦门南普陀寺编：《南普陀寺志》，上海：上海辞书出版社，2011年。

谢红星主编：《珞珈兰台文集》，武汉：长江文艺出版社，2011年。

庄景辉：《厦门大学嘉庚建筑》，厦门：厦门大学出版社，2011年。

〔美〕叶文心著，冯夏根等译：《民国时期大学校园文化（1919—1937)》，北京：中国人民大学出版社，2012年。

河南大学校史修订组：《河南大学校史》，开封：河南大学出版社，2012年。

吴骁、程斯辉：《功盖珞嘉"一代完人"——武汉大学校长王星拱》，济南，山东教育出版社，2012年。

何祚欢：《大武汉记忆》，武汉：武汉出版社，2012年。

汉宝德：《建筑母语：传统、地域与乡愁》，台北：天下远见出版股份有限公司，2012年。

赖德霖：《中国近代思想史与建筑史学史》，北京：中国建筑工业出版社，2012年。

陈正勇：《中国建筑园林艺术对西方的影响》，北京：人民出版社，2012年。

陈志宏：《闽南近代建筑》，北京，中国建筑工业出版社，2012年。

钱海平、杨晓龙、杨秉德：《中国建筑的现代化进程》，北京：中国建筑工业出版社，2012年。

彭长歆：《现代性·地方性——岭南城市与建筑的近代转型》，上海：

同济大学出版社，2012年。

马秋莎：《改变中国：洛克菲勒基金会在华百年》，桂林：广西师范大学出版社，2013年。

陈远：《燕京大学1919—1952》，杭州：浙江人民出版社，2013

邵松、孙明华编著：《岭南近现代建筑（1949年以前）》，广州：华南理工大学出版社，2013

张丽萍：《中西合冶：华西协合大学》，成都：巴蜀书社，2013年。

周其凤主编：《燕园建筑》，北京：北京大学出版社，2013年。

方拥主编：《藏山蕴海——北大建筑与园林》，北京：北京大学出版社，2013年。

庄景辉、贺春旎：《集美学校嘉庚建筑》，北京：文物出版社，2013年。

冯天瑜、陈勇编：《武大老照片》，武汉：武汉大学出版社，2013年。

谢红星主编：《武汉大学校史新编》，武汉：武汉大学出版社，2013年。

林斯丰主编：《集美学校百年校史：1913—2013》，厦门：厦门大学出版社，2013年。

吴永发、戴叶子、钱晓冬编著：《苏州大学百年建筑》，苏州：苏州大学出版社，2014年。

北京市古代建筑研究所编：《近代北京古建文化丛书：近代建筑》，北京：北京美术摄影出版社，2014年。

涂文学主编：《百年薪火，桃李芬芳：武汉城市职业学院校史（1904—2014）》，武汉：湖北人民出版社，2014年。

汪晓茜著：《大匠筑迹：民国时代的南京职业建筑师》，南京：东南大学出版社，2014年。

周桂发、朱大章、章华明主编：《上海高校建筑文化》，上海：复旦大学出版社，2014年。

吴永发、戴叶子、钱晓冬编著：《苏州大学百年建筑》，苏州：苏州大学出版社，2014年。

〔英〕库尔森、〔英〕罗伯茨、〔英〕泰勒著，张宜嘉、胡洋译：《大学规划与校园建筑》，北京：电子工业出版社，2014年。

北京市古代建筑研究所编：《近代北京古建文化丛书：近代建筑》，北京：北京美术摄影出版社，2014年。

吴薇：《近代武昌城市发展与空间形态研究》，北京：中国建筑工业出版社，2014年。

〔英〕马尔科姆·安德鲁斯著，张箭飞、韦照周译：《寻找如画美：英国的风景美学与旅游，1760—1800》，南京：译林出版社，2014年。

涂上飙编著：《国立武汉大学初创十年：1928—1938》，武汉：长江出版社，2015年。

涂上飙、刘昕：《抗战烽火中的武汉大学》，开封：河南大学出版社，2015年。

陈国坚、袁晓凤、欧阳慧芳、朱丽梅、顾美玲编著：《华南理工大学人文建筑之旅》，广州：华南理工大学出版社，2015年。

涂上飙主编：《武汉大学图史》，武汉：湖北美术出版社，2015年。

冯刚、吕博：《中西文化交融下的中国近代大学校园》，北京：清华大学出版社，2016年。

赖德霖、伍江、徐苏斌主编：《中国近代建筑史》，北京：中国建筑工业出版社，2016年。

何晓明主编：《安龙出了个文襄公：纪念张之洞诞辰180周年学术研讨会论文集》，武汉：武汉大学出版社，2018年。

涂上飙主编：《珞珈风云：武汉大学校园史迹探微》，武汉：武汉大学出版社，2017年。

Hugh Honour: *Chinoiserie*, London: John Murry, 1961.

Patrick Conner: *Oriental Architecture in the West*, London: Thames and

Hudson.1979.

Jeffrey W. Cody: *Building in China: Henry K. Murphy's "Adaptive Architecture" 1914-1935*, Hong Kong: Chinese University Press. 2001.

（二）论文

1. 期刊及会议论文

张复合等：《中国近代建筑史研究讨论会论文专辑》，《华中建筑》1987年第2期。

李传义：《武汉大学校园初创规划及建筑》，《华中建筑》1987年第7期。

《第二次中国近代建筑史研究讨论会论文专辑》，《华中建筑》1988年第3期。

国伟：《任桐与东湖风景区的建设》，《长江建设》1999年第5期。

周川：《中国近代大学校长与自由主义教育》，《高等教育研究》2001年第3期。

王启华译，金光耀校：《李顿赴华调查中国事件期间日记》，《民国档案》，2002年第4期。

覃莹、刘塨：《中国近代大学校园中心区沿革概要》，《华中建筑》2002年第2期。

汪晓茜：《移植和本土化的二重奏——东吴大学近代建筑文化遗产对我们的启示》，《新建筑》2006年第1期。

邓国茂：《东湖风景区建设的起源与发展》，《武汉建设》2006年第1期。

许小青：《南京国民政府初期中央大学区试验及其困境》，《近代史研究》2007年第2期。

陆敏、阳建强：《金陵女子大学的空间形态与设计思想评析》，《城市规划》2007年第5期。

陈才俊:《教会大学与中国近代建筑形态的转型》,《暨南学报(哲学社会科学版)》2007年第6期。

刘晓:《李石曾与中华民国大学院》,《中国科技史杂志》,2008年第2期。

严海建:《南京国民政府初期北平大学区风潮论析》,《南京大学学报(哲学·人文科学·社会科学版)》,2009年第1期。

向其芳:《武汉大学的风水格局与建筑的空间设计》,《华中建筑》2009年第7期。

傅欣:《浅谈武汉大学历史建筑的建筑历史》,《华中建筑》2009年第10期。

杨思声、肖大威:《人格意象——近代嘉庚校园风景营造思想探析》,《古建园林技术》2010年第3期。

缪峰、李春平:《原金陵大学校园规划与设计思想评析》,《山西建筑》2010年第4期。

桑兵:《大学与近代中国》,《中山大学学报(社会科学版)》,2010年第1期。

孙鹏飞:《近代长沙大学建筑的发展》,《中外建筑》,2011年第6期。

张进帅、马晓:《人性化视角下的南京近代大学校园规划——以南京三所大学老校区为例》,《华中建筑》2011年第12期。

张皓:《武汉政治分会的设置和存废之争:桂系、蒋介石对全局的角逐》,《社会科学,》2011年第8期。

蒋宝麟:《财政格局与大学"再国立化"——以抗战前中央大学经费问题为例》,《历史研究》2012年第2期。

李晶晶:《华西协合大学校园近代建筑初探》,《古建园林技术》2012年第2期。

毛炜玥、李雄:《近代广府广雅书院、岭南大学与国立中山大学校园规划比较研究——兼论西学东渐背景下的近代校园规划沿革》,《国际风景园林师联合会(IFLA)亚太区会议暨中国风景园林学会2012年会论文集》上册，内部发行，2012年。

金灿灿：《浙江大学与大学区制的试行》，《浙江大学学报（人文社会科学版）》，2013年第6期。

黄启兵：《北平大学区时期北京大学的合并与分离》，《高等教育研究》2013年第7期。

郑红彬：《调和中西以创中国新建筑之风——刘既漂的"美术建筑"之路及其解读》，《南方建筑》2013年第6期。

刘珊珊、黄晓：《国立武汉大学校园建筑师开尔斯研究》，《建筑史》2014年第1期。

江文君：《专家的诞生：近代上海的大学教授》，《史林》2014年第3期。

钱宗梅：《民国时期国立中央大学对江苏体育发展的影响》，《南通大学学报（社会科学版）》2014年第4期。

吴骁：《张之洞与湖北近代官办高等教育的开创》，《"张之洞与中国教育的现代转型"学术研讨会论文集》，未刊稿，2014年。

田子俊：《南京国民政府初期大学院改制失败原因又解》，《史学月刊》2015年第3期。

王平：《周苍柏与东湖"海光农圃"》，《湖北档案》2015年第2期。

夏增民：《任桐〈沙湖志〉之"沙湖"指谬》，《武汉文史资料》2017年第6期。

2. 硕博士学位论文

江霞：《明清至近代武汉游憩地研究》，武汉大学历史学院历史地理学专业硕士学位论文，2004年。

代静：《武汉近代教育建筑研究》，华中科技大学建筑与城市学院建筑设计及其理论专业硕士学位论文，2006年。

张正锋：《权力的表达：中国近代大学教授权力制度研究》，南京师范大学教育科学学院高等教育学专业博士学位论文，2006年。

杨禾丰：《圣约翰大学的校园生活及其变迁（1920—1937）》，复旦大学历史系中国近现代史专业博士学位论文，2008年。

路中康：《民国时期建筑师群体研究》，华中师范大学中国近代史研究所经济社会史专业博士学位论文，2009年。

王河：《岭南建筑学派研究》，华南理工大学建筑学院建筑历史与理论专业博士学位论文，2011年。

常俊丽：《中西方大学校园景观研究》，南京林业大学园林植物与观赏园艺专业博士学位论文，2012年。

徐望朋：《武汉园林发展历程研究》，华中科技大学建筑与城市规划学院风景园林专业硕士学位论文，2012年。

刘虹：《岭南建筑师林克明实践历程与创作特色研究》，华南理工大学建筑学院建筑历史与理论专业博士学位论文，2013年。

贺旭博：《华南理工大学和华南农业大学五山校区景观风貌及构架的变迁》，华南理工大学建筑学院风景园林专业硕士学位论文，2013年。

关心：《民国音乐会与社会生活变迁：1912—1945——以学校音乐会活动为中心》，南开大学历史学院中国近现代史专业博士学位论文，2014年。

后　记

　　本书是在我的博士论文基础上修改而成的。犹记得2005年草长莺飞之时，我与挚友李英杰（后亦为武大2011届校友）一同来到武汉大学赏樱，斯为我第一次走进珞珈校园。沧桑典雅的历史建筑和缤纷飘落的日本樱花，组合成了最美的画面长留记忆之中，那时我便告诉自己，这就是我的大学。2007年秋季，我如愿进入武汉大学学习，从此便是整整十年的珞珈求学生涯。我将自己最为美好、生动的青春年华，都留在了这座校园里，2017年离别之际，寸心之中，不免百感交集。

　　在珞珈山生活学习的十年时光，使长期以来对建筑艺术与历史有着浓厚兴趣的我，得以每天近距离观察这座始建于民国时期的经典大学校园。随即发现，与其在一般大众中闻于遐迩的声名相比，有关这座校园历史的学术研究，却显得较为缺乏，无法满足我对这些历史建筑的好奇心。于是我开始走进档案馆，查阅原始资料，并逐步深入对这一问题的研究。我在武汉大学所完成的本科毕业论文和硕士学位论文，也都关注了与之相关的研究，这些前期工作也成为本书的重要积累。可以说，本书虽然修订自博士论文，但相关的研究工作，事实上已持续近十年。

　　本书付梓之际，首先要感谢我的父母。他们对我的养育和栽培，以及多年来对我从事历史研究工作的理解与支持，给予了我无限温暖与力量。在本书撰写和修改过程中，我也得到了许多师长的教诲和友人的帮助。感谢我的导师任放教授从我写作本科毕业论文起即对我的指导、教育与关怀。感谢武汉大学吴剑杰、陈锋、张建民、李少军、谢贵安、张箭飞、杨国安、洪均等诸位师长，以及华中师范大学彭南生教授、湖北省社科院潘洪钢研究员等对本书写作提供的指导和帮助。朱煜、许小青、王春林、蒋宝麟等中国近代大学史研究领域的前辈学者也对我的研究提供了宝贵意见。厉宗煌、陈思、王锦思、张嵩、宋晓丹、王钢、万学工、邱靖、王晓冬、张继州、周聪等诸位前辈或友人，以及阮发俊、薛魁、李英杰、周俊、申紫方、洪鑫诚、何强等武大校友在资料搜集方面为我提供了帮助，或直接向本书提供了重要史料。此外还要特别感谢张复合、赖德霖、彭长歆、唐克扬、万谦、兰兵、谢宏杰、刘亦师、林轶南、郑红彬、余泽阳、王兢等建筑学界的专家学者和研究者对本书提供的指教，或在史料方面给予我的帮助。本书部分内容曾以论文形式在《中山大学学报》、《新建筑》、《人文论丛》等刊物发表，对以上刊物的审稿专家和编辑也致以谢意。当然，也要感谢广西师范大学出版社各位工作人员对本书出版的关心和支持。

　　本书的顺利完成，有赖于国内外众多图书馆、档案馆等机构在史料查阅方面给予我的支持和便利。感谢武汉大学档案馆涂上飙馆长和雷雯、秦然、吴骁、钟巍等馆员对我所提供的重要帮助。吴骁馆员长期潜心专研武汉大学校史，不仅在史料查阅方面给予我诸多便利，在研究上也给予我很多启发。在本书修订完善的过程中，他还主动帮我审读了全书，并提出了许多宝贵建议。也要感谢武汉大学图书馆、湖北省档案馆、湖北省图书馆、武汉图书馆、武汉市档案馆、武汉市沙湖公园管理处、崇阳县雪艇图书馆、浙江图书馆、上海图书馆、中国国家图书馆、中国第二历史档案馆，以及台湾地区"国家图书馆"、"中央研究院"各图书馆及档案馆、"国史馆"、湖北文献社、辛亥武昌首义同志会等处的工作人员所给予的查阅之便。本书写作过程中，还使用了一些国外机构收藏的图书、档案和影像史料，在此也要特别感谢美国国家档案和记录管理局、美国国会图书馆、威斯康星大学档案馆及美国地理学会图书馆、南加州大学图书馆、麻省理工学院档案馆、杜克大学大卫·鲁宾斯坦图书馆、耶鲁大学神学院图书馆、康奈尔大学图书馆、哈佛大学拉德克利夫研究所亚瑟与伊丽莎白·施莱辛格图书馆、维思大学曼斯菲尔德·弗里曼东亚研究中心、爱丁堡大学神学院世界基督教研究中心等处工作人员所给予我的协助。

2015年，我曾有幸前往台湾"中央研究院"近代史研究所访学研究，收获很大，感谢林满红、朱浤源、张力、林泉忠等诸位师长给予我的帮助和教诲。张力老师作为近史所整理《王世杰日记》项目的主要参与者之一，帮助我识读了武大档案馆所藏王世杰手稿档案中的一些字迹。此外，近史所的曾冠杰先生，武汉大学台湾校友会刘荣辉会长，以及湖北文献社汪大华社长、丁道平秘书、梅道冈主编，辛亥武昌首义同志会向榕铮荣誉理事长、周永璋理事长，桃园"中央大学"历史研究所黄国仲老师等，在史料查阅收集方面亦给予我诸多协助。我在新北市汐止区寓所的房东姜雅萍小姐，亦热情接待和帮助我。对以上诸位，在此一并致以诚挚的谢意。

在本书的史料搜集和写作过程中，还得到许多武汉大学民国时期教职员后人和武大老校友的帮助。感谢王秋华女士（王世杰之女）、王焕晞先生（王星拱之子）、王大林女士（王星拱外孙女）、周幼松先生（周鲠生之子）、陈一周先生（周鲠生外孙）、邹宗平女士（李四光外孙女）、皮公亮先生（皮宗石之子）、陈小滢女士（陈源、凌叔华之女）、刘保熙女士（刘秉麟之女）、杨静远女士（杨端六、袁昌英之女）、严崇女士（杨端六、袁昌英外孙女）、查全性先生（查谦之子）、叶绍智先生（叶雅各之子）、缪敏珍女士（缪恩钊之女）、余嘉伦先生（缪恩钊外孙）、桂嘉年女士（桂质廷、许海兰之女）、桂裕民先生（桂质柏之子），以及柯俊先生（1938届校友）、邱绪瑶女士（1938届校友）、陆秀丽女士（1941届校友）、王晓云女士（1942届校友）、俞大光先生（1944届校友）、万典武先生（1947届校友）、齐邦媛女士（1947届校友）、刘绪贻先生（1947年始任教于武汉大学）、廖翔高先生（1951届校友）、刘道玉先生（1958届校友，武汉大学前校长）等老校友拨冗接受我的访问或向我提供资料。其中刘保熙、杨静远、缪敏珍、柯俊、邱绪瑶、王晓云、俞大光、万典武、刘绪贻等几位长者，在本书写作和出版过程中已仙逝，在此亦致以至诚的怀念。

2018年是国立武汉大学建校90周年和西迁乐山80周年。在此谨以诞生于抗战烽火中的国立武汉大学校训——"明诚弘毅"自勉，并将本书献给我的母校，以及自1932年以来所有曾在珞珈山水间留下青春回忆的武大校友们。

2017年5月初记于武昌东湖之滨
2018年12月补记于武昌沙湖畔